FRIEDRICH-WILHELM VON HERRMANN
DIE ZARTE, ABER HELLE DIFFERENZ
HEIDEGGER UND STEFAN GEORGE

FRIEDRICH-WILHELM VON HERRMANN

Die zarte, aber helle Differenz
Heidegger und Stefan George

VITTORIO KLOSTERMANN · FRANKFURT AM MAIN

Gottfried Benn: »Gedichte« auf S. 74 wird mit freundlicher Genehmigung zitiert
nach Gottfried Benn, Statische Gedichte © 1948, 1983 by Arche Verlag AG,
Raabe + Vitali, Zürich

Die Deutsche Bibliothek - CIP-Einheitsaufnahme

Herrmann, Friedrich-Wilhelm /von:
Die zarte, aber helle Differenz : Heidegger und Stefan George /
Friedrich-Wilhelm von Herrmann. - Frankfurt am Main : Klostermann, 1999
ISBN 3-465-03022-2
ISBN 3-465-03023-0

© Vittorio Klostermann GmbH · Frankfurt am Main · 1999
Alle Rechte vorbehalten, insbesondere die des Nachdrucks und der Übersetzung.
Ohne Genehmigung des Verlages ist es nicht gestattet, dieses Werk oder Teile
in einem photomechanischen oder sonstigen Reproduktionsverfahren oder
unter Verwendung elektronischer Systeme zu verarbeiten, zu vervielfältigen
und zu verbreiten.
Gedruckt auf alterungsbeständigem Papier. ∞ ISO 9706
Satz: bLoch Verlag, Frankfurt am Main
Druck: Weihert-Druck GmbH, Darmstadt
Printed in Germany

Hans-Georg Gadamer
zum 100. Geburtstag
in tiefer Verehrung und Dankbarkeit

»Georges meisterliche Oberherrlichkeit hat sich – anders als
manche seiner Deuter – die schicksalhafte Grenze eingestanden,
die das Amt des Dichters zu einem Leiden macht. ›Kein ding
sei wo das wort gebricht.‹ Den tiefsten Ausdruck solcher
Grenzerfahrung hat der Dichter in einem Gedicht gefunden, das
leider von den Interpreten immer weggedeutet wird, weil es in
ihr Bild von dem ›Meister‹ nicht paßt:

> Horch was die dumpfe erde spricht:
> Du frei wie vogel oder fisch –
> Worin du hängst · das weisst du nicht.
> [...]

Man wird hinter die Philosophie der Neuzeit und die Sprache
der Metaphysik, die ganz auf Bewußtsein und Selbstbewußtsein
gegründet sind, zurückgehen müssen, wenn man diese Erfahrung als eine fundamentale menschliche Erfahrung einsehen will
und der Aussage gerecht werden will, die das Werk der Dichtung für uns darstellt.«

Hans-Georg Gadamer, Ästhetik und Poetik II

INHALT

HINFÜHRUNG
Die Spätdichtung Stefan Georges im Denken Heideggers

EINLEITUNG
*Denken und Dichten in der Fragestellung des
ereignisgeschichtlichen Denkens*

HAUPTTEIL
*Nachbarschaft als zarte, aber helle Differenz
Das Wesensverhältnis von Denken und Dichten*

ERSTES KAPITEL
*Die Frage nach dem Wesen der Philosophie als Frage nach dem
Wesen des Denkens in seinem Verhältnis zum Dichten*

ZWEITES KAPITEL

*Dichterische und denkerische Erfahrung
mit der Sprache*

VORWORT

Die hier unter dem Titel »Die zarte, aber helle Differenz – Heidegger und Stefan George« vorgelegte Untersuchung ist das Ergebnis vieljähriger Bemühungen von Seminaren und Vorlesungen, die der Verfasser an der Universität Freiburg gehalten hat.

Wenn auf den folgenden Seiten vom Verhältnis Heideggers zu Stefan George gehandelt wird, dann geht es dabei weder um eine geistesgeschichtliche Einordnung des Denkers und des Dichters in eine ideengeschichtliche Epoche noch um eine nur interpretatorische Behandlung ihres Verhältnisses. Die Untersuchung versteht sich vielmehr als eine philosophisch-systematische Erörterung des ereignisgeschichtlichen Verhältnisses von Denken und Dichten im Durchgang durch das denkerische Gespräch, das Heidegger mit der Spätdichtung Stefan Georges geführt hat.

*

Der Stefan George-Stiftung als Rechtsnachfolgerin des Dichters sowie dem Stefan George-Archiv und dessen Leiterin, Frau Dr. Ute Oelmann, sage ich meinen aufrichtigen Dank für die freundlichst erteilte Genehmigung von Abdruck und Zitat der Texte Stefan Georges.

Dem Arche Verlag, Zürich – Hamburg, habe ich für die Genehmigung zum Abdruck von Gottfried Benns »Gedichte« aus der Sammlung »Statische Gedichte« freundlich zu danken.

Für kundige Beratung in Urheberrechtsfragen danke ich dem Leiter der Handschriftenabteilung des Deutschen Literaturarchivs Marbach, Herrn Dr. Jochen Meyer, herzlich.

Dem ehemaligen Direktor des Freien Deutschen Hochstifts zu Frankfurt am Main, Herrn Dr. Detlev Lüders, verdanke ich den Hinweis auf einen Hölderlin-Vers, wofür ich ihm meinen herzlichen Dank ausspreche.

*

Ein besonders herzlicher Dank richtet sich an meine Privatassistentin und Habilitandin, Fräulein Dr. Paola-Ludovika Coriando, für vielfältigen Rat und die Gestaltung dieser Veröffentlichung fördernde Hilfe, für ihre bewährte Erstellung der Register sowie für die umsichtige Ausführung der Korrekturarbeiten.

Freiburg i.Br., im Februar 1999   F.-W. v. Herrmann

HINFÜHRUNG

DIE SPÄTDICHTUNG STEFAN GEORGES
IM DENKEN HEIDEGGERS

Mit der Wendung von der zarten, aber hellen Differenz kennzeichnet Heidegger in seiner Freiburger Vortragstrilogie »Das Wesen der Sprache« (1957/58) Denken und Dichten in ihrem Wesensverhältnis. Dieses selbst bestimmt er als eine Nachbarschaft, in der Denken und Dichten nahe beieinander wohnen, darin aber »aus ihrem Wesen durch eine zarte, aber helle Differenz in ihr eigenes Dunkel auseinander gehalten sind«.[1] Die Frage nach dem Wesensverhältnis von Denken und Dichten wird zur Blickbahn für die Frage nach dem Wesen der Sprache in dessen Zugehörigkeit zum Wesen des Seins. Sie ist daher keine philosophische Sonderfrage, nicht Thema einer Philosophie der Dichtung, die ihren Ort in der Ästhetik hat. Die Frage nach dem Wesensverhältnis von Denken und Dichten wird vielmehr zur Grundfrage der Ersten Philosophie in Gestalt des seins- oder ereignisgeschichtlichen Denkens. In Heideggers Fragen nach dem Wesensverhältnis von Denken und Dichten erhält nicht nur das Denken, sondern mit diesem auch das Dichten eine gegenüber der Tradition grundlegend gewandelte Wesensbestimmung, die erstmals die Dichtung zum gleichgeordneten Gesprächspartner der Philosophie in ihrem Range einer Ersten Philosophie werden läßt.[2]

Heidegger hielt die unter dem Titel »Das Wesen der Sprache« ste-

---

[1] M. Heidegger, Das Wesen der Sprache. In: Unterwegs zur Sprache. Günther Neske, Pfullingen 1979⁶, S. 196. – Im folgenden wird nach dieser Einzelausgabe zitiert, deren Seitenzahlen auch im Band 12 der Gesamtausgabe am Seitenrand stehen: M. Heidegger, Unterwegs zur Sprache. Gesamtausgabe Bd. 12. Hrsg. v. F.-W. v. Herrmann. Vittorio Klostermann, Frankfurt a.M. 1985.

[2] Zur Thematik ›Denken und Dichten‹ vgl. B. Allemann, Hölderlin und Heidegger. Atlantis Verlag, Freiburg i. Br. 1954 (hier vor allem die einschlägigen Abschnitte); ders., Denken, Dichten: Literaturtheoretisch. In: Kunst und Technik. Gedächtnisschrift zum 100. Geburtstag von Martin Heidegger. Hrsg. v. W. Biemel u.

henden Vorträge in dem von Eugen Fink geleiteten Studium Generale der Universität Freiburg am 4. und 18. Dezember 1957 und am 7. Februar 1958.[3] Die überfüllte Aula, die nur mit Eintrittskarten zu betreten war, versammelte unter den Hörern eine große Zahl der Freiburger Professoren von Rang und Namen der verschiedenen Fakultäten. Der Verfasser darf bemerken, daß er gerade seinen Studienort von Berlin nach Freiburg verlegt hatte, um Heidegger nicht nur aus dessen Schriften zu studieren. So hatte er schon in seinem ersten Freiburger Semester das Glück, Heidegger erstmals auch als Vortragsredner zu begegnen und Zeuge dieser herausragenden Vortragsfolge zu sein.

Auf der Grundlage dieser drei Freiburger Vorträge hielt Heidegger am 11. Mai 1958 unter dem Titel »Dichten und Denken. Zu Stefan Georges Gedicht *Das Wort*« einen weiteren Vortrag im Burgtheater zu Wien, der unter dem veränderten Titel »Das Wort« veröffentlicht wurde.[4] In den insgesamt vier Vorträgen erörtert Heidegger das Wesensverhältnis von Denken und Dichten im Durchgang durch die Spätdichtung Stefan Georges, die sich aus der Erfahrung mit dem geheimnisvoll Sein-verleihenden Walten des Wortes bestimmt, einer Erfahrung, die den Dichter auf sein bisheriges selbstsicheres Verhältnis zur dichterischen Sprache verzichten läßt. Textgrundlage für Heideggers denkendes Gespräch mit George ist der Gedichtzyklus »Das Lied« aus dem Band »Das Neue Reich«.[5] Von den zwölf liedhaften Gedichten erläutern die Freiburger Vorträge: *Das Wort, Seelied, Du schlank und rein wie eine flamme,*

F.-W. v. Herrmann. Vittorio Klostermann, Frankfurt a.M. 1989, S. 377 – 402. – Martin-Heidegger-Gesellschaft, Denken und Dichten bei Martin Heidegger. Fünf Vorträge: H.-G. Gadamer, Von der Wahrheit des Wortes; Fr. Fédier, Dichten und Denken; F.-W. v. Herrmann, Nachbarschaft von Denken und Dichten als Wesensnähe und Wesensdifferenz; G. Guest, Umwege. Zur Erörterung der Ortschaft; P. Good, Von der Unbezüglichkeit der Kunst. Jahresgabe 1988 der Martin-Heidegger-Gesellschaft.

[3] M. Heidegger, Das Wesen der Sprache. In: Unterwegs zur Sprache, a.a.O., S. 159 – 216; Gesamtausgabe Bd. 12, S. 149 – 204.

[4] M. Heidegger, Das Wort. In: Unterwegs zur Sprache, a.a.O., S. 219 – 238; Gesamtausgabe Bd. 12, S. 207 – 225.

[5] St. George, Das Lied. In: Das Neue Reich. Gesamt-Ausgabe der Werke, Endgültige Fassung. Bd. IX, Georg Bondi, Berlin 1928, S. 123 – 138.

Horch was die dumpfe erde spricht, *Welch ein kühn-leichter schritt* und den Vorspruch des Zyklus *Was ich noch sinne und was ich noch füge*. Dem Wiener Vortrag liegen die Gedichte *Das Wort*, *Welch ein kühn-leichter schritt*, *In stillste ruh* und der Vorspruch zugrunde.

Die vier Vorträge aus dem Ende der fünfziger Jahre sind Heideggers ausführlichste Erläuterungen zu Georges Spätdichtung, nicht aber seine ersten. Denn im Sommersemester 1939 hielt er an der Freiburger Universität ein Oberseminar ab, das unter dem Titel stand »Vom Wesen der Sprache. Die Metaphysik der Sprache und die Wesung des Wortes. Zu Herders Abhandlung ›Über den Ursprung der Sprache‹«[6]. Das IX. von insgesamt neunzehn Kapiteln der Seminar-Aufzeichnungen trägt die Überschrift »Stefan George«. Es umfaßt fünf arabisch gezählte zwar äußerst knapp gehaltene, aber überaus aufschlußreiche Erläuterungen, die gedanklich dieselbe Tendenz verfolgen wie die fast zwanzig Jahre später gehaltenen Vorträge und sprachlich an die »Beiträge zur Philosophie« und die anderen Abhandlungen aus der zweiten Hälfte der dreißiger Jahre anschließen. Der 55. Abschnitt, der erste aus dem Kapitel zu Stefan George, ist überschrieben »Übergängliches Wort«, der 56., 57., 58. Abschnitt tragen jeweils die Überschrift »Seelied« und der 59. Abschnitt geht über »Das Wort«. In diesen Stefan George gewidmeten Aufzeichnungen steht das Gedicht »Seelied« im Zentrum, während die George-Vorträge sich vornehmlich an dem Gedicht »Das Wort« orientieren. Der 59. Abschnitt erwähnt auch das Gedicht »Horch was die dumpfe erde spricht«. »Übergängliches Wort« will sagen, daß Stefan George in seiner Spätdichtung ein Dichter des Übergangs aus dem erstanfänglichen in das andersanfängliche Verhältnis zur Sprache ist. »George spricht, kaum es ahnend, übergänglich« heißt es am Ende des 59. Abschnitts.

Folgende Bände aus der bei Georg Bondi, Berlin, erschienenen Gesamtausgabe Stefan Georges gehörten zur Bibliothek Martin Heideggers: Band II: Hymnen Pilgerfahrten Albagal; Band III: Die

---

[6] M. Heidegger, Vom Wesen der Sprache. Die Metaphysik der Sprache und die Wesung des Wortes. Zu Herders Abhandlung »Über den Ursprung der Sprache«. Oberseminar Sommersemester 1939. Gesamtausgabe Bd. 85. Hrsg. v. Ingrid Schüßler. Vittorio Klostermann, Frankfurt a.M. 1999.

Bücher der Hirten- und Preisgedichte, der Sagen und Sänge und der
hängenden Gärten; Band IV: Das Jahr der Seele; Band V: Der Tep-
pich des Lebens und die Lieder von Traum und Tod. Mit einem Vorspiel; Band VI/VII: Der siebente Ring; Band VIII: Der Stern des
Bundes; Band IX: Das Neue Reich. Die Bände II bis VIII schenkte
Martin Heidegger zu Lebzeiten seinem Sohn Hermann Heidegger.
Band IX, der im Gedicht-Zyklus »Das Lied« Lese- und Bearbei-
tungsspuren enthält, befindet sich noch heute in der Bibliothek der
Handexemplare Martin Heideggers.

*

Nachdem Heidegger dem einstigen Mitglied des George-Kreises,
Max Kommerell, im Dezember 1941 ein Exemplar seiner Rede »Hölderlins Hymne ›Wie wenn am Feiertage ...‹«[7] zugeschickt hatte,
dankte dieser ihm in einem ausführlichen Brief vom 29. Juli 1942.
Kommerell schreibt: »Sie lösen da ein Rätsel, indem sie ein zweites
aufgeben! Daß Hölderlins Gedichte esoterisch sind, ist mir klar, und
es geht aus Ihrer Auslegung in einer mehr als nur fühlbaren Weise
hervor; Sie aber haben als Ausleger Hölderlins Esoterik nicht in die
öffentliche Sprache übersetzt (was ich auch nicht ersehne!), sondern
in eine neue Esoterik; und wenn jene durch die mitteilende Natur
des dichterischen Wortes sich hier und da dem Vernehmenden auf-
schließt, so ist diese schroff und, vorläufig, unaufgeschlossen. [...]
Das Neue ist: daß Sie selbst, stärker als vorher, dichterisch das Wort
in Urwort zurückverwandeln, und daß Sie, an einer bestimmten
Grenze verstummend, einen Dichter für sich reden lassen. Und –
sollte das nur eine Veränderung der Ausdrucksmittel sein? Nicht
auch des Denkers selbst? Ich kenne die Prämissen Ihres Aufsatzes
nicht. Wie soll ich Ihnen ein Urteil darüber schreiben?«[8]
    Max Kommerell war sich darüber im klaren, daß Heidegger in

---

[7] M. Heidegger, Hölderlins Hymne »Wie wenn am Feiertage ...«. Max Niemeyer, Halle a.d.S. 1941; später in: Erläuterungen zu Hölderlins Dichtung. Vittorio Klostermann, Frankfurt a.M. 1996⁶, S. 49 ff.
[8] M. Kommerell, Briefe und Aufzeichnungen 1919 – 1944. Hrsg. v. I. Jens. Wal-
ter-Verlag Olten und Freiburg i.Br. 1967, S. 396. – Vgl. zum Verhältnis Heidegger –
Max Kommerell: Max Kommerell 1902 – 1944. Bearbeitet v. J. W. Storck. Marbacher
Magazin 34/1985, S. 80 ff.

seiner Hölderlin-Rede von »Prämissen« ausgeht, die im Text selbst nicht thematisch werden. Diese »Prämissen« konnte Kommerell auch nicht kennen, weil die großen Texte, allen voran die »Beiträge zur Philosophie«, in denen die vermuteten »Prämissen« ausgeführt werden, noch unveröffentlicht waren. Die »Prämissen« liegen in dem vollzogenen Übergang aus dem fundamentalontologischen Denken, das Kommerell bis dahin und allein vertraut war, in das seinsgeschichtliche Denken. Aus letzterem sprechen die Hölderlin-Arbeiten der dreißiger und beginnenden vierziger Jahre. Aus dem seinsgeschichtlichen Denken sprechen aber auch die Erläuterungen zu Stefan George in den Aufzeichnungen von 1939 und in den Vorträgen der späten fünfziger Jahre.

Zwar hatte sich die hermeneutische Situation für die Hörer und Leser der George-Vorträge im Vergleich zu derjenigen der Hörer und Leser der früheren Hölderlin-Vorträge bereits gewandelt, sofern mit dem »Brief über den Humanismus« (1947), den »Holzwegen« (1950) und den »Vorträgen und Aufsätzen« (1954) wesentliche Arbeiten aus dem seinsgeschichtlichen Denken inzwischen erschienen waren. Aber auch in diesen Texten ist nur ein Teil der von Kommerell angesprochenen »Prämissen« zugänglich geworden. Denn damals waren die für das seinsgeschichtliche Denken wegeröffnenden Abhandlungen aus der zweiten Hälfte der dreißiger Jahre immer noch unbekannt. Dagegen liegen heute mehrere dieser Abhandlungen vor, in denen der Aufriß des seinsgeschichtlichen Denkens ausgearbeitet ist. Damit hat sich aber die hermeneutische Situation für eine Durchdringung von Heideggers Dichter-Auslegungen noch einmal und nunmehr entscheidend gewandelt, weil wir jetzt weitgehend Einblick erhalten haben in das Gefüge des seinsgeschichtlichen Denkens.

Wer sich unter den heutigen Gegebenheiten die George-Arbeiten Heideggers denkerisch so aneignen möchte, daß er deren gedanklichem Niveau unverkürzt gerecht zu werden sucht, muß sich für diese Aufgabe einer gründlichen Einarbeitung in das Gefüge des seinsgeschichtlichen Denkens unterzogen haben. In der nachstehenden Untersuchung haben wir uns bemüht, dieser hermeneutischen Maxime so weit wie möglich zu entsprechen. Im auslegenden

Durchgang durch die George-Vorträge versuchen wir, das, was Heidegger aus seinem seinsgeschichtlichen Denken darin verschweigt und angesichts der Vortragssituation auch verschweigen muß oder nur andeuten kann, hermeneutisch aufzuspüren und in das auslegende Wort zu bringen. Zu dieser Aufgabe gehört in einem nicht geringen Umfang auch die Freilegung des hermeneutisch-phänomenologischen Grundzugs von Heideggers Vorgehensweise im ereignisgeschichtlichen Fragen nach dem Wesen der Sprache, nach dem Wesensverhältnis von Denken und Dichten und nach der dichterischen Erfahrung mit dem Wesen der Sprache in der Spätdichtung Georges und auch Hölderlins, soweit diese in die George-Erläuterungen hineinspielt.

Die Abhandlung vollzieht auf ihrem Weg fünf Hauptschritte. Die *Einleitung* handelt horizonteröffnend von Denken und Dichten in der Fragestellung des daseinsanalytisch-ereignisgeschichtlichen Denkens. Im *Hauptteil* wird als erstes die Frage nach dem Wesensverhältnis des Denkens zum Dichten als Frage nach dem Wesen der Philosophie durchsichtig gemacht (*erstes Kapitel*). Nach dieser zweifachen Klärung der Fragebahn, in der die Untersuchung durchgeführt wird, geht die Abhandlung über zur Analyse der dichterischen Erfahrung mit der Sprache selbst in der Spätdichtung Stefan Georges (*zweites Kapitel*). Daran schließt die gesuchte Kennzeichnung des Wesensverhältnisses von Denken und Dichten an, die als Nachbarschaft erblickt wird, in der Denken und Dichten zugleich durch eine zarte, aber helle Differenz auseinander gehalten sind (*drittes Kapitel*). So erst ist die Möglichkeit eröffnet, im Ausgang von Georges und unter dem Geleit von Hölderlins dichterischer Erfahrung nunmehr eine denkende Erfahrung mit dem Wesen der Sprache zu machen und dieses als das Geläut der Stille zu bestimmen. Die Stille des Geläuts aber zeigt in die Erschweigung hinein, die unter dem Titel einer Sigetik die ereignisgeschichtliche Blickbahn für das Fragen nach dem Wesen der Sprache bildet und sich gegen die Logik der Aussage als die Blickweise in der überlieferten Befragung der Sprache abgrenzt. Die Abhandlung schließt mit einer sigetischen Wesensbestimmung des dichterischen Bildes und des denkerischen Begriffes, den Heidegger als »Inbegriff« charakterisiert (*viertes Kapitel*).

EINLEITUNG

DENKEN UND DICHTEN IN DER FRAGESTELLUNG DES EREIGNISGESCHICHTLICHEN DENKENS

§ 1. Die zarte, aber helle Differenz von Denken und Dichten als formale Anzeige

Die Wendung von der zarten, aber hellen Differenz, in der Denken und Dichten zueinander stehen, nehmen wir als eine formale Anzeige, die zunächst in leer formaler Weise anzeigen soll, daß es hier um die Wesensbestimmung der Philosophie und deren Aufgaben geht. Eine solche Wesensbestimmung ist keine dem Philosophieren selbst vorangehende Definition ihres Wesensbegriffes. Ebensowenig ist sie eine nachträgliche Reflexion auf das vollzogene Philosophieren. Vielmehr setzt sich die Philosophie im Fragen ihrer Fragen auch als Wesenssuche und Wesensbestimmung in ihren Vollzug. In ihrem Einsatz als Wesensbestimmung kommt sie zu sich selbst und ihren eigentlichen Aufgaben. Jedesmal wenn in der Geschichte der Philosophie diese sich durch Gewinnung ihrer jeweiligen Grundstellung, d.h. aber in der Entfaltung ihrer Grundfragen, in Gang setzt, kommt es darin zu einer neuen Bestimmung ihres Wesens.

Die Formel vom Denken und Dichten in ihrer zarten, aber hellen Differenz ist die Anzeige dafür, daß sich hier das Denken der Philosophie aus seiner Wesensnähe zum Dichten bestimmt. In einem bislang nur als Privatdruck veröffentlichten Manuskript Heideggers aus der ersten Hälfte der vierziger Jahre »Das Wesen der Philosophie« heißt es zu Beginn: »Das Wesen der Philosophie erfahren heißt, daß wir uns auf das Verhältnis der Philosophie zur Poesie einlassen«.[1]

---

[1] M. Heidegger, Das Wesen der Philosophie. Unveröffentlichtes Manuskript. Jahresgabe der Martin-Heidegger-Gesellschaft 1987, S. 23.

Doch kaum ist ein solcher Satz ausgesprochen, stellt sich auch sogleich die Meinung ein, hier wolle das Denken der Philosophie die Strenge der begrifflichen Arbeit aufgeben und selbst poetischen Charakter annehmen. Diese Meinung erhält ihre Stütze dadurch, daß in der Formel von Denken und Dichten ausdrücklich die Verabschiedung der überlieferten, insbesondere aber der neuzeitlichen Bestimmung der Philosophie als Wissenschaft zum Ausdruck kommt. Früh schon hatte sich die Philosophie als ἐπιστήμη, als erste und maßgebliche, alle anderen Wissenschaften grundlegende Wissenschaft verstanden. Mit dem Beginn der Neuzeit bestimmte sie sich als Wissenschaft aus absoluter Begründung und schließlich als absolute Wissenschaft. Der neuzeitliche Wissenschaftscharakter der Philosophie gründet in ihrer Grundlegung aus dem Subjekt und Selbstbewußtsein. Zum älteren wie zum neuzeitlichen Wissenschaftsverständnis der Philosophie gehört die Selbstauslegung ihres Denkens als νοῦς und ratio, als Vernunft und Verstand. Als Verwalterin von Vernunft und Verstand unterscheidet sich die Philosophie von der Poesie und der Dichtung dadurch, daß sie die Dichtung als Nicht-Wissenschaft in einem anderen Vermögen des Menschen gründen läßt, in der φαντασία und imaginatio, d.h. in der ästhetischen Einbildungskraft. Der Unterschied zwischen Vernunft und Verstand einerseits und der Einbildungskraft andererseits zeichnet zugleich den von der Philosophie gesetzten Wesensunterschied zwischen Philosophie und Dichtung vor.

Am Anfang der abendländischen Wesensbestimmung des Verhältnisses von Philosophie und Dichtung steht Platons Dichterkritik im X. Buch der »Politeia«.[2] Gleich zu Beginn fordert Platon, die nachahmende Dichtkunst durchaus abzuweisen, da sie ein Verderb für den Verstand (διάνοια) sei. Was nachahmende Darstellung ist, zeigt er auf an Hand der drei Stufen im Sein, die ein Gefälle abnehmender Seinsstärke bilden: 1. die Idee eines sinnlich wahrnehmba-

---

[2] Platonis Opera, recogn. Ioannes Burnet, Oxonii: Clarendon, 1. Aufl. 1902, Nachdruck 1957, Bd. 4. Res publ. X, 595 sqq – Vgl. zu Platons Dichterkritik: W. Bröcker, Platos Gespräche. Vittorio Klostermann, Frankfurt a.M. 1985³, S. 314 ff. – E. Fink, Metaphysik der Erziehung im Weltverständnis von Plato und Aristoteles. Vittorio Klostermann, Frankfurt a.M. 1970, S. 89 ff.

ren Seienden, etwa die Idee des Bettes, die als das wahrhaft Seiende
der Gegenstand des mit Vernunft und Verstand Philosophierenden
ist; 2. das sinnlich wahrnehmbare Bett, das der Handwerker im Hinblick auf die Idee herstellt; 3. das Spiegelbild eines Bettes, das jeder
mittels eines Spiegels hervorbringen kann, ohne etwas von der Her-
stellungskunst des Handwerkers zu verstehen. Mit einem Spiegel
kann ich alle Dinge, auch die von Natur aus seienden, hervorbringen, aber nicht der sinnlichen Wirklichkeit, sondern nur dem Schei-
ne nach. Ähnlich verhält sich für Platon auch der Maler, der nicht
wie der Handwerker wirkliche sinnlich wahrnehmbare Dinge, sondern nur Bilder von diesen herstellt. Mit Blick auf diese drei Arten
von Betten kann gesagt werden, der Nachahmer stehe mit seinem
Erzeugnis nur an dritter Stelle von der Idee als dem wahrhaft Seienden entfernt. Auch der Tragödiendichter sei als ein solcher Nachahmer »ein Dritter abwärts von dem Könige und von der Wahrheit«
(τρίτος τις ἀπὸ βασιλέως καὶ τῆς ἀληθείας)[3]; die nachahmende Dichtung stehe »um das Dreifache entfernt vom wahrhaft Seienden«
(τριττὰ ἀπέχοντα τοῦ ὄντος)[4]; die Nachahmungskunst halte sich bei
der Herstellung ihrer Werke fern von der Wahrheit und stehe »in
engem Verkehr mit einem Teil unserer Seele, der von der Phronesis
weit entfernt ist« (πόρρω δ᾽ αὖ φρονήσεως ὄντι τῷ ἐν ἡμῖν προσομι-
λεῖ)[5]. Der nachahmende Dichter sei zu tadeln und als ein Seiten-
stück zum Maler hinzustellen. Denn er gleiche ihm im Anfertigen
von Werken, die im Vergleich zur Wahrheit wertlos sind; er gleiche
ihm auch darin, daß er es mit jenem Seelenteil zu tun hat, der auf
einer niedrigen Stufe steht, und nicht mit ihrem edelsten Teil (μὴ
πρὸς τὸ βέλτιστον)[6], dem λογιστικόν[7]. Der nachahmende Dichter sei
dem unvernünftigen Seelenteil gefällig (τῷ ἀνοήτῳ αὐτῆς χαριζόμε-
νον)[8], der das θυμοειδές[9], das Leidenschaftliche, und das ἐπιθυμη-

---

[3] Res publ. X, 597 e 7.
[4] l. c. X, 599 a 1.
[5] l. c. X, 603 a 12 sq.
[6] l. c. X, 605 b 1.
[7] l. c. X, 605 b 5.
[8] l. c. X, 605 b 8 – 605 c 1.
[9] l. c. IV, 441 a 2.

τικόν[10], das Begehrende, umfaßt, ein bloßer Bildner von Bildern und deshalb vom Wahren sehr weit entfernt.

Platons Wesensbestimmung des Verhältnisses von Philosophie und nachahmender Dichtung ergibt sich aus seiner Wesensbestimmung beider. Das Denken der Philosophie ist dem edelsten Teil der Seele, Vernunft und Verstand, verpflichtet, sein Gegenstand ist das wahrhaft Seiende. Demgegenüber steht das nachahmende Dichten im Verhältnis zum un-vernünftigen Seelenteil. Sein Gedichtetes hat nur den ontologischen Status eines Abgebildeten und Unwirklichen.

Auch wenn in der Geschichte der Verhältnisbestimmung von Denken und Dichten diese schroffe Entgegensetzung nicht aufrechterhalten, sondern schon durch Aristoteles überwunden wird, bleibt doch die anfängliche, von Platon gestiftete Überordnung der Philosophie und Unterordnung der Dichtung erhalten. Über- und Unterordnung ergeben sich aus der Selbstbestimmung der Philosophie und ihrer Wesensbestimmung der Dichtung. Diese Selbstbestimmung der Philosophie schließt eine Wesensbestimmung des Menschen ein, der gemäß der Mensch zum einen ein Sinnenwesen, zum anderen ein Vernunft- und Verstandeswesen ist. Zwischen Sinnlichkeit und Verstand hat aber die Einbildungskraft ihren Wesensort, die der Vernunft und dem Verstand untergeordnet ist. Während in der von Platon begründeten Überlieferung die Philosophie die Verwalterin von Vernunft und Verstand ist, bleibt die Dichtung an die Einbildungskraft verwiesen. So sagt Kant im § 51 der »Kritik der Urteilskraft« von der Dichtkunst, sie sei die Kunst, »ein freies Spiel der Einbildungskraft als ein Geschäft des Verstandes auszuführen«.[11] Der Dichter kündige »bloß ein unterhaltendes Spiel mit Ideen« an[12]. Im § 53 heißt es, die Dichtkunst erweitere das Gemüt dadurch, daß sie »die Einbildungskraft in Freiheit setzt«.[13]

Die Vermutung, wenn das Wesen der Philosophie aus der We-

---

[10] l. c. IV, 439 d 8.
[11] I. Kant, Kritik der Urteilskraft. Hrsg. v. K. Vorländer. F. Meiner, Hamburg 1954 (Philos. Bibl. Bd. 39), S. 176.
[12] a.a.O., S. 177.
[13] a.a.O., S. 183.

sensnähe zur Dichtung bestimmt werden soll, so heiße das, hier
gebe die Philosophie den Begriff zugunsten des dichterischen Bildes auf und nehme selbst dichterische Züge an, träfe nur dann zu,
wenn diese neue Wesensbestimmung der Philosophie auf dem Boden der überlieferten Wesensbestimmung des Menschen verbliebe,
jener Wesensbestimmung, zu der die Einteilung der Erkenntnisvermögen in Wahrnehmung, Einbildungskraft und Vernunft – Verstand gehört. Indessen verläßt die Philosophie, wenn sie ihr Wesen
in einer Nähe zur Dichtung sucht, diesen überlieferten Boden, jene
Wesensbestimmung des Menschen, wonach dieser das ζῷον λόγον
ἔχον, das animal rationale, das die Sprache und die Vernunft haben-
de Lebewesen ist. Jene Philosophie, die ihr Wesen in einer Wesensnähe zur Dichtung sucht, verläßt den Boden des vernünftigen Lebewesens, nicht aber, um der Vernunft abzuschwören, sondern um
das Wesen des Menschen ursprünglicher zu denken. Das ursprünglichere Wesen des Menschen, ursprünglicher als das vernünftige Lebewesen, erhält durch Heidegger den Wesenstitel »Da-sein«. Mit
Blick auf das Wesen des Menschen als Da-sein ergibt sich eine gewandelte Wesensbestimmung nicht nur des Denkens der Philosophie, sondern auch des Dichtens. In der am Wesen des Menschen als
Da-sein orientierten Philosophie wird weder das Denken von der
Vernunft und dem Verstande her noch das Dichten von der Einbildungskraft aus bestimmt, sondern Denken und Dichten werden
nunmehr in ihrem *daseinsgemäßen* Wesen gekennzeichnet. Ihr je
eigenes daseinsmäßiges Wesen läßt sie zugleich in ein neues, ebenfalls *daseinsgemäßes* Verhältnis treten. Das *daseinsgemäße Verhältnis von Philosophie und Poesie* findet in der Formel vom Denken
und Dichten in ihrer zarten, aber hellen Differenz seine Anzeige.

   Denken und Dichten vollziehen sich in einer ausgezeichneten
Weise in der *Sprache.* Auch für die überlieferte Wesensunterschei-
dung zwischen Philosophie und Poesie ist die Sprache ihr gemeinsames Medium. In welcher Weise aber die Sprache in ihrem Wesen
bestimmt wird, hängt davon ab, welcher Wesensbegriff vom Menschen leitend ist. Mit dem Verlassen der Wesensbestimmung des
Menschen als des Sprache und Vernunft habenden Lebewesens
wandelt sich auch die Wesensbestimmung der Sprache. Die Einsicht

in das Wesen des Menschen als Da-sein führt zum Einblick in das *daseinsmäßige Wesen der Sprache*. Die Frage nach dem Denken in seinem Wesensverhältnis zum Dichten schließt in sich die Frage nach dem Wesen der Sprache.

Sowohl das Denken der Philosophie qua Vernunft- und Verstandesdenken wie auch die zu ihm gehörende Sprache stehen in einem Bezug zu dem, was ist, zum Seienden und seinem Sein. Die Wesensbestimmung des Denkens als Vernunft- und Verstandesdenken und die ihr zugehörige Bestimmung der Sprache als sinnlich wahrnehmbarer Wortlaut und Ausdruck einer geistigen Bedeutung bilden die Blickbahn für das, was sich als Sein und Seinsverfassung des Seienden zeigt.

Wenn aber aus sachlichen Notwendigkeiten die Philosophie die gekennzeichnete Blickbahn verläßt (die Blickbahn, die durch die Wesensbestimmung des Menschen als ζῷον λόγον ἔχον und animal rationale vorgegeben ist), dann gewinnt die Philosophie am neuen Leitfaden des Da-seins einen gewandelten Einblick in das Wesen der Sprache und des Seins. Die Frage nach dem Wesen des Denkens in seinem Wesensverhältnis zum Dichten wird zugleich zur Frage nach dem Wesen der Sprache und dem Wesen des Seins.

Die Formel »Denken und Dichten« weist hinein in die Grundfragen der Philosophie. Nach dem Wesensverhältnis von Denken und Dichten kann nicht gefragt werden, ohne zugleich nach dem Wesen des Menschen, der Sprache und des Seins zu fragen.

Heideggers Denken, das in der Formel »Denken und Dichten« die Wesensbestimmung der *künftigen Philosophie* sucht, versteht und formuliert sich als das Denken des Seins. Denn die Frage nach dem Sein ist die maßgebende Grundfrage, auf die hin alle anderen Grundfragen der Philosophie orientiert sind. Mit der Seinsfrage greift Heidegger die anfängliche Grundfrage der Philosophie in der griechischen Antike auf, freilich so, daß sie von vornherein in einer gewandelten Blickbahn angesetzt und ausgearbeitet wird. Die gewandelte Blickbahn ist das gegenüber dem ζῷον λόγον ἔχον und dem animal rationale gewandelte Wesen des Menschen: das Da-sein. Aber das Wesen des Menschen als Da-sein liegt nicht offen am Tage, sondern muß erst in der Absetzung gegen die überlieferte Wesensbestimmung des Menschen ausgearbeitet werden. Deshalb setzt die Frage nach dem Sein in »Sein und Zeit« ein mit der Ausarbeitung des neuen Leitfadens für die Seinsfrage und mit ihr für die Philosophie überhaupt. Die Ausarbeitung des neuen Leitfadens für die Philosophie im ganzen ihrer Grundfragen ist die existenzial-ontologische Analytik des Da-seins.

§ 2. *Daseinsanalytische Grundlegung einer gewandelten Wesensbestimmung von Denken und Dichten*

»Sein und Zeit« ist Heideggers erster Ausarbeitungsweg der Seinsfrage und der anderen zu ihr gehörenden Grundfragen der Philosophie. Indem das Wesen des Menschen als Da-sein, d.h. aber als Vollzug des seinsverstehenden Existierens in der Erschlossenheit von Sein überhaupt oder im Ganzen hermeneutisch-phänomenologisch zum Aufweis gebracht wird, läßt sich die überlieferte Frage nach dem Sein ursprünglicher stellen und beantworten. Denn am Leitfaden des Da-seins und der seinsverstehenden Existenz zeigt sich, daß Sein nicht nur die Seinsverfassung des Seienden im Sinne der Seiendheit des Seienden ist, sondern daß das Sein in der Differenz zum Seienden und dessen Seiendheit es selbst in seiner ihm eigenen Erschlossenheit ist, die Heidegger auch die Unverborgenheit, Wahrheit und Lichtung des Seins nennt. Die Erschlossenheit als Wahrheit oder Offenheit des Seins ist das Da- aus dem Da-sein, während das -sein aus dem Da-sein die nur dem Menschen eignende Seinsweise des seinsverstehenden Existierens ist, in deren Vollzug der Mensch das Da-, die Erschlossenheit des Seins im Ganzen aufschließend aufgeschlossen hält. Das aufgeschlossen-aufschließende Aufgeschlossenhalten des Seins im Ganzen ist das Auszeichnende der Existenz. Als Da-sein existiert der Mensch in der Weise des Seinsverstehens, d.h. des Verstehens des eigenen Seins und der Seinsweisen der anderen Bereiche des Seienden.

Das existierende Verstehen der Seinsweisen des Seienden, das ich selbst nicht bin, zu dem ich mich aber verhalte, vollzieht sich als ein Übersteigen dieses Seienden auf den erschlossenen Horizont seines

Seins hin, um vom horizontal erschlossenen Sein her das Seiende *als* das Seiende, das und wie es ist, zu verstehen. Übersteigen heißt lat. transcendere. Das Da-sein ist in seinem Existenzvollzug transzendierend auf den im Transzendieren aufgeschlossen-sichaufschließenden Seinshorizont hin. Auf dem ersten Ausarbeitungsweg in »Sein und Zeit« und den fundamentalontologischen Schriften wird die Seinsfrage in der transzendental-horizontalen Fragebahn gestellt, ausgearbeitet und beantwortet. Diese Frage- oder Blickbahn heißt *transzendental-horizontal*, weil der Bezug der Wahrheit des Seins zum Da-sein als Bezug der horizontal erschlossenen Wahrheit des Seins zur transzendierenden Existenz gefaßt wird und weil in der Umkehrung das Wesensverhältnis des Da-seins zur Wahrheit des Seins als ein transzendierendes Verhalten zu dem darin aufgeschlossenen Horizont des Seins bestimmt wird.

Im Zuge der existenzial-ontologischen Analytik des Da-seins wird im § 34 von »Sein und Zeit« »Da-sein und Rede. Die Sprache« das daseinsmäßige Wesen der Sprache hermeneutisch-phänomenologisch zum Aufweis gebracht. Das daseinsgemäße Wesen der Sprache, das Heidegger im Unterschied zur worthaften Verlautbarung terminologisch *Rede* nennt, wird innerhalb der transzendental-horizontal aufgeschlossenen Erschlossenheit des In-der-Welt-seins des Da-seins und des Seins im Ganzen erfragt. Die Rede als das daseinsmäßige Wesen der Sprache zeigt sich als die bedeutungsmäßige Artikulation oder Gliederung der Erschlossenheit des In-der-Weltseins und Seins im Ganzen. In der worthaften Verlautbarung spricht sich die gegliederte Erschlossenheit des In-der-Welt-seins des Da-seins und des Seins im Ganzen aus. Hier zeigt sich nun auch, wie auf dem transzendental-horizontalen Ausarbeitungsweg der Seinsfrage der Bezug der Sprache zum Sein bzw. der Bezug des Seins zur Sprache gefaßt wird. Sein und Seinsverständnis des Da-seins sind je schon sprachlich verfaßt, weil die Erschlossenheit des Seins im Ganzen von der Rede als dem existenzialen Wesen der Sprache gegliedert ist.

Im § 34, der im Gegenzug gegen die überlieferte, am animal rationale orientierte Wesensbestimmung der Sprache den Grundriß der daseinsgemäßen Wesensbestimmung der Sprache zeichnet, fin-

det sich ein einziger, aber weittragender Satz, in dem das *daseinsmäßige Wesen der Dichtung* gekennzeichnet wird. In dieser Wesenskennzeichnung der Dichtung liegt zugleich die *daseinsanalytische
Verhältnisbestimmung von Dichten und Denken* beschlossen, die
beide, Dichten und Denken, in ihrer *Gleichordnung* begreift. Dieser seiner Knappheit wegen in seiner Tragweite meistens verkannte
Satz lautet: »Die Mitteilung der existenzialen Möglichkeiten der Befindlichkeit, das heißt das Erschließen von Existenz, kann eigenes
Ziel der ›dichtenden‹ Rede werden«.[1]

Hier wird gesagt: Dichtung schließt Existenz in ihren existenziellen Möglichkeiten des besorgend-fürsorgenden In-der-Welt-seins
auf. Die dichtend aufgeschlossenen Existenz-Möglichkeiten werden
Möglichkeiten »der Befindlichkeit« genannt, weil es überhaupt und
in ausgezeichneter Weise in der Dichtung die Befindlichkeit der
Stimmungen ist, in der sich die Möglichkeiten des existierenden In-
der-Welt-seins für den dichterisch-erschließenden Entwurf faktisch
erschließen. (Hier zeigt sich der Keim für den auf dem zweiten Ausarbeitungsweg der Seinsfrage betonten Gedanken, daß jede Dichtung aus einer Grundstimmung hervorgeht.) Im stimmungsmäßi-
gen Erschließen bekundet sich die eigene Faktizität der dichtenden
Existenz. Das Auszeichnende der dichterischen Rede und ihres Erschließens von Existenz beruht darin, daß die dichterische Rede in
einer vernehmlicheren Weise die Möglichkeiten der Existenz offenbart als es im außerdichterischen Existieren in diesen Möglichkeiten
geschieht.

Das Denken aber, das diese daseinsanalytische Wesensbestimmung von der Dichtung und deren Rede gibt, begreift sich seinerseits daseinsanalytisch als ein *hermeneutisch-phänomenologisches
Erschließen* des Da-seins und seines existierenden In-der-Welt-
seins. Wie aber erschließt das Denken im Unterschied zum Dichten
Da-sein und Existenz? Das Eigene der methodisch, nämlich hermeneutisch-phänomenologisch vorgehenden Erschließungsweise des
Denkens beruht darin, daß es nicht wie die Dichtung faktische
Möglichkeiten des Existierens, sondern die konstitutiven Seinscha-

---

[1] M. Heidegger, Sein und Zeit. Max Niemeyer, Tübingen 1979[15], S. 162.

raktere der Existenz des Da-seins erschließt. Die existenzialen Seinscharaktere und das zu ihnen gehörende kategoriale Seinsverständnis vom nächstbegegnenden innerweltlichen Seienden bilden die Strukturverfassung jener existenziellen Daseinsmöglichkeiten, die der dichtende Entwurf erschließt und ins dichterische Wort ruft.

Das Da-sein als existierendes Miteinander-in-der-Welt-sein ist somit das *gemeinsame Feld* für das Denken und das Dichten, auch wenn beide auf einem je eigenen Weg des Erschließens das gemeinsame Feld begehen. Weil das Dichten dichterisch dasselbe erschließt, was das Denken denkerisch erschließt, kann sich das Denken der Dichtung zukehren, um aus ihrer Erschließungsweise des In-der-Welt-seins für das eigene denkerische Erschließen des Da-seins zu lernen. Die Dichtung offenbart in einer vernehmlicheren Weise das In-der-Welt-sein des Da-seins, die geeignet ist, das Denken für seine eigene Aufgabe hellsichtiger zu machen. Ganz in diesem Sinne ist Heideggers Eingehen auf eine Textstelle aus Rilkes »Aufzeichnungen des Malte Laurids Brigge« in »Die Grundprobleme der Phänomenologie« (1927) zu verstehen. Es ist Rilkes dichterische Beschreibung der beim Abriß eines Hauses stehengebliebenen Innenseite einer Hausmauer, in der er die Wohnwelt des ehemaligen Hauses dichterisch sichtbar macht. Hierzu heißt es bei Heidegger: »Man beachte, wie elementar hier die Welt, d.h. das In-der-Welt-sein – Rilke nennt es das Leben – aus den Dingen uns entgegenspringt. Was Rilke hier mit seinen Sätzen aus der bloßgelegten Mauer herausliest, ist nicht in die Mauer hineingedichtet, sondern umgekehrt, die Schilderung ist nur möglich als Auslegung und Erleuchtung dessen, was in dieser Mauer ›wirklich‹ ist, was aus ihr im natürlichen Verhältnis zu ihr herausspringt«.[2]

Sowohl das Denken wie das Dichten erhalten auf dem daseinsanalytischen Ausarbeitungsweg der Seinsfrage ihre grundlegend gewandelte Wesensbestimmung, eine Wesensbestimmung erstmals aus dem Da-sein und dessen seinsverstehender Existenz. Das philoso-

---

[2] M. Heidegger, Die Grundprobleme der Phänomenologie. Marburger Vorlesung Sommersemester 1927. Gesamtausgabe Bd. 24. Hrsg. v. F.-W. v. Herrmann. Vittorio Klostermann, Frankfurt a.M. 1975, S. 246.

phierende Denken wird gefaßt als das ausdrücklich sich vollziehende, sich selbst thematisierende und sprachlich-begrifflich sich auslegende Seinsverstehen. Demgegenüber wird das Dichten gefaßt als das dichterische Aufschließen von Möglichkeiten des daseinsmäßigen In-der-Welt-seins, ein ausgezeichnetes Aufschließen, das sich als dichterische Sprache ausspricht. Das gemeinsame Feld für das denkerische und das dichterische Erschließen läßt Denken und Dichten nicht mehr einander über- und untergeordnet, sondern gleichgeordnet sein. Die philosophische Erkenntnis steht jetzt nicht mehr über der dichterischen, sondern die dichterische Erkenntnis vom In-der-Welt-sein des Menschen rückt ein in eine Gleichrangigkeit mit der philosophischen Erkenntnis.

In der daseinsgemäßen Wesensbestimmung werden Denken und Dichten nicht mehr, wie in der Überlieferung, in ihrer Wesensferne, sondern in ihrer *Wesensnähe* gesehen. Die Wesensnähe zeigt sich darin, daß das Denken für seine Daseins-Analytik auf die Dichtung und ihre dichterische Erschließungsweise der Daseins-Möglichkeiten hören kann. Das Denken kann mit der Dichtung als einem gleichrangigen Partner ins Gespräch kommen.

In der Daseinsanalytik rückt das Verhältnis von Denken und Dichten in ein anderes Licht gegenüber jenem Licht, in dem das gleiche Verhältnis beispielsweise in der Analytik der reinen theoretischen Vernunft steht. Die Analytik der Vernunft thematisiert die drei reinen Erkenntnisvermögen (reine Sinnlichkeit, reine Einbildungskraft, reiner Verstand), in deren Zusammenwirken die reine theoretische Vernunft die reine Gegenständlichkeit der Erfahrungsgegenstände der mathematischen Naturwissenschaft erkennt. Was die Philosophie qua Analytik der reinen theoretischen Vernunft thematisiert, ist nicht unmittelbar die Strukturverfassung dessen, worauf sich die Dichtung und ihr freies Spiel der ästhetischen Einbildungskraft bezieht. Die Dichtung hat ihr Thema nicht in den Erfahrungsgegenständen der Naturwissenschaft, sondern in der vorwissenschaftlichen Erscheinungsweise der empirischen Erfahrungswelt. Weil für Kants Analytik der Vernunft das vorrangige Thema die reinen theoretischen Erkenntnisvermögen und die in ihnen erkannte ontologische Verfassung des wissenschaftlich erkannten Seienden sind, während die vortheoretische Erfahrungswelt das Feld der Dichtung ist, haben Philosophie und Poesie kein gemeinsames, sondern ein je eigenes Feld. Hier bleibt die Philosophie der Dichtung übergeordnet, weil die Analytik der Vernunft den Anspruch erhebt, daß die von ihr apriori erkannte Gegenständlichkeit der naturwissenschaftlich gegebenen Gegenstände das Fundament auch für die vorwissenschaftliche Erfahrungswelt ist. Wo die ontologischen Verhältnisse in der gekennzeichneten Weise angesetzt werden, hat die Philosophie als Analytik der Vernunft keine Veranlassung, mit der Dichtung ins Gespräch zu treten. Was die Dichtung in ihrem freien Spiel der ästhetischen Einbildungskraft hervorbringt, enthält keinerlei Weisungen für die Analytik der Vernunft.

Erst wenn die vorwissenschaftliche Welterfahrung nicht mehr aus dem Abstand zur wissenschaftlichen Welterkenntnis und nicht mehr in der Blickbahn des vernünftigen Lebewesens, sondern in der Fragebahn des vortheoretischen Da-seins zur Auslegung gelangt, erst wenn die hermeneutische Einsicht gewonnen ist, daß das vortheoretische In-der-Welt-sein Boden gebend ist für die wissenschaftlich-theoretische Welterkenntnis, erst dann wandelt sich die überlieferte Wesensbestimmung des Denkens und Dichtens und mit dieser auch die Bestimmung ihres Verhältnisses. Sofern aber die Analytik des vortheoretischen Da-seins ihren Anfang nimmt unter dem Namen einer *Hermeneutik des vor-theoretischen faktischen Lebens* in den frühen Freiburger Vorlesungen seit dem Kriegsnotsemester 1919, liegt bereits in diesen frühen Texten die gewandelte Wesensbestimmung von Denken, Dichten und ihrem Verhältnis beschlossen.

Die Grundlegung für eine gewandelte Wesensbestimmung von Denken und Dichten und ihres Verhältnisses erfolgt in der Hermeneutik des faktischen Lebens und in der Analytik des Daseins. Dennoch kommt es in der daseinsmäßigen Wesensbestimmung von Denken und Dichten noch nicht dazu, daß das Denken der Philosophie sein eigenes Wesen aus der eigens bedachten Wesensnähe zur Dichtung bestimmt. Die Formel »Denken und Dichten« als Anzeige für die Wesensbestimmung des Denkens ist von Heidegger erst auf dem zweiten Ausarbeitungsweg der Seinsfrage geprägt worden.

§ 3. Das ereignisgeschichtliche Denken als Blickbahn
für das Gespräch des Denkens mit dem Dichten

In welchem Verhältnis steht der zweite zum ersten Ausarbeitungsweg der Seinsfrage? Inwiefern bedurfte es des Überganges vom ersten zum zweiten Weg? Welche sachlichen Einsichten mußten sich
ergeben, um nicht nur einen zweiten Weg zu bahnen, sondern auf
diesem das Wesen der Philosophie aus ihrem Wesensverhältnis zur
Dichtung zu bestimmen?
    Der zweite Ausarbeitungsweg ist der Weg des *seinsgeschichtli-*
chen oder *ereignisgeschichtlichen Denkens.* Auch auf diesem Weg
geht es um den Bezug der Wahrheit des Seins zum Da-sein und um
das Verhältnis des Da-seins zur Wahrheit des Seins. Bezug und Verhältnis zeigen sich jetzt aber in einer gewandelten Weise. Während
auf dem ersten Weg das Ganze von Bezug und Verhältnis als ein
Ganzes von Horizont und Transzendenz gefaßt wurde, wird auf
dem zweiten Weg das Ganze von Bezug und Verhältnis als *Ereignis*
gedacht. Im Wort »Ereignis« ist die Zusammengehörigkeit von
Wahrheit des Seins und Da-sein zu denken. Aber die Kennzeichnung des Bezuges der Wahrheit des Seins zum Da-sein als Horizont
wird aufgegeben zugunsten dessen, was Heidegger den »ereignenden Zuwurf« nennt. Zugleich wird auch die Kennzeichnung des
Verhältnisses des Da-seins zur Wahrheit des Seins als Transzendenz
überwunden zugunsten des »ereigneten Entwurfs«. Die Zusammengehörigkeit von ereignendem Zuwurf und dem ereigneten Entwurf ist das Er-eignis. Der Übergang vom transzendental-horizontalen zum ereignisgeschichtlichen Weg der Philosophie wurde
notwendig, weil sich als Aufgabe für das Denken die *Geschichtlich-*
keit der Wahrheit des Seins zeigte.
    Die entscheidende Einsicht aber, die auf dem ereignisgeschichtli-
chen Weg des Denkens dazu führt, das Wesen der Philosophie aus
ihrer Wesensnähe zum Dichten zu bestimmen, betrifft den schon
auf dem daseinsanalytischen Weg bedachten Bezug der Sprache zum
Wesen des Seins. Dieser Bezug zeigt sich im ereignisgeschichtlichen
Denken in einer gegenüber dem transzendental-horizontalen Denken gewandelten Weise. In den »Beiträgen zur Philosophie«, die das

ereignisgeschichtliche Denken erstmals aufrißmäßig ausarbeiten, heißt es: »Die Sprache entspringt dem Seyn und gehört deshalb zu diesem«.[1] Diese Einsicht führt dazu, daß das Denken der Philosophie sein Wesen als Wesensnähe zum Dichten bestimmt. Wesensnähe bedeutet aber nicht, daß das Denken in das Dichten übergeht. Die Wesensnähe bleibt gekennzeichnet durch eine Wesensverschiedenheit beider. Aber diese Wesensverschiedenheit von Denken und Dichten ist anderes als die Wesensferne. Der Name für die Wesensnähe des Denkens zum Dichten, aber auch des Dichtens zum Denken bei Wahrung ihrer Wesensverschiedenheit ist die *Nachbarschaft*. Denken und Dichten werden aus ihrer Nachbarschaft erfahren.

Im Wintersemester 1957/58 hielt Heidegger im Rahmen des Freiburger Studium Generale drei Vorträge unter dem Titel »Das Wesen der Sprache«. In diesem Text, der in »Unterwegs zur Sprache« veröffentlicht ist, wird die Nachbarschaft von Denken und Dichten am eindringlichsten und tiefsten durchdacht.[2] Es ist das Gespräch, das der Denker mit dem Dichter *Stefan George* führt. Dieser Text soll im Hauptteil der Untersuchung den Leitfaden bilden für unser Fragen nach der zarten, aber hellen Differenz von Denken und Dichten. Weil aber das in diesem Text geführte Gespräch und die in ihm erfolgende Bestimmung des Wesensverhältnisses von Denken und Dichten als Nachbarschaft sich innerhalb der Blickbahn des ereignisgeschichtlichen Denkens entfalten, werden wir noch im Rahmen unserer Einleitung diese Blickbahn so kennzeichnen, wie sie in den »Beiträgen zur Philosophie (Vom Ereignis)« erstmals und maßgebend zur Entfaltung kommt.[3]

Heidegger selbst ist es, der in den »Beiträgen« den Weg des ereignisgeschichtlichen Denkens zu dem in »Sein und Zeit« ausgearbeiteten Weg des transzendental-horizontalen Denkens ins Verhältnis

[1] M. Heidegger, Beiträge zur Philosophie (Vom Ereignis). Gesamtausgabe Bd. 65. Hrsg. v. F.-W. v. Herrmann. Vittorio Klostermann, Frankfurt a.M. 1989, S. 501.
[2] M. Heidegger, Das Wesen der Sprache. In: Unterwegs zur Sprache, a.a.O., S. 157 – 216.
[3] Vgl. hierzu F.-W. v. Herrmann, Wege ins Ereignis. Zu Heideggers »Beiträgen zur Philosophie«. Vittorio Klostermann, Frankfurt a.M. 1994, vor allem das 1. Kapitel »Das Ereignis und seine Fügungen«, S. 5 – 84.

setzt. Im 132. Abschnitt »Seyn und Seiendes« spricht er vom »Versuch der Überwindung des ersten Ansatzes der Seinsfrage in ›Sein und Zeit‹ und seiner Ausstrahlungen (›Vom Wesen des Grundes‹ und Kantbuch)«.[4] Die Überwindung geschieht dadurch, daß der Bezug des Da-seins zur Erschlossenheit oder Wahrheit des Seins nicht mehr angesetzt wird als ein Übersteigen (Transzendieren) des Seienden. Vielmehr wird jetzt für die Eröffnung der Blickbahn des Ereignisses der in »Sein und Zeit« transzendental angesetzte Unterschied von Sein und Seiendem und mit diesem die Transzendenz denkerisch übersprungen in jenem Sprung des Denkens, den Heidegger »Einsprung in das Ereignis des Da-seins« nennt.[5] Zum Transzendieren gehört aber der Horizont als das Wohin des Überstigs. Deshalb bewegt sich in »Sein und Zeit« das Denken der Seinsfrage in der transzendental-horizontalen Blickbahn. Diese Blickbahn ist es, die sich jetzt in den »Beiträgen« als unzureichend erweist, wenn dem Denken die dem Seyn und seiner Wahrheit eigene Geschichtlichkeit als Aufgabe widerfährt.

Der denkerische Sprung, in welchem das Transzendieren und mit ihm der Horizont übersprungen, d.h. aufgegeben werden, ist jedoch kein Herausspringen aus der transzendental-horizontalen Blickbahn, sondern der denkerische Sprung vollzieht sich durch einen immanenten Wandel dieser ersten Blickbahn, dergestalt, daß diese Blickbahn immanent sich öffnet in die Blickbahn des Ereignisses.

Über diesen immanenten Übergang gibt uns der 122. Abschnitt aus den »Beiträgen« in einer kaum überbietbaren Deutlichkeit Aufschluß. In diesem Abschnitt, der überschrieben ist »Der Sprung (der geworfene Entwurf)« heißt es: »Der Sprung ist der Vollzug des Entwurfs der Wahrheit des Seyns im Sinne der Einrückung in das Offene, dergestalt, daß der Werfer des Entwurfs als geworfener sich erfährt, d.h. er-eignet durch das Seyn«.[6] Die entscheidende denkerische Erfahrung, die den Weg aus der transzendental-horizontalen Blickbahn in die Blickbahn des Ereignisses bahnt, ist die Erfahrung

---

[4] M. Heidegger, Beiträge zur Philosophie, a.a.O., S. 250.
[5] a.a.O., S. 251.
[6] a.a.O., S. 239.

des Geworfenseins des Entwurfs als ein Ereignetsein aus dem ereignenden Zuwurf oder Zuruf.

Entwurf und Geworfenheit sind die terminologischen Kennzeichnungen für die zwei fundamentalen Seinscharaktere der Existenz des Da-seins, die Heidegger in »Sein und Zeit« im Zuge seiner
existenzial-ontologischen Daseins-Analytik erarbeitet hat. Der
Mensch als Da-sein (im Unterschied zum animal rationale) »ist«,
d.h. existiert in der Seinsweise des geworfenen Entwerfens. Entwurf
heißt hier nicht »Plan«, den es zu verwirklichen gilt, sondern Entwurf und Entwerfen haben die rein ontologische Bedeutung des
Aufschließens und Eröffnens. Das entwerfende Aufschließen ist die
Vollzugsweise des Seinsverstehens des Da-seins. Das Da-sein existiert seinsverstehend in der Weise des Aufschließens der Erschlossenheit des Seins, in der Weise des Eröffnens der Offenheit des
Seins. Von der Erschlossenheit sagten wir bereits, sie werde im Da-
aus dem Da-sein genannt. Indessen vollzieht sich das entwerfend-
-aufschließende Seinsverstehen nur als ein geworfenes. Wie das Entwerfen, so muß auch die Geworfenheit aus dem Grundphänomen
der Erschlossenheit her erfahren und gedacht werden. Nur sofern
das Da-sein für sein entwerfendes Aufschließen schon in die faktische Erschlossenheit versetzt, geworfen ist, kann es entwerfend-
-aufschließend existieren. Das entwerfende Aufschließen verdankt
sich der geworfenen Erschlossenheit, über die es nicht verfügen
kann, die das Da-sein vielmehr in seinem und für sein entwerfendes
Aufschließen übernehmen muß. Mit diesem daseinsmäßigen Ansatz
des Wesens des Menschen ist die Subjektivität des neuzeitlichen,
sich selbst begründen wollenden Subjekts verabschiedet.

Sein in der Weise des geworfen-entwerfenden Erschließens vollzieht sich zum einen als ein Aufschließen von Existenz-Möglichkeiten des In-der-Welt-seins und zum anderen als ein Aufschließen
der Erschlossenheit vom Sein des Seienden, das das Da-sein selbst
nicht ist, zu dem es sich aber in seinem existierenden In-der-Welt-
-sein verhält. Das geworfen-entwerfende Aufschließen hat auf dem
Ausarbeitungsweg von »Sein und Zeit« die Strukturverfassung des
Transzendierens des Seienden auf den geworfen-entworfenen Seinshorizont hin.

Nicht in einem Herausspringen, sondern in einem immanenten Übergang der transzendental-horizontalen Blickbahn in die Blickbahn des Ereignisses bzw. in die ereignisgeschichtliche Blickbahn werden die existenzialen Charaktere der Geworfenheit und des Entwurfes nicht aufgegeben. Was aufgegeben und damit überwunden wird, ist die Interpretation des geworfenen Entwerfens als ein Transzendieren oder Übersteigen, das sich auf einen offenen Horizont hin vollzieht. Aufgegeben wird somit die Interpretation der Wahrheit des Seins als Horizont und das geworfene Entwerfen als ein Transzendieren in diesen Horizont. Nicht aufgegeben wird das daseinsmäßige geworfene Entwerfen und dessen Verhältnis zur Wahrheit des Seins. Denn die neue denkerische Erfahrung, die den Übergang der transzendental-horizontalen in die ereignisgeschichtliche Fragebahn einleitet, beruht darin, daß die existierende Geworfenheit des Da-seins in die faktisch sich erschließende Erschlossenheit einem werfenden Zuwurf oder Zuruf entspringt. Aus dem werfenden Zuwurf heraus erweist sich die jeweils zugeworfene Erschlossenheit oder Wahrheit des Seins als geschichtlich sich wandelnd. In dieser *geschehend* sich wandelnden Wahrheit des Seyns beruht die *Geschichtlichkeit* der Wahrheit des Seyns, so daß von der Geschichtlichkeit des *Seyns* gesprochen werden kann.

Das sich Zuwerfen der jeweiligen geschichtlichen Wahrheit des Seyns für den daseinsvollzogenen Entwurf dieser Wahrheit des Seyns nennt Heidegger in den »Beiträgen« das *Er-eignen*. Er-eignen heißt hier nicht nur Geschehen, sondern wörtlich: zum Eigentum werden lassen. Sofern das Da-sein aus dem er-eignenden Zuwurf der geschichtlichen Wahrheit des Seyns in diese geworfen ist, um diese für den Entwurf zu empfangen, gehört das geworfen-entwerfende Da-sein nicht sich selbst, ist das Dasein nicht Eigentum seiner selbst, sondern Eigentum der Wahrheit des Seyns.

In diesem Sinne heißt es im 141. Abschnitt »Das Wesen des Seyns«: »Die Er-eignung des Da-seins durch das Seyn und die Gründung der Wahrheit des Seyns im Da-sein« ist das Er-eignis.[7] »Die Er-eignung des Da-seins durch das Seyn« geschieht als Bezug

---

[7] a.a.O., S. 262.

des er-eignenden Zuwurfs und Geworfenwerdens des Da-seins in die sich zuwerfende Wahrheit des Seyns. Das Er-eignis ist aber nicht nur dieser Bezug des er-eignenden Zuwurfs. Denn dieser geschieht für den Entwurf, den das Da-sein vollzieht. Weil der Entwurf nur das im er-eignenden Zuwurf sich Zuwerfende entwerfend eröffnet, ist der Entwurf er-eignet. Der er-eignete Entwurf vollzieht sich als das entwerfende Verhältnis des Da-seins zur er-eignend sich zuwerfenden Wahrheit des Seyns. Der Vollzug des ereigneten Entwerfens ist aber der Vollzug der daseinsmäßigen Gründung der Wahrheit des Seyns. Die Ganzheit jenes Bezuges und dieses Verhältnisses erfüllt den Sinn dessen, was Heidegger das Er-eignis nennt.

Er-eignis ist das Grundwort für die Einheit des ereignenden Bezuges der Wahrheit des Seyns zum Da-sein und des daraus er-eigneten Verhältnisses des Da-seins zur geschichtlich sich zuwerfenden Wahrheit des Seyns. Zwischen dem ereigneten Entwurf des Da--seins und dem ereignenden Zuwurf der Wahrheit des Seyns schwingt ein *Gegenschwung*[8], den Heidegger in den »Beiträgen« die *Kehre* nennt. Von dieser Kehre zwischen Zuwurf und Entwurf heißt es, sie zeige »das Wesen des Seyns selbst als das in sich gegenschwingende Ereignis« an.[9]

Die »Beiträge zur Philosophie« geben uns endgültig Aufschluß über das, was Heidegger öffentlich erstmals im »Brief über den Humanismus« als Kehre gekennzeichnet hat.[10] Die Kehre ist »in erster Linie nicht ein Vorgang im fragenden Denken«, sondern »Die Kehre spielt im Sachverhalt selbst«: in der geschichtlichen Wesung der Wahrheit des Seyns als Ereignis.[11] Der Einblick aber in den zum Wesen des Seyns selbst gehörenden Kehrecharakter ist die Einsicht in die Herkunft der Geworfenheit des Da-seins aus dem er-eignenden Zuwurf, ist die denkerische Einsicht in das Ereignis. Erst von

---

[8]   a.a.O., S. 251.

[9]   a.a.O., S. 261.

[10]   M. Heidegger, Brief über den Humanismus. In: Wegmarken. Vittorio Klostermann, Frankfurt a.M. 1996³, S. 327 f.

[11]   M. Heidegger, Ein Vorwort. Brief an P. William J. Richardson. In: Philos. Jahrb. der Görresgesellschaft. 72. Jahrg., 2. Halbbd. Karl Alber, Freiburg/München 1965, S. 400.

hier aus läßt sich sagen, das Denken der Kehre im Ereignis sei eine Wendung im Denken Heideggers. Diese Wendung oder Kehre ist keine andere als der immanent verbleibende Übergang aus dem transzendental-horizontalen in den ereignisgeschichtlichen Weg, die Zusammengehörigkeit von Sein und Da-sein zu denken. Was in »Sein und Zeit« Transzendenz genannt wurde, der geworfene Entwurf als ein Transzendieren, wandelt sich im Übergang in den ereignisgeschichtlichen Weg zum er-eigneten Entwurf. Was aber in »Sein und Zeit« als Horizont für die Transzendenz gefaßt wurde, wandelt sich in den er-eignenden Zuwurf für den daraus er-eigneten Entwurf. Hier sieht man deutlich, wie der erste Ausarbeitungsweg in den zweiten übergeht im Festhalten an den existenzialen Seinscharakteren des Da-seins aus der Daseins-Analytik.

Innerhalb dieser ereignisgeschichtlichen Blickbahn kommt es zur Wesensbestimmung des Denkens aus seiner Wesensnähe zur Dichtung, eine Wesensnähe, die sich als zarte, aber helle Differenz von Denken und Dichten ergeben wird. Es ist die jetzt in ihrer Struktur gekennzeichnete Fragebahn des Ereignisses, in der Heidegger das hermeneutische Gespräch mit der Dichtung führt. Dazu gehört auch sein Gespräch mit der Spätdichtung Stefan Georges. Aber es gehört zum Eigentümlichen aller veröffentlichten Texte zum Thema »Denken und Dichten«, daß in ihnen die Fragebahn, in der sie sich entfalten, nicht eigens thematisiert wird. Daß es sich so mit diesen wie mit allen anderen von Heidegger für die öffentliche Mitteilung verfaßten Texten verhält, können wir erst aus den »Beiträgen zur Philosophie« erkennen, in denen erstmals und grundlegend die ereignisgeschichtliche Fragebahn ausgearbeitet wird. Nachdem die »Beiträge« veröffentlicht sind und wir zu der hermeneutischen Erkenntnis gelangen, daß sie es sind, in denen Heidegger im Verlassen der transzendental-horizontalen Blickbahn die Fragebahn des seinsgeschichtlichen Denkens grundlegend für seinen künftigen Weg des Denkens ausgearbeitet hat, lesen wir die Texte, die aus dieser Blickbahn gedacht sind, ohne daß diese Blickbahn selbst thematisch wird, in einer neuen, hermeneutisch zureichenderen Weise. Aus diesem Grunde haben wir in der Einleitung die ereignisgeschichtliche Fragebahn in ihrer Grundstruktur gekennzeichnet. Im hermeneutischen Durchgang durch die Texte zur Nachbarschaft von Denken und Dichten werden wir an der Sprache, in der diese Texte sprechen, die Strukturen der ereignisgeschichtlichen Blick- und Fragebahn wiedererkennen, freilich nur aus der Kenntnis des ereignisgeschichtlichen Denkens der »Beiträge zur Philosophie«.

HAUPTTEIL

NACHBARSCHAFT ALS ZARTE, ABER HELLE DIFFERENZ
DAS WESENSVERHÄLTNIS VON DENKEN UND DICHTEN

ERSTES KAPITEL

DIE FRAGE NACH DEM WESEN DER PHILOSOPHIE
ALS FRAGE NACH DEM WESEN
DES DENKENS IN SEINEM VERHÄLTNIS ZUM DICHTEN

*§ 4. Das griechische Wort φιλοσοφία als das Unterwegssein
zum Seienden hinsichtlich seines Seins*

In unserem ersten Kapitel lassen wir uns vor die Einsicht bringen in
die Unumgänglichkeit, *die Wesensbestimmung des Denkens auf dem
Wege einer Erörterung des Verhältnisses von Denken und Dichten*
zu suchen. Diesen Weg der Einsicht ist Heidegger in seinem 1955
verfaßten Vortragstext »Was ist das – die Philosophie?« gegangen.[1]
Dieser Text hat für unsere Fragestellung eine besondere Bedeutung,
weil er den Weg zu der Einsicht bahnt, daß das Wesen der künftigen
Philosophie nur dann sachgerecht bestimmt wird, wenn diese in ihrem Wesensverhältnis zur Dichtung bedacht wird.

Die Frage lautet: Was ist das – die Philosophie? Ein Weg wird
gesucht, der dieser Frage die klare Richtung für ihre Beantwortung
weist. Der gesuchte Weg »liegt unmittelbar vor uns«.[2] Denn wir
brauchen uns nur auf das Wort »Philosophie« zu besinnen und zu
versuchen, dieses Wort »nicht mehr wie einen abgebrauchten Titel
[zu] verwenden«, sondern es »aus seinem Ursprung [zu] hören«.[3]
Das Wort φιλοσοφία aus seinem Ursprung hören ist aber keine lexi-
kalische, sondern eine hermeneutische Aufgabe. Denn es besagt, das
Wort »Philosophie« griechisch sprechen lassen und es griechisch
hörend zu verstehen.

Das Wort φιλοσοφία griechisch sprechen lassen heißt, es mit seinem unverstellten und unverdeckten griechischen Erfahrungsreich-

---

[1] M. Heidegger, Was ist das – die Philosophie? Günther Neske, Pfullingen 1956.
[2] a.a.O., S. 11.
[3] a.a.O., S. 12.

tum sich bekunden lassen. Solch Sichbekundenlassen ist nur möglich, wenn wir uns der Deutung des griechischen Denkens aus der nachkommenden Philosophie enthalten. Gefordert wird ein Sichenthalten, ein Ansichhalten, eine Epoché, die hermeneutische Epoché. Denn es könnte doch sein, daß die selbstverständlichen Vorstellungsweisen, mit denen wir das griechische Denken auslegen, die primären griechischen Denkerfahrungen verdecken. Träfe das zu, daß wir vor allem mit neuzeitlichen Denkweisen an die griechischen Denker herangehen und dadurch die genuin griechischen Denkerfahrungen verdecken, dann käme es darauf an, das griechische Denken von den verdeckenden Auslegungsschichten zu befreien, damit dieses sich in seinem ihm eigenen Erfahrungscharakter bekunden kann.

Ein solches philosophierendes Verhältnis zum griechischen Denken versteht sich als *hermeneutisch-phänomenologisch*. Die Auslegung weiß um die Gefahr, daß sich Auslegungsschichten über ihren Auslegungsgegenstand legen können, deren leitende Denkweisen nicht aus dem Gegenstand selbst geschöpft sind, sondern einer geschichtlich späteren Zeit angehören. Die Hermeneutik ist darum bemüht, ihren auszulegenden Gegenstand von den ihn verdeckenden Deutungen zu befreien, damit dieser Gegenstand sich an ihm selbst und von ihm selbst her zeigen kann. Solche Vorkehrungen treffen, daß das Auszulegende sich an ihm selbst und von ihm selbst her zeigen kann, erfüllt die Bedeutung der Phänomenologie als Vorgehensweise. Die Hermeneutik kommt nur dann zu ihrer Aufgabe, wenn sie phänomenologisch verfährt. Ein hermeneutisch-phänomenologisches Vorgehen ist zutiefst kritisch, sofern es scheidet und unterscheidet zwischen den unterschiedlichen geschichtlichen Ursprüngen von Denkweisen.

Das griechische Wort φιλοσοφία ist selbst »ein Weg«.[4] Es zeigt sich als ein Weg, wenn wir ihm in der hermeneutisch-phänomenologischen Haltung und Vorgehensweise die Möglichkeit geben, mit seinem genuin griechischen Erfahrungssinn zu uns zu sprechen. Wenn das Wort φιλοσοφία sich als Weg zeigt, haben wir schon eine

---

[4] ebd.

entscheidende Antwort auf die Frage nach dem Weg gefunden, der
der Frage nach dem Wesen der Philosophie die klare Richtung weisen soll. Dieser Weg ist die griechisch sich bekundende φιλοσοφία.

Der Weg, der das Wort φιλοσοφία ist, wird nach zwei Hinsichten
gekennzeichnet. Dieser Weg »liegt einerseits vor uns, denn das Wort
ist uns seit langer Zeit vorausgesprochen«.[5] Weil der Weg gesucht
wird, der der Frage nach dem Wesen der Philosophie die klare Richtung weisen soll, wird dieser Weg zuerst in seiner Zukunftsgerich-
tetheit in den Blick genommen. Der Weg, der die griechische
φιλοσοφία ist, liegt insofern »vor uns«, als das Wort φιλοσοφία »seit
langer Zeit vorausgesprochen« ist. »Vorausgesprochen« heißt: Das
Wort φιλοσοφία und die darin gemeinte Sache ist in die geschichtliche Zukunft hineingesprochen. Die im Wort φιλοσοφία gedachte Sache ist nicht nur eine Sache für das griechische Denken. Die Sache
dieses Denkens ist nicht mit dem Ende der griechischen Philosophie abgeschlossen, sondern sie ist auch die Sache des künftigen
Denkens.

Die andere Hinsicht auf den Weg kennzeichnet diesen als einen
solchen, der »schon hinter uns« liegt.[6] Denn das Wort φιλοσοφία
und die in ihm gedachte Sache des griechischen Denkens haben wir
immer schon gehört. Es ist der gewesene Weg des griechischen Denkens. »Hinter uns« heißt: Der Weg kommt zu uns aus dem Gewese-
nen. Die im Wort φιλοσοφία erstmals im griechischen Denken gedachte Sache hat den abendländisch-europäischen Menschen auf
seinem bisherigen geschichtlichen Weg bestimmt und bestimmt ihn
auch heute noch.

Doch darin erschöpft sich nicht die mit der φιλοσοφία gedachte
Sache. Denn als diejenige Sache, die das griechische Denken und den
aus ihm hervorgegangenen Gang der Überlieferung geleitet hat,
weist sie zugleich in die geschichtliche Zukunft voraus. Die Sache
des griechischen Denkens, die sich im Wort φιλοσοφία ausgesprochen hat, birgt in sich die geschichtliche Zukunft, die unsere Zukunft ist. Sie birgt diese hinsichtlich einer durch sie selbst und die

[5] ebd.
[6] ebd.

spätere Überlieferung noch nicht entfalteten Möglichkeit des Denkens.

Weil die φιλοσοφία ein Weg ist, der einerseits als gewesener hinter uns liegt, andererseits als künftiger vor uns, ist sie ein Weg, »auf dem wir unterwegs sind«.[7] Das will sagen: Die Sache des Denkens ist mit dem Aufbruch des griechischen Denkens vorgegeben. Wir können die Sache der Philosophie nicht beliebig und überlieferungsfrei ansetzen. Wir müssen vielmehr als Erben des griechischen Denkens die Sache der Philosophie aus dem griechischen Denken übernehmen, nicht aber, um diese Sache in den Grenzen des griechischen Denkens zu belassen, sondern um die in ihr liegende künftige Möglichkeit zu erfahren und zu entfalten. Das griechische Wort φιλοσοφία und die in ihm gedachte Sache bindet unser Fragen nach dem Wesen der Philosophie »in eine geschichtliche Überlieferung«, der wir uns nicht entziehen können.[8] Von dieser Überlieferung heißt es, sie sei »einzigartig« und »eindeutig«.[9]

Ihre Einzigartigkeit liegt in ihrer Unvergleichbarkeit und Geschichtsmächtigkeit, sofern sie den abendländisch-europäischen Geschichtsgang bis in unsere geschichtliche Gegenwart vorgezeichnet hat. Denn daß wir heute in einem geschichtlichen Zeitalter leben, das sich sein Gepräge aus dem wissenschaftlich-technischen Denken gibt, hat seine geschichtlichen Wurzeln in der griechischen Philosophie.

Die Eindeutigkeit der griechischen Überlieferung besagt vor allem, daß sie unzweideutig die Richtung freigibt für unser Fragen nach dem Wesen der Philosophie.

Die Bindung durch die Überlieferung, die sich im Wort φιλοσοφία ausspricht, bedeutet keinen Zwang und keine Einengung, sondern eine Befreiung. Denn sie gibt die Möglichkeit frei, im denkenden Sicheinlassen auf die von den Griechen gedachte Sache die eigene Sache des Denkens als gegenwärtige und künftige Aufgabe der Philosophie zu erfahren. Fragen wir nach dem Wesen der Philosophie, so ruft uns dieses Wort »in die Geschichte der griechischen

---

[7] ebd.
[8] a.a.O., S. 14.
[9] ebd.

Herkunft der Philosophie« zurück.[10] Die Frage nach dem Wesen der
Philosophie kann deshalb nur so gefragt werden, daß »wir uns in
ein Gespräch mit dem Denken des Griechentums einlassen«.[11]

Unser Fragen nach dem Wesen der Philosophie hat durch die
»geschichtliche Herkunft« des Wortes »Philosophie« eine eindeutige Richtung »in eine geschichtliche Zukunft« gefunden.[12] Die
geschichtliche Herkunft ist keine abgeschlossene, geronnene Ver-
gangenheit, sondern im Unterschied zum Vergangenen das »Gewesene«. Im denkenden Sicheinlassen auf das Gewesene kommt die in
ihm geborgene Möglichkeit, die griechisch gedachte Sache ursprünglicher zu erfahren und zu denken, als geschichtliche Zukunft
auf uns zu. Der Weg, der die φιλοσοφία selbst ist, »führt von dem
Dasein des Griechentums her zu uns hin, wenn nicht gar über uns
hinaus«.[13] Über uns hinaus in unsere geschichtliche Zukunft, weil in
dem als φιλοσοφία gedachten Wesen der Philosophie eine Wesensmöglichkeit der Philosophie geborgen ist, die weder vom griechischen Denken noch von der späteren Überlieferung, vor allem aber
nicht vom neuzeitlichen Denken aus der Subjektivität des Subjekts
ergriffen wurde, die aber die künftige Aufgabe des Denkens ist.

Warum soll aber das Wesen der Philosophie neu gegründet werden? Warum soll die jetzt zu ergreifende künftige Aufgabe der Philosophie bestimmt werden?

Die Antwort auf diese Frage liegt im Hinweis auf eine »Not«.[14]
Das überlieferte Wesen der Philosophie reicht nicht hin, um denkend jener Wirklichkeit zu entsprechen, die unserer geschichtlichen
Gegenwart und Zukunft das Gepräge gibt. Die Wirklichkeit des
heute für uns vorrangig Wirklichen ist für Heidegger das geschichtliche Wesen der modernen Technik. Die Herrschaft ihres Wesens,
das er anderenorts als das Ge-stell gedacht hat, wird als eine Not
erfahren. In der ersten der insgesamt sechs Fügungen, in die sich das
ereignisgeschichtliche Denken in den »Beiträgen zur Philosophie«

[10] a.a.O., S. 15.
[11] ebd.
[12] a.a.O., S. 18.
[13] ebd.
[14] a.a.O., S. 19.

entfaltet, in der Fügung, die den Titel »Der Anklang« trägt, wird die Not gekennzeichnet als die ins Äußerste sich steigernde Seinsverlassenheit des Seienden. In eine denkende Erfahrung dieser Seinsverlassenheit reicht das überlieferte Wesen der Philosophie nicht hin. Mit der Erfahrung der Not der Seinsverlassenheit des Seienden bekundet sich das geschichtliche Wesen des Seins und mit diesem die zu ergreifende künftige Aufgabe der Philosophie: erstmals die Wahrheit des Seyns in ihrer Geschichtlichkeit zu denken.

Welches ist aber die Sache der griechischen Philosophie, in der die Sache der gegenwärtig zu ergreifenden Aufgabe der künftigen Philosophie geborgen ist? Für die Beantwortung dieser Frage gibt Heidegger einen knappen Überblick über den Gang, den das griechische Denken von Heraklit über Sokrates und Platon zu Aristoteles genommen hat.[15]

Als erstes erinnert er daran, daß das Substantiv φιλοσοφία eine Bildung ist, die zurückgeht auf das Wort φιλόσοφος, daß dieses Wort aber zunächst kein Substantiv, sondern ein Adjektiv ist und soviel bedeutet wie: Geschicklichkeit, Kunst und Kenntnisse liebend. Φιλόσοφος in der adjektivischen Bedeutung sei vermutlich erstmals von Heraklit geprägt worden. Für ihn habe es noch nicht die φιλοσοφία gegeben, wohl aber ein Denken. Damit zeichnet sich ein Unterschied ab zwischen einem Denken, das noch keine φιλοσοφία ist, und jenem Denken, das sich als φιλοσοφία versteht. Für Heraklit sei ein ἀνὴρ φιλόσοφος kein philosophischer Mensch in der Bedeutung der späteren φιλοσοφία, sondern derjenige, der das σοφόν liebt. Hier denkt Heidegger an das Fragment 50: οὐκ ἐμοῦ, ἀλλὰ τοῦ λόγου ἀκούσαντας ὁμολογεῖν σοφόν ἐστιν ἓν πάντα εἶναι[16]: »Haben sie nicht mich, sondern den Logos gehört, so ist es weise, dem Logos zu entsprechen: Eines ist Alles«. Das hier genannte Entsprechen, ὁμολογεῖν, steht im Einklang mit dem σοφόν. Σοφόν bedeutet hier: Eines ist Alles, Ἓν Πάντα. Τὰ πάντα meint soviel wie τὰ ὄντα, alles Seiende, das All des Seienden. Das Ἓν nennt das Eine und Einzige

---

[15] a.a.O., S. 20 ff.
[16] In: H. Diels – W. Kranz, Die Fragmente der Vorsokratiker, griech. und deutsch. Weidmannsche Verlagsbuchhandlung, Zürich/Berlin. Erster Band, 1964[11], S. 161.

im Unterschied zu dem vielen Seienden, das Eine in seinem Einigen. Eines ist Alles bedeutet dann: Eins und Einig ist alles Seiende, sofern jedes Seiende ein *Seiendes* ist. Eins und Einig ist alles Seiende hinsichtlich seines Seins, das selbst nicht wie das Seiende vielzahlig ist. Alles Seiende ist einig im Sein. Das Sein einigt das viele Seiende, das in einiger Weise ist. Das Ἕν als das Einig-einigende ist das, was das viele Seiende versammelt, das Versammelnde, der Logos in der Bedeutung, in der Heraklit dieses Wort denkt.

Was ergibt dieser Hinweis Heideggers auf Heraklit für die Frage nach der Sache des griechischen Denkens? Daß das griechische Denken mit Heraklit erstmals die Erfahrung macht: Alles Seiende ist im Sein. Diese Erfahrung wird zum Anfang des griechischen Denkens. Das Denken von Heraklit und Parmenides, das frühe griechische Denken hat noch den Charakter des Einklangs mit dem Logos. Es bewegt sich in der Erfahrung, daß alles Seiende im Sein ist. Dies Im-Einklang-sein ist aber noch nicht φιλοσοφία im späteren Sinne von Sokrates und Platon.

Die erste Weise des Denkens des Seienden in seinem Sein mußte später »gegen den Zugriff des sophistischen Verstandes« eigens gerettet und verteidigt werden.[17] Diejenigen, die diese Auseinandersetzung mit der Sophistik und die Verteidigung des Seienden in seinem Sein denkend übernahmen, voran Sokrates, Platon und dessen Schüler, wurden zu solchen, die nunmehr nach dem σοφόν strebten. Seit Sokrates werden auch die Worte φιλόσοφος und φιλοσοφία gebräuchlich. Mit Sokrates beginnend verstehen sich die Denkenden als diejenigen, die nach dem σοφόν streben. Heraklit und die frühen Denker aber suchten nicht das σοφόν, sie strebten und fragten nicht nach ihm, sondern sie dachten es im Einklang mit ihm, dem Seienden in seinem Sein. Dagegen wird mit Sokrates das Denken zu einem strebenden Suchen nach dem Seienden in seinem Sein, wird das Denken zu einem Fragen nach … In den Fragmenten Heraklits oder des Parmenides stoßen wir nirgendwo auf die Haltung des Fragens. Was die frühgriechischen Denker erfahren, wird ohne Entfaltung einer Fragestellung unmittelbar ins Wort gehoben.

---

[17] M. Heidegger, Was ist das – die Philosophie? a.a.O., S. 23.

Erst wenn das Denken des Seienden in seinem Sein eigens zu einem Fragen wird: Was ist das Seiende, sofern es ist?, wird das Denken zur φιλοσοφία. Der Schritt von dem im Einklang mit dem Sein des Seienden sich haltenden Denken zur Philosophie als der ausdrücklichen Frage nach dem Seienden als solchem wurde durch die Sophistik vorbereitet und mit veranlaßt und wurde durch Sokrates und Platon erstmals vollzogen.

Diesen Grundcharakter des strebenden Suchens und Fragens bringt Aristoteles in prägnanter Weise zum Ausdruck. In Buch VII (Z) der »Metaphysik« heißt es: καὶ δὴ καὶ τὸ πάλαι τε καὶ νῦν καὶ αἰεὶ ζητούμενον καὶ αἰεὶ ἀπορούμενον, τί τὸ ὄν[18]. Heidegger übersetzt interpretierend: »Und so ist denn einstmals schon und auch jetzt und immerfort dasjenige, wohin (die Philosophie) sich auf den Weg begibt und wohin sie immer wieder den Zugang nicht findet, (das Gefragte dieses): Was ist das Seiende?«[19]. Dieser Satz zeigt, daß die Frage nach dem Seienden als dem Seienden für Aristoteles keine abschließend beantwortete Frage war. Vielmehr verstand er das Philosophieren der Ersten Philosophie als ein beständiges Fragen und Suchen, das sich immer wieder vor die Ausweglosigkeit gestellt sieht.

Mit Blick auf diesen Satz des Aristoteles kann Heidegger die Philosophie grundsätzlich als ein Unterwegssein zum Sein des Seienden fassen. Die Frage: Was ist das Seiende? (τί τὸ ὄν;) wird von Aristoteles erläutert durch die Wendung: Was ist die οὐσία? Gemeinhin wird οὐσία übersetzt durch Wesenheit oder Wesen. Heidegger übersetzt οὐσία durch Seiendheit.[20] Wenn Aristoteles die leitende Frage seiner Ersten Philosophie in die Form bringt: Was ist das Seiende? und wenn er wiederholt die Erste Philosophie nach dem Seienden als dem Seienden (ὄν ᾗ ὄν) fragen läßt, dann fragt er nach dem Sein des Seienden und nimmt das Sein als die Seiendheit des Seienden in den Blick. Platon aber faßte die οὐσία als ἰδέα, Aristoteles als

---

[18] Aristoteles, Metaphysik. In der Übersetzung v. H. Bonitz. Neu bearbeitet, mit Einleitung und Kommentar hrsg. v. H. Seidl. Griech. Text in der Edition v. W. Christ. Felix Meiner, Hamburg 1980. Z 1, 1028 b 2 sqq.

[19] M. Heidegger, Was ist das – die Philosophie? a.a.O., S. 24.

[20] a.a.O., S. 25.

ἐνέργεια. Aristoteles umgrenzt die Erste Philosophie in ihrem Wesen als die betrachtende Wissenschaft von den ersten Gründen und Ursachen: ἐπιστήμη θεωρητικὴ τῶν πρώτων ἀρχῶν καὶ αἰτιῶν[21]. Das Sein des Seienden wird in der Weise von Grund und Ursache gedacht, so, daß das Seiende seiend ist aus seinen ersten Seinsgründen und Seinsursachen.

Worauf es Heidegger in der Vergegenwärtigung dieser aristotelischen Bestimmungen aus der Ersten Philosophie ankommt, faßt er so zusammen: Der Satz des Aristoteles über die Erste Philosophie sagt uns, wohin das seit Platon φιλοσοφία genannte Denken unterwegs ist: zum Seienden »im Hinblick darauf, *was* es *ist*, insofern es Seiendes ist«.[22] Das ist die Antwort des Aristoteles auf seine Frage nach dem Wesen der Philosophie.

In dieser Antwort ist zweierlei von Bedeutung: 1. Die Sache der Philosophie ist in dieser Antwort vorgegeben: das Sein des Seienden. Dieses ist das leitende Thema des griechischen Denkens von Heraklit bis zu Aristoteles und über diesen hinaus. 2. Selbst Aristoteles, der das Denken des Seins des Seienden auf eine einzigartige Höhe geführt hat, versteht sein Fragen nach dem Sein des Seienden nicht als abgeschlossen, sondern als ein unabschließbares Suchen. Darin spricht sich die Unabschließbarkeit des Denkens des Seins aus.

Vor allem aber erfährt Heidegger im Suchen und Fragen als dem Charakter der Ersten Philosophie eine Möglichkeit des Fragens nach dem Sein, die zwar im griechischen Ansatz der Seinsfrage geborgen ist, aber innerhalb der Grenzen des griechischen Frageansatzes nicht gesehen werden konnte. Diese Fragemöglichkeit, die sich als Notwendigkeit erweist, bringt sich in »Sein und Zeit« in die Gestalt der Frage nach dem Sein selbst oder als solchem im Unterschied zur griechischen Frage nach dem Sein des Seienden oder dem Seienden als dem Seienden. Die Frage nach dem Sein selbst nennt Heidegger die Fundamental- oder Grundfrage der Philosophie. In »Sein und Zeit« formuliert er sie als Frage nach dem Sinn von Sein

[21] cf. Aristoteles, Met. A 2, 982 b 9 sq.
[22] M. Heidegger, Was ist das – die Philosophie? a.a.O., S. 27.

überhaupt. Die so gestellte Frage schließt, wie in der Einleitung ausgeführt, die Ausarbeitung eines gewandelten Wesens des Menschen ein, das den neuen Leitfaden bildet für die Ausarbeitung der Frage nach dem Sinn von Sein überhaupt.

§ 5. Das Ent-sprechen dem Sein als Antwort auf die Frage nach dem Wesen der künftigen Philosophie

Das Fragen nach dem Sein selbst ist jene Wesensmöglichkeit des Denkens, die im griechischen Wort φιλοσοφία und der darin gedachten Sache als gegenwärtig zu ergreifende künftige Aufgabe der Philosophie geborgen ist.

Zur Erfahrung dieser Fragemöglichkeit gehört aber auch die Einsicht, daß jedes Fragen nach dem Sein nur möglich ist, sofern die Fragenden für ihr Fragen »vom Sein des Seienden daraufhin angesprochen sind, daß sie sagen, was das Seiende sei, insofern es ist«.[1] Nicht nur das griechische Fragen nach dem Seienden in seinem Sein hält sich im Bereich dieses An-spruchs, sondern auch das gegenwärtig zu ergreifende und künftige Fragen muß »vom Sein des Seienden angesprochen werden«.[2] Wir müssen dem, wovon schon die griechischen Denker auf ihre Weise angesprochen wurden, und dem, wovon wir auf unsere Weise angesprochen werden, »ent-sprechen«.[3] Nur in einem solchen Ent-sprechen gelangen wir in unser gegenwärtiges und künftiges Fragen und Denken.

Was Heidegger hier und anderswo als Zusammengehörigkeit von An-spruch und Ent-sprechen denkt, hat eine methodische und eine sachliche Bedeutung. Beide Bedeutungen gehören eng zusammen.

Die *methodische* Bedeutung der Korrelation von An-spruch und Ent-sprechen besteht darin, daß jedes Fragen nach, das nicht führungslos ins Leere hineinfragt, sich nur vollziehen kann, wenn das, wonach es fragt, sich für das Fragen schon gezeigt hat. Als so Sichzeigendes führt es zur Bildung eines Vorverständnisses, ohne das ein

---

[1] a.a.O., S. 31.
[2] a.a.O., S. 32.
[3] ebd.

sinnvolles Fragen nicht möglich ist. Zum Wesen der Frage gehört die Führung durch ein Vorverständnis dessen, wonach sie fragt. In diesem Vorverständnis ist das, wonach die Frage fragt, vorgegeben. Was dem Fragen als Zufragendes vorgegeben ist, seine Vorgabe, ist seine Vorhabe. Diese ist ein Strukturmoment der Situation, in der sich ein verstehendes Auslegen aufhält. Auch das Fragen ist ein Auslegen, ein fragendes Auslegen des Gefragten. Die Situation der Auslegung ist die *hermeneutische Situation*. Die Vorgabe des Gefragten im Vorverständnis ist die *hermeneutische Vorhabe*.

Das Fragen selbst vollzieht sich mit Blick auf die Vorhabe. Das fragende Blicken-auf ist die vorausgehende Sicht auf das, woraufhin das in der Vorhabe Stehende fragend ausgelegt werden soll. Die vorausgehende Sicht-auf bildet das zweite Strukturmoment der hermeneutischen Situation, die *hermeneutische Vor-sicht*.

Das in der hermeneutischen Vor-sicht auf das in der hermeneutischen Vorhabe Stehende sich vollziehende Fragen greift zugleich vor auf eine sprachliche Begrifflichkeit, in der das fragend Ausgelegte begrifflich gefaßt wird. Das fragende Vor-greifen ist der *hermeneutische Vor-griff*.

Was Heidegger den *An-spruch* nennt, ohne den ein Fragen nach dem Sein nicht möglich ist, ist in methodischer Hinsicht die *hermeneutische Vorhabe*. Das *Ent-sprechen*, das diesem An-spruch entspricht, ist der Vollzug der *hermeneutischen Vor-sicht* und des *hermeneutischen Vor-griffs*.

Die *sachliche* Bedeutung von An-spruch und Ent-sprechen zeigt sich uns, wenn wir an das zurückdenken, was wir in der Einleitung von der in sich gegenschwingenden Struktur des Ereignisses ausgeführt haben. Was wir im Anschluß an die »Beiträge zur Philosophie« als den Bezug des ereignenden Zuwurfs zum Da-sein kennzeichneten, ist das, was in dem Wort An-spruch zu denken ist. Das Ent-sprechen aber ist der Sache nach das, was wir als den ereigneten Entwurf in seinem Verhältnis zum ereignenden Zuwurf erläuterten. Die Zusammengehörigkeit von An-spruch und Ent-sprechen ist somit dasselbe wie die Zusammengehörigkeit des ereignenden Zuwurfs und des ereigneten Entwurfs.

Die Griechen konnten die Frage nach dem Sein des Seienden nur

soweit fragen, wie sie von ihrem Gefragten angesprochen wurden.
Nur so, wie sie angesprochen wurden, d.h. hermeneutisch-phänomenologisch, nur soweit, wie sich ihnen Sein zeigte als Vorhabe für
das fragende Auslegen in der Weise von Vor-sicht und Vor-griff,
konnten sie nach dem Sein fragen und dieses bestimmen.

Auch wir selbst können die Frage nach dem Sein nur soweit fragen und beantworten, wie wir für unser Fragen im An-spruch des
Gefragten stehen. Das Fragen zeigt sich als ein Ent-sprechen, das
dem ent-spricht, was sich als Erfragbares zeigt. Das Ent-sprechen
beginnt schon mit der Formulierung der Frage. Erst dann kann die
Ausarbeitung und schrittweise Beantwortung der Frage erfolgen,
die selbst ein Ent-sprechen sind, das dem ent-spricht, was als Er-
frag-, Denk- und Bestimmbares sich zeigt.

§ 6. Die Frage nach dem Wesen der Philosophie als Erörterung des Verhältnisses von Denken und Dichten

Nach dem Wesen der gegenwärtig zu ergreifenden künftigen Philosophie wird gefragt. Als dieses Wesen hat sich bislang gezeigt: das
ausdrücklich übernommene Ent-sprechen, ent-sprechende Fragen
nach dem Sein, das dem An-spruch des Seins ent-spricht. Wenn wir
beachten, daß in der Zusammengehörigkeit von Anspruch und Ent-
-sprechen die gegenschwingenden Bezüge des ereignenden Zuwurfs
und des ereigneten Entwurfs spielen, begreifen wir, daß sich der
Gedankengang der Schrift »Was ist das – die Philosophie?« in der
Blickbahn des ereignisgeschichtlichen Denkens bewegt.

Die Philosophie muß sich selbst verstehen und vollziehen als das
»eigens übernommene und sich entfaltende Entsprechen, das dem
Zuspruch des Seins des Seienden entspricht«.[1] Bisher war die Rede
vom An-spruch, jetzt wird dieser auch Zu-spruch genannt. Zu-
-spruch sagt dasselbe wie An-spruch. Ist vom Zu-spruch die Rede,
dann müssen wir an dieselbe sachliche und methodische, d.h. hermeneutisch-phänomenologische Struktur denken, wie wir sie mit

---

[1] a.a.O., S. 43.

Blick auf den An-spruch entfaltet haben. Zu-spruch sagt noch einmal deutlich, daß das Fragen nach dem Sein seine wesensmäßige Voraussetzung darin hat, daß ihm das zu erfragende Sein je schon für das Erfragen zu-gesprochen sein muß. Was sich ihm zuspricht, ist die jeweilige hermeneutische Vorhabe und das Sichzeigende, ist Sein als Phänomen, das nur, sofern es sich zeigt, in einem fragenden Denken hinsichtlich seiner Strukturen erfragt und gedacht werden kann.

Der bislang entfaltete Gedankengang holt nun aber zu einem neuen und entscheidenden Schritt aus, wenn es heißt: »Dieses Ent-sprechen ist ein Sprechen«.[2] Nachdem der Zusammenhang von Ent-sprechen und An-spruch bisher mit Blick auf die Frage nach dem *Sein* erläutert wurde, wird jetzt mit der Kennzeichnung des daseinsmäßigen Ent-sprechens als ein *Sprechen* die Zusammengehörigkeit von Zu-spruch und Ent-sprechen im Hinblick auf die *Sprache* charakterisiert. Von jetzt ab geht es um den Bezug von *Sein und Sprache* innerhalb der Zusammengehörigkeit von An-spruch bzw. Zu-spruch und Ent-sprechen. Wir wissen aber bereits, daß durch die Zusammengehörigkeit von Zu-spruch und Ent-sprechen die in sich gegenschwingende Ereignis-Struktur durchscheint. Wir nähern uns daher der Frage nach der Zusammengehörigkeit von *Sein und Sprache* innerhalb der *ereignisgeschichtlichen Blickbahn*.

Die gegenwärtig zu ergreifende künftige Philosophie vollzieht sich in der Weise eines Ent-sprechens zum An- und Zu-spruch des Seins. Das daseinsmäßige Ent-sprechen ist aber selbst »ein Sprechen«. Das ist in doppelter Betonung zu lesen und zu hören: Das Ent-sprechen ist ein *Sprechen* und ist zugleich *ein* Sprechen unter anderen Weisen des Sprechens. Die Philosophie als Fragen nach dem Sein ent-spricht dem Zu-spruch des Seins. Als dieses Ent-sprechen ist das Denken der Philosophie ein Sprechen und als dieses Sprechen steht es »im Dienste der Sprache«.[3] Damit erweist sich das Wesen der Sprache als ausgezeichnetes Thema der künftigen Philosophie. Die Frage nach dem Wesen der Sprache zeigt sich auf dem

---

[2] a.a.O., S. 44.
[3] ebd.

Wege der Frage nach dem Wesen des Seins als Grundfrage, in der nach dem Bezug des Wesens der Sprache zum Wesen des Seins gefragt werden muß. Sollte sich erweisen, daß Sein und Sprache in einem innigen Wesenszusammenhang stehen, dann wird das Denken des Seins zugleich zum Denken der Sprache, dann ist die Philosophie als Frage nach dem Sein zumal die Frage nach dem Wesen der Sprache.

Daß das Denken in einem dienenden Verhältnis zur Sprache und ihrem Wesen steht, widerspricht der geläufigen Vorstellung von der Sprache. Nach dieser besteht die Sprache aus dem sinnlich wahrnehmbaren Laut und der geistigen Bedeutung. Gewöhnlich ist die Sprache ein »Instrument des Ausdrucks«.[4] Gemäß dieser Auffassung von der Sprache spricht sich das Vorstellen, Wollen und Fühlen des alltäglichen Lebens aus, spricht sich aber auch das dichterische Vorstellen und Fühlen und das philosophierende Denken aus. Von dieser geläufigen Sprach-Auffassung aus gesehen müßte der Satz »Das Denken steht im Dienst der Sprache« umgekehrt werden: »die Sprache [als Ausdrucksmittel] steht im Dienst des Denkens«.[5] Das Denken scheint nur dann im Dienst der Sprache zu stehen, wenn in der Sprachphilosophie die Sprache Thema der Untersuchung ist. Doch in dem Satz »Das Denken steht im Dienst der Sprache« ist nicht an die Sprachphilosophie gedacht.

Jener Satz meint vielmehr dieses: Wenn die Philosophie sich als das ausdrücklich übernommene Ent-sprechen zum An- und Zuspruch des Seins vollzieht und in dieser Vollzugsweise das Sein selbst in seinem Wesen denkt, steht dieses Denken zugleich im Dienste der Sprache. Das aber kann nur heißen: Wenn die Philosophie das Sein selbst aus dem Ent-sprechen zum An-spruch denkt, dann denkt sie in einem zumal auch das Wesen der Sprache. Wenn wie hier das Wesen der Sprache in die nächste Nähe zum Wesen des Seins rückt, hat die Erfahrung des Wesens der Sprache die geläufige Grundauffassung von der Sprache als Einheit von Laut und Bedeutung verabschiedet. Inwiefern?

---

[4] ebd.
[5] ebd.

Die Auffassung von der Sprache als Einheit von sinnlichem Laut und geistiger Bedeutung zeigt denselben Wesensbau wie das geläufige Wesen des Menschen als animal rationale. Diese auf das griechische Denken zurückgehende Wesensauffassung vom Menschen bildet in der Überlieferung zugleich den Leitfaden für das Fragen nach dem Sein des Seienden, demgemäß Sein als kategoriale Struktur der Seiendheit des Seienden gedacht wird. Ratio, also Vernunft und Verstand sind solche Zugangsweisen zum Sein, in denen sich Sein lediglich als kategorial abhebbare Struktur am Seienden zu zeigen vermag. Für diese Zugangsweisen bleibt die Fragemöglichkeit nach dem Sein selbst in seiner eigenen Enthülltheit oder Wahrheit sowie in seinem Wesen als ereignisgeschichtlicher Wesung in der gegenschwingenden Struktur von Zuwurf und Entwurf verhüllt. Umgekehrt bricht aber diese Fragemöglichkeit nur auf im gleichzeitigen Einblick in ein ursprünglicheres Wesen des Menschen, in das Da--sein und dessen seinsverstehende Existenz. Mit diesem Wandel des Wesens des Menschen wandelt sich in einem zumal jenes Wesen der Sprache, das dem vernünftigen Lebewesen korrespondiert. Die daseinsmäßige Wesensbestimmung der Sprache findet sich erstmals in der Daseins-Analytik von »Sein und Zeit«.

Im § 34 von »Sein und Zeit« lesen wir, daß die Sprache »in der existenzialen Verfassung der Erschlossenheit des Daseins« ihre Wurzeln hat.[6] Wie in der Einleitung erwähnt, wird das Wesen der Sprache im Unterschied zur Sprache als der worthaften Verlautbarung terminologisch als Rede gefaßt und diese als das bedeutungshafte Gliedern, das in der existenzial aufgeschlossenen Erschlossenheit des In-der-Welt-seins und Seins im Ganzen geschieht. Existenzial aufgeschlossen ist die Erschlossenheit (das Da- aus dem Da-Sein) in den Seinscharakteren der Geworfenheit und des Entwurfs. Der für das Wesen der Sprache entscheidende Satz lautet: »Befindlichkeit und Verstehen [d.h. Geworfenheit und Entwurf] sind gleichursprünglich bestimmt durch die Rede«.[7] Dieser weittragende Satz

---

[6] M. Heidegger, Sein und Zeit, a.a.O., S. 160.
[7] a.a.O., S. 133.

weist darauf hin, daß das bedeutungshafte Gliedern oder Artikulie-
ren (die Rede) je schon die Weisen mitbestimmt, in denen die Geworfenheit und der Entwurf erschließen und die Erschlossenheit
bildend aufschließen. Das bedeutungshafte Gliedern geschieht je
schon im faktischen Erschließen der Geworfenheit und im vollzugshaften Erschließen des Entwurfs. Hier zeigt sich innerhalb der
Daseins-Analytik, wie Sein und Sprache zusammengehören. Das in
der geworfen-entworfenen Erschlossenheit enthüllte Sein ist in einem zumal Erschlossenheit oder Enthülltheit des Wesens der Sprache, des bedeutungsmäßigen Gliederns der Erschlossenheit oder
Wahrheit des Seins im Ganzen.

Im Zuge des gewandelten Sichzeigens der in »Sein und Zeit«
transzendental-horizontal verfaßten Wahrheit des Seins, derart, daß
sich nunmehr die Wahrheit des Seyns in der gegenschwingenden
Ereignisstruktur zeigt, zeigt sich in einem zumal in gewandelter
Weise das Wesen der Sprache. Wird die Geworfenheit in ihrer Herkunft aus dem Zuwurf der Wahrheit des Seyns erfahren, dann zeigt
sich auch das Wesen der Sprache aus dem Zuwurf, d.h. aus dem An-
und Zuspruch der Wahrheit des Seyns. Im An-spruch des Seins zeigt
sich dem Denken des Seins zumal ein sich Zusprechen des Wesens
der Sprache. Wenn das Denken auf dieses sich Zusprechen des Wesens der Sprache achtet und dieses fragend bedenkt, denkend enthüllt und in den worthaften Begriff bringt, ist dieses Denken ein
ausgezeichnetes Sprechen.

Damit haben wir nur in die Richtung gewiesen, in die wir blicken
müssen, wenn wir verstehen wollen, was es heißt, daß das *Denken*
als *Ent-sprechen* ein ausgezeichnetes *Sprechen* ist und als dieses ausgezeichnete Sprechen im Dienste des Wesens der Sprache steht. Im
Dienste der Sprache und ihres Wesens steht das Denken, das sich als
Ent-sprechen zum Zu-spruch seines Zudenkenden versteht, weil es
mit dem Wesen des Seins das zum Wesen des Seins gehörige Wesen
der Sprache denkend enthüllt.

Unmittelbar an diese Einsicht anschließend heißt es in »Was ist
das – die Philosophie?«: Ohne »eine zureichende Besinnung auf die
Sprache« werden wir »niemals wahrhaft wissen, was die Philosophie als das gekennzeichnete Ent-sprechen, was die Philosophie als

eine ausgezeichnete Weise des Sagens ist«.[8] Um zu verstehen, was es heißt, daß die Philosophie das Ent-sprechen zum An-spruch des Seins und als solches eine ausgezeichnete Weise des Sagens ist, bedarf es einer zureichenden Besinnung auf das Wesen der Sprache. *Mit dem Sein ist auch das Wesen der Sprache die Sache des künftigen Denkens.* Denn Sein und Sprache zeigen wie nie zuvor in eine Zusammengehörigkeit, die es als solche zu erfragen gilt.

Eine *ausgezeichnete* Weise des Sagens ist aber nicht nur das gekennzeichnete Denken. Auch das *Dichten* und die *Dichtung* ist eine ausgezeichnete Weise des Sagens. Dann aber steht auch die Dichtung auf eine »ausgezeichnete Weise im Dienst der Sprache«, freilich »auf eine ganz andere« Weise.[9]

Kaum leuchtet der Gedanke auf, daß das neu zu gründende Wesen der Philosophie als ausdrücklich übernommenes Ent-sprechen zum An-spruch des Seins eine ausgezeichnete Weise des Sagens und Sprechens ist, *rückt dieses Wesen des Denkens ein in die Nähe zum Wesen der Dichtung.* Deshalb wird die Frage nach dem Wesen der Philosophie »notwendig dahin geführt, das Verhältnis von Denken und Dichten zu erörtern«.[10] Denn jetzt kündigt sich eine »verborgene Verwandtschaft« zwischen Denken und Dichten an.[11] Verwandt sind Denken und Dichten, »weil beide sich im Dienst der Sprache für die Sprache verwenden und verschwenden«.[12] Wie aber verwendet und verschwendet sich einerseits das Denken, andererseits das Dichten für die Sprache?

Nachdem zuerst hervorgehoben ist, daß das Dichten auf eine ganz andere Weise als das Denken im Dienste der Sprache steht, wird nun sogar von einer Kluft gesprochen: »Zwischen beiden aber besteht zugleich eine Kluft«[13], »zugleich«: trotz ihrer Verwandtschaft. Verwandtschaft und Kluft müssen in eins gesehen werden.

---

[8] M. Heidegger, Was ist das – die Philosophie? a.a.O., S. 45.
[9] ebd.
[10] ebd.
[11] ebd.
[12] ebd.
[13] ebd.

Als erstes wurde die Verwandtschaft in den Blick genommen, die sich darin zeigt, daß Denken und Dichten jeweils eine ausgezeichnete Weise des Sagens sind, daß somit beide im Dienste der Sprache stehen, beide sich im Dienst der Sprache für die Sprache verwenden und verschwenden. Mit dieser so gekennzeichneten Verwandtschaft wird zuerst eine Wesensnähe zwischen beiden betont. Die Wesensnähe steht aber der überlieferten Abgrenzung von Philosophie und Dichtung entgegen. Doch bedeutet die Verwandtschaft und Wesensnähe beider nicht, daß beide Weisen des Sagens ineinander übergehen könnten, daß z.B. das Sagen des Denkens selbst zu einem Sagen des Dichtens werden könnte. Die Wesensnähe schließt zugleich eine Wesensferne ein. Diese wurde schon beachtet, als die ausgezeichnete Weise des Sagens, die die Dichtung kennzeichnet, »eine ganz andere« als die des Denkens genannt wurde. Weil beide, Denken und Dichten, sich im Dienste der Sprache für die Sprache verwenden und verschwenden, sind sie miteinander verwandt, halten sie sich in einer Wesensnähe. Sofern aber Denken und Dichten jeweils auf eine »ganz andere« Weise im Dienste der Sprache stehen, gehört zu ihrer Wesensnähe zugleich eine Ferne. Diese Ferne in der Nähe wird sogar als Kluft gefaßt. Weil aber die Kluft zwischen Denken und Dichten innerhalb ihrer Verwandtschaft klafft, ist sie ganz anderen Wesens als die herkömmlich vorgenommene Grenzziehung zwischen Philosophie und Poesie. Während diese Grenzziehung keine Verwandtschaft kennt, sind Denken und Dichten durch die Kluft innerhalb ihrer Verwandtschaft nicht auseinandergerissen, sondern in ihrer Wesensnähe belassen. Die Kluft klafft nur innerhalb der Verwandtschaft, ohne daß diese dadurch aufgehoben würde.

Was hier als Kluft innerhalb der Verwandtschaft gekennzeichnet wird, faßt die Trilogie »Das Wesen der Sprache« als die zarte, aber helle Differenz innerhalb der Nachbarschaft von Denken und Dichten. Wie die Nachbarschaft, die Wesensnähe, ein anderes Wort für die Verwandtschaft ist, so ist die zarte, aber helle Differenz ein anderes Wort für die Kluft. Die zarte, aber helle Differenz erläutert die Kluft zwischen Denken und Dichten in ihrer Eigenart. Als »zarte« Differenz ist sie eine solche zwischen zwei Unterschiedenen, die in ihrem Wesen miteinander verwandt sind. Als »helle« Differenz weist sie darauf hin, daß sie trotz ihrer Zartheit nicht etwa durchlässig ist, dergestalt, daß das Denken selbst zum Dichten und das Dichten selbst zum Denken werden könnte.

Die Kluft, die zwischen dem Denken und dem Dichten in deren Verwandtschaft besteht, wird in der Sprache eines Hölderlin-Verses aus der späten Hymne »Patmos« erläutert. Denken und Dichten »wohnen auf getrenntesten Bergen«.[14] In den Schriften Heideggers stoßen wir auf zahlreiche Textstellen, die sich zum Verhältnis von Denken und Dichten als Einheit von Verwandtschaft und Kluft bzw. Differenz äußern. In der Vorlesung »Was heißt Denken?« (1952) heißt es: »Aber das Denken wurde doch in die Nähe des Dichtens gebracht und gegen die Wissenschaft abgesetzt. Allein, die Nähe ist etwas wesenhaft anderes als der fade Ausgleich der Unterschiede. Die Wesensnähe zwischen Dichten und Denken schließt den Unterschied so wenig aus, daß sie ihn vielmehr in einer abgründigen Weise erstehen läßt«.[15] Innerhalb dieses zunächst nur sich andeutenden Wesensverhältnisses von Denken und Dichten läßt sich weder ihre Wesensnähe noch ihr Unterschied in der Blickweise der überlieferten Auffassung von Denken und Dichten bestimmen. Wenn sich für uns ergeben hat, daß die Philosophie ein Ent-sprechen ist, »das den Zuspruch des Seins des Seienden zur Sprache bringt«[16] und als solches ein ausgezeichnetes Sagen ist, dann deutet sich die Wesensnähe dieses Denkens zum Dichten an, dann kann diesem Wesen des Denkens nur nach-gedacht werden, wenn versucht wird, nunmehr in diese Wesensnähe hineinzufragen, sie aufzuhellen und dabei zugleich das Eigenwesen des Denkens wie des Dichtens innerhalb ihrer Verwandtschaft zu bestimmen.

---

[14] ebd.
[15] M. Heidegger, Was heißt Denken? Max Niemeyer, Tübingen 1954, S. 154.
[16] M. Heidegger, Was ist das – die Philosophie? a.a.O., S. 46.

ZWEITES KAPITEL

DICHTERISCHE UND DENKERISCHE ERFAHRUNG
MIT DER SPRACHE

Das erste Kapitel »Die Frage nach dem Wesen der Philosophie als
Frage nach dem Wesen des Denkens in seinem Verhältnis zum Dichten« hat uns im Anhalt an den Text »Was ist das – die Philosophie?«
zu der vorläufigen Einsicht geführt, daß das Wesen der Philosophie
im Ent-sprechen dem Zu-spruch des Seins beruht, daß dieses Ent-
-sprechen in sich eine ausgezeichnete Weise des Sagens ist, die als
Wesenszug der Philosophie nur begriffen werden kann, wenn das
Fragen nach dem Sein zugleich ein Fragen nach dem Wesen der Sprache wird. Weil aber das Denken der Philosophie nicht die einzige
ausgezeichnete Weise des Sagens ist, weil auch das Dichten eine eigene ausgezeichnete Sageweise ist, muß die zur Frage nach dem Sein
gehörige *Besinnung auf das Wesen der Sprache am Leitband der Frage
nach dem Wesensverhältnis von Denken und Dichten* erfolgen. Die
Frage nach dem Wesensverhältnis von Denken und Dichten wird
zur Frage, in welcher Weise einerseits das Denken, andererseits das
Dichten eine ausgezeichnete Weise des Sagens ist, d.h. in einem ausgezeichneten Bezug zur Sprache steht, die zum Sein selbst gehört.
Die vermutete Zusammengehörigkeit von Sein und Sprache ist es,
die das Denken erstmals in die Wesensnähe zum Dichten rücken
läßt, so, daß Dichten und Dichtung zum gleichwesentlichen Gesprächspartner für das Denken werden. Die Frage nach dem künftigen Wesen der Philosophie wird zur Frage nach dem Wesensverhältnis von Denken und Dichten.

Die schrittweise Entfaltung dieser Frage finden wir in jenen Texten, die 1957/58 unter den Titeln »Das Wesen der Sprache« und
»Dichten und Denken. Zu Stefan Georges Gedicht *Das Wort*« gedacht sind.[1] Das jetzt begonnene zweite und die folgenden Kapitel

[1] Vgl. zur folgenden Interpretation der drei Vorträge: W. Biemel, Heidegger. Ro-

orientieren sich am Gedankengang dieser Texte, in denen Heidegger das Wesensverhältnis von Denken und Dichten als deren Nachbarschaft am eindringlichsten herausgearbeitet hat. Die Nachbarschaft aber von Denken und Dichten ist eine Wesensnähe beider, die zugleich eine zarte, aber helle Differenz von Denken und Dichten einschließt. Unterwegs werden verschiedene Texte aus dem Umkreis der Thematik von Denken und Dichten einbezogen.

§ 7. Die Möglichkeit, mit der Sprache selbst eine denkende Erfahrung zu machen

Um zu begreifen, wie die Philosophie als ein denkendes Ent-sprechen dem An-spruch des *Seins* in sich eine ausgezeichnete Weise des *Sagens* ist, das im Dienste der Sprache und ihres Wesens steht, bedarf es der *Frage nach dem Wesen der Sprache*. Der Ansatz dieser Frage hält sich in der Vermutung, daß das Wesen der Sprache einen innigen Bezug zum Wesen des Seins hat. Die Frage nach dem Wesen der Sprache schließt daher die Frage nach dem Wesen des Seins ein, und umgekehrt. Die so orientierte Frage nach dem Wesen der Sprache soll dergestalt gefragt werden, daß wir als die Fragenden uns »vor eine Möglichkeit bringen, mit der Sprache eine Erfahrung zu machen«.[1] Das ist der Leitsatz, an dem entlang das Fragen nach dem Wesen der Sprache entfaltet wird. Die Formulierung dieses Leitsatzes verdeutlicht von vornherein die einzunehmende Fragehaltung.

Denn das Wort »Erfahrung« bedeutet hier »Widerfahrnis«. Das, womit ich eine Erfahrung mache, widerfährt mir, kommt über mich, trifft mich, und zwar so, daß es mich verwandeln kann. In einer solchen Erfahrung gelange ich in ein gewandeltes Verhältnis zu dem, womit ich diese Erfahrung mache. Wenn es die Sprache und ihr Wesen ist, mit dem wir im Fragen eine solche Erfahrung machen, widerfährt uns das Wesen der Sprache als »An-spruch«. Eine denkende Erfahrung mit der Sprache machen heißt daher »uns vom

wohlt Reinbek b. Hamburg, 1973: Dichten – Denken – Sprache (»Das Wesen der Sprache«, 1957/58), S. 125 – 141.
[1] M. Heidegger, Das Wesen der Sprache, a.a.O., S. 159.

Anspruch der Sprache eigens angehen lassen, indem wir auf ihn eingehen, uns ihm fügen«.²

Es ist die Rede vom »Anspruch der Sprache«. In »Was ist das –
die Philosophie?« handelte es sich um den »Anspruch des Seins«.
Die Zusammengehörigkeit von Sein und Sprache, Sprache und Sein
leuchtet auf.

Gleich zu Beginn des Fragens nach dem Wesen der Sprache ist
die Rede vom »Anspruch«. Im ersten Kapitel konnten wir schon
Grundsätzliches zu diesem Leitwort des ereignisgeschichtlichen
Denkens ausführen. Wir sehen, wie wir die »Erfahrung« als »Widerfahrnis« aufnehmen müssen. Die Erfahrung hat als Leitwort dieselbe Struktur wie der Anspruch. Beide Leitworte zeigen eine sachliche wie auch methodische Bedeutung. Die sachliche Bedeutung
zielt auf die Struktur des ereignenden Zuwurfs. Aus dieser ergibt
sich die methodische Bedeutung. Das dem Fragenden Widerfahrende, das ihn An-sprechende, ist das, was sich ihm zeigt, das Sichzeigende, das Phänomen. Das Sichzeigende ist zugleich das, was sich
dem Fragen vorgibt, was das Fragen vor sich hat als das Zufragende,
die Vorgabe und Vorhabe für das hermeneutische Fragen. Mit den
Leitworten Erfahrung und Anspruch nimmt das Fragen von vornherein eine hermeneutisch-phänomenologische Haltung ein. In dieser Haltung weiß sich das Fragen geführt durch das Sichzeigende,
das als die hermeneutische Vorhabe das jeweilige Vorverständnis für
den Fragevollzug bildet.

Wo es aber zum An-spruch und zur Erfahrung als Widerfahrnis
kommt, da gibt es auch eine Entgegnung. Diese klingt an, wenn es
heißt: Wir lassen uns vom Anspruch der Sprache eigens angehen,
»indem wir auf ihn eingehen, uns ihm fügen«. Das Eingehen-auf-
den-Anspruch, das Sich-ihm-fügen, blickt auf das, was wir als das
Ent-sprechen kennengelernt haben. In diesem Ent-sprechen zeigt
sich aber die Daseinsstruktur des geworfenen oder ereigneten Entwurfs. Der ereignete Entwurf, als welcher sich das Denken im Fragen vollzieht, ist ein Eingehen auf den An-spruch, auf den ereignenden Zuwurf, ist ein Sichfügen dem An-spruch und seinem
ereignenden Zuwurf. Hier tritt das philosophierende Denken und

² ebd.

Fragen nicht in einer Herrschaftsrolle auf wie in dem aus der Subjektivität des Subjekts sich selbst begründenden Denken. Vielmehr
versteht sich hier der fragend Denkende als Da-sein, das sich in seinem entwerfenden Seinsvollzug dem Geworfensein in die Wahrheit
des Seyns verdankt. Die daseinsgemäße Fragehaltung ist die hermeneutisch-phänomenologische, die sich dem Sichzeigen des Zudenkenden als dem unverfügbaren Vorverständnis des Zufragenden
fügt.

Die Betonung, daß wir uns in der Erfahrung mit der Sprache »eigens«, ausdrücklich, vom Anspruch der Sprache angehen lassen,
zeigt an, daß wir nicht nur dann, wenn wir eine *denkende* Erfahrung mit der Sprache machen, im An-spruch der Sprache stehen.
Denn der Mensch hat seinem Wesen gemäß »den eigentlichen Aufenthalt seines Daseins in der Sprache«.[3] Das Da-sein ist der Wesensbereich des Menschen, worin er je schon im An-spruch der Sprache
steht, so, daß er stets im Vollzug seines Menschseins diesem An-
spruch ent-spricht. Im natürlichen, außerphilosophischen Da-seins-
vollzug bleiben aber das Wesen des Menschen, das da-seinsmäßige
Ent-sprechen, und der An-spruch der Sprache verhüllt. Wenn im
natürlichen Da-seinsvollzug und natürlichen Sprechen das Stehen
im An-spruch der Sprache als Ermöglichung des natürlichen Sprechens verhüllt bleibt, wird die gesuchte denkende Erfahrung mit der
Sprache den An-spruch des Wesens der Sprache und das da-seinsmäßige Ent-sprechen allererst sichtbar machen. Dann aber zeigt
sich auch, daß das ausdrückliche Sichangehenlassen vom An-spruch
der Sprache im Denken nur möglich ist, weil wir unausdrücklich
und verhüllterweise je schon in diesem An-spruch stehen.

Eine solche denkende Erfahrung mit der Sprache, die allererst das
Wesen des Menschen aus dem An-spruch des Wesens der Sprache
erfahren läßt, verwandelt uns. Sie verwandelt uns in unserer geläufigen Auffassung von der Sprache, dergemäß diese jenes Ausdrucksmittel ist, das aus dem sinnlichen Laut und der geistigen Bedeutung
besteht. Die gesuchte denkende Erfahrung mit der Sprache macht
uns auf unser wahres »Verhältnis zur Sprache aufmerksam«.[4]

---

[3] ebd.
[4] ebd.

Weil wir die Sprache täglich sprechen, sind wir – wie es scheint – der Sprache und ihrem Wesen so nahe wie nur möglich. Diese Nähe zur Sprache scheint die Bürgschaft dafür zu sein, daß das Verhältnis des Menschen zur Sprache seit langem aufgeklärt, bestimmt und sprachlich gefaßt ist. Gibt es doch fast solange, wie es das Denken der Philosophie gibt, auch ein Nachdenken über die Sprache. Aristoteles bestimmt sogar das Wesen des Menschen mit Blick auf die Sprache: der Mensch als das Lebewesen, das die Sprache hat. Ist damit nicht ein für alle Male das Grundverhältnis des Menschen zur Sprache aufgeklärt? Heideggers Antwort auf diese Frage lautet aber: Unser Verhältnis zur Sprache ist noch immer »unbestimmt, dunkel, beinahe sprachlos«.[5] Diese Antwort zielt auf jenes Verhältnis des Menschen zur Sprache, das nicht zum Wesen des Menschen als dem animal rationale, sondern zum Wesen des Menschen als Da-sein gehört.

Ein Wissen vom Wesen der Sprache und dem Verhältnis des Menschen zur Sprache, das in einer denkenden Erfahrung mit der Sprache allererst gesucht wird, ist anderer Art als jenes Sprachwissen, das die herkömmliche Sprachphilosophie und Sprachwissenschaft erworben haben und erwerben. Diesen Unterschied im Wissen von der Sprache macht Heidegger dadurch deutlich, daß er der »Erfahrung *mit* der Sprache« die Gewinnung der »Kenntnisse *über* die Sprache« gegenüberstellt.[6] In den sprachphilosophischen und sprachwissenschaftlichen Kenntnissen über die Sprache ist die Sprache im Licht der selbstverständlichen Grundvorstellungen von ihr vorgegeben. Zu diesen gehört, daß das Sprechen eine Tätigkeit des Menschen als des geistigen Lebewesens ist (das Tier spricht nicht); ferner daß die Sprache selber aus sinnlichem Laut und geistiger Bedeutung besteht. Laut und Bedeutung bilden den sprachlichen Ausdruck, in dem die inneren Erlebnisse in ihrer Beziehung auf die äußeren Dinge ausgedrückt werden. Diese selbstverständlichen Grundvorstellungen gehen auf die Art zurück, wie Aristoteles in »De interpretatione« die Sprache kennzeichnet. Zu Beginn heißt es:

---

[5] a.a.O., S. 160.
[6] ebd. (Hervorhebung v. Vf.).

Ἔστι μὲν οὖν τὰ ἐν τῇ φωνῇ τῶν ἐν τῇ ψυχῇ παθημάτων σύμβολα, καὶ τὰ γραφόμενα τῶν ἐν τῇ φωνῇ. καὶ ὥσπερ οὐδὲ γράμματα πᾶσι τὰ αὐτά, οὐδὲ φωναὶ αἱ αὐταί· ὧν μέντοι ταῦτα σημεῖα πρώτων, ταὐτὰ πᾶσι παθήματα τῆς ψυχῆς, καὶ ὧν ταῦτα ὁμοιώματα πράγματα ἤδη ταὐτά.[7]: »Es sind also die Laute, zu denen die Stimme gebildet wird, Zeichen der in der Seele hervorgerufenen Vorstellungen, und die Schrift ist wieder ein Zeichen der Laute. Und wie nicht alle [Menschen] dieselbe Schrift haben, so sind auch die Laute nicht bei allen dieselben. Was aber durch beide [Schrift und Laute] an erster Stelle angezeigt wird, die einfachen seelischen Vorstellungen, sind bei allen Menschen dieselben, und ebenso sind es die Dinge, deren Abbilder [Angleichungen] die Vorstellungen sind«.

Ob in diesen Grundvorstellungen von der Sprache und vom Verhältnis des Menschen zu ihr ein für alle Male das Wesen der Sprache festgemacht ist oder ob sich in diesen Grundvorstellungen eine Wesensauslegung von Sprache und Mensch ausspricht, die nicht die einzig wahre ist, das ist die zur Entscheidung stehende Frage. Wenn einmal eingesehen wird, daß jene Grundvorstellungen keine selbstverständlichen Gegebenheiten sind, sondern auf einer Auslegung beruhen, die ihre eigenen Voraussetzungen hat, dann könnte sich erweisen, daß sich in jenen Grundvorstellungen ein anderes, vielleicht ursprünglicheres Wesen der Sprache und Wesensverhältnis des Menschen zur Sprache verbirgt. In jener fragenden Haltung, die darauf aus ist, mit der Sprache eine denkende Erfahrung zu machen, sind die bisherigen Grundvorstellungen von der Sprache auf die Seite gestellt, um den Blick freizuhalten für das, was sich als Wesen der Sprache an ihm selbst und von ihm selbst her zeigt. Wenn das Außer-Geltung-setzen von scheinbar selbstverständlichen Vorstellungen die Bedeutung von der Epoché erfüllt, dann üben wir im Ausgang des Fragens nach dem Wesen der Sprache hermeneutische Epoché.

---

[7] Aristotelis Categoriae et Liber De Interpretatione. Recognovit brevique adnotatione critica instruxit L. Minio-Paluello. Oxonii 1949, reprinted lithographically 1956. De interpretatione. 1, 16 a 3 sqq (deut. Übersetzung nach E. Rolfes).

§ 8. *Aufriß der Möglichkeiten, mit der Sprache selbst eine Erfahrung zu machen*

Sich vor die Möglichkeit bringen, mit der Sprache eine denkende Erfahrung zu machen, darin liegt beschlossen, daß wir diese Erfahrung nicht aus dem Stand heraus machen können. Es bedarf vielmehr eines Weges, auf dem wir vor die Möglichkeit und in die Möglichkeit der gesuchten Erfahrung gelangen. Weg und Erfahrung gehören zusammen. Keine Erfahrung ohne Weg. Aber »Weg« ist hier nicht eine bloße Metapher. In der Rede von Weg und Wegen spricht sich das Methodische dieses Denkens aus. Weg heißt griechisch ὁδός. Einem Weg nachgehen, dieses »nach« heißt μετά. Μετά und ὁδός ergeben in ihrer Zusammensetzung das Wort μέθοδος, Methode. Methode bedeutet ursprünglich nicht die bloße Verfahrensweise, sondern »einem Weg nachgehen«. In dem von Heidegger verwendeten Wort »Weg« liegt das Methodenproblem des ereignisgeschichtlichen Denkens beschlossen. Denn der Weg steht, wie sich zeigen wird, in einem besonderen Bezug zu dem, was gedacht wird, zum Wesen der Sprache und zum Wesen des Seins.

Das Denken, das sich aufmacht, so nach dem Wesen der Sprache zu fragen, daß es sich vor die Möglichkeit bringt, mit der Sprache eine Erfahrung zu machen, hält Ausschau nach einem Weg für diese Erfahrung. Dieser Weg ist der *Zugangsweg* zu dem, wonach gefragt wird und womit eine Erfahrung gemacht werden soll. Die Frage nach dem Zugangsweg gehört als Frage nach der *Zugangsmethode* zur genannten hermeneutisch-phänomenologischen Methode. Innerhalb dieser ist die Fragehaltung des Achtens auf das jeweils Sichzeigende die Art, wie das Zudenkende behandelt wird, die *Behandlungsart*. Zugangsweg und Behandlungsart machen zusammen die hermeneutisch-phänomenologische Methode aus.

Von der Erfahrung, die wir mit der Sprache machen können, heißt es, in ihr »bringt sich die Sprache selbst zur Sprache«.[1] Die »Sprache selbst« besagt das »Wesen der Sprache«. Dagegen bedeutet die Wendung »sich zur Sprache bringen«: sich zu Wort bringen.

---

[1] M. Heidegger, Das Wesen der Sprache, a.a.O., S. 161.

»Sprache« in der Wendung »Sprache selbst« nennt das Wesen der
Sprache, während »Sprache« in der Wendung »sich zur Sprache
bringen« die Bedeutung von Wort und worthafter Verlautbarung
hat. Wir dürfen aber eingedenk der hermeneutischen Epoché die
Verlautbarung der Sprache nicht als sinnlich vernehmbaren Laut im
Unterschied zur geistigen Bedeutung fassen. Diese Auffassung von
der Sprache unterliegt der hermeneutischen Epoché, so daß wir von
ihr keinen Gebrauch machen. Denn was die worthafte Verlautbarung an ihr selbst ist, muß aus dem zu erfragenden Wesen der Sprache neu bestimmt werden. Das gleiche trifft für die andere Seite der
Sprache zu, für die geistigen Bedeutungen. Auch sie werden sich
aus dem erfragten Wesen der Sprache in anderer Weise zeigen, so,
daß sich die sonst selbstverständliche Auffassung zwar nicht als
falsch, wohl aber als nicht hinreichend erweist.

Die allgemeinste Kennzeichnung dessen, was eine »Erfahrung
mit der Sprache« besagt, lautet: In jeder Erfahrung, die mit der Sprache gemacht wird, bringt sich die Sprache selbst, ihr Wesen, zu Wort.

Das Sich-zu-Wort-bringen des Wesens der Sprache scheint in jedem Vollzug des Sprechens zu geschehen: im alltäglichen-außerwis-
senschaftlichen und im wissenschaftlichen Sprechen. Darin sprechen wir doch in einem Gefüge worthafter Verlautbarung. Bringt
sich darin nicht die Sprache selbst, ihr Wesen, zu Wort? Der Schein
trügt. »Wann immer und wie immer wir eine Sprache sprechen, die
Sprache selber kommt dabei gerade nie zum Wort«.[2] Im alltäglichen
Sprechen, das ein Miteinandersprechen ist, kommt das Wesen der
Sprache gerade nicht zu Wort. Zu Wort kommt darin das, worüber
wir sprechen. Das Worüber unseres Sprechens ist das Seiende der
unterschiedlichen Bereiche: die Gebrauchsdinge, mit denen wir gemeinsam zu tun haben, die Angelegenheiten unseres täglichen Mit-
einanderseins. Wir sprechen aber auch über die Anderen und über
uns selbst. Wir sprechen ferner über die Natur, über ihre Dinge und
ihre Lebewesen. Wir sprechen über Werke der Kunst und vieles andere mehr. Solange wir Wissenschaft treiben, sprechen wir über die
Gegenstände so, wie sie zur wissenschaftlichen Gegebenheit und

---

[2] ebd.

Erkenntnis gelangen. Hier sprechen wir in einer betonten Weise in Aussagesätzen.

In der Weise, wie alles, worüber wir sprechen, worthaft verlautet, verstehen wir es hinsichtlich dessen, wie und was es ist. In dieser worthaften Verständlichkeit dessen, worüber wir sprechen, kommt aber das Wesen der Sprache selbst nicht zu Wort. Deshalb ist aber unser vorwissenschaftliches und wissenschaftliches Sprechen kein mangelhaftes Sprechen im Vergleich zu jenem, worin das Wesen der Sprache selbst zu Wort kommt. Denn nur dadurch, daß im alltäglich-vorwissenschaftlichen und wissenschaftlichen Sprechen das Wesen der Sprache nicht zu Wort kommt, weil es an sich hält, können »wir geradehin eine Sprache sprechen, von etwas und über etwas im Sprechen handeln«.[3] Im Sprechen über dieses und jenes hält das Wesen der Sprache an sich, hält es sich zurück. Das Ansichhalten des Wesens der Sprache ist die Ermöglichung des Reichtums unseres Sprechens über das, was ist.

Damit ist die »Erfahrung mit der Sprache selbst« deutlich abgehoben gegen das vorwissenschaftliche und wissenschaftliche Sprechen, das in seiner Vollzugsweise keine Erfahrung mit der Sprache selbst, mit ihrem Wesen ist.

Es gibt aber nicht nur *eine* Erfahrungsweise mit der Sprache selbst, nicht nur die gesuchte denkende Erfahrung, sondern eine Vielfalt von Erfahrungsweisen mit dem Wesen der Sprache. Zunächst sind es drei Möglichkeiten, von denen sich die zweite und dritte jeweils zweifach gliedern.

Die *erste Möglichkeit*: die Erfahrung mit der Sprache selbst mitten im alltäglichen Sprechen.

Mitten im Vollzug des alltäglichen Sprechens, in dem das Wesen der Sprache an sich hält, kann es zu einer Erfahrung mit der Sprache selbst kommen, die als solche das alltägliche Geradehinsprechen unterbricht. Wenn uns unerwartet dieses oder jenes in einer ungewöhnlichen Weise angeht, uns an sich reißt, uns bedrängt oder überwältigt: der Anblick einer Landschaft, die Begegnung mit einem Kunstwerk, die Nähe eines Menschen, dann kann es geschehen, daß

---

[3] ebd.

wir »das rechte Wort nicht finden«.[4] Was uns in einem solchen Augenblick überfällt, lassen wir »im Ungesprochenen«.[5] Solche Erfahrungen, die mitten im alltäglichen Daseinsvollzug aufbrechen, sind »Augenblicke [...], in denen uns die Sprache selber mit ihrem Wesen fernher und flüchtig gestreift hat«.[6] Die Weise, in der in solchen Erfahrungen das sonst im alltäglichen Sprechen an sich haltende Wesen der Sprache sich bekundet, ist ein »fernher« und »flüchtiges« »Streifen«.

Das Eigentümliche dieser ersten Möglichkeit einer Erfahrung mit der Sprache selbst, mit ihrem Wesen, beruht darin, daß sich in ihr das Wesen der Sprache in der *Wortlosigkeit*, im Ausbleiben des rechten Wortes für das Erfahrene, bekundet. Indessen bekundet sich hier das Wesen der Sprache nur dergestalt, daß es uns »streift«. Das uns Streifen ist überdies noch ein flüchtiges, zusammengedrängt auf einen Augenblick. Mehr noch, das Wesen der Sprache streift uns nicht nur flüchtig, sondern auch »fernher«, aus jener Ferne, als welche das Wesen der Sprache im alltäglichen Sprechen an sich hält. In seiner augenblickshaften Bekundung tauscht es seine Ferne nicht in eine Nähe ein, sondern streift uns aus dieser Ferne, um im nächsten Augenblick wieder an sich zu halten.

Inwiefern aber läßt sich das ungewöhnliche Angegangenwerden von diesem oder jenem und das Nichtfinden des rechten Wortes als eine Bekundung des sonst an sich haltenden Wesens der Sprache bestimmen? Eine zureichende Antwort könnte nur aus dem schon gewonnenen Einblick in das erfragte Wesen der Sprache erfolgen. Dieser Einblick soll aber erst durch die denkende Erfahrung mit dem Wesen der Sprache gewonnen werden. Dennoch läßt sich als vorläufige Antwort sagen: Die Verständlichkeit dessen, worüber wir alltäglich sprechen, ist diejenige, die es aus dem worthaften Sprechen über es hat. Die vertraute, selbstverständlich gewordene Verständlichkeit hat ihre Herkunft aus dem vollen Wesen der Sprache. In den Augenblicken der genannten Erfahrungen zerbricht die

---

[4] ebd.
[5] ebd.
[6] ebd.

vertraute Verständlichkeit und mit ihr das zu ihr gehörende alltägliche Sprechen. In diesem Zerbrechen wandelt sich die selbstverständliche Verständlichkeit in die Berückung und den ungewöhnlichen Angang. Weil dieser Wandel zur Geschehensweise des Wesens der Sprache gehört, bekundet sich in ihm das Wesen der Sprache. Dennoch bleibt die Bekundung nur ein Streifen, fernher und flüchtig.

Die *zweite und dritte Möglichkeit,* mit der Sprache selber eine Erfahrung zu machen: Wenn es eine Erfahrung mit der Sprache selbst gibt, in der uns das Wesen der Sprache nur fernher und flüchtig streift, läßt sich erwarten, daß es darüberhinaus auch solche Erfahrungen gibt, in denen das Wesen der Sprache sich nicht nur in der Wortlosigkeit bekundet, sondern im gesprochenen Wort zu Wort kommt. Dieses gesprochene Wort ist dann nicht das Wort des alltäglichen Sprechens. Solche Erfahrungen geschehen dort, wo es gilt, »etwas zur Sprache zu bringen, was bislang noch nie gesprochen wurde«.[7] Hier kommt es darauf an, »ob die Sprache das geeignete Wort schenkt oder versagt«.[8] Im Anschluß an diese erste Kennzeichnung jener Erfahrungen, in denen das Wesen der Sprache selber zu Wort kommt, heißt es: »Einer dieser Fälle ist der Fall des Dichters«.[9] Wir ergänzen: Der andere dieser Fälle ist der Fall des Denkers. Dort, wo es gilt, »etwas zur Sprache zu bringen, was bislang noch nie gesprochen wurde«, handelt es sich zum einen um die *dichterische* Erfahrung mit der Sprache selber und zum anderen um die *denkerische* Erfahrung mit der Sprache selbst. Beide Erfahrungsweisen kommen darin überein, daß in ihnen etwas zu Wort kommt, was noch niemals gesprochen, noch niemals ins Wort gebracht wurde. Für die dichterische wie für die denkerische Erfahrung gilt in gleicher Weise, daß die Sprache für das dichterisch und für das denkerisch Erfahrene das rechte Wort gewährt oder versagt.

Die *zweite Möglichkeit* der Erfahrung mit der Sprache selber – die *dichterische Erfahrung*: Vom Dichter und seiner Erfahrung mit der Sprache selber heißt es: »So kann denn ein Dichter sogar dahin

---

[7] ebd.
[8] a.a.O., S. 161 f.
[9] a.a.O., S. 162.

gelangen, daß er die Erfahrung, die er mit der Sprache macht, eigens, und d.h. dichterisch, zur Sprache bringen muß«.[10] Damit wird
deutlich: Innerhalb der dichterischen Erfahrung mit der Sprache
werden *zwei* deutlich voneinander abgehobene Weisen unterschie-
den:

Die *erste Weise* dichterischer Erfahrung mit der Sprache ist diejenige, in der die gemachte Erfahrung nicht eigens, nicht ausdrücklich, *nicht thematisch* zu Wort kommt.

Die *zweite Weise* dichterischer Erfahrung mit der Sprache ist diejenige, in der die Erfahrung eigens, ausdrücklich, *thematisch* ins
dichterische Wort gelangt.

Der Dichter ist nur Dichter im Dichten seiner Dichtung. Die *erste Weise* dichterischer Erfahrung mit der Sprache selber besagt: Das
Dichten überhaupt, jedes dichtende Hervorbringen eines sprachlichen Kunstwerkes, geschieht in und aus einer dichterischen Erfahrung mit der Sprache selber. Alles Dichten verdankt sich einer Erfahrung mit der Sprache selber, mit ihrem Wesen. Die dichterische
Erfahrung mit der Sprache selbst nennt das Verhältnis des Dichters
zur Sprache und kennzeichnet dieses als ein solches, in dem der
Dichter nicht über die Sprache und ihr Wesen verfügt, sondern sich
in seinem Dichten dem Bezug des Wesens der Sprache zu ihm verdankt. Die dichterische Sprache lebt im Unterschied zur alltäglichen
Sprache aus der Erfahrung, aus einem *erfahrenden* Verhältnis zum
Wesen der Sprache. Das dichterische Schaffen eines sprachlichen
Kunstwerkes vollzieht sich aus einer Erfahrung mit dem Wesen der
Sprache. Das dichterische Werk ist das ins Wort gekommene erfahrene Wesen der Sprache, jenes Wesen, nach dem das Denken fragt
auf dem Wege einer denkenden Erfahrung mit der Sprache selber.
Insofern können wir im jetzigen Stand der Untersuchung die Frage,
wie alles Dichten aus einem erfahrenden Verhältnis zum Wesen der
Sprache sich vollzieht, noch nicht beantworten. Sollte es sich aber
so verhalten, daß das sprachliche Werk des Dichters die ins dichterische Wort gelangte dichterische Erfahrung mit dem Wesen der Sprache ist, dann ist das Dichten in diesem Sinne eine »ausgezeichnete

---

[10] ebd.

Weise des Sagens und Sprechens«, wie es in »Was ist das – die Philosophie?« hieß – eine ausgezeichnete Weise des Sagens und Sprechens
im Verhältnis zum alltäglichen Sprechen. Sofern im Vollzuge des
Dichtens selbst das erfahrene Wesen der Sprache zu Wort kommt,
steht die Dichtung »im Dienste der Sprache«, »verwendet und verschwendet« sie sich für das Wesen der Sprache.

Wie aber sollen wir die *zweite Weise* dichterischer Erfahrung mit
dem Wesen der Sprache verstehen? Was besagt es, daß der Dichter
die mit dem Wesen der Sprache gemachte Erfahrung sogar thematisch zur Sprache bringt? Wann bringt er sein erfahrendes Verhältnis zur Sprache thematisch ins dichterische Wort? Dann, wenn die
Sprache selber und *das Dichten* sowie *das dichterische Verhältnis zur
Sprache Thema* einer Dichtung sind.

Wir betonen: Thema einer *Dichtung*. Denn es gibt auch die Fälle,
in denen ein Dichter über sein Verhältnis zur Sprache in einer Weise
und literarischen Form nachdenkt, die nicht selbst den Charakter
einer Dichtung im Sinne der Poesie hat. Ein solches dichterisches
Nachdenken ist zwar nicht ein philosophierendes Denken, wohl
aber ein dichterisches Denken, eine *dichterische Besinnung*. Solche
dichterischen Besinnungen über das Dichten und die Sprache des
Dichters liegen in der literarischen Form von Essays, Aufsätzen und
Vorträgen vor. Als Beispiele nennen wir Edgar Allan Poe's »Die Philosophie der Komposition«, Paul Valéry's »Rede über die Dichtkunst«, Gottfried Benns »Probleme der Lyrik« oder Paul Celans
»Der Meridian«.

Die zweite Weise dichterischer Erfahrung mit der Sprache selber
teilt mit der ersten, daß auch sie ein Dichten und dichterisches Hervorbringen eines sprachlichen Kunstwerkes ist, das seine Herkunft
in einer dichterischen Erfahrung mit der Sprache hat. Sie unterscheidet sich aber von der ersten Weise dadurch, daß sie das dichterische
Verhältnis zur Sprache und die dichterische Sprache selbst zum ausdrücklichen Thema einer Dichtung macht.

Unter den Dichtern, die ihr eigenes Verhältnis zur Sprache nicht
nur bedenken, sondern eigens dichten, nimmt Hölderlin eine her-
ausragende Stellung ein. Bereits ein äußerlicher Blick auf Gedicht-
Überschriften wie »Dichtermuth« oder »Dichterberuf« bestätigt

das Gesagte. In seinem 1936 in Rom gehaltenen Vortrag »Hölderlin und das Wesen der Dichtung« kennzeichnet Heidegger den Dichter Hölderlin als den »Dichter des Dichters«, der das »Wesen der Dichtung« dichtet.[11]

Thematisch gedichtete Erfahrungen mit der Sprache selber gibt es aber auch in der Dichtung unseres Jahrhunderts, was sich ebenfalls an Gedicht-Überschriften zeigt. Damit ist nicht gesagt, daß nur solche Gedichte, die in ihrer Überschrift auf die Sprache und den Dichter verweisen, das dichterische Verhältnis zur Sprache thematisch behandeln. Durch Überschriften auffallende Gedichte sind z.B. das Gedicht von Gottfried Benn »Ein Wort« oder das Gedicht von Stefan George »Das Wort«.

Die *dritte Möglichkeit* der Erfahrung mit der Sprache selbst, die *denkerische Erfahrung*: Auch die denkerische Erfahrung mit der Sprache selbst wird dadurch gekennzeichnet, daß in ihr etwas zur Sprache gebracht wird, »was bislang noch nie gesprochen wurde«. Auch innerhalb der denkerischen Erfahrung mit der Sprache lassen sich zwei unterschiedliche Weisen abheben.

Die *erste Weise* denkerischer Erfahrung mit der Sprache ist diejenige, wonach jedes philosophierende Denken sich aus einer Erfahrung mit der Sprache selbst vollzieht, auch wenn diese Erfahrung für das Denken verhüllt bleibt und das Denken sogar die Sprache und sein Verhältnis zu ihr in einer Weise zur Auslegung bringt, die das Wesen der Sprache, mit dem eine denkende Erfahrung gemacht werden soll, verdeckt. Hier ist das Denken der großen Denker gemeint, die in ihren Werken jeweils eine geschichtliche Grundstellung beziehen. Das denkerische Wort, das sich in den Grundworten eines Denkers zeigt, ist in der hier eingenommenen Betrachtungsweise keine bloße Terminologie. In den denkerischen Grundworten kommt vielmehr eine denkerische Erfahrung mit dem zum Wesen des Seins gehörenden Wesen der Sprache zu Wort.

---

[11] M. Heidegger, Hölderlin und das Wesen der Dichtung. In: Erläuterungen zu Hölderlins Dichtung. Vittorio Klostermann, Frankfurt a.M. 1996⁶, S. 34. – vgl. ferner: M. Heidegger, Hölderlins Hymnen »Germanien« und »Der Rhein«. Freiburger Vorlesung Wintersemester 1934/35. Gesamtausgabe Bd. 39. Hrsg. v. S. Ziegler. Vittorio Klostermann, Frankfurt a.M. 1980, S. 30.

Die *zweite Weise* denkerischer Erfahrung mit der Sprache selbst bekundet sich dort, wo das Denken die Sprache und ihr Wesen ausdrücklich zum Thema macht. Hier handelt es sich um jenes Denken, das sich – wie in unserem Text »Das Wesen der Sprache« – vor die Möglichkeit bringen möchte, eine denkende Erfahrung mit der Sprache selbst zu machen. Es ist das ereignisgeschichtliche Denken, das sich ausdrücklich aus dieser Erfahrung versteht. Die ereignisgeschichtlich bestimmte denkende Erfahrung mit der Sprache selbst möchte das Wesen der Sprache thematisch dergestalt erfahren, daß sie dieses Wesen als ein solches zu denken vermag.

Das *Denken* des Wesens der Sprache aus einer Erfahrung mit ihr wird aber nicht dasselbe sein wie jenes *Dichten*, das das dichterisch erfahrene Wesen der Sprache thematisch dichtet. Umgekehrt, jenes Dichten, das sich aus der zweiten Weise der dichterischen Erfahrung mit der Sprache selbst vollzieht, wird, wenn es das erfahrene Wesen der Sprache thematisch dichtet, nicht selbst zu einem thematischen Denken des Wesens der Sprache. Wenn der Dichter sein Verhältnis zur Sprache thematisch dichtet, wird er dadurch nicht zum Denker. Obwohl zwischen der dichterischen und der denkerischen Erfahrung mit der Sprache selbst eine Verwandtschaft waltet, besteht zwischen beiden eine Kluft, eine zarte, aber helle Differenz, um deren Aufhellung wir uns bemühen.

Das eine ist das Wort des Dichters, das wir das sprachliche Kunstwerk nennen. Das andere ist das Wort des Denkers, das wir als das sprachliche Gedankenwerk kennzeichnen können. Worin unterscheidet sich das sprachliche Kunstwerk, das die dichterische Erfahrung mit dem Wesen der Sprache zur Sprache bringt, vom sprachlichen Gedankenwerk, das die denkerische Erfahrung mit dem Wesen der Sprache zu Wort bringt? Vielleicht ist es der Unterschied zwischen Bild und Begriff. Wie aber das Bild als Bild und der Begriff als Begriff ereignisgeschichtlich zu fassen und zu bestimmen sind, kann sich erst aus dem in Frage stehenden Wesen der Sprache ergeben.

Der Dichter wie der Denker bringt sein jeweils Erfahrenes zu Wort. Beide bringen etwas zu Wort, »was bislang noch nie gesprochen wurde«. Diese Kennzeichnung bezieht sich jeweils auf beide Weisen der dichterischen und der denkerischen Erfahrung.

In der ersten Weise der dichterischen Erfahrung mit der Sprache selbst ist es das sprachliche Kunstwerk als solches, worin etwas zur Sprache kommt, was so noch nie gesagt worden ist. Das so noch nie Gesagte ist die Erstmaligkeit, Einmaligkeit und Unwiederholbarkeit eines dichterischen Werkes.

In der zweiten Weise der dichterischen Erfahrung, in der das thematisch erfahrene Verhältnis zur Sprache eigens gedichtet wird, ist es das jeweils auf eine einmalige Weise dichterisch erfahrene und thematisch ins Wort gebrachte Wesen der Sprache, das so noch nie gesprochen wurde und auch nicht wiederholt werden kann – wie das Gedicht Stefan Georges »Das Wort«.

In der ersten Weise der denkerischen Erfahrung mit der Sprache selbst ist es das sprachliche Gedankenwerk als solches und sind es die tragenden Grundworte, worin ein Gedachtes zur Sprache kommt, was so noch nie gesagt worden ist.

In der zweiten Weise der denkerischen Erfahrung mit dem Wesen der Sprache, in der dieses thematisch gedacht wird, ist es das jeweils als Wesen der Sprache Erfahrene, was so noch nie gedacht, noch nie gesagt worden ist – wie der Text Heideggers »Das Wesen der Sprache«.

Angesichts der zweiten Weise der dichterischen und der denkerischen Erfahrung mit der Sprache selbst ist die Frage zu stellen: In welchem Verhältnis steht das dichterisch erfahrene und thematisch gedichtete Wesen der Sprache zu jenem in der Geschichte des Sprachdenkens noch nie gedachten Wesen der Sprache? Hält sich das dichterisch thematisch erfahrene Wesen der Sprache in jedem Fall im Umkreis der überlieferten selbstverständlichen Grundvorstellungen von der Sprache? Lebt das dichterische Selbstverständnis vom Verhältnis zur Sprache und von der Sprache selbst ausnahmslos von jenen Grundvorstellungen, die am Leitfaden des Menschen als des animal rationale gewonnen sind?

Oder ist es die literaturwissenschaftliche Auslegung, die von jenen Grundvorstellungen von der Sprache und vom Unterschied zwischen dem Dichten und dem Denken geführt ist? In einem solchen Fall ließe sie es nicht zu, die jeweilige Dichtung unvoreingenommen auf das dichterische Selbstverständnis und Verständnis von der Sprache zu befragen. Inwieweit bedenkt die Literaturwissenschaft ihr eigenes Verhältnis zur Dichtung als dem Gegenstand ihrer Untersuchung? Wenn die heutige Literaturwissenschaft auf dem fraglosen Boden der überlieferten Grundvorstellungen von der Sprache ihre Methoden erarbeitet, mit denen sie sich der Dichtung erforschend zuwendet, stellt sie dann je die Frage nach dem Verhältnis ihrer Methoden zu ihrem Gegenstand? Läßt sie je die Frage zu, ob nicht eine Methode den Zugang zur Dichtung auch verlegen kann, statt ihn zu eröffnen? In welchem Verhältnis steht die Wissenschaft von der Dichtung zur Dichtung selbst? Bedarf die Dichtung der wissenschaftlichen Untersuchung? Ist die Dichtung für die Literaturwissenschaft hervorgebracht? Wenn die wissenschaftliche Zugangsweise zur Dichtung ihre eigene Berechtigung hat, welchen Charakter muß dann diese Wissenschaft haben, um die Dichtung zu einem Verständnis zu bringen, das aus ihr selbst geschöpft ist?

Sollte sich erweisen, daß das thematisch gedichtete Verhältnis des Dichters zur dichterischen Sprache – wie das Gedicht Stefan Georges »Das Wort« – nicht durch die überlieferten Grundvorstellungen von der Sprache geleitet ist, dann könnte es sein, daß die thematisch gedichtete Erfahrung mit der Sprache sich in einer Nähe zu dem hält, was die denkende Erfahrung als Wesen der Sprache erfährt und bestimmt. Sollte es sich so verhalten, müßte die literaturwissenschaftliche Kritik an Heideggers und das heißt am daseinsanalytischen und ereignisgeschichtlichen Gespräch mit der Dichtung ihrerseits einer Kritik unterzogen werden. Die Kritik beträfe die vielfältigen Voraussetzungen, mit denen die literaturwissenschaftlichen Methoden an die Dichtung herangehen, Voraussetzungen, die vielfach sogar bloße Setzungen ohne Ausweis aus der Sache selbst sind.

Wenn Heidegger im Vorwort zur vierten Auflage seiner »Erläuterungen zu Hölderlins Dichtung« betont: »Die vorliegenden *Erläuterungen* beanspruchen nicht, Beiträge zur litaraturhistorischen Forschung und zur Ästhetik zu sein. Sie entspringen einer Notwendigkeit des Denkens«[12], dann möchte er die überlieferten Grund-

---

[12] M. Heidegger, Erläuterungen zu Hölderlins Dichtung, a.a.O., S. 7.

vorstellungen von der Sprache, vom Menschen, vom Dichten und
vom Denken, durch welche die Literaturwissenschaft und die Ästhetik bestimmt werden, weggehalten wissen vom Zugang zur
Dichtung, damit diese selbst zu uns sprechen kann. Die Zugänge
zur Dichtung mögen verschiedene sein: die unmittelbar verstehende Zuwendung, die dichtende, denkende und wissenschaftliche Zuwendung. In jedem Falle käme es für den denkenden, aber auch für
den wissenschaftlichen Zugang zur Dichtung darauf an, daß sie sich
der je eigenen *hermeneutischen Situation* versichern, um die Dichtung in ihrer Möglichkeit zu belassen, sich ungehindert der wissenschaftlichen oder der denkenden Zukehr zu bekunden.

§ 9. Stefan Georges Gedicht »Das Wort« als eine thematisch gedichtete dichterische Erfahrung mit der Sprache selbst

Gefragt wird nach dem Wesen der Sprache, und zwar auf dem Weg
einer denkenden Erfahrung mit der Sprache selbst. Im Vorblick darauf, daß es nicht nur dichterische Erfahrungen mit der Sprache gibt,
aus denen eine Dichtung hervorgeht, sondern auch solche, in denen
das dichterisch erfahrene Wesen der Sprache thematisch gedichtet
wird, wendet sich das Fragen einer solchen thematisch gedichteten
Erfahrung zu. Die Zuwendung ist bereits geleitet durch ein Vorverständnis davon, daß diese gedichtete Erfahrung sich in einer Nähe
zu dem hält, worauf die gesuchte denkende Erfahrung schon vor-
blickt. Auch dieser Vorblick gehört zum *hermeneutischen Vorverständnis* der gesuchten denkerischen Erfahrung. Die vorverstandene Nähe zwischen der thematisch gedichteten dichterischen
Erfahrung und der noch zu machenden denkerischen Erfahrung
beruht auf der Zusammengehörigkeit von Sprache und Sein, obzwar
auch diese sich erst noch in der dichterischen und denkerischen Erfahrung zeigen muß. Die Suche nach einer denkerischen Erfahrung
mit dem Wesen der Sprache, um dieses Wesen aus der Erfahrung
denkend bestimmen zu können, wendet sich einer thematisch gedichteten dichterischen Erfahrung zu in der Absicht, sich von dieser
einen Weg zur denkerischen Erfahrung vorgeben zu lassen. Das

Denken, das nach dem Wesen der Sprache in dessen Bezug zum Wesen des Seins fragt, sucht das *Gespräch mit der Dichtung*.

Im Falle unseres Textes »Das Wesen der Sprache« ist es vor allem die Dichtung *Stefan Georges* und anschließend auch die Dichtung *Hölderlins*. Was Stefan George anbetrifft, wendet sich Heidegger dessen Spätdichtung zu, die u.a. in dem Zyklus von zwölf Gedichten unter dem Titel »Das Lied« vorliegt. Dieser Gedichtzyklus bildet den Schlußteil jenes Gedichtbandes, den George 1928 unter dem Titel »Das Neue Reich« veröffentlicht hat.[1] George stellt diesem Zyklus ein Motto voran: »Was ich noch sinne und was ich noch füge / Was ich noch liebe trägt die gleichen züge«[2]. Der Leitspruch weist hin auf die innere Einheit der in dem Zyklus versammelten Gedichte. Was alle diese Gedichte zusammenhält, ist das eine, durchgehende Thema: das gedichtete Verhältnis des Dichters zur Sprache und zum Wort. Die zwölf Gedichte sind thematisch gedichtete dichterische Erfahrungen mit der Sprache selbst. Von dieser Spätdichtung ist zu zeigen, wie sie bestimmt ist von einer ausgezeichneten Erfahrung mit der Sprache, die der Dichter selbst als Widerfahrnis versteht und thematisch dichtet. Diese ausgezeichnete Erfahrung mit dem Wesen der Sprache ist es zugleich, die das dichterische Selbstverständnis und das frühere Verhältnis des Dichters zur Sprache verwandelt, ihn in ein gewandeltes Selbstverständnis und Verhältnis zur Sprache gelangen läßt.

Um sich der im Gedichtzyklus »Das Lied« thematisch gedichteten Erfahrung mit der Sprache zukehren zu können, greift Heidegger das achte der zwölf Gedichte heraus, das überschrieben ist »Das Wort«, und stellt es ins Zentrum seines Gesprächs mit der Spätdichtung Georges. Dieses Gedicht, die darin thematisch gedichtete Erfahrung mit der Sprache, begleitet ihn auf seinem Weg, auf dem er als Denker eine *denkerische* Erfahrung mit der Sprache sucht. Zugleich wendet er sich anderen Gedichten aus dem Zyklus zu, denen

---

[1] St. George, Das Lied. In: Das Neue Reich, a.a.O., S. 123 – 138. In der Vorrede zu Band 9 der Gesamtausgabe heißt es: »Dieser band umfasst alle seit dem Stern des Bundes entstandenen gedichte. Viele sind in den Blättern für die Kunst erschienen (1914 – 1919).«

[2] St. George, Das Neue Reich, a.a.O., S. 124.

er ergänzende dichterische Erfahrungen zu der im Gedicht »Das Wort« gedichteten Erfahrung entnimmt.

Bevor er sich dem Gedicht »Das Wort« zukehrt, läßt er uns, d.h. den Hörer der Vorträge und Leser des Textes, wissen, wie er selbst diese Zuwendung zu diesem und den anderen Gedichten versteht: »Die Weise, in der wir hier kurz, aber zugleich durch alle drei Vorträge hindurch, mit dem Gedicht sprechen, erhebt keinen Anspruch auf Wissenschaftlichkeit«.[3] Diese Bemerkung ist bewußt provokativ, zugleich aber auch dem gröbsten Mißverständnis ausgesetzt. Zwar sind wir selbst durch unsere bisherigen sachlichen und methodischen Kennzeichnungen des ereignisgeschichtlichen Denkens gefeit gegen ein Mißverständnis. Daß das denkende Gespräch mit dem Gedicht keinen Anspruch auf Wissenschaftlichkeit erhebt, heißt nicht, es verfahre »unwissenschaftlich«. Das denkende Gespräch mit der Dichtung ist weder wissenschaftlich im Sinne der Literaturwissenschaft noch unwissenschaftlich. Es hält sich außerhalb dieser Alternative. Es ist weder positive Wissenschaft noch letztbegründende Wissenschaft, als welche sich die Philosophie seit Descartes bis zu Husserl versteht. Jenes Denken, das nach dem Wesen der Sprache und dessen Bezug zum Wesen des Seins fragt und das sich selbst in seinem Wesensverhältnis zum Dichten bedenkt, ist nicht philosophische Wissenschaft im Sinne der neuzeitlichen Wissenschaftlichkeit der Philosophie, die sich aus der Subjektivität des Subjekts bestimmt. Dasjenige Denken, das erstmals im Dichten einen gleichrangigen Gesprächspartner erkennt, gehört nicht zum Wesen des Menschen als Subjekt, sondern zum Wesen des Menschen als Da-sein. Das daseinsgemäße, ereignisgeschichtliche Denken hat aber seine *eigene Strenge und Methodik*, die wir als das hermeneutisch-phänomenologische Vorgehen charakterisiert haben. Das Denken, das sein Wesensverhältnis zum Dichten bedenkt und im Gespräch mit der Dichtung seine eigenen Fragen entfaltet, hat auch eine *eigene Architektonik*, die nicht die der Vernunft, sondern die des Da-seins und des Ereignisses ist.

---

[3] M. Heidegger, Das Wesen der Sprache, a.a.O., S. 162.

a) Das dichterisch erfahrene Verhältnis
von Wort und Ding (Schlußvers)

Es wird gefragt nach dem Wesen der Sprache. Denn – so hieß es –
Denken und Dichten sind zwei ausgezeichnete Weisen des Sagens
und Sprechens. Insofern beide, Denken und Dichten, sich vollziehen in einem ausgezeichneten Verhältnis zur Sprache, das den Charakter der Erfahrung hat, zeichnet sich zwischen dem Denken und
dem Dichten eine Verwandtschaft ab. Die Verwandtschaft von Denken und Dichten ist ihre Wesensnähe. Wesensnähe bedeutet aber
nicht, daß Denken und Dichten nun ineinander übergehen, das Denken dichterische und das Dichten philosophische Züge annimmt.
Sollte es zutreffen, daß Denken und Dichten nur sind, was sie sind,
aus ihrem jeweils ausgezeichneten Verhältnis zur Sprache, dann muß
nach der Sprache selbst und ihrem Wesen gefragt werden, um von
der Sprache her die Wesensnähe von Denken und Dichten aufhellen
zu können. Mit der Frage nach der Wesensnähe von Denken und
Dichten wird zugleich nach dem Wesen des Denkens und dem Wesen des Dichtens gefragt. Die Frage nach der Wesensnähe von Denken und Dichten auf dem Wege der Frage nach dem Wesen der Sprache schließt aber ein die Frage nach der zarten, aber hellen Differenz,
in der Denken und Dichten in ihrer Wesensnähe zueinander stehen.
    Auf welchem Wege soll nun nach dem Wesen der Sprache gefragt
werden? Eingedenk dessen, daß es unter den Dichtungen, die alle
aus einer Erfahrung mit der Sprache selbst hervorgehen, auch solche gibt, in denen dichterische Erfahrungen mit der Sprache *thematisch* gedichtet werden, richtet sich das philosophierende Fragen
nach dem Wesen der Sprache an solche thematisch *gedichteten* Erfahrungen. Es wendet sich in unserem Falle der Spätdichtung Stefan
Georges zu, dem Gedicht-Zyklus »Das Lied«, einer Sammlung von
solchen thematisch gedichteten Erfahrungen mit der Sprache. Aus
diesen insgesamt zwölf Gedichten ragt zunächst das achte heraus,
das den Titel trägt »Das Wort«. Mit diesem und einigen der übrigen
Gedichte aus diesem Zyklus führt das philosophierende Fragen
nach dem Wesen der Sprache ein *Gespräch*. Es ist das Gespräch des
Denkens mit einem Dichten, mit jenem, das sich nicht nur aus einer

Erfahrung mit der Sprache vollzieht, sondern das diese Erfahrung selbst zum Thema hat. Wie jedes Gespräch den Charakter eines Dialogs hat, so zeigt auch das Gespräch des Denkens mit der Dichtung Stefan Georges dialogischen Charakter.

Das Gedicht lautet[4]:

Das Wort

Wunder von ferne oder traum
Bracht ich an meines landes saum

Und harrte bis die graue norn
Den namen fand in ihrem born –

Drauf konnt ichs greifen dicht und stark
Nun blüht und glänzt es durch die mark ...

Einst langt ich an nach guter fahrt
Mit einem kleinod reich und zart

Sie suchte lang und gab mir kund:
›So schläft hier nichts auf tiefem grund‹

Worauf es meiner hand entrann
Und nie mein land den schatz gewann ...

So lernt ich traurig den verzicht:
Kein ding sei wo das wort gebricht.

---

[4] St. George, Das Neue Reich, a.a.O., S. 134. – Siehe auch Heideggers Auslegung im Wiener Vortrag »Das Wort«, in: Unterwegs zur Sprache, a.a.O., S. 219 ff. – siehe ferner Heideggers frühere Erläuterung des Gedichts Das Wort: M. Heidegger, Vom Wesen der Sprache. Die Metaphysik der Sprache und die Wesung des Wortes. Zu Herders Abhandlung »Über den Ursprung der Sprache«, a.a.O., 59. Abschnitt »Das Wort«. – Zur Interpretation des Gedichts Das Wort vgl. auch H.-G. Gadamer, Martin Heidegger 75 Jahre. In: Gesammelte Werke. J.C.B. Mohr (Paul Siebeck), Tübingen. Band 3, 1987, S. 193. – ders., Der ›eminente‹ Text und seine Wahrheit. In: Gesammelte Werke, a.a.O., Bd. 8, 1993, S. 295. – ders., Der Dichter Stefan George. In: Gesammelte Werke, a.a.O., Bd. 9, 1993, S. 228. – ders., Hölderlin und George. In: Gesammelte Werke, a.a.O., Bd. 9, S. 243 f. – ders., Die Wirkung Stefan Georges auf die Wissenschaft. In: Gesammelte Werke, a.a.O., Bd. 9, S. 266.

Dieses liedhafte Gedicht ist aufgebaut aus sieben Zweizeilern. Das in diesen sieben Strophen gedichtete Thema ist klar gegliedert: Es bilden je eine thematische Einheit die ersten drei Strophen, die zweiten drei Strophen únd die siebente Strophe. Das Thema des Gedichtes ist somit dreifach gegliedert.

Die Zuwendung des Denkens zu diesem Gedicht vollzieht sich als ein Gespräch mit dieser Dichtung, das Gespräch aber als Auslegung, als eine *denkende* Auslegung. Als Auslegung vollzieht sich das Gespräch in einer hermeneutischen Situation, die charakterisiert ist durch Vorhabe, Vorsicht und Vorgriff. Das Gespräch des Denkens mit dieser Dichtung ist somit ein hermeneutisches Gespräch und ein hermeneutischer Dialog. Die unvoreingenommene, von nur scheinbar selbstverständlichen Voraussetzungen sich freihaltende Zuwendung zu dieser Dichtung, das lesende Hineinhören in das hier Gesagte, bildet das erste und leitende Vorverständnis aus. Das Gedicht in diesem Vorverständnis ist die Vorhabe des hermeneutischen Gesprächs. Die Auslegung selbst aber vollzieht sich in der Vor-sicht, in der das in der Vorhabe stehende Gedicht auf das hin in den Blick genommen wird, woraufhin es schrittweise zur Auslegung gelangen soll. Zugleich läßt sich die hermeneutische Vor-sicht leiten von einem hermeneutischen Vor-griff auf eine Sprachlichkeit und Begrifflichkeit, die aus dem in der Vorhabe stehenden Gedicht geschöpft und insofern ihm angemessen ist. Es ist diejenige Begrifflichkeit, in der die Auslegung sich aussprechen wird.

Wir nennen die Auslegung eine denkende, weil wir als die Auslegenden jene sind, die denkend nach dem Wesen der Sprache fragen. Die denkende Auslegung des Gedichts »Das Wort« beginnt mit der Schlußzeile »Kein ding sei wo das wort gebricht«, weil sich in dieser Schlußzeile das Thema des Gedichts – die in ihm thematisch gedichtete Erfahrung mit dem Wort – in abschließender Weise verdichtet. Ohne die Schlußstrophe interpretatorisch zu überanstrengen, läßt sich von ihr sagen, daß sie etwas Entscheidendes zum »*Verhältnis zwischen Wort und Ding*«[5] sagt. Die vom Dichter gemachte Erfah-

[5] M. Heidegger, Das Wesen der Sprache, a.a.O., S. 163 (Hervorhebung v. Vf.).

rung erfährt die Sprache, das Wort, nicht für sich abgesondert, sondern das Wort in seinem Verhältnis zu dem, was er »ding« nennt.

Die denkende Auslegung nähert sich dem Gesagten in diesem
Schlußvers so, daß sie diesen zunächst, wenn auch nur vorläufig,
umformt in eine Aussage: Kein Ding ist (statt sei), wo das Wort gebricht. Anders gewendet: Kein Ding ist, wo das Wort fehlt. Was so
negativ formuliert ist, heißt positiv: Ein Ding ist nur, wenn das es
nennende Wort gegeben ist.

Das Verhältnis des Wortes zum Ding, so, wie dieses Verhältnis in
der Schlußzeile erscheint, kann gekennzeichnet werden als ein *Nennen*. Wie aber ist dieses Nennen zu denken?

Nennen kann heißen: das zu Nennende mit einem Namen versehen. Wie aber ist der Name zu denken? Gewöhnlich nehmen wir
den Namen als eine Bezeichnung und als Zeichen. Das Wort als
Name, der Name als Zeichen, das Zeichen als Zeichen für eine Vorstellung in der Innerlichkeit der Seele, des Bewußtseins, des Geistes,
das Zeichen aber auch als solches, das auf die äußeren Dinge, die wir
innerlich vorstellen, hinzeigt. Das ist die geläufige Auffassung vom
Namen und Nennen der Dinge mit einem Namen. Ob aber auch
das Gedicht »Das Wort« das Wort vom Zeichen her versteht, muß
sich im Hinhören auf das im Gedicht Gesagte entscheiden.

Ein Blick auf die gesprochene Sprache zeigt, daß wir in vielen
sprachlichen Wendungen vom Namen auch in einer anderen Bedeutung sprechen. In Wendungen wie »im Namen Gottes«, »im Namen des Volkes« hat »Name« nicht die Bedeutung »Zeichen für ein
anderes«. Heidegger erinnert auch an den Anfang eines Gedichtes
von Gottfried Benn aus der Sammlung »Statische Gedichte«: »Im
Namen dessen, der die Stunden spendet«. Hier bedeutet »im Namen« soviel wie »unter dem Geheiß« dessen, der die Stunden spendet. Das Gedicht Benns trägt den Titel »Gedichte«[6] und ist somit
selbst eine thematische Dichtung *seiner* Erfahrung mit dem dichterischen Wort. Es lautet im ganzen:

---

[6] G. Benn, Statische Gedichte. Verlag Die Arche, Zürich 1948. Veränderte Neu-
ausgabe, hrsg. v. Paul Raabe. Arche Verlag, Zürich 1983, S. 21.

Gedichte

Im Namen dessen, der die Stunden spendet,
im Schicksal des Geschlechts, dem Du gehört,
hast Du fraglosen Aug's den Blick gewendet
in eine Stunde, die den Blick zerstört,
die Dinge dringen kalt in die Gesichte
und reißen sich der alten Bindung fort,
es gibt nur ein Begegnen: im Gedichte
die Dinge mystisch bannen durch das Wort.

Am Steingeröll der großen Weltruine,
dem Ölberg, wo die tiefste Seele litt,
vorbei am Posilipp der Anjouine,
dem Stauferblut und ihrem Racheschritt:
ein neues Kreuz, ein neues Hochgerichte,
doch eine Stätte ohne Blut und Strang,
sie schwört in Strophen, urteilt im Gedichte,
die Spindeln drehen still: die Parze sang.

Im Namen dessen, der die Stunden spendet,
erahnbar nur, wenn er vorüberzieht
an einem Schatten, der das Jahr vollendet,
doch unausdeutbar bleibt das Stundenlied –,
ein Jahr am Steingeröll der Weltgeschichte,
Geröll der Himmel und Geröll der Macht,
und nun die Stunde, deine: im Gedichte
das Selbstgespräch des Leides und der Nacht.

Hören wir auf das Gesagte in Georges Gedicht »Das Wort«, so zeigt
sich uns, daß der Dichter George weit davon entfernt ist, das Wort
und den Namen nur als ein Zeichen für ein damit Bezeichnetes zu
verstehen. »Name« und »Wort« sind bei George »tiefer gedacht denn
als bloße Zeichen«.[7] Daher ist auch das in der Schlußzeile gedichtete

---

[7]   M. Heidegger, Das Wesen der Sprache, a.a.O., S. 164.

Verhältnis von Wort und Ding tiefer gedacht denn nur als Verhältnis eines Zeichens zu einer bezeichneten Sache.

Das Denken des Dichters, von dem hier die Rede ist, ist ein Denken »ohne Wissenschaft«, kein wissenschaftliches Denken. Es ist auch ein Denken »ohne Philosophie«, kein philosophierendes Denken.[8] Es ist ein Denken eigener Art, das dichtende Denken, ein Denken, das dem Dichten eigentümlich ist oder zumindest sein kann. In Heideggers zweiter Nietzsche-Vorlesung über die Ewige Wiederkehr des Gleichen (SS 1937) heißt es in bezug auf Hölderlin: »ein Dichtwerk – wie Hölderlins Hymnen – [kann] im höchsten Grade denkerisch sein, es ist trotzdem niemals Philosophie«.[9] Wenn aber jedes Dichten in sich auch ein Denken eigener Art ist, dann zeigt sich auch von diesem Denkungscharakter der Dichtung eine Verwandtschaft zwischen dem Dichten und dem Denken. Diese Verwandtschaft veranlaßt das Denken, dem Gedicht und der Dichtung nachzudenken. Der Dichtung nach-denken heißt aber: dem in ihr Gesagten denkend-auslegend nachgehen, in die Richtung gehen, in die das dichterisch Gesagte zeigt. Im denkenden Nachgehen dem, wohin das dichterisch Gesagte zeigt, kommt es darauf an, daß das Denken das dichterisch Gesagte und Gedachte nicht unbedachtsam in das philosophierende Denken herüberzieht, so, daß das dichterisch Gedachte sein Eigenes verlöre. Vielmehr ist es das Anliegen des philosophierenden Denkens, auf das dichterisch Gedachte eigens zu achten und es in seinem Eigenen zu wahren. Geht es doch darum, in der gesuchten Wesensbestimmung der Philosophie aus ihrer Wesensnähe zum Dichten auch das Dichten in seinem Eigenwesen zu bestimmen. Das Denken, das der Dichtung und dem in ihr dichterisch Gedachten nach-denkt, versteht sich selbst als ein ›besinnliches Nach-denken‹.[10] Als Besinnung ist es ein Sehenlassen dessen, was sich als das dichterisch Gedachte an ihm selbst und von ihm selbst her zeigt.

---

[8] ebd.
[9] M. Heidegger, Die ewige Wiederkehr des Gleichen. In: Nietzsche. Günther Neske, Pfullingen 1961. Erster Band, S. 329.
[10] M. Heidegger, Das Wesen der Sprache, a.a.O., S. 164.

Was aber denkt Stefan George dichterisch, wenn er dichtet »Kein ding sei wo das wort gebricht«? Kein ding – ding meint hier nicht nur Einzelding, Ding im engeren Sinne, sondern ding ist hier im weitesten Sinne gesprochen, das alles nennt, was irgendwie ist, was in einem Gedicht gedichtet, dichterisch gesagt werden kann. Rein denkerisch-philosophisch gesprochen meint ding das Seiende. Kein Ding ist, wo das Wort fehlt, heißt ins Positive gewendet: ein Ding, ein Seiendes, *ist* nur, wo das es nennende Wort gefunden ist. Ein Ding *ist* erst, wenn und sofern das Wort gefunden ist. Hier ist das »ist« betont. Denn die Auslegung als besinnliches Nach-denken kann nicht bei der einfachen Feststellung stehen bleiben und sagen, hier in der Schlußzeile werde ein wesentliches Verhältnis zwischen Wort und Ding gedacht und gedichtet. Denn zu diesem Verhältnis gehört das »ist«, das zwar in der Schlußzeile »sei« lautet. Es muß also im Zuge der Auslegung erst noch gefragt werden, welche Bedeutung das »sei« im Unterschied zum »ist« hat. Die nur vorläufige Umwandlung des »sei« in das »ist« begeht aber keine Verfälschung, weil sich zeigen wird, daß das »ist« eine von mehreren Bedeutungen des dichterisch gesagten »sei« ist. Wenn nun ein Ding, ein im Gedicht zu dichtendes Seiendes, nur dann im betonten Sinne »ist«, sofern das Wort für es gefunden ist, dann heißt das in der Erläuterung: Das zu findende und gefundene Wort ist es, das dem jeweiligen Ding erst sein »ist«, sein Sein, vergibt.

Wie aber vermag ein bloßes Wort etwas dahin zu bringen, daß es als Ding in seinem Wie- und Was-sein ist? Wie vermag ein bloßes Wort einem Ding sein »ist«, sein Sein als Wie- und Was-sein, zu vergeben? In Wahrheit – so meinen wir gewöhnlich – verhält es sich doch umgekehrt: Erst ist das Ding, das Seiende, und dann geben wir ihm seinen Namen. Das Sein der Dinge ist, wie wir meinen, unabhängig von dem es bezeichnenden Wort und von der Sprache. Sein und Sprache sind geschieden.

Damit ist jetzt unsere geläufige Vorstellung von der Sprache und dem, was sie benennt, zu Wort gekommen. Wenn wir vom »bloßen« Wort sprechen, nehmen wir das Wort als Ausdruck und Zeichen für etwas. Dieses uns geläufige Verständnis von der Sprache, das auch die Grundlage bildet in der heutigen linguistisch orientier-

ten Sprachwissenschaft, läßt sich jedoch am Gedicht »Das Wort«
nicht belegen. Würden wir dennoch mit unseren geläufigen Vorstellungen von der Sprache an das Gedicht herantreten, so würden wir
sein Gedachtes und Gesagtes mißachten. Wir würden dem Gedicht
äußerste Gewalt antun.

Der Schlußvers des Gedichtes »Das Wort« sagt von einer dichterischen Erfahrung mit dem Wort und der Sprache. In dieser Erfahrung ist das Wort nicht das »bloße« Wort. In der thematisch gedichteten Erfahrung ist das Wort in seinem Bezug zum Ding erfahren.
Gemäß dieser Erfahrung geschieht aus dem Bezug des Wortes zum
Ding, »daß« dieses Ding überhaupt als Ding und »wie« es als Ding
»ist«. In die Sprache des philosophierenden Denkens übersetzt heißt
dies: Aus dem Bezug der Sprache zum Seienden geschieht es, daß
und wie das Seiende als das Seiende in seinem Sein offenbar und so
erst für uns dieses oder jenes Seiende ist.

Mit Blick auf diese thematisch gedichtete Erfahrung mit der Sprache und mit deren Sein-vergebendem Bezug zu den Dingen soll eine
Möglichkeit vorbereitet werden, mit der Sprache auch eine denkende Erfahrung zu machen. Die bis jetzt durchgeführte Auslegung der
dichterischen Erfahrung ist nicht selbst schon die denkende Erfahrung. Sie ist nur eine denkende Auslegung dessen, was die dichterische Erfahrung in sich schließt. Die denkende Erfahrung selbst wird
erst vorbereitet durch ein immer achtsamer werdendes Hinhören
auf die dichterische Erfahrung mit der Sprache des Dichters Stefan
George.

Diese thematisch gedichtete Erfahrung besagt: Ein Ding, ein Seiendes im weitesten Sinne, »ist« nur dort, »wo das geeignete und also
zuständige Wort etwas als seiend nennt«.[11] Im Umkreis der dichterischen Erfahrung ist das »geeignete und zuständige Wort« das dichterische Wort, nicht ein einzelnes Wort, sondern die dichterische
Sprache. Das ding im Gedicht Stefan Georges meint das in der
Dichtung genannte, in der dichterischen Sprache gedichtete Seiende. Die dichterische Erfahrung Georges ist eine solche in bezug auf
die dichterische Sprache und das dichterische Nennen dessen, was

---

[11] a.a.O., S. 165.

ist, im Gedicht. Erst von der so erfahrenen dichterischen Sprache
her ist es auch eine Erfahrung mit der Sprache überhaupt über die
Grenzen des Dichterischen hinaus. Das Wesen der Sprache wird
damit erfahren von der dichterischen Sprache her. Diese ist die maßgebende Sprache, nicht aber die gewöhnliche und auch nicht die
wissenschaftliche Sprache. Im Gedicht Etwas als seiend nennen
heißt, es als das so und so Seiende offenbar werden lassen, heißt,
dieses gedichtete Seiende als ein in seinem Wie- und Was-sein offen-
bares Seiendes »stiften«.[12]

Das hier und öfter von Heidegger verwendete Wort »stiften« ist
die Übernahme eines Hölderlin'schen Grundwortes. Der Schlußvers der späten Hymne »Andenken« lautet »Was bleibet aber, stiften die Dichter«.[13] Nur das dichterische Sprechen ist als ausgezeichnetes Nennen in sich ein Stiften. Im Stiften wird das Gedichtete in
ausgezeichneter Weise als Seiendes in seinem Wie- und Was-sein offenbar. Diese ausgezeichnete Offenbarkeitsweise ist es, die im Dichten als dem Stiften eröffnet wird. Dichtung macht in ausgezeichneter Weise offenbar, läßt in ausgezeichneter Weise sehen, was sonst –
außerhalb der Dichtung und der Kunst – ungesehen, unerfahren
bleibt.

Mit Blick auf diese thematisch gedichtete Erfahrung mit der dichterischen Sprache in ihrem Bezug zum jeweils gedichteten Seienden
können wir fragen, ob es das »ist«, das Sein des Seienden, nur gibt,
»wo das geeignete Wort spricht«.[14] Die so gestellte Frage fragt über
die Grenze des dichterisch Erfahrenen hinaus. Denn diese Frage
blickt nicht nur auf den Bezug des dichterischen Wortes zum gedichteten Seienden, sondern auf das Verhältnis von Sprache und
Sein des Seienden überhaupt. Sollte es zutreffen, daß der Bezug von
Wort und Sein des Seienden nicht nur im ausgezeichneten Sprechen
des Dichters, sondern überhaupt im Sprechen des Menschen statt-
hat, dann wird weiter zu fragen sein, woher das Wort für die Verga-
be des Seins an das von ihm genannte Seiende »seine Eignung« neh-

---

[12] ebd.
[13] Fr. Hölderlin, Sämtliche Werke. Histor.-krit. Ausgabe, besorgt durch N. v. Hellingrath. Vierter Band. Georg Müller, München u. Leipzig 1916, S. 63.
[14] M. Heidegger, Das Wesen der Sprache, a.a.O., S. 165.

me.[15] Diese Frage fragt über das von Stefan George dichterisch Erfahrene hinaus in die Richtung, in die die gesuchte denkende Erfahrung mit der Sprache gehen wird. Wir werden sehen, daß der Dichter George selbst nichts davon sagt, woher das dichterische Wort es vermag, das in ihm Genannte allererst als Seiendes sein zu lassen. Wir deuten damit an, daß Georges Erfahrung mit der Sprache nicht auch in die Herkunft des Sein-vergebenden Wortes hineinreicht. Um so notwendiger wird es werden, in diese Herkunft denkerisch zurückzufragen und die Herkunftsfrage zum Eigenen der denkerischen Erfahrung mit der Sprache zu erheben.

b) Der Verzicht des Dichters als Bereitschaft zu einem
gewandelten Verhältnis zum Wort. Das Geheiß als Anspruch
und das Sichfügen in das Geheiß (Schlußstrophe)

Nach einer ersten Annäherung an die thematisch gedichtete Erfahrung Georges mit der Sprache im Ausgang vom Schlußvers des Gedichtes »Das Wort« muß nunmehr die Auslegung erweitert werden durch Hinzuziehung des dem Schlußvers vorangehenden Verses, der mit dem Schlußvers zusammen die siebente Strophe bildet.

So lernt ich traurig den verzicht:
Kein ding sei wo das wort gebricht.

Wir fragen zuerst: Welcher Art ist der hier vom Dichter genannte Verzicht? Ferner: Welche Bedeutung kommt dem am Ende dieses Verses stehenden Doppelpunkt zu?

Der Doppelpunkt weckt die Erwartung, daß auf ihn eine direkte Rede im Indikativ folgt. Doch statt des »ist« der direkten Rede folgt ein »sei«. Das »sei« könnte ein Konjunktiv sein und somit eine indirekte Rede. Doch eine indirekte Rede ist nach einem Doppelpunkt ungewöhnlich. Daher ist zu vermuten, daß das »sei« eine andere Bedeutung hat, nicht die des Konjunktivs, sondern die des Imperativs.

Um diese Frage zu klären, muß zuvor nach dem Verzicht gefragt

---

[15] ebd.

werden. Welchen Inhalt hat der hier genannte Verzicht? Zwei Deutungsmöglichkeiten bieten sich an.

Die erste Deutungsmöglichkeit besagt: Was auf den Doppelpunkt folgt, könnte das sein, worauf der Dichter verzichtet. Das
würde heißen: Der Dichter verzichtet darauf, daß ein Ding nur dann
als Ding ist, wenn das es nennende Wort gefunden ist. Doch geht
diese Deutungsmöglichkeit fehl, denn die Schlußstrophe sagt das
Gegenteil davon.

Gemäß der zweiten, zutreffenden Deutungsmöglichkeit verzichtet der Dichter auf die Meinung, daß ein Ding als Ding auch dann
ist, wenn das es nennende Wort nicht gefunden ist.

Im Verzicht des Dichters liegt einerseits ein Abschied-nehmen-
-von, von der Ansicht, daß das Ding als Ding auch ohne das es nennende dichterische Wort ist.

Andererseits liegt im Verzicht auch ein Zulassen, und zwar dessen, daß das Ding nur als dieses Ding ist aus jenem Wort, das ihm
allererst das Sein gibt.

Der Verzicht zeigt somit zwei zusammengehörige Strukturmomente: er ist Verzicht-auf und nur so ist er zugleich Verzicht-für.
Der Verzicht zeigt die beiden Momente des Worauf und des Wofür.
Worauf verzichtet wird, geschieht umwillen dessen, wofür verzichtet wird.

Wie aber kommt der Dichter dazu, auf das eine Verhältnis von
Wort und Ding zu verzichten für ein anderes Verhältnis von Wort
und Ding? Ist der Vers »Kein ding sei wo das wort gebricht« nur
eine im Konjunktiv gesprochene indirekte Aussage und Feststellung, daß kein Ding sei, wo das Wort fehlt? Oder hat diese Aussage
ihre Herkunft aus etwas anderem, was selbst keine Aussage ist?
Wenn wir der Weise, wie die siebente Strophe für sich und zugleich
im Zusammenhang mit den vorangehenden Strophen des Gedichts
spricht, denkend-auslegend nach-gehen, zeigt sich: Was auf den
Doppelpunkt nach dem Wort »verzicht« folgt: »Kein ding sei wo
das wort gebricht«, ist der »Bereich, in den sich der Verzicht einlassen muß«.[16] Das auf den Doppelpunkt folgende »Kein ding sei wo

---

[16] a.a.O., S. 167.

das wort gebricht« ist das Wofür des Verzichts. Doch dies, wofür er
verzichtet, setzt der Dichter nicht aus freien Stücken, sondern er
wird dazu genötigt.

Diese Nötigung hat den Charakter eines Geheißes, das an den
Dichter ergeht. Der hinter dem Doppelpunkt genannte Bereich
»Kein ding sei wo das wort gebricht« ist das an den Dichter ergehende Geheiß, das ihn aufruft, sich auf den jetzt erfahrenen Bezug
von Wort und Ding einzulassen, auf jenen Bezug, wonach es das
Wort ist, die dichterische Sprache, die dem gedichteten Ding allererst das Sein vergibt.

Heidegger spricht im Hinhören auf das im Gedicht Gesagte von
einem »Geheiß«, weil es das ist, was dem Dichter als Erfahrung widerfährt. Es ist solches, was auf ihn zukommt, nicht aber solches,
was er als Dichter aus sich selbst heraussetzt. Das Geheiß ist das
dem Dichter Widerfahrene. Im sich Einlassen auf das ihm widerfahrene Verhältnis von Wort und Ding verzichtet der Dichter auf seine
bis zu dieser Erfahrung gehegte Ansicht vom Bezug von Wort und
Ding.

Das Worauf seines Verzichts ist sein bisheriges Verhältnis zum
Wort und dessen Bezug zum Ding. Das Wofür seines Verzichts ist
seine Bereitschaft zu einem gewandelten Verhältnis zum dichterischen Wort und dessen Bezug zum Ding.

Von der durchgeführten Klärung des dichterischen Verzichts her
zeigt sich die primäre, wenn auch nicht einzige Bedeutung des »sei«
im Schlußvers »Kein ding sei wo das wort gebricht«. Wenn der Verzicht die Bereitschaft zum sich Einlassen auf den Bezug von Wort
und Ding meint, dann hat das »sei« primär eine imperativische Bedeutung. Im »sei« spricht ein Imperativ als ein Geheiß, das den
Dichter auffordert, ein Ding als Seiendes nur zuzulassen, wenn jenes Wort gefunden ist, das diesem Ding das Sein vergibt.

Die erste Bedeutung des »sei« im Schlußvers ist also der aus der
Sprache selbst an den Dichter ergehende Imperativ. Sofern der
Dichter dieses ihn treffende Geheiß versteht und ihm sich fügt, sagt
er sich selbst zu: seinen Verzicht auf sein bisheriges Verhältnis zur
Sprache und seinen Verzicht für ein gewandeltes Verhältnis zur
Sprache. Der Dichter sagt sich diesen Verzicht-auf und Verzicht-für

selbst zu. Die zweite Bedeutung des »sei« liegt somit in der Weise, wie der Dichter sich dem Geheiß fügt, indem er als Dichter für sein künftiges Dichten die Maxime aufstellt, fortan kein Ding als gedichtetes auszugeben, das nicht aus dem gefundenen Wort sein Sein empfängt. In dem, worauf der Dichter verzichtet, entsagt er seiner früheren Ansicht von der dichterischen Sprache, wonach ein Ding auch dann schon als Ding ist, wenn das dichterische Wort noch ausbleibt. Seine frühere Auffassung von der dichterischen Sprache ist gekennzeichnet durch das noch Ausbleiben jener Einsicht, daß es das Wort selbst ist, aus dem das gedichtete Ding als Ding in seinem Sein ist. Nur weil dem Dichter dieses Geheiß zugesagt ist, sagt er seinem bisherigen Verhältnis zur Sprache ab. Das Worauf seines Verzichts folgt aus dem Wofür seines Verzichts. Der Verzicht ist als Entsagen eine Absage an sein früheres Verhältnis zur Sprache, aber nur insofern, als er zuvor von einer Zusage getroffen ist, der er sich nicht versagt.

Doch die imperativische Bedeutung des »sei«, die sich zweifach auseinandergelegt hat, ist nicht die einzige Bedeutung des »sei« im Schlußvers. Auf ihrem Grunde ist auch die konjunktivische Bedeutung möglich. Auf dem Grunde des an den Dichter ergehenden Geheißes (erste imperativische Bedeutung) und des sich selbst Zusagens des Geheißenen in der Weise einer Maxime (zweite imperativische Bedeutung) kann die vom Dichter gemachte Erfahrung mit der Sprache auch konjunktivisch als indirekte Aussage gedeutet werden.

Heidegger betont, daß in aller Dichtung darauf zu achten sei, »daß die Schwingung des dichterischen Sagens nicht auf die starre Schiene einer eindeutigen Aussage gezwungen und so zerstört werde«.[17] Die Mehrdeutigkeit des dichterischen Sagens und Sprechens ist nicht Schwäche, sondern Stärke der Dichtung. In der Mehrdeutigkeit, wie der Multivalenz des »sei« im Gedicht »Das Wort«, beruht der Reichtum der dichterischen Sprache und Dichtung.

---

[17] ebd.

c) Das Wort, das eine Beziehung zum Ding vergibt.
Die Erfahrung des Dichterberufes (Schlußstrophe)

Im Abschnitt a) haben wir die dichterische Erfahrung Georges mit
Blick auf den Schlußvers »Kein ding sei wo das wort gebricht« ausgelegt als den dichterisch erfahrenen Bezug zwischen Wort und Ding,
dergestalt, daß das Wort dem Ding dessen Sein vergibt. Im Abschnitt
b) haben wir diese dichterische Erfahrung im Blick auf die siebente
Strophe im ganzen erläutert als das, worauf der Dichter verzichtet,
wenn er auf sein bisheriges Verhältnis zur Sprache verzichtet.

Nun kann der neu erfahrene Bezug von Wort und Ding einen
Schritt weiter zur Auslegung gelangen. Der Dichter hat seine Erfahrung mit dem Wort gemacht, »insofern das Wort erst eine Beziehung zu einem Ding zu vergeben hat«.[18] Sprechen wir wie bisher
nur vom Verhältnis oder Bezug zwischen Wort und Ding, entsteht
der Schein, als ob das Ding schon ist, also auf der einen Seite das
Wort, auf der anderen Seite das Ding und zwischen beidem als das
Verbindende die Beziehung des Wortes zum Ding. Doch eine solche Kennzeichnung trifft nicht das, was George erfahren hat. Deshalb müssen wir den Sachverhalt anders formulieren: Das Wort, das
das Ding nennt, vergibt in seinem Nennen allererst seine Beziehung
zum Ding, dergestalt, daß erst aus dieser Beziehung das Ding als
Ding offenbar ist.

Im Abschnitt a) sagten wir, das dichterisch erfahrene Verhältnis
von Wort und Ding besage, daß das Ding nur *ist*, wenn das Wort das
Ding als seiend nennt und als Ding stiftet. Im Anschluß an diese
Einsicht kann gesagt werden: Der Dichter George hat in seiner Erfahrung mit der Sprache selbst erfahren, daß es das Wort ist, das ein
Ding als das Ding, das es ist, »erscheinen [...] läßt«.[19] Das Wort in
seinem Erscheinenlassen des Dinges als des Dinges – das ist die Erläuterung dessen, daß das Ding nur aus dem es nennenden Wort seiend ist. Damit wird nicht gesagt, das Wort und die Sprache lasse die
Dinge allererst entstehen. Gesagt wird vielmehr dieses: Im Hori-

---

[18] a.a.O., S. 168.
[19] ebd.

zont der Sprache geschieht das Erscheinen, das Sichzeigen der gedichteten Dinge. Das Erscheinen oder Sichzeigen ist bezogen auf
den Menschen als denjenigen, der verstehend offensteht für ein solches Erscheinen des Seienden in seinem Sein.

Solches Erscheinen oder Sichzeigen dessen, was ist, geschieht
aber nur für den Menschen und nicht auch für die nichtmenschlichen Lebewesen. Zwar ist das Tier auf seine eigene Weise offen für
das, worauf sein Treiben und Benehmen bezogen ist. Das aber, was
das Tier in seinem Treiben enthemmt und worauf es bezogen ist,
wird von ihm nicht *als* Seiendes verstanden. Es zeigt sich dem Tier
nicht als Seiendes und nicht als so und so Seiendes. Denn solches
Erscheinen und Sichzeigen sowie ein Verstehen des Erscheinens und
Sichzeigens gibt es nur dort, wo es die Sprache gibt. Das Tier ist
aber, wie schon Aristoteles sagt, ein ζῷον ἄλογον, ein Lebewesen,
das nicht spricht.

Mit diesen Überlegungen haben wir den dichterisch erfahrenen
Bezug von Wort und Ding ins Allgemeine ausgeweitet. Wenn aber
Stefan George die Erfahrung macht, daß das Wort ein Ding erst als
Ding erscheinen läßt, so heißt das zunächst: Das dichterische Wort
läßt das in der Dichtung Gedichtete in seinem Wie- und Was-sein
erscheinen, und zwar für den Dichter selbst und für diejenigen, die
sich der Dichtung zuwenden. Erst vor hier aus läßt sich über den
Kreis des dichterischen Wortes hinausgehen zur Sprache überhaupt.

In der dichterischen Sprache bekundet sich dem Dichter das
dichterische Wort als das, »was ein Ding in dessen Sein hält und erhält«.[20] Das dichterische Wort wird als ein solches erfahren, das das
zu dichtende und gedichtete Ding in das Sein hält und im Sein erhält, erhält in dessen Offenbarkeit und Verständlichkeit als das, wie
und was es ist.

Die vollzogene Erläuterung der dichterischen Erfahrung, wie sie
sich in der Schlußstrophe ausspricht, ist eine denkende Auslegung
und begriffliche Fassung dessen, was die dichterische Erfahrung in
sich schließt. In dieser denkenden Auslegung ist aber die Reichweite
des dichterisch Erfahrenen noch nicht überschritten in Richtung der

---

[20] a.a.O., S. 168 f.

eigenständigen denkenden Erfahrung mit der Sprache selbst. Denn bislang ist noch nicht gefragt, woher denn das dichterische Wort seine Eignung habe, das zu dichtende Ding als das Ding, das es ist, erscheinen zu lassen.

Wenn wir uns in der denkenden Auslegung der gedichteten Erfahrung ohne Voreingenommenheit, ohne dazwischengeschaltete Theorien nur von dem leiten lassen, was sich aus dem Gedicht als das dichterisch Erfahrene zeigt, so läßt sich sagen: Die Art und Weise, wie Stefan George seine Erfahrung mit der Sprache macht, schließt ein die Erfahrung eines ausgezeichneten Bezuges der Sprache selbst zum Dichter sowie die Erfahrung eines ausgezeichneten Verhältnisses des Dichters zur Sprache. Mit dem erfahrenen Bezug des Wortes zum Ding erfährt der Dichter auch sein ausgezeichnetes Verhältnis zur Sprache. Wenn sich ihm in seiner Erfahrung das Wesen des Wortes bekundet, das das zu dichtende Ding in das Sein hält und darin erhält, macht der Dichter die Erfahrung »mit einem Walten, mit einer Würde des Wortes, wie sie weiter und höher nicht gedacht werden können«.[21]

Die Rede von einem Walten und von der Würde des dichterischen Wortes gehört nicht zu einer Sprach- und Wort-Mystik, in der die Sprache zu einem Überwesen hypostasiert wird. Sowohl die dichterische wie die noch gesuchte denkerische Erfahrung mit der Sprache selbst ist eine Erfahrung mit dem Wesen der Sprache, die wir sprechen, sofern und solange wir im Leben sind. Was in der dichterischen und denkerischen Erfahrung als Wesen und Walten der Sprache erfahren und als Erfahrenes gedichtet und gedacht wird, ist ein Wesen, das im Leben des Menschen, in seinem Daseinsvollzug zwischen Geburt und Tod waltet. Das als Wesen und Walten der Sprache Gedichtete und Gedachte ist kein Wesen und Walten über den Tod hinaus. Im faktischen Sterben verschließt sich mit dem Da--sein auch das Walten der Sprache und mit diesem die Erschlossenheit, die Wahrheit des Seins. Aber das zwischen Geburt und Tod des Da-seins waltende Wesen der Sprache kann vielleicht tiefer erfahren werden denn nur als Ausdrucksmittel, als Einheit von Laut und gei-

---

[21] a.a.O., S. 169.

stiger Bedeutung. Solche tieferen Erfahrungen, die die Sprache der
Verfügungsgewalt des Menschen entziehen, finden wir in Dichtungen, in denen der Bezug der Sprache zum Dichter thematisch gedichtet wird.

Stefan George wird von einer solchen Erfahrung getroffen, ohne
daß er die Sprache zu einem Überwesen hinaufsteigert. Das so von
ihm erfahrene Walten der Sprache kann insofern nicht mächtiger
gedacht werden, weil für den Dichter das zu dichtende Ding nur als
dieses Ding aus dem erscheinenlassenden Walten des dichterischen
Wortes erscheint. Desgleichen kann die dichterisch erfahrene Würde des Wortes nicht höher gedacht werden, weil das dichterische
Wort in seinem erscheinenlassenden Walten einen unverfügbar hohen Rang einnimmt. Wenn dem Dichter in seiner Erfahrung gehei-
ßen wird, fortan kein Ding in seiner Dichtung als seiend zuzulassen, das nicht aus dem geeigneten Wort sein Dingsein erhält, macht
er damit zugleich die Erfahrung, daß das Wort »jenes Gut« ist, das
ihm als Dichter auf eine ungewöhnliche Weise zur Bewahrung an-
vertraut wird.[22]

Wenn Heidegger hier vom Wort als einem »Gut« spricht, bezieht
er sich auf Hölderlin, der in einem bruchstückhaften Entwurf aus
dem Jahre 1800 sagt: »... und darum ist der Güter Gefährlichstes,
die Sprache dem Menschen gegeben ...«.[23] Für die Kennzeichnung
des von Stefan George erfahrenen Dichterberufes zurückzugreifen
auf ein Wort Hölderlins ist auch insofern gerechtfertigt, als Hölderlin im George-Kreis wiederentdeckt wurde und der zu diesem Kreis
gehörende Norbert v. Hellingrath die erste historisch-kritische Gesamtausgabe herausgab.[24]

In der dichterischen Erfahrung mit dem dichterischen Wort und
dessen sein-vergebender Beziehung zum Ding erfährt George seinen Dichterberuf »als die Berufung zum Wort« als der Quelle des

---

[22] ebd.

[23] Fr. Hölderlin, Sämtliche Werke (N. v. Hellingrath). Vierter Band, S. 246.

[24] Zum Verhältnis Stefan Georges und des George-Kreises zu Hölderlin vgl. H.-
G. Gadamer, Hölderlin und das Zukünftige. In: Gesammelte Werke, a.a.O., Bd. 9, S.
21. – ders., Hölderlin und George. In: Gesammelte Werke, a.a.O., Bd. 9, S. 229 – 244.
– ders., Die Wirkung Stefan Georges auf die Wissenschaft. In: Gesammelte Werke,
a.a.O., Bd. 9, S. 262.

Seins des zu dichtenden Seienden.[25] Seine Erfahrung mit der Sprache ist die Erfahrung des ausgezeichneten Verhältnisses des Dichters zur Sprache.

Der Verzicht, den der Dichter gelernt hat (So lernt ich traurig
den verzicht) ist kein bloßes Verzichten-auf, kein bloßes Entsagen,
sondern ein Verzichten für ein gewandeltes Verhältnis zum dichterischen Wort. Sein Entsagen ist daher ein »erfülltes« Entsagen.[26]
Worin beruht die Erfüllung? Darin, daß sich ihm in seiner Erfahrung das lang verborgene Wesen und Walten der dichterischen Sprache zuspricht. Es spricht sich ihm zu als Erfahrung, als das, was ihm
widerfährt. Dies sich ihm zeigende sein-vergebende Walten des
Wortes war für ihn in seinem früheren Dichten verhüllt geblieben.
Aber auch als Verhülltes waltete es in der Weise des Verhülltblei-
bens. Als verhülltes Walten des Wortes war es dem Dichter auch vor
seiner Erfahrung zugesagt. Das in der Verhüllung ihm eigentlich
immer schon zugesagte Walten des Wortes sagt sich ihm in der jetzt
gemachten Erfahrung unverhüllt zu.

»So lernt ich traurig den verzicht: Kein ding sei wo das wort gebricht». Welche Bedeutung kommt hier der *Trauer* des Dichters zu?
Die Trauer scheint sich in den bisher erläuterten Zusammenhang der
dichterischen Erfahrung nicht recht einzufügen. Wenn der Verzicht
von der Art eines erfüllten Entsagens ist, wenn der Dichter das weite Walten und die hohe Würde des dichterischen Wortes in dessen
Verhältnis zum Ding erfährt und zugleich die dichterische Berufung, dann müßte er erwartungsgemäß jubeln, nicht aber trauern.
Ist die Trauer auf das Worauf des dichterischen Verzichtens bezogen, oder ist sie bezogen auf das Lernen dessen, wofür der Dichter
verzichtet?

Die Trauer des Dichters ist sicher nicht bezogen auf das, worauf
er verzichtet. George trauert nicht seinem früheren Verhältnis zur
Sprache nach. Er erfährt den Verzicht nicht als Verlust.

Die in der Schlußstrophe genannte Trauer gehört sogar zu dem
Freudigsten, das dem Dichter widerfährt. Sie ist bezogen auf das,
wofür der Dichter verzichtet. Denn das für ihn Freudigste, das er-

---

[25] M. Heidegger, Das Wesen der Sprache, a.a.O., S. 169.
[26] ebd.

fahrene Walten des dichterischen Wortes, zeigt sich ihm zwar in der Erfahrung, so aber, daß es sich zugleich auch entzieht. In diesem zum Sichzeigen gehörenden Entzug »zögert« das erfahrene Walten des Wortes.

Dies sich Entziehen im Sichzeigen besagt, daß sich dem Dichter das sein-vergebende Walten des dichterischen Wortes nicht schon in der Weise zukehrt, daß er unmittelbar in ein neues und reiches Dichten aus dem erfahrenen Walten des Wortes gelangt. Dies ist – wie wir sehen werden – die zuerst sich anbietende Deutung des Entzugs. Darüberhinaus wird sich eine zweite Deutungsmöglichkeit nahelegen. Gemäß dieser zweiten Deutung entzieht sich für den Dichter das ihm widerfahrene Walten des Wortes nicht nur für ein freies und ungehemmtes Dichten, sondern auch insofern, als es dem Dichter nicht vergönnt wird, das geheimnisvolle Walten des Wortes selbst in ein dichterisches Wort zu bringen.

In der Erfahrung mit der Sprache vernimmt der Dichter die ursprüngliche Kunde von dem, was seinem dichterischen Sagen »aufgegeben« ist, was dem Dichter als das »Höchste und Bleibende zugesagt« und ihm dennoch »vorenthalten« ist.[27] Vorenthalten ist ihm, wenn wir auf die zwei Deutungsmöglichkeiten des Entzuges blikken, 1. ungehindert in ein freies Dichten aus dem widerfahrenen Walten der dichterischen Sprache zu gelangen. Vorenthalten ist ihm aber 2. auch, das so erfahrene geheimnisvolle Walten der dichterischen Sprache thematisch in einem dichterischen Wort eigens zu sagen.

Deshalb ist die Gestimmtheit des Dichters die Trauer. Die Trauer ist jene Gestimmtheit, in der der Trauernde eines Abwesenden oder Entzogenen gedenkt, und zwar so, daß in diesem Gedenken das Abwesende und Entzogene auf eine besondere Weise anwesend ist. Die Trauer des Dichters ist »die Stimmung der Gelassenheit«, des Sicheinlassens auf die »Nähe des Entzogenen«, auf das Sichzeigen des sich entziehenden Waltens des Wortes.[28] Dieses Walten entzieht sich ihm 1. für ein freies Dichten, 2. für den Versuch, das geheimnisvolle Wesen des Wortes in einem dichterischen Wort eigens zu nen-

[27] ebd.
[28] ebd.

nen. Das im Sichzeigen zugleich sich entziehende Wesen des Wortes wird vom Dichter dergestalt erfahren, daß sich das Walten des Wortes noch zurückhält für ein mögliches offenes Sichbekunden.

d) Er-fahren und Weg. Das Wort als das Verhältnis

Vorerst wurde nur die Schlußstrophe durchdacht. Die darin herausgestellte dichterische Erfahrung mit der dichterischen Sprache muß nun aber in den Sinnzusammenhang mit den vorangehenden sechs Strophen gebracht werden. Bevor wir dazu übergehen, erscheint es als angebracht, eine Erläuterung dessen zu geben, was Er-fahrung besagt. Um das Wesensverhältnis von Denken und Dichten als den zwei ausgezeichneten Weisen des Sagens und Sprechens bestimmen zu können, soll eine denkende Erfahrung mit der Sprache gesucht werden. Diese wird gesucht auf dem Weg eines hermeneutischen Gesprächs mit dichterischen Erfahrungen, die ihrerseits eigene Erfahrungsweisen mit der dichterischen Sprache sind. Was besagt hier jedesmal Er-fahrung?

Zwar wissen wir, daß »Erfahrung« die Bedeutung von Wider-fahrnis hat: was dem Dichten und dem Denken als Wesen der Sprache widerfährt. Ferner wiesen wir darauf hin, daß die so gemeinte Erfahrung zu dem gehört, was im seinsgeschichtlichen Denken »Anspruch« heißt – Anspruch als eine jener Bezugsstrukturen, die in ihrem Gegenschwingen das ausmachen, was Heidegger das Er-eignis nennt. Er-eignis ist das Grundwort für die Zusammengehörigkeit von Sein und Mensch, von Wahrheit des Seins und Da-sein. Die »Erfahrung« gehört zum »Anspruch«, ist derselbe Bezug wie der des »Anspruchs« mit dem Unterschied, daß die »Erfahrung« ein ausgezeichneter Modus dieses Bezugs, des »Anspruchs« ist. Wie zum Anspruch der gegenwendige Bezug des Ent-sprechens gehört, so zur Erfahrung das Sichverhalten zum Erfahrenen. Ent-sprechen und Sichverhalten zum Erfahrenen bilden den jeweils gegenschwingenden Bezug zum Anspruch und zur Erfahrung und gehören als solche in das Er-eignis. Sowohl die dichterische wie die denkerische Erfahrung mit der Sprache selbst haben ihren Wesensort im Er-eignis.

Die gesuchte denkerische Erfahrung mit dem Wesen der Sprache wird nicht aus dem Stand heraus gemacht. Sie bedarf vielmehr eines Weges, auf dem die Erfahrung gemacht wird. Vom Weg aber sagten wir, dieser sei nicht eine metaphorische Redeweise, sondern ziele in die Methodenfrage. Der Zusammenhang von *Er-fahrung und Weg* soll jetzt ein Stück weit erörtert werden. In welchem Bezug steht der Weg zur Erfahrung, die Erfahrung zum Weg?

Blickt man auf die ursprüngliche Bedeutung des Wortes Er-fahrung, dann zeigt sich, daß das Er-fahren den Weg und den Gang auf diesem Weg einschließt. Der wörtliche Sinn des Wortes »Er-fahren« besagt: im Fahren auf einem Weg Etwas erreichen oder erlangen. Das nhd. Wort »er-fahren« geht zurück auf das mhd. Wort »ervarn« und auf das ahd. »irfaran« und bedeutet ursprünglich: reisen, durchfahren, reisend etwas erkunden und erreichen. Er-fahren heißt daher ursprünglich: im Fahren oder Gehen etwas erreichen.

Doch der Hinweis auf die Bedeutungsgeschichte des Wortes »er--fahren« bleibt der denkerischen Einsicht in den Sachverhalt, um den es in der dichterischen und denkerischen Erfahrung geht, nachgeordnet. Das erste ist in diesem und in ähnlichen Fällen die phänomenologische Einsicht, daß die Weise, wie ein Dichten und ein Denken von der Sprache selbst getroffen werden können, ein Er-fahren ist, das herkommt aus dem bisherigen Verhältnis zur Sprache und übergeht in ein gewandeltes Verhältnis zu ihr. Solches Er-fahren hat sein Woher und sein Wohin. Das Herkommen-von und Hinkommen-zu bilden eine Erstreckung und haben den Bewegungscharakter eines Gehens von-her hin-zu. Diese Erstreckung ist aber der Weg, der zwischen dem Von-her und Hin-zu begangen wird. Zum Phänomen der Widerfahrnis durch die Sprache selbst gehört der Weg und das Gehen auf dem Weg. Um dieses so gedachte Phänomen nun auch sprachlich-begrifflich fassen zu können, greift Heidegger auf die Etymologie zurück. Durch solche Rückgriffe läßt er sich Möglichkeiten sprachlicher Fassung des phänomenologisch Gesehenen vorgeben. Die Auslegung der übrigen Strophen des Gedichtes »Das Wort« wird zeigen, daß auch der Dichter George seine dichterische Erfahrung mit der Sprache im Zusammenhang von Erfahrung, Weg und Gang versteht.

Was der Dichter George durch seinen dichterischen Gang auf seinem dichterischen Weg als Erfahrenes erlangt, ist das *Verhältnis* des Wortes zum Ding. So gelangt er selbst in dieses Verhältnis und gelangt damit in ein gewandeltes Verhältnis zur dichterischen Sprache. Dieses so erlangte Verhältnis des Wortes zum Ding zeigt sich ihm als ein solches, das keine Beziehung ist zwischen dem Wort auf der einen Seite und dem schon von sich aus seienden Ding auf der anderen Seite. In dieser Weise verstand der Dichter das Verhältnis von dichterischer Sprache und zu dichtenden Dingen *vor* seiner Erfahrung.

Das auf seinem Weg erfahrene Verhältnis von Wort und Ding ist vielmehr derart, daß das »Wort selber [...] das Verhältnis« ist.[29] Inwiefern kann das Wort das Verhältnis von Wort und Ding sein?

An anderer Stelle hieß es vom Wort, daß es eine Beziehung zu einem Ding vergebe. Das hieß: Die Beziehung von Wort und Ding kommt aus dem Wort selbst, aber nicht aus dem Wort als Ausdruck, sondern aus dem sein-vergebenden Walten des Wortes. Dasselbe sagt jetzt auch die Wendung: Das Wort selber ist das Verhältnis des Wortes zum Ding. Das Wort selbst heißt, das Wort in seinem sein-vergebenden Walten ist das Verhältnis, sofern es das Ding erst Ding sein läßt. In diesem Sein-lassen und Erscheinen-lassen »behält« das Walten des Wortes das Ding in sich ein. Nur aus diesem In-sich--einbehaltenwerden des Dinges durch das Wortwesen »ist« das Ding als Ding in seinem Wie- und Was-sein offenbar, offenbar hier als das so im sprachlichen Kunstwerk Gedichtete.

Stefan George erfährt als Dichter die dichterische Sprache, ihr Walten, in ihrer Zusammengehörigkeit mit dem Sein des zu dichtenden Dinges. An einer solchen gedichteten Erfahrung mit der Sprache kann ein Denken nicht vorbeigehen, das in den Bereich der Zusammengehörigkeit von Sein und Sprache, Sprache und Sein hineinfragen möchte. Deshalb beginnt es seinen Weg als hermeneutisches Gespräch mit der dichterischen Erfahrung, deren Erfahrenes und Gedichtetes ebenfalls die Zusammengehörigkeit von Sprache und Sein ist.

---

[29] a.a.O., S. 170.

§ 10. Das Verhältnis des Dichters zur Sprache vor
seiner Erfahrung mit ihr (erste bis dritte Strophe)

In der Weise, wie bisher Georges dichterische Erfahrung denkend ausgelegt wurde, konnte mit Blick auf die Schlußstrophe nur die Summe aus jener Erfahrung gezogen werden. Doch damit hat sich die Auslegung noch nicht auf die Situation, in der die Erfahrung gemacht wird, eingelassen. Die Auslegung hat den dichterischen Weg, der den Dichter zu seiner Erfahrung gebracht hat, noch nicht beachtet. Deshalb ist jetzt zu fragen, wie diese Erfahrung geschah.

Auf diese Frage antwortet das Gedicht selbst. Das erste Wort der siebenten Strophe ist es, das uns sagt, auf welche Weise der Dichter seine Erfahrung gemacht hat:

So lernt ich traurig den verzicht:

So – das heißt: so, wie es in den voraufgehenden sechs Strophen dieses Gedichtes gedichtet ist. Dieses »So« bindet die Schlußstrophe zurück an die vorangehenden Strophen. Diese aber sagen uns: 1. was der dichterischen Erfahrung voraufgeht, und 2.: wie sich die dichterische Erfahrung ereignet hat. Diese sechs Strophen können nur im Lichte der gegebenen Auslegung der siebenten erläutert werden. Durch die Auslegung der sechs Strophen wird aber auch umgekehrt die gegebene Auslegung der siebenten vertieft werden.

Die Erfahrung, die der Dichter mit der Sprache selbst macht, führt dazu, daß sie sein bisheriges Verhältnis zur Sprache verwandelt. Die Situation aber, die ihn zu dieser Erfahrung bringt, wird in den Strophen vier bis sechs gedichtet. Wenn aber diese Verwandlung seines bisherigen Verhältnisses zur Sprache gedichtet wird, muß zuvor auch das bisherige Verhältnis eigens gedichtet werden. Damit setzt auch das Gedicht ein. Die Strophen eins bis drei dichten Georges Verhältnis zur dichterischen Sprache, in dem er sich vor seiner Erfahrung dichtend aufhielt.

Jetzt wird deutlich: Im Gedicht »Das Wort« kommt das Ganze der dichterischen Erfahrung mit der Sprache zu Wort. Das Ganze besagt: der zur Erfahrung gehörende Weg im ganzen. In den Stro-

phen eins bis drei ist es der frühere Weg des Dichters mit seinem
früheren Verhältnis zur dichterischen Sprache. In den Strophen vier
bis sechs ist es jene Situation, in der den Dichter die Erfahrung mit
dem Wort trifft und die das frühere Verhältnis zum Wort grundlegend verwandelt. Die Strophe sieben aber ist es, in der das erfahrene
Wesen des Wortes als das Ver-hältnis selbst und die Berufung des
Dichters zur Wahrung des erfahrenen Wortwesens gedichtet wird.

Die Strophen eins bis drei, in denen das frühere Verhältnis des
Dichters zum Wort gedichtet ist, lauten:

> *Wunder von ferne oder traum*
> *Bracht ich an meines landes saum*
>
> *Und harrte bis die graue norn*
> *Den namen fand in ihrem born –*
>
> *Drauf konnt ichs greifen dicht und stark*
> *Nun blüht und glänzt es durch die mark ...*

Das in diesen Strophen gedichtete Dichten hält sich auf einem Weg,
der durch eine Landschaft führt. Die Landschaft zeigt eine Gliederung. Sie ist gegliedert in das Land des Dichters und in den Wohnsitz der grauen Norn. Ihr Wohnsitz befindet sich am Saum, an der
Grenze des dichterischen Landes, das George in der dritten Strophe
auch »mark«, also Grenzland nennt. Das Land des Dichters ist ein
Grenzland, weil es das Land an der Grenze zum Wohnsitz der grau-
en Norn als der Schicksalsgöttin ist. Der Weg des Dichters führt
durch sein eigenes Land als Grenzland an die Grenze, die sein Land
gegen den Wohnsitz der Schicksalsgöttin begrenzt. Aber diese Grenze
schließt nicht nur ab, sondern ist eine offene Grenze, die das Land
des Dichters zum Wohnsitz der Norn öffnet.

Wer aber ist die »graue norn«? George greift hier auf ein Mytho-
logem der altnordischen Sagen zurück.[1] Diese sprechen von drei
Nornen als drei Schicksalsgöttinnen. Sie sind drei Schwestern und
Töchter der Riesen aus dem Riesenland Thursenheim. Eine der

---

[1] Vgl. E. Peterich, Kleine Mythologie. Die Götter und Helden der Germanen.
Badischer Verlag, Freiburg i.Br. 1949⁴, S. 26 f.

Nornen heißt Urd und ist Herrin des Vergangenen. Die zweite
Norn wird Werdandi genannt, Herrin des jetzt Gegenwärtigen. Die
dritte Norn trägt den Namen Skuld und ist Herrin des Künftigen.
Die drei Nornen zeigen also einen Bezug zu den drei Dimensionen
der Zeit. Schicksalsgöttinnen heißen sie, weil die Nornen von den
Riesen die Schicksale aller Götter und Menschen erfahren haben.

Die Nornen leben als Schicksalsgöttinnen am Schicksalsquell,
dem Urdarborn. Hier sprechen sie in den Götterratsversammlun-
gen ihr unwiderrufliches Urteil aus: das Schicksal der Götter und
der Menschen. Gelegentlich heißt es auch, daß nur eine Norn, Urd,
am Urdarborn sitzt, während ihre beiden Schwestern, Werdandi
und Skuld, in der Gestalt schneeweißer Schwäne auf dem Quell-
wasser schwimmen. Mit dem Wasser des Urdarborn begießen die
Nornen die Weltesche Ygdrasil, die die Welt trägt und an deren Da-
sein das Weltenschicksal geknüpft ist. Das Wasser aus dem Schicksalsquell läßt die Weltesche grünen und bestimmt auf diese Weise
das Schicksal der Welt.

Der Wohnsitz der grauen Norn ist im Gedicht wie in der Sage
der Born, die Quelle. Im Gedicht aber ist der Born die Quelle für
die dichterischen Worte, die das zu Dichtende nennen.

In unserer zurückliegenden Auslegung der dichterischen Erfahrung Georges wurde aber auch das dichterische Wort selbst als
Quelle angesprochen, als Quelle für das Sein des durch das Wort
genannten Dinges.

Wenn jetzt aber in der zweiten Strophe die dichterischen Worte
ihrerseits von der Norn auf dem Grunde ihres Borns gesucht und
aus dieser Quelle geschöpft werden, kann dieses dichterische Bild
gedeutet werden als Hinweis darauf, daß das dichterische Wort als
Quelle für das Sein der zu dichtenden Dinge *seinerseits eine Herkunft hat*. Das von George gedichtete Bild von der Norn als der
Hüterin des Borns zeigt, daß für den Dichter die Sprache »in den
Bereich der geheimnisvollen Landschaft« gehört, in der »das dichterische Sagen an den geschickhaften Quell der Sprache grenzt«.[2]

Aber dieses Verständnis von der Norn als Hüterin des Quells des

---

[2] M. Heidegger, Das Wesen der Sprache, a.a.O., S. 171.

sein-vergebenden Wortes ist ein solches, in dem sich der Dichter nicht von Anfang an aufgehalten hat. Das Verständnis von der Norn als der Hüterin des Quells für das *sein-vergebende* Wort gewinnt der Dichter erst durch eine Erfahrung mit der Sprache. Vor dieser Erfahrung hielt sich der Dichter in einem anderen Verhältnis zur Norn und ihrem Born. Auf seinem langen Weg des Dichtens vor seiner Erfahrung verstand der Dichter die von ihm zu dichtenden Dinge als »Wunder von ferne«, die ihn bezauberten, als »traum«, der ihn entrückte. Wunder und Traum sind solches, was der dichterischen, der ästhetischen Einbildungskraft entspringt. In seinem früheren Verhältnis zum Dichten verstand der Dichter sein dichterisches Denken als ein solches der Einbildungskraft.[3] Dem Dichter schien es, als käme es in seinem Dichten darauf an, die in seiner Einbildungskraft imaginativ vorgestellten dichterischen Dinge an die Quelle der Sprache zu bringen, um sich aus dieser voller Zuversicht die dichterischen Namen schöpfen zu lassen, die seinen dichterisch imaginierten Dingen ästhetische Schönheit verleihen.

Auf dem Weg des Dichtens vor der ihn verwandelnden Erfahrung ist der Dichter davon überzeugt, daß die in der Einbildungskraft imaginierten Dinge schon von sich aus sind ohne ihre nachträgliche Formung durch die dichterische Sprache. Er lebte in der Überzeugung, daß die dichterische Kunstsprache die Aufgabe habe, die schon in der Weise des Imaginiertseins seienden Dinge in der poetischen Sprache darzustellen und in dieser Darstellung nur noch zu überhöhen. Der Dichter hielt sich in der Meinung, es käme in seinem Dichten darauf an, sich der ästhetischen Einbildungskraft zu überlassen und die imaginierten Wunder in der poetischen Sprache so auszudrücken, daß die poetisch verdichteten Dinge in ihrer ästhetisch erlebbaren Schönheit blühen und glänzen.

Das dichterische Selbstverständnis des Dichters ist vor seiner ihn treffenden Erfahrung ein grundlegend anderes gewesen. Es war bestimmt durch eine solche Auffassung des Bezuges zwischen Ding und Wort, wonach das dichterische Ding nicht erst aus dem es nen-

---

[3] Zur daseinsanalytisch-ereignisgeschichtlichen Auseinandersetzung mit der Einbildungskraft vgl. F.-W. v. Herrmann, Dichterische Einbildungskraft und andenkendes Denken. In: Wege ins Ereignis, a.a.O., S. 264 ff.

nenden Wort sein Sein erhält. Die frühere Auffassung vom Bezug
von Wort und Ding verstand diesen Bezug dergestalt, daß in ihm
das poetische Wort zu dem in der Imagination schon seienden Ding
nur hinzukommt als ästhetische Formung. Georges Selbstverständnis als Dichter ist vor seiner ihn verwandelnden Erfahrung mit dem
sein-vergebenden Walten des Wortes bestimmt durch die geläufige
Auffassung vom Dichten. Dieser Auffassung gemäß ist das Dichten
eine Vollzugsweise der Einbildungskraft, die das Reich der dichterischen Imagination schafft, ist das Dichten sprachliche Formgebung
der vor dieser Formung schon in der Weise des Imaginiertseins seienden Dinge.

Auf diesem Weg des so sich selbst verstehenden Dichtens wird
dieser Dichter von einer Erfahrung getroffen, die ihm aus der Sprache selbst widerfährt. Diese Erfahrung und Erfahrungssituation ist
Thema der Strophen vier bis sechs.

§ 11. Die dichterische Erfahrung mit der Sprache als das Zerbrechen des seiner selbst sicheren Dichtens (vierte bis sechste Strophe)

Die Strophen vier bis sechs lauten:

> *Einst langt ich an nach guter fahrt*
> *Mit einem kleinod reich und zart*
>
> *Sie suchte lang und gab mir kund:*
> *›So schläft hier nichts auf tiefem grund‹*
>
> *Worauf es meiner hand entrann*
> *Und nie mein land den schatz gewann …*

Durch das Wort »Einst« werden die Strophen vier bis sechs deutlich
von den Strophen eins bis drei abgesetzt. Denn jetzt wird jene Situation gedichtet, in der den Dichter die Erfahrung trifft.

Diese Erfahrung vorwegnehmend, sagt Heidegger: Einmal sei für
Stefan George auf seinem bisherigen Weg, der in den Strophen eins
bis drei gedichtet ist, »der Augenblick« gekommen, »wo das bishe-

rige, seiner selbst sichere Dichten jäh zerbricht und ihn an das Wort
Hölderlins denken läßt: Was bleibet aber, stiften die Dichter«.[1]

Wir haben unsererseits schon darauf hingewiesen, daß es Stefan
George war, in dessen Umkreis der Dichter Hölderlin neu entdeckt
wurde, ferner, daß George selber von der Dichtung Hölderlins und
dessen dichterischem Selbstverständnis tief angesprochen wurde.

Dies *dichterische* Verhältnis Stefan Georges zu Hölderlin wird
bezeugt durch die »Lobrede« auf Hölderlin aus der Sammlung
»Tage und Taten« (1903).

Hölderlin

›Wo aber überflüssiger · denn lautere quellen
Das gold und ernst geworden ist der zorn an dem himmel ·
Muss zwischen tag und nacht
Einstmals ein wahres erscheinen.
Dreifach umschreibe du es ·
Doch ungesprochen auch · wie es da ist
Unschuldige · muss es bleiben.‹

›Noch ehe bäche rauschten von den bergen
Und hain und städte blüheten an den strömen ·
So hat ER donnernd schon
Geschaffen ein reines gesetz ·
Und reine laute gegründet.‹

›Die natur ist jezt mit waffenklang erwacht ·
Und hoch vom äther bis zum abgrund nieder
Nach festem gesetze · wie einst · aus heiligem chaos gezeugt ·
Fühlt neu die begeisterung sich ·
Die allerschaffende wieder.‹

›Die tempelsäulen stehn
Verlassen in tagen der not … namlos aber ist
In ihnen der gott · und die schale des danks
Und opfergefäss und alle heiligtümer
Begraben dem feind in verschwiegener erde.‹

---

[1] M. Heidegger, Das Wesen der Sprache, a.a.O., S. 172.

›Beim kampfspiel · wo sonst unsichtbar der heros
Geheim bei dichtern sass · die ringer schaut und lächelnd
Pries · der gepriesene · die müssigernsten kinder.
Ein unaufhörlich lieben wars und ists.‹

›Denn manches mag ein weiser oder
Treuanblickender freunde einer erhellen · wenn aber
Ein gott erscheint · auf himmel und erd und meer
Kömmt allerneuende klarheit.‹

›Immer stehet irgend eins zwischen menschen und IHM.
Und treppen-weise steiget
Der himmlische nieder. ‹

›Wenn aber alltäglich die himmlischen und gemein
Das wunder scheinen will · wenn nämlich
Wie raub titanenfürsten die gaben
Der mutter greifen · hilft ein höherer ihr. ‹

Uns heisst es ein greifbares wunder wenn durch menschenalter nicht beachtet oder nur als zarter erträumer von vergangenheiten plötzlich der grosse Seher für sein volk ins licht tritt. Das sibyllinische buch lang in den truhen verschlossen weil niemand es lesen konnte wird nun der allgemeinheit zugeführt und den erstaunten blicken eröffnet sich eine unbekannte welt des geheimnisses und der verkündigung. Mag dies gefahr sein so bleibt doch der trost dass auch fürder unfassbar was nicht erfühlbar ist und dass beim nahen des schicksalaugenblicks das fromme schweigen gebrochen werden darf. Mit seinen anfängen gehört Hölderlin in das jahrhundert Goethes · in seinen späteren zumeist jezt erst zugänglichen oder verständlichen gebilden ist er der stifter einer weiteren ahnenreihe. Die meister der klassik die sein bestes nicht würdigen konnten hatten die schwere aufgabe sich selbst und ihre stammgenossen aus barbarischer wirrnis und triebhaftem gestürme zur hellenischen klarheit hinaufzuläutern. In den bildenden künsten erkannten sie nur den Apollo · vielmehr mussten sie ihn erahnen aus geglätteten nachschöpfungen: an der Flötenspielerin und dem waagehaltenden Jüngling des sogenannten Throns wären sie noch stumm vorübergegangen. Wol waren die Tragiker erschaut · Pindar aber nur eine weile lang und halbwegs und vor einem anderen Plato scheute man sich als dem der begriffe. Dionysos und Orpheus waren noch verschüttet und Er allein war der entdecker. Er bedurfte keines äusserlichen hinweises: ihm half das innere gesicht. Er riss wie ein blitz den himmel auf und zeigte uns erschütternde gegenbilder wie Herakles-Christos: vor seinen weitesten einigungen und ausblicken aber stehen wir noch verhüllten hauptes und verhüllter hände ... Viel war die rede vom liebenswürdigen schwärmer und klangreichen lautenschläger · nicht aber vom unerschrocknen künder der eine andere volkheit als die gemeindeutliche ins bewusstsein rief · noch vom unbeirrten finder der zum quell der sprache hinabtauchte · ihm nicht bildungs- sondern urstoff · und heraushob zwischen tatsächlicher beschreibung und dem zerlösenden ton das lebengebende Wort. Die natur- und vernunfterben des Grossen Umsturzes die ihn den erdfremden hiessen vergassen dass ihre gepriesene erfahrung hinfällig und überflüssig ist für den der mit göttern und mächten im bunde steht. Uns kümmern wenig die berufsmühen des mannes und der krankheitsablauf des greisen: wir sind heil genug um wissen zu dürfen dass jenseits von vernünftig und gesund der dämon seine wirkung tut. Nicht dass sein schmerzhaftes und zerrissenes dasein ein vorbild werde für neue sitte .. denn es gilt höheres. Er ist der er sich selber genannt hat: gruft und tempel zu denen er die künftigen mit kränzen zu wallen lädt. Nicht dass seine dunklen und gesprengten silbenmaasse ein muster werden für suchende versschüler .. denn es gilt höheres. Durch aufbrechung und zusammenballung ist er der verjünger der sprache und damit der verjünger der seele .. mit seinen eindeutig unzerlegbaren wahrsagungen der eckstein der nächsten deutschen zukunft und der rufer des Neuen Gottes.«[2]

---

[2] St. George, Hölderlin. In: Werke. Ausgabe in zwei Bänden. Hrsg. v. R. Boehringer. Helmut Küpper vormals Georg Bondi, Düsseldorf u. München 1976³. Bd. 1, S. 518 – 521. – Vgl. zu St. Georges Lobrede auf Hölderlin H.-G. Gadamer, Die Gegenwärtigkeit Hölderlins. In: Gesammelte Werke, a.a.O., Bd. 9, S. 39 ff. – ders., Dichten und Denken im Spiegel von Hölderlins ›Andenken‹. In: Gesammelte Werke, a.a.O., Bd. 9, S. 42 ff. – ders., Hölderlin und George. In: Gesammelte Werke, a.a.O., Bd. 9, S. 231, 234.

Auch in dieser Lobrede auf Hölderlin ist die Rede vom *Quell der Sprache*, vom *lebengebenden Wort* mit Blick auf Hölderlin. Stefan Georges Gedicht »Das Wort« spricht vom Born als der Quelle der Sprache, vom Wort, das an die zu dichtenden Dinge das Sein vergibt. So wird überdeutlich, daß der Augenblick der dichterischen Erfahrung Georges mit dem sein-vergebenden dichterischen Wort auch zeitlich in der Nähe zu seiner Begegnung mit dem Werk Hölderlins steht.

In den Strophen eins bis drei nennt der Dichter die dichterischen Dinge Wunder und Traum. Jetzt in den Strophen vier bis sechs sind es nicht mehr Wunder und Traum, sondern ist es das *Kleinod*, das der Dichter auf seiner Fahrt erlangt hat. Er nennt diese Fahrt eine »gute« Fahrt, weil sie ihn zu dem »reichen« und »zarten« Kleinod geführt hat. Auch mit diesem Kleinod begibt er sich an den Saum, an die Grenze seines Landes zur Schicksalsgöttin, in der Hoffnung, ja sogar sicheren Erwartung, sie werde ihm wie bisher, wie für die Wunder und die Träume, nun auch für das Kleinod das dichterische Wort aus ihrem Sprachborn schöpfen. Nachdem die Norn lange auf dem tiefen Grunde ihres Borns nach dem Wort für das Kleinod gesucht hat, verkündet sie ihm: daß ein solches Wort, das dieses auf seiner Hand liegende Kleinod als das, was es ist, nennt, auf dem Grunde der Sprachquelle nicht schlafe.

Das Hören dieser Kunde der Norn ist aber jener Augenblick, in welchem der Dichter die Erfahrung mit dem Wort selbst und seinem sein-vergebenden Walten macht.

Zunächst mag er noch wie bisher in der Meinung zur Sprachquelle gegangen sein, daß das Kleinod auf seiner Hand schon von sich her ist, was es ist, – daß es auch jetzt nur darauf ankomme, das rechte poetische Wort für die dichterische Sprachgebung zu finden. In der Antwort der Schicksalsgöttin trifft ihn jedoch unerwartet die Erfahrung, daß das dichterische Wort nicht nur poetischer Ausdruck und poetische Formgebung ist, daß vielmehr das dichterische Wort das durch es genannte Ding, das Kleinod, erscheinen läßt. Aber dieses Wort, das dem Kleinod das Sein vergeben könnte, entzieht sich und bleibt dem Dichter entzogen. Im selben Augenblick, in welchem der Dichter das ganz andere Wesen des dichterischen

Wortes erfährt, erfährt er auch das ganz andere Wesen der zu dichtenden Dinge. Er erfährt, daß die zu dichtenden Dinge nicht die aus
der Imagination gedichteten Dinge sind. Er erfährt, daß die zu dichtenden Dinge nur sind, was und wie sie sind, aus dem sein-vergebenden Walten des dichterischen Wortes. In diesem Augenblick, in
welchem die Schicksalsgöttin dem Dichter erstmals das verlangte
Wort nicht gewährt, macht er die Erfahrung, daß er als Dichter nicht
über die dichterische Sprache verlangend und fordernd verfügen
kann. Er macht die Erfahrung, daß er nur dann in ein wahres und
gegründetes Dichten gelangt, wenn er auf das ihm jeweils gewährte
dichterische Wort zu warten vermag. Weil der Dichter in diesem
Augenblick diese Erfahrung macht, kann Heidegger sagen: Jenes
dichterische Wort, das das Kleinod sein ließe, was es als das Kleinod
sein könnte, »müßte der Geborgenheit entquillen, die in der Stille
eines tiefen Schlafes ruht«.[3]

Was Heidegger hier sagt, ist von ihm gesprochen mit Blick auf
den Vers »So schläft hier nichts auf tiefem grund«. Der »tiefe grund«
der Quelle ist der bergende Grund, der die Worte in ihrem sein-
vergebenden Wesen birgt. Als so geborgene ruhen die Worte in einem tiefen Schlaf, zu dem die Stille gehört. Jenes Wort, das das
Kleinod im Nennen das sein ließe, was es sein könnte, müßte der
Stille der Geborgenheit entquillen, müßte seine Herkunft aus dieser
Stille haben.

Wenn Heidegger den »Schlaf auf tiefem Grund« mit den Worten
»Geborgenheit« und »Stille« deutend anspricht, gibt er einen ersten
Hinweis auf die Herkunft des die Dinge nennenden und im Nennen erscheinenlassenden Wortes. Er gibt einen ersten Hinweis auf
jene Herkunft, die er in der erstrebten denkenden Erfahrung mit
der Sprache selbst als das erfahren wird, was er sprachlich-begrifflich als »das Geläut der Stille« fassen wird.

Das Geläut der Stille werden wir kennenlernen als das *denkend*
erfahrene Wesen der Sprache. Hierbei wird es darauf ankommen,
das Geläut der Stille nicht als poetisches Bild aufzufassen, sondern
im Unterschied zum Bild als einen denkerischen Begriff.

---

[3] M. Heidegger, Das Wesen der Sprache, a.a.O., S. 172.

Wenn Stefan George vom Born als der Quelle der dichterischen Sprache spricht, weiß er um eine Herkunft des Wortes in seinem sein-vergebenden Walten. Aber seine dichterische Erfahrung reicht nicht in diese Herkunft so hinein, daß er auch noch diese Herkunft thematisch erfahren und dichterisch nennen könnte.

Zunächst ist festzuhalten: Nur ein solches Wort, das auf dem tiefen Grund des Borns der Norn schliefe und dem Sprachquell entquillen könnte, käme her aus der Stille der Geborgenheit und könnte das Kleinod »in den Reichtum und die Zartheit seines schlichten Seins bergen«.[4] Da sich aber ein solches Wort nicht zeigt, »gelangt [es] nicht in das Sein eines Dinges«.[5] Es wird nicht als Ding offenbar und kann nicht als das, was und wie es sein könnte, dichterisch genannt werden:

> *Worauf es meiner hand entrann*
> *Und nie mein land den schatz gewann ...*

Das Kleinod wird, weil das es zu seinem Sein ernennende Wort ausbleibt, nicht zum Schatz des dichterischen Landes. Es wird nicht zum dichterisch geborgenen Eigentum und nicht zum gedichteten Ding.

Heidegger macht darauf aufmerksam, daß der Dichter über das Kleinod schweige, nichts Näheres von ihm sage. Wenn dieses Kleinod für ein zu dichtendes Ding steht, das im Ausbleiben des sein-vergebenden Wortes nicht als dieses Ding gedichtet werden kann, können wir auch nicht erwarten, daß uns der Dichter Näheres zum Kleinod wissen läßt. Das nicht in die Offenbarkeit seines Seins gelangende Kleinod gewährt dem Dichter dennoch die Möglichkeit einer entscheidenden Erfahrung mit der Sprache. Im Ausbleiben des Wortes für das Kleinod zeigt sich ihm erstmals *das ihm bislang verhüllte Verhältnis von Wort und Ding*. Gemäß dem so erfahrenen Bezug ist das Wort selbst das Ver-hältnis. Das sein-vergebende Wesen des Wortes zeigt sich ihm im Ausbleiben eines solchen Wortes für das Kleinod. Indem der Dichter dieses Ausbleiben, diesen Ent-

---

[4] ebd.
[5] ebd.

zug, im Sichzeigen des Verhältnisses von Wort und Ding erfährt, erfährt er erstmals die Unverfügbarkeit des Wesens der Sprache. Im Augenblick dieser Erfahrung zerbricht die bisherige Selbstsicherheit seines Dichtens.

Vor dieser ihn verwandelnden Erfahrung dichtete der Dichter Wunder und Träume. Was aber der Dichter jetzt dichten möchte, ist das von den Wundern und Träumen unterschiedene Kleinod. Angesichts dieses Kleinods spricht Heidegger eine Vermutung aus: Im Kleinod denke der Dichter »an die zarte Fülle des Einfachen«, »das auf den Dichter in seiner Spätzeit als das zu-Sagende« zukomme.[6] Die zarte Fülle des Einfachen ist Heideggers Auslegung dessen, was Stefan George in seiner Spätdichtung dichtet. Das in seiner Spätdichtung zu Dichtende sind zum einen jene dichterischen Dinge, die jetzt nicht mehr den Charakter von Wundern und Träumen haben. Das in seiner Spätdichtung zu Dichtende ist jedoch zum anderen und damit zugleich das *dichterisch erfahrene Wesen der Sprache*, das nicht nur in diesem einen Gedicht »Das Wort«, sondern auch in anderen Gedichten Georges gedichtet wird, insbesondere in Gedichten aus dem Zyklus »Das Lied«.

Wenn das Kleinod das zu dichtende Einfache ist, dem das Dichten Stefan Georges fortan gilt, dann zeigt sich jetzt vollends, daß in dem Gedicht »Das Wort« der dichterische Weg Georges im ganzen gedichtet ist: nicht nur die frühere Wegstrecke, auch nicht nur die Wegstelle, an der ihn die Erfahrung trifft, sondern auch die künftige Wegstrecke des Dichters, die sich aus dem erfahrenen Wesen der dichterischen Sprache ergibt. Der künftige Weg seines Dichtens ist dadurch gekennzeichnet, daß das von ihm dichterisch zu Sagende aus der Sprache selbst auf ihn zukommt. Dieses *Auf-ihn-zukommen* nennt das gewandelte Verhältnis des Dichters zur Sprache.

Das Gedicht »Das Wort« bezeugt, daß der Dichter den Verzicht gelernt hat: Er verzichtet *auf* sein früheres Verhältnis zur Sprache, und er verzichtet *für* das erfahrene gewandelte Verhältnis von Wort und Ding. Er verzichtet aber zugleich auch auf das dichterische Nennen des Kleinods. Indem er darauf verzichtet, entspricht er

---

[6] a.a.O., S. 173.

schon der Erfahrung mit dem dichterischen Wort. George dichtet
in seinem Gedicht »Das Wort« diesen mehrfachen Verzicht.

Das Gedicht »Das Wort« erweist sich als das »singende Lied von
der Sprache«.[7] Wenn wir uns erinnern an den gegebenen Aufriß der
wesenhaften Möglichkeiten einer Erfahrung mit der Sprache, können wir jetzt sagen: Das liedhafte Gedicht »Das Wort« bringt als
Lied von der Sprache nicht nur die Sprache selbst in das Wort, sofern auch dieses Gedicht aus einer Erfahrung mit der Sprache wie
jedes Gedicht gedichtet ist. Das Gedicht »Das Wort« bringt die
Sprache selbst so zur Sprache, daß es die mit dem Wesen der Sprache gemachte Erfahrung thematisch dichtet. Der Dichter dichtet das
Ausbleiben des in seinem sein-vergebenden Wesen erfahrenen Wortes für das Kleinod. Das bedeutet: Indem das Wort für das zu dichtende Kleinod ausbleibt, bleibt nicht etwa das dichterische Wort
überhaupt aus. Denn der Dichter dichtet das Gedicht »Das Wort«.
Auch für das Dichten des in seinem Wesen erfahrenen, aber für das
Nennen des Kleinods ausbleibenden Wortes bedarf es der dichterischen Sprache. Diese wird dem Dichter dergestalt gewährt, daß er
das Lied von der Sprache dichten konnte.

In der Erfahrung, die der Dichter mit dem Wesen der Sprache
macht, trifft ihn der Blick des Sein-verleihenden Waltens des Wortes. Diesen Blick dichtet Stefan George im elften Gedicht des Zyklus »Das Lied«[8], das von Heidegger im Vortrag »Das Wort« im
Anschluß an seine Auslegung des gleichnamigen Gedichts erläutert
wird.[9]

> In stillste ruh
> Besonnenen tags
> Bricht jäh ein blick
> Der unerahnten schrecks
> Die sichre seele stört

[7] ebd.
[8] St. George, Das Neue Reich, a.a.O., S. 137.
[9] M. Heidegger, Das Wort, a.a.O., S. 229 ff.

> So wie auf höhn
> Der feste stamm
> Stolz reglos ragt
> Und dann noch spät ein sturm
> Ihn bis zum boden beugt:
>
> So wie das meer
> Mit gellem laut
> Mit wildem prall
> Noch einmal in die lang
> Verlassne muschel stösst.

Die *erste Strophe* nennt die stillste Ruh des besonnenen Tages, in die jäh ein Blick bricht, der als unerahnter Schreck die sichere Seele des Dichters stört.

Die *zweite Strophe* dichtet die Seele des Dichters als jenen festen Stamm auf den Höhen, der stolz und reglos ragt, um dann noch spät von einem Sturm zu Boden gebeugt zu werden.

Die *dritte Strophe* dichtet die Seele des Dichters als die lang verlassene Muschel, in die das Meer mit gellem Laut und wildem Prall noch einmal stößt.

Hierzu sagt Heidegger: »Noch einmal stößt das Meer seine unergründliche Stimme in das Gehör des Dichters, das die ›lang verlassne muschel‹ heißt; denn der Dichter blieb bislang ohne das rein geschenkte Walten des Wortes. Statt seiner nährten die von der Norn erheischten Namen die Selbstsicherheit des herrischen Kündens«.[10] Das Sein-verleihende Walten des Wortes widerfährt dem Dichter als ein ihn aufschreckender Blick, als ein ihn zu Boden beugender Sturm, als ein Stoß des Meeres, der mit gellem Laut und wildem Anprall in seine Ohrmuschel stößt.

---

[10] a.a.O., S. 231.

§ 12. Das Denken in der Nachbarschaft zum Dichten

In den Paragraphen 9, 10 und 11 wurde eine Auslegung des siebenstrophigen Gedichts »Das Wort« gegeben. Dies Gedicht dichtet thematisch eine Erfahrung mit der dichterischen Sprache. In den Strophen eins bis drei dichtete der Dichter sein Selbstverständnis als Dichter sowie sein Verständnis von dem zu Dichtenden und von der dichterischen Sprache *vor* jener Erfahrung mit der dichterischen Sprache, die in den Strophen vier bis sechs gedichtet wird. Seinem früheren Selbstverständnis gemäß verließ er sich auf die frei verfügbare dichterische Einbildungskraft, in deren Vollzug er die dichterische Welt der Wunder und Träume imaginierte. Seinem früheren Verständnis der dichterischen Dinge zufolge sah er diese in der dichterisch imaginierten Welt. Das so in der Einbildungskraft Imaginierte waren für ihn die dichterischen Dinge in ihrem Sein als dem Imaginiertsein. Das Imaginieren war für ihn der erste Schritt in seinem Schaffensprozeß. Der zweite Schritt bestand in der dichterischen Sprachgebung des Imaginierten. Seinem früheren Verständnis von der dichterischen Sprache gemäß ist diese die Kunstsprache im Sinne der künstlerischen Formgebung des dichterisch Imaginierten. Durch die sprachliche Formgebung der imaginierten Welt gewann diese ihre ästhetische Form. Auch in diesem zweiten Schritt des Schaffensvorganges erschien der Dichter selbstsicher. Denn in dieser Haltung wendet er sich an die graue Norn und verlangt von ihr die Namen, also die dichterische Kunstsprache für das von ihm Imaginierte. Dies frühere Verständnis von der dichterischen Sprache war frei von einem Wissen darum, daß die Sprache zum Sein der Dinge gehört, daß die dichterische Welt erst ist, was und wie sie ist, aus dem sein-vergebenden Wesen der Sprache.

Die Erfahrung dieses Sprachwesens wird in den Strophen vier bis sechs thematisch gedichtet. In jenem Augenblick, in dem die graue Norn dem Dichter das für das Kleinod verlangte Wort nicht gewährt, wandelt sich sein bisheriges Verständnis von der dichterischen Sprache, von den dichterischen Dingen und sein bisheriges Selbstverständnis als Dichter. Jetzt versteht er, daß die zu dichtenden Dinge nur sind, was und wie sie sein können, aus dem sein-

-vergebenden Walten der Sprache. Damit versteht er auch, daß er in einem anderen Verhältnis zur dichterischen Sprache steht, nicht in einem solchen des freien Verfügens, sondern in einem Verhältnis des Wartens darauf, daß ihm die jeweils gemäße dichterische Sprache gewährt wird.

Diese Erfahrung wird in der siebenten Strophe als das gedichtet, was auf den Dichter aus der Sprache selbst zukommt als Imperativ, dem er sich in der Weise einer Maxime für das künftige Dichten fügt: »So lernt ich traurig den verzicht / Kein ding sei wo das wort gebricht.« Der Verzicht des Dichters ist ein dreifacher: Er verzichtet auf sein früheres Verhältnis zur Sprache; er verzichtet für das jetzt erfahrene Verhältnis zur dichterischen Sprache; er verzichtet im Gedicht »Das Wort« auf das dichterische Nennen des Kleinods in der Befolgung der Maxime, kein Ding als dichterisches zuzulassen, das nicht aus einem gewährten sein-vergebenden Wort genannt ist.

Die Auslegung dieses siebenstrophigen Gedichts nannte sich eine *denkende*, nicht nur, weil sie den Sinnimplikationen des Gedichts denkend nachging, sondern weil wir, die wir dieses Gedicht auslegten, zugleich diejenigen sind, die eine denkende Erfahrung mit dem Wesen der Sprache anstreben. Um eine solche denkende Erfahrung in Gang zu setzen, wandten wir uns mit Heidegger einem Gedicht Stefan Georges zu, das offensichtlich eine thematisch gedichtete dichterische Erfahrung mit der Sprache selbst ist. Das Entscheidende in dieser dichterischen Erfahrung ist die erfahrene Zusammengehörigkeit von Wort bzw. Sprache und Sein. Die angestrebte denkerische Erfahrung mit dem Sprachwesen hält sich ihrerseits in einem Vorverständnis von dieser Zusammengehörigkeit. Sie sucht also eine denkerische Erfahrung mit dem Wesen der Sprache, sofern das Sprachwesen zum Wesen des Seins gehört. Daher ist es naheliegend, daß die angestrebte denkende Erfahrung sich einer dichterischen Erfahrung zuwendet, um sich von dieser auf den Weg zur eigenen Erfahrung bringen zu lassen.

Nachdem es die dichterische Erfahrung zur immanenten Auslegung gebracht hat, muß das Denken nunmehr *ausdrücklich* sein Verhältnis zum Dichten überdenken. Das Gedicht »Das Wort« ist eine thematisch gedichtete Erfahrung mit der dichterischen Sprache. Wir haben versucht, dieser Dichtung nachzudenken. Dabei kam es darauf an, uns in einer gemäßen Weise auf die gedichtete Erfahrung einzulassen. Das hermeneutische Gespräch mit diesem Gedicht ließ sich insofern auf eine gemäße Weise auf das Gedicht ein, als es nur das aufhellend auseinanderlegte, was sich als Sinnimplikationen aus dem Gedicht selbst bekundete.

Ein solches auslegendes Vorgehen erfordert ein vorurteilsfreies Hinhören auf den aus dem Gedicht sich bekundenden Sinn. Ein solches hermeneutisches Gespräch, das in kritischer Haltung nur dem sich zeigenden Sinn enthüllend-auslegend nachgeht und sich dabei freihält von scheinbar selbstverständlichen Interpretationstheorien, verfährt in methodischer Hinsicht phänomenologisch. Wenn sich die Hermeneutik in rechter Weise versteht, ist sie phänomenologische Hermeneutik. Aber auch das Umgekehrte gilt. Die Phänomenologie kommt erst dann zu sich selbst, wenn sie sich in ihrem hermeneutischen Grundzug versteht. Ihrem hermeneutischen Grundzug trägt die phänomenologische Enthüllung der Sinnimplikationen dann Rechnung, wenn sie um ihre hermeneutischen Vollzugsbedingungen weiß. Die phänomenologische Sinnenthüllung verfährt in durchsichtiger Weise hermeneutisch, wenn sie darum weiß, daß zu ihr wesensmäßig ein Vorverständnis von dem gehört, was hinsichtlich seiner Sinnimplikationen auslegend enthüllt werden soll.

Daher kommt es darauf an, sich von vornherein um ein gemäßes Vorverständnis zu bemühen. Das phänomenologisch zu Enthüllende und auf diese Weise Auszulegende bildet als das so und so Vorverstandene die hermeneutische *Vorhabe* für den Vollzug der phänomenologischen Auslegung. Diese aber vollzieht sich in einer hermeneutischen *Vor-sicht* auf das, woraufhin das in der Vorhabe Vorverstandene ausgelegt werden soll. Die phänomenologische Auslegung vollzieht sich zugleich in einem hermeneutischen *Vor-griff* auf eine Sprachlichkeit und Begrifflichkeit, die dem Auszulegenden und Ausgelegten angemessen ist.

In der durchgeführten Auslegung des Gedichtes »Das Wort« wurde diesen drei hermeneutischen Vollzugsbedingungen entspro-

chen. Das Vorverständnis vom auszulegenden Gedicht besagte, daß
es in diesem Gedicht um die Erfahrung einer Zusammengehörigkeit
von Wort und Sein der zu dichtenden Dinge geht. Ein solches Vorverständnis bildet sich aus in dem, was man die Grunderfahrung
nennen kann, die mit dem Auszulegenden gemacht wurde. Diese
Grunderfahrung muß nicht selbst thematisch am Anfang eines Textes stehen; sie kann als schon geschehen den Ausgang eines Textes
bilden. Aber im Laufe der Auslegung kommt es darauf an, daß sich
das Vorverständnis auch bewährt. Im gegenteiligen Fall muß nachträglich ein angesetztes Vorverständnis korrigiert werden.

Wir werden zugeben müssen, daß das Vorverständnis, mit dem
das Gedicht »Das Wort« in die hermeneutische Vorhabe genommen
wurde, mitbestimmt war durch die gesuchte denkende Erfahrung
mit dem Wesen der Sprache. Dadurch wurde aber das Vorverständnis von diesem Gedicht nicht verfälscht. Denn die Abzielung auf
eine denkende Erfahrung mit der Sprache selbst ist es gerade gewesen, die im Zugehen auf das Gedicht dieses erkannt hat als eine thematische Dichtung von der dichterischen Erfahrung mit der Sprache. Während der verschiedenen Auslegungsschritte war aber die von
der denkenden Erfahrung motivierte Auslegung bestrebt, das dichterisch Erfahrene als solches unverfälscht in die Sichtbarkeit zu heben.

Angesichts dieser zur Auslegung gebrachten dichterischen Erfahrung mit dem Wesen des Wortes heißt es bei Heidegger, »die eigentliche Erfahrung mit der Sprache könne nur die denkende Erfahrung
sein«.[1] Das ist einerseits im Vergleich mit der dichterischen Erfahrung gesagt. Die eigentliche Erfahrung mit der Sprache ist das Eigene des Denkens. Die eigentliche Erfahrung mit der Sprache ist nur
möglich auf dem Wege des Denkens. Ist dann die dichterische Erfahrung nur eine uneigentliche Erfahrung? Sicherlich dürfen wir die
Rede von der »eigentlichen Erfahrung« nicht in den Gegensatz zu
einer »uneigentlichen« Erfahrung bringen. Wir müssen vielmehr
zusehen, was die Rede von der »eigentlichen« Erfahrung sagen will.
Weil das Dichten selbst »in einem Denken schwingt«[2], ist auch

---

[1] M. Heidegger, Das Wesen der Sprache, a.a.O., S. 173.
[2] ebd.

dem Dichten als dem dichtenden Denken eine Erfahrung mit der Sprache möglich. Dennoch ist die »eigentliche« Erfahrung mit der Sprache selbst die denkende Erfahrung im Unterschied zur dichtenden Erfahrung. Dieser Satz darf aber nicht als Wertung oder gar Abwertung der dichterischen Erfahrung verstanden werden. Dieser Satz ist vor allem mit Blick auf die ausgelegte dichterische Erfahrung Stefan Georges formuliert. Von dieser sagten wir: Es gehört zu ihr zwar auch ein Wissen um die Herkunft des sein-vergebenden Wortes, aber diesem Dichten ist es nicht vergönnt, diese Herkunft thematisch ins dichterische Wort zu bringen. Damit wird nicht gesagt, daß es überhaupt keine dichterische Erfahrung vom Wesen der Sprache gibt, die in jene Herkunft hineinreicht. Im Vorblick auf die angestrebte denkerische Erfahrung mit dem Wesen der Sprache kann aber Heidegger schon hier sagen, es gehöre zum Eigenwesen des Denkens, sich so auf eine Erfahrung mit dem Wesen der Sprache einzulassen, daß es auch die Herkunft des sein-vergebenden Wortes erfährt, so erfährt, daß das Denken diese Herkunft eigens denkerisch ins begriffliche Wort bringt. Darin beruht dann das Eigene jenes Denkens, das die denkerische Erfahrung mit der Sprache vorbereitet.

Andererseits hat auch das Dichten und die dichterische Erfahrung mit der Sprache ihr Eigenes, das als solches dem Denken nicht gegeben ist. Das Dichten vollzieht sich in jedem Fall aus einer dichterischen Erfahrung mit der Sprache selbst, entweder so, daß im jeweils Gedichteten die Sprache selber in ihrem Wesen zu Wort kommt, oder so, daß die Erfahrung mit der Sprache selbst thematisch gedichtet wird. In beiden Weisen dichterischer Erfahrung kommt das Wesen der Sprache zu Wort in Gestalt eines sprachlichen Kunstwerkes. Zum einen ist es das sprachliche Kunstwerk *aus* der Erfahrung mit der Sprache, zum anderen ist es ein sprachliches Kunstwerk, das so aus der Erfahrung hervorgeht, daß es diese Erfahrung *thematisch* dichtet und so ein sprachliches Kunstwerk von der Sprache ist.

Beide Weisen bleiben aber dem Denken und der ihm möglichen Erfahrung mit der Sprache verwehrt. Wenn das Denken eine Erfahrung mit dem Wesen der Sprache macht, bringt es dieses niemals als

sprachliches Kunstwerk zu Wort. Mit Blick auf diesen Vorzug des
Dichters heißt es in den »Beiträgen zur Philosophie«: »Leichter als
andere verhüllt der Dichter die Wahrheit in das Bild und schenkt sie
so dem Blick zur Bewahrung«.[3] An anderer Stelle heißt es: »Welches
Glücken ist hier dem Dichter aufbehalten! Zeichen und Bilder dürfen ihm das Innerste sein, und die übersehbare Gestalt des ›Gedichtes‹ vermag je sein Wesentliches in sich hineinzustellen«.[4]

Wenn aber die »eigentliche« Erfahrung mit der Sprache selbst die
denkende ist, wozu bedarf es dann noch des Hinweises auf die dichterische Erfahrung Stefan Georges? Wir sagten, das Denken reiche
in seiner Erfahrung weiter in das Wesen der Sprache hinein als das
Dichten. Warum kann das Denken nicht von vornherein auf die
dichterische Erfahrung verzichten? Warum läßt es seinen Weg zur
denkenden Erfahrung beginnen als hermeneutisches Gespräch mit
der dichterischen Erfahrung? Warum wählt das Denken diesen
Umweg über die Dichtung?

Heidegger antwortet auf diese Frage: »Weil das Denken wiederum in der Nachbarschaft zum Dichten seine Wege geht«.[5] Das Denken hält sich wesensmäßig in der Nachbarschaft zum Dichten auf.
Die Wege, auf denen es der Möglichkeit einer Erfahrung entgegen-
geht, verlaufen wesensmäßig in der Nähe zum Dichten. Das bedeutet nicht, daß die denkerischen Wege selbst dichterische Wege sind
oder werden können.

Damit ist aber nur ein phänomenaler Befund gekennzeichnet.
Der Befund ergibt sich, wenn jenes Denken, das sich aufgefordert
sieht, das Sein in der Zusammengehörigkeit mit dem Wesen der
Sprache zu denken, auf solche Dichtungen stößt, die dichterische
Erfahrungen mit der Sprache selbst sind, solche Erfahrungen, in denen dieselbe Zusammengehörigkeit von Sprache und Sein erfahren
wird. Deshalb wendet sich dieses Denken solchen Dichtungen zu.
Gelangt das Denken vor den Befund, daß sich sein eigenes Fragen
in der Nähe zu dichterischen Bemühungen hält, kehrt es sich diesen
zu, um im hermeneutischen Gespräch mit ihnen einen Weg der den-

---

[3] M. Heidegger, Beiträge zur Philosophie, a.a.O., S. 19.
[4] a.a.O., S. 60.
[5] M. Heidegger, Das Wesen der Sprache, a.a.O., S. 173.

kenden Erfahrung zu suchen. Das Denken wendet sich der Dichtung zu, um von ihren Erfahrungen zu lernen. Dem Denken ist der Hochmut fern, auf dichterische Erfahrungen mit der Sprache verzichten zu können, da seine eigenen Erfahrungen tiefer in das Wesen der Sprache hineinreichen. Das Denken weiß vielmehr darum, daß jede dichterische Erfahrung mit der Sprache einzigartig und in dieser Weise vom Denken nicht wiederholbar ist. So kann jede dichterische Erfahrung mit der Sprache hilfreich sein für das Denken des Sprachwesens. Auch wenn sich erweisen sollte, daß die denkende Erfahrung mit der Sprache selbst die »eigentliche« Erfahrung ist, sofern sie tiefer in das Wesen der Sprache hineinreicht als die dichterische Erfahrung Stefan Georges, so ist die denkerische Zuwendung zur thematisch gedichteten Erfahrung mit dem Wesen der Sprache kein vermeidbarer Umweg. Denn die dichterischen Erfahrungen können nicht durch denkerische Erfahrungen ersetzt werden. Das Dichten hat seinen eigenen Erfahrungsreichtum, der nur dem Dichten gewährt wird, an dem aber das Denken teilhaben kann, wenn es sich der Dichtung im hermeneutischen Gespräch mit ihr zuwendet. Dann kann es sogar das Dichten selbst sein, das dem Denken den entscheidenden Wink für seinen Erfahrungsweg gibt.

Das Denken geht seine Wege der Erfahrung mit dem Wesen der Sprache in der Nähe zum Dichten. So gesehen ist das Dichten der vom Denken erkannte Nachbar des Denkens. Wenn das Dichten seinerseits sich in der Nähe dieses Denkens versteht, erkennt dieses Dichten jenes Denken als seinen Nachbar an. Denken und Dichten erkennen dann einander als Nachbarn.

Das Dichten heißt Nachbar des Denkens, und umgekehrt, das Denken heißt Nachbar des Dichtens, weil beide »in derselben Nähe«[6] wohnen und beide sich in derselben Nähe vollziehen. Diese Nähe selbst ist es, die das Denken und Dichten Nachbarn und Gesprächspartner gleichen Ranges werden läßt.

Dichten und Denken »brauchen einander«.[7] Das Denken braucht das Dichten. Auch wenn die denkende Erfahrung mit dem Wesen der Sprache diejenige ist, auf die es vor allem ankommt umwillen

---

[6] ebd.
[7] ebd.

des Wesens der Sprache, kann das Denken nicht auf die eigenständigen dichterischen Erfahrungen mit der Sprache verzichten. Das Denken braucht diese Erfahrungen für die Findung des eigenen Weges.

Das Brauchen ist aber kein einseitiges Verhältnis. Auch das Dichten braucht das Denken, sogar in einer besonderen Weise. Das Dichten braucht jenes Denken, das die Dichtung und das Dichten aus der langen Herrschaft jener Deutung heraussetzt, wonach die Dichtung abgrundtief geschieden ist vom Denken der Philosophie. Das Dichten braucht jenes Denken, das die Dichtung zu einem gleichrangigen und unverzichtbaren Gesprächspartner des Denkens befreit.

Denken und Dichten brauchen einander dort, »wo es ins Äußerste geht, je auf ihre Weise in ihrer Nachbarschaft«.[8] Für das Denken und das Dichten geht es dann ins Äußerste, wenn es um die je eigene Erfahrung mit der Sprache selbst geht. Hier aber verhalten sie sich nicht gegeneinander gleichgültig, sondern so, daß sie wechselseitig aufeinander hören *können*. Denken und Dichten brauchen einander »je auf ihre Weise in ihrer Nachbarschaft«. Das Denken braucht auf seine eigene Weise das Dichten, und umgekehrt, das Dichten braucht auf seine eigene Weise das Denken. Das Denken wendet sich als Denken dem Dichten zu, um von ihm zu lernen. Das Denken wendet sich aber anders dem Dichten zu als sich ein Dichten einem anderen Dichten zukehren kann, anders als sich das Dichten Stefan Georges dem Dichten Hölderlins zuwendet. Das Wechselgespräch zwischen Denken und Dichten ist ein anderes als zwischen Dichten und Dichten. Aber auch das Dichten kann sich als Dichten dem Denken zuwenden, nicht um das Philosophieren zu lernen, sondern um in seinem Dichten gefördert zu werden. Das Dichten geht auf seine eigene Weise auf das Denken zu und nicht so, wie ein Denken auf ein anderes Denken zugeht. Damit deutet sich an, daß Denken und Dichten trotz ihrer Nähe geschiedene Wege bleiben, aber in ihrer Geschiedenheit Nachbarn sind, die in derselben Nähe ihren Aufenthalt haben.

[8] ebd.

Daß das Denken seinerseits das Dichten braucht, haben wir uns in der Auslegung des George'schen Gedichts vor Augen geführt. Hier war es das Denken, das sich einer Dichtung zukehrte, um aus dieser für die denkerische Erfahrung zu lernen.

Wie aber steht es mit dem umgekehrten Verhältnis, in dem sich das Dichten dem Denken umwillen des eigenen Dichtens zuwendet? Schon ein flüchtiger Blick auf die ältere Geschichte der Dichtung belehrt uns, daß ein Dichter einen Denker liest, aber nicht, um mit ihm zu philosophieren, sondern um sein dichterisches Welt- und Selbstverständnis zu klären. Wenn Goethe sich Spinoza, Leibniz oder Kant zuwendet, spricht er mit ihren Werken umwillen seines dichterischen Selbst- und Weltverständnisses.

Aber es gibt auch Dichter unserer Zeit, die sich gerade jenem Denken zugekehrt haben, das sich selbst in der Nähe zum Dichten versteht und diese Nähe eigens bedenkt. Dichter unserer Zeit, die das Gespräch mit dem Denken Heideggers gesucht haben, sind u.a.: Paul Celan[9], Günter Eich[10], Peter Huchel[11], René Char[12]. Paul Celans Rede anläßlich der Verleihung des Büchner-Preises 1960 »Der Meridian« ist ein aufschlußreiches Zeugnis dafür, wie ein Dichter auf seine Weise das Denken braucht und mit ihm das Ge-

---

[9] Als Quelle für die Begegnung Paul Celans mit Heidegger ist an erster Stelle jenes Buch zu nennen, das aus einer unmittelbaren Zeugenschaft hervorgegangen ist: G. Baumann, Erinnerungen an Paul Celan. Suhrkamp, Frankfurt a.M. 1986. – ferner: O. Pöggeler, Spur des Wortes. Zur Lyrik Paul Celans. Karl Alber, Freiburg/München 1986, S. 151 – 53, 248 – 50, 259 – 68.

[10] Vgl. J. W. Storck, Günter Eich. Marbacher Magazin 45/1988 Deutsche Schillergesellschaft Marbach a.N. Zweite, durchgesehene Auflage 1988.

[11] Vgl. G. Baumann, Begegnungen. In: Freiburger Universitätsblätter. Heft 140, 2. Heft Jahrg. 1998. Rombach, Freiburg 1998, S. 67 ff.

[12] R. Char, Eindrücke von früher. In: Erinnerungen an Martin Heidegger. Günther Neske, Pfullingen 1977, S. 75 ff. – J. Beaufret, En France. In: Erinnerungen an Martin Heidegger, a.a.O., S. 9 ff. – F. Fédier, Andenken ... In: Erinnerungen an Martin Heidegger, a.a.O., S. 79 ff. – C. Ochwadt, Zu ›Aisé à porter‹ von René Char. In: Kunst und Technik. Gedächtnisschrift zum 100. Geburtstag von Martin Heidegger. Hrsg. v. W. Biemel u. F.-W. v. Herrmann. Vittorio Klostermann, Frankfurt a.M. 1989, S. 444 ff.

spräch sucht.[13] Celan hat für die Ausarbeitung seiner dichterischen Poetologie jenes Denken aufgesucht, das sich aus der Wesensnähe zum Dichten versteht und das die Zusammengehörigkeit von Sprache und Sein zur Kardinalfrage erhoben hat. Die im Deutschen Literaturarchiv in Marbach aufbewahrten Handexemplare Celans von Heideggers Schriften sind mit zahlreichen Anstreichungen und Anmerkungen versehen.

Wenn Denken und Dichten in der angedeuteten Weise einander brauchen, dann schließt das ein, daß Dichten und Denken »auf verschiedene Weise« bestimmen, »in welcher Gegend die Nachbarschaft selbst ihren Bereich hat«.[14] Die Gegend ihrer Nachbarschaft wird vom Denken anders als vom Dichten bestimmt, anders, weil das Denken kein Dichten und das Dichten kein Denken ist. Dennoch schließt diese unterschiedliche Bestimmung der gemeinsamen Gegend ein, »daß sie sich im selben Bereich finden«.[15] In der unterschiedlichen Bestimmung der Gegend ihrer Nachbarschaft wissen Denken und Dichten zugleich um die Selbigkeit dieses Bereiches. Auch darin zeigen sich Nähe und Differenz von Denken und Dichten: eine Nähe in der Differenz, eine Differenz in der Nähe.

§ 13. Der hermeneutische Charakter der Frage nach dem Wesen der Sprache

Gefragt wird nach dem Wesen der Sprache in seiner Zugehörigkeit zum Wesen des Seins. Die Weise, wie gefragt werden soll, ist als Erfahrung gekennzeichnet. Gesucht wird eine denkende Erfahrung mit dem Wesen der Sprache. Dem Denken, das für sein Fragen nach dem Wesen der Sprache mit diesem Wesen eine Erfahrung anstrebt, zeigt sich aber, daß es auch eine dichterische Erfahrung mit der Sprache

[13] Vgl. G. Buhr, Celans Poetik. Vandenhoeck u. Ruprecht, Göttingen 1976, S. 88 ff. – O. Pöggeler, Spur des Wortes. Zur Lyrik Paul Celans, a.a.O., S. 151 – 53, 248 – 50. – ders., Schritte zu einer hermeneutischen Philosophie. Karl Alber, Freiburg/München 1994, S. 435 f.
[14] M. Heidegger, Das Wesen der Sprache, a.a.O., S. 173.
[15] ebd.

gibt, eine solche, in der eine Erfahrung selbst thematisch gedichtet wird. Deshalb beginnt das philosophierende Fragen nach dem Wesen der Sprache mit einer Zuwendung zu einer solchen dichterischen Erfahrung. Diese Zuwendung hat den Charakter eines hermeneutischen Gesprächs. In diesem wurde Stefan Georges Gedicht »Das Wort« ausgelegt. Die Auslegung nannte sich eine denkende, weil sie den Sinnimplikationen des Gedichts nachdenkend folgte, aber mit Blick auf die gesuchte denkende Erfahrung. Im Anschluß an dieses *erste* hermeneutische Gespräch des Denkens mit der thematisch gedichteten dichterischen Erfahrung überdachte das Denken sein Verhältnis zum Dichten. Dabei ergab sich, daß sich das Dichten in der Nähe zum Denken aufhält, daß aber auch umgekehrt das Denken sich in der Nähe zum Dichten hält. Zwar gehen das Denken und das Dichten ihre eigenen Wege, aber diese verlaufen in einer gemeinsamen Gegend, die vorläufig als Zusammengehörigkeit von Sprache und Sein gekennzeichnet wurde. Denken und Dichten sind einander Nachbarn, weil sie sich beide in einer ausgezeichneten Weise in dieser Zusammengehörigkeit von Sprache und Sein aufhalten.

Nach diesem ersten Einblick in die Nachbarschaft von Denken und Dichten, den das Denken vollzogen hat, kann eine Besinnung auf den *hermeneutischen Charakter des Fragens nach dem Wesen der Sprache* erfolgen. Denn das Fragen nach dem Wesen der Sprache muß sich Klarheit über sich selbst verschaffen.

Auf dem Wege einer denkerischen Erfahrung mit der Sprache soll nach dem Wesen der Sprache gefragt werden. Um das Fragen in Gang zu setzen, müssen wir irgendwie bei der Sprache anfragen. In der Frage nach dem Wesen der Sprache ist die Sprache das *Befragte*. Das, wonach hier gefragt wird, das Wesen der Sprache, ist das *Gefragte*. Das Befragte und das Gefragte sind zwei Strukturmomente in der Frage nach dem Wesen der Sprache.

Für die Klärung dieser Frage müssen wir uns darauf besinnen, »wie [...] wir bei der Sprache anfragen« müssen, um sie auf ihr Wesen hin befragen zu können.[1] Wie müssen wir die Sprache in den Blick nehmen? Früher sagten wir, daß für die hier zu stellende We-

---

[1]   a.a.O., S. 174.

sensfrage die uns überlieferten Grundauffassungen von der Sprache auf die Seite gestellt werden müssen, daß wir ihnen gegenüber hermeneutische Epoché üben müssen.

Wie wir für die Frage nach dem Wesen der Sprache bei dieser anfragen müssen, wie wir sie als das zu Befragende in den Ansatz bringen müssen, das ist die eine Vorfrage, die umwillen der Selbstklärung der Frage nach dem Wesen der Sprache gestellt werden muß. Die zweite Vorfrage lautet: »Wie [müssen] wir dem Wesen [der Sprache] nachfragen«, wenn wir für diese Frage hermeneutische Epoché gegenüber den überlieferten Grundauffassungen vom Wesen als Wesen üben müssen?[2]

Die Frage nach dem Wesen der Sprache muß sich vollbringen als *Anfrage* bei der Sprache und als *Nachfrage* nach deren Wesen. Beide Vorfragen zielen auf das Wie der Anfrage und auf das Wie der Nachfrage. Wie soll sich die Anfrage vollziehen, wenn wir dafür die geläufige Blickbahn auf die Sprache nicht beibehalten dürfen? Dieser geläufigen Blickbahn gemäß nehmen wir die Sprache zuerst in ihrem Lautcharakter in den Blick und heben von diesem die Wortbedeutung ab. Es könnte sich aber erweisen, daß ein solcher Ansatz der Sprache den Weg zum gesuchten Wesen von vornherein verbaut.

Wie aber soll sich im Anfragen bei der Sprache das Nachfragen nach ihrem Wesen gestalten, wenn wir hierfür hermeneutische Epoché auch in bezug auf die überlieferte Grundauffassung vom Wesen als Wesen üben müssen? Dieser überlieferten Grundauffassung nach bedeutet Wesen soviel wie sachhaltiges Wassein von Etwas, Wesen als essentia. Würden wir den überkommenen Wesensbegriff für das Fragen nach dem Wesen der Sprache festhalten, könnte es sein, daß der Weg zum gesuchten Wesen von vornherein versperrt ist.

Jedes Fragen bedarf, um nicht ins Leere zu gehen, eines Vorverständnisses von dem, bei dem es anfragt und wonach es fragt. Dann aber bedürfen auch wir eines Vorverständnisses von dem, *wobei* unser Fragen nach dem Wesen der Sprache anfragt und *wonach* dieses Fragen fragt, ein Vorverständnis davon, wie hier Wesen als Wesen verstanden ist, wenn nicht in der Bedeutung von essentia.

---

[2] ebd.

Schon im § 2 von »Sein und Zeit«, der die formale Struktur der Seinsfrage klärt, kennzeichnet Heidegger alles Fragen als ein Anfragen bei Etwas. Jedes Fragen hat sein Befragtes. Das Befragte ist eines von mehreren formalen Strukturmomenten einer jeden Frage. Zugleich wird alles Fragen als ein Fragen nach charakterisiert, als ein Nachfragen. Das zweite Strukturmoment einer Frage ist das Gefragte. Die besondere Hinsicht aber, in der nach Etwas gefragt wird, die besondere Hinsicht auf das Gefragte, ist ihr Erfragtes. Das Erfragte ist das dritte formale Strukturmoment einer jeden Frage. Mit der Frage als Anfrage steht das Strukturmoment des Befragten im Blick, mit der Frage als Nachfrage kommen die zwei Strukturmomente des Gefragten und des Erfragten zur Abhebung.

Anfrage und Nachfrage können nur in Gang gesetzt werden, wenn das Fragen zur hermeneutischen Einsicht gelangt in die wesensmäßige Voraussetzung für das Ingangsetzen von An- und Nachfrage. Die Voraussetzung ist aber das Vorverständnis dessen, wonach gefragt und wobei dafür angefragt wird.

Das für das Ingangsetzen der Frage nach dem Wesen der Sprache notwendige Vorverständnis wird von Heidegger so gekennzeichnet: Wenn wir bei der Sprache anfragen, um *nach* ihrem Wesen zu fragen, »dann muß uns doch die Sprache selber schon zugesprochen sein«.[3] Ferner: Fragen wir nach dem Wesen der Sprache, dann »muß uns auch, was Wesen heißt, schon zugesprochen sein«.[4] Diese Kennzeichnung des notwendigen Vorverständnisses, innerhalb dessen das Fragen nach dem Wesen der Sprache ansetzt, steht in der Nachfolge dessen, was erstmals in »Sein und Zeit« als Strukturmomente der Frage, als hermeneutische Situation und als hermeneutischer Zirkel ausgearbeitet wurde.

Für den Vollzug der An- und Nachfrage muß uns schon die Sprache in ihrem Wesen so zugesprochen sein, wie sie befragt und wie ihrem Wesen nachgefragt werden soll. Mit der Wendung »schon zugesprochen sein« wird zunächst einmal auf nichts anderes hingewiesen als auf das konstitutive Vorverständnis, worin das Fragen nach dem Wesen der Sprache einsetzt. Jedes Fragen ist als Fragen

---

[3] a.a.O., S. 175.
[4] ebd.

nach ein Suchen. Das Gefragte und Erfragte ist ein Gesuchtes. Be-
züglich des Verhältnisses des Fragens zu seinem Gesuchten heißt es
im § 2 von »Sein und Zeit«, das Fragen als Suchen habe sein »vor-
gängiges Geleit aus dem Gesuchten her«.[5] Das »vorgängige Geleit«
nennt das Vorverständnis vom Gesuchten. Dieses leitet das Fragen
und seine Frageschritte. Ohne ein solches leitende Vorverständnis
gäbe es kein Fragen. Das Vorverständnis ist für den Fragevollzug
konstitutiv.

Das Vorverständnis ist jenes anfängliche Verständnis, worin das
zu Befragende sowie das Gefragte und Erfragte vorgegeben sind.
Das im Vorverständnis Stehende, die zu befragende Sprache in ihrem ge- und erfragten Wesen, ist die Vorgabe für das Fragen. Das
Fragen selbst als An- und Nachfragen vollzieht sich als ein schritt-
weises Auslegen dessen, was ihm in seinem Vorverständnis vorgegeben ist. Die Vorgabe ist das, was das auslegende Fragen vor sich
hat, seine Vorhabe. Im § 32 von »Sein und Zeit« »Verstehen und
Auslegung« ist die Vorhabe das erste Strukturmoment des Ausle-
gungsvollzuges.

Das zweite Strukturmoment der Auslegung ist die Vor-sicht.
Denn das auslegende Fragen ist geführt von seiner vorausblicken-
den Hinsicht auf das in der Vorhabe Vorverstandene. Diese Hin-
und Vor-sicht faßt dasjenige ins Auge, woraufhin das in der Vorhabe Stehende fragend ausgelegt werden soll.

Das dritte für die Auslegung konstitutive Strukturmoment ist der
Vor-griff. Darin greift das auslegende Fragen auf jene Sprachlichkeit
und Begrifflichkeit vor, in der es sein jeweils Verstandenes begrifflich faßt.

Aus der hermeneutischen Vorhabe erhält das An- und Nachfragen seine vorgängige Leitung. Was in »Sein und Zeit« *Vorhabe* genannt wird, heißt jetzt im ereignisgeschichtlichen Denken *Zuspruch*
und *Zusage*. Nicht nur der Zuspruch und die Zusage, sondern auch
der *Anspruch* ist uns schon begegnet. Wir haben früher darauf hingewiesen, daß diese sprachlichen Wendungen in das ereignisgeschichtliche Denken zeigen. Wir gaben daher in der Einleitung

---

[5] M. Heidegger, Sein und Zeit, a.a.O., S. 5.

einen ersten formal-anzeigenden Durchblick durch die Grundstrukturen des Ereignis-Denkens. Wir wiesen auch darauf hin, daß das Wort »Er-fahrung« in der Bedeutung der Widerfahrnis ein ausgezeichneter Modus des An-spruchs ist. Nunmehr sehen wir, wie die Klärung des hermeneutischen Charakters der Frage nach dem Wesen der Sprache die Blickbahn des ereignisgeschichtlichen Denkens eingeschlagen hat. Was innerhalb dieser Blickbahn von den nötigen Voraussetzungen für das Ingangsetzen des Fragens ausgeführt wird, schließt an Heideggers grundsätzliche Bestimmung der hermeneutischen Phänomenologie in »Sein und Zeit« an.

»Anfrage und Nachfrage brauchen hier und überall im voraus den Zuspruch dessen, was sie fragend angehen, dem sie fragend nachgehen«.[6] »Hier« heißt: hier im Fragen nach dem Wesen der Sprache. »Überall« aber besagt: daß alle Fragen dieser Art angewiesen sind auf den Zuspruch, auf die Vorhabe und das Vorverständnis des in der Vorhabe Stehenden. »Jeder Ansatz jeder Frage hält sich schon innerhalb der Zusage dessen auf, was in die Frage gestellt wird«.[7] Damit wird etwas Grundsätzliches über Ansatz und Vollzugsweise einer Frage gesagt. Das Sich-im-vorhinein-schon-aufhalten des Fragens innerhalb einer Zusage dessen, was gefragt wird, ist die Ermöglichung einer jeden Frage. Das Sich-schon-aufhalten innerhalb der Zusage dessen, was in die Frage gestellt wird, ist nichts anderes als das, was in »Sein und Zeit« als der hermeneutische Zirkel herausgestellt ist – der hermeneutische Zirkel als Wesensverfassung für alles Auslegen und auslegende Fragen.

Daß aber die hermeneutische Vorhabe, das Vorverständnis für das auslegende Fragen, als Zuspruch und Zusage gekennzeichnet wird, ergibt sich aus dem Einblick in das *geschichtliche* Wesen dessen, was gefragt und erfragt wird, ergibt sich aus der Einsicht in das geschichtliche Wesen des Seins und der Sprache in deren Zusammengehörigkeit. Der Einblick in die Geschichtlichkeit des Wesens des Seins und des Wesens der Sprache führt zum immanenten Wandel der transzendental-horizontalen in die ereignisgeschichtliche Blickbahn. Von diesem immanenten Wandel wird auch die herme-

---

[6] M. Heidegger, Das Wesen der Sprache, a.a.O., S. 175.
[7] ebd.

neutische Phänomenologie erfaßt, so, daß diese nunmehr ihr *ereig-*
nisgeschichtliches Gepräge erhält.

Eine Bestätigung für das jetzt Angezeigte finden wir im 255. Abschnitt der »Beiträge zur Philosophie« »Die Kehre im Ereignis«.
Dort heißt es: »Das Ereignis hat sein innerstes Geschehen und seinen weitesten Ausgriff in der Kehre. Die im Ereignis wesende Kehre ist der verborgene Grund aller anderen, nachgeordneten, in ihrer
Herkunft dunkel, ungefragt bleibenden, gern an sich als ›Letztes‹
genommenen Kehren, Zirkel und Kreise«. Hier verweist Heidegger
eigens auf »den Zirkel im Ver-stehen«, auf den hermeneutischen Zirkel.[8]

Der Zirkel im Verstehen gehört somit in die Kehre. Diese aber ist
der Gegenschwung von ereignendem Zuwurf und ereignetem Entwurf. Der ereignende Zuwurf wird auch Zuspruch oder Zusage genannt. Der ereignende Zuwurf erweist sich als die Vorgabe und Vorhabe für den Vollzug des ereigneten Entwurfs, des entwerfenden
und auslegenden Verstehens. Aus dem ereignenden Zuwurf empfängt das auslegende Fragen das Vorverständnis für sein Gefragtes
und Erfragtes.

Wird vom Fragen als Anfrage und Nachfrage gesagt, sie brauchen »im voraus den Zuspruch dessen, was sie fragend angehen,
dem sie fragend nachgehen«, dann wird deutlich, daß es bei dieser
Kennzeichnung des Fragens um dessen hermeneutischen Charakter
geht, der nunmehr ereignisgeschichtlich bestimmt ist.

Ist aber die Klärung des hermeneutischen Charakters der Frage
nach dem Wesen der Sprache soweit gediehen, dann ergibt sich eine
weitere, wesentliche hermeneutische Einsicht in den Grundcharakter und die Grundhaltung jenes Denkens, das nach dem Wesen der
Sprache im Horizont der Frage nach dem Sein fragt. Die »eigentliche Gebärde des Denkens«, seine Grundhaltung, ist nicht das Fragen, sondern das »Hören der Zusage dessen, was in die Frage kommen soll«.[9] Die Charakterisierung des ereignisgeschichtlichen
Denkens als ein »Hören der Zusage dessen, was in die Frage kom-

---

[8]　M. Heidegger, Beiträge zur Philosophie, a.a.O., S. 407.
[9]　M. Heidegger, Das Wesen der Sprache, a.a.O., S. 175.

men soll«, wird immer wieder, z.b. im dekonstruktivistischen Denken, gründlich mißverstanden, dahingehend, daß hier das Fragen überhaupt aufgegeben werde zugunsten eines reinen Hörens auf den Zuspruch. Dabei wird aber zweierlei übersehen: Erstens, daß in jener Charakterisierung nicht nur vom Hören, sondern immer noch, also weiterhin vom Fragen die Rede ist. Was in die Frage gestellt werden soll, ist vorverstanden in der Zusage, und dieses Vorverstehen hat den Charakter des Hörens. Zweitens wird übersehen, daß es sich bei der Kennzeichnung des Rückbezuges der Frage auf ein Hören um die Klärung des hermeneutisch-phänomenologischen Charakters der Wesensfrage nach der Sprache handelt.

Im seinsgeschichtlichen Denken wird diesem keineswegs sein Fragecharakter abgesprochen. Es kommt aber darauf an, daß das Fragen sich in seinem *hermeneutischen Vollzugscharakter* durchsichtig wird. Wenn eingesehen ist, daß und wie das Ansetzen der Wesensfrage und der Fragevollzug ihre Voraussetzungen haben in dem, was als Vorverständnis in der hermeneutischen Vorhabe steht, muß gesagt werden, daß das *bloße* Fragen *ohne* ein leitendes Vorverständnis nicht die Grundhaltung des Denkens sein kann. Wenn aber das Fragen seine Ermöglichung in dem findet, was sich ihm vorgibt als Vorverständnis, ist die Grundhaltung des Denkens ein hörendes Verstehen dessen, was sich als Vorverständnis zu verstehen gibt. Nur wenn das Denken zuerst ein verstehendes Hören auf das ist, was ihm als zu Denkendes, als zu Fragendes und zu Erfragendes, schon vorgegeben und darin zugesprochen ist, kann es sein Fragen als An- und Nachfragen in rechter Weise ansetzen und schrittweise vollziehen. Im Fragevollzug ist das Denken primär ein verstehendes Hören dessen, wonach es fragen kann. Jenes Denken, das sich in seiner Grundhaltung und Vollzugsweise durchsichtig werden möchte, ist sowenig ein Denken ohne Fragen, als es sich gerade Klarheit über die Ermöglichung seines Fragens verschafft. Als Wesenseinsicht in die Vollzugsweise des Denkens ergibt sich, daß dieses Denken, um fragen zu können, schon ein Hören und hörendes Verstehen dessen sein muß, was es fragen und erfragen möchte.

Das hörende Verstehen des dem Denken jeweils schon Zugesagten, das hörende Verstehen dieser Vorhabe, hat den Charakter eines

Sichfügens. Das so sich verstehende Denken verfügt nicht voraus-
setzungslos über sein zu Denkendes und zu Fragendes, sondern
fügt sich ihm als demjenigen, was sich ihm als das zu Fragende und
zu Denkende zu verstehen gibt. Der Grundzug des Denkens, das
im Horizont der Frage nach dem Sein dem Wesen der Sprache nachfragt, ist nicht das sich aus sich selbst heraus bestimmende Fragen,
sondern das hörende Verstehen der Zusage dessen, »wobei« dieses
Fragen »dann erst anfragt, indem es dem Wesen nachfragt«.[10] Das
hörende Verstehen ist die Ermöglichung der An- und Nachfrage,
aber so, daß jeder folgende Frageschritt seine vorgängige Leitung
aus dem jeweiligen hörenden Verstehen des in der Zusage Zugesagten hat.

Damit haben wir den hermeneutischen Grundcharakter jenes
Denkens gekennzeichnet, das mit der Sprache selbst eine denkende
Erfahrung in der Nähe zur dichterischen Erfahrung mit der Sprache
machen möchte.

§ 14. *Der hermeneutische Leitfaden für das Fragen*
nach dem Wesen der Sprache

Das Fragen nach dem Wesen der Sprache kann nur angesetzt und
schrittweise vollzogen werden aus dem Hören auf den vorgängigen
Zuspruch, aus dem das Fragen sein jeweiliges Vorverständnis für seine
Frageschritte empfängt. Mit Blick auf diese hermeneutische Wesenseinsicht in das Fragen nach dem Wesen der Sprache kann der hermeneutische Leitfaden für die Wesensfrage formuliert werden.

Der gewonnene Einblick in den hermeneutischen Grundzug des
Denkens und seines Fragens entspricht dem Wesen der Erfahrung
als Widerfahrnis. Was dem Denken auf seinem Weg als Wesen der
Sprache widerfahren soll, hat sich als die nötige Zusage und als Zuspruch erwiesen, der das Fragen als An- und Nachfragen allererst in
Gang setzt. Nach dem Wesen der Sprache läßt sich nur fragen aus
der Zusage und dem Zuspruch ihres Wesens. Zusage und Zuspruch

---

[10] a.a.O., S. 176.

des Wesens bilden die hermeneutische Vorgabe für die Wesensfrage. Für »Zuspruch des Wesens der Sprache« läßt sich auch sagen »Zu--sprache« oder »Sprache ihres Wesens«. Nach dem Wesen der Sprache läßt sich nur fragen aus der Zu-Sprache, aus der Sprache ihres Wesens.

Diese Einsicht in den hermeneutischen Charakter der Wesensfrage nach der Sprache läßt sich in eine Formel bringen: »Das Wesen der Sprache -: Die Sprache des Wesens«.[1] Die Formel besagt: Nur wenn das Fragen nach dem Wesen der Sprache schon auf die Zusage, auf die Sprache des sich zusagenden, zusprechenden Wesens gehört hat, nur dann hat es das Wobei seiner Anfrage und das Wonach seiner Nachfrage in einer Weise vor sich, die ihm den rechten Weg zum erfragten Wesen der Sprache verbürgt.

Die hermeneutische Formel »Das Wesen der Sprache -: Die Sprache des Wesens« ist »der Anklang einer denkenden Erfahrung« mit dem Wesen der Sprache.[2] Hier hat »Anklang« nicht die Bedeutung der ersten Fügung in den »Beiträgen zur Philosophie«. Dort klingt in der erfahrenen Seinsverlassenheit des Seienden die sich verweigernde Wahrheit des Seins als Ereignis an. In der hermeneutischen Formel klingt zwar auch etwas an, was noch nicht zum vollen Klingen sich entfaltet hat. Aber es klingt nicht an aus der denkerisch erfahrenen Seinsverlassenheit des Seienden. Das, was als Wesen der Sprache erfahren werden soll, klingt aus der Formel an.

Was Heidegger hier Anklang nennt, das Anklingen von etwas, das zu seinem vollen Klingen erst entfaltet werden soll, ist dasselbe, was er in »Sein und Zeit« »formale Anzeige« nennt.[3] Diese zeigt den im Denken und seinem Fragen erst zum Aufweis zu bringenden Sachverhalt an, und zwar in leer-formaler Weise, d.h. noch ohne sachliche Erfüllung. Auch die formale Anzeige lebt aus dem Vorverständnis des in der Vorhabe Stehenden, lebt als Anklang aus dem Zuspruch.

[1] ebd.
[2] ebd.
[3] Vgl. zur formalen Anzeige P.-L. Coriando, Die »formale Anzeige« und das Ereignis: Vorbereitende Überlegungen zum Eigencharakter seinsgeschichtlicher Begrifflichkeit mit einem Ausblick auf den Unterschied von Denken und Dichten. In: Heidegger Studies. Volume 14. Duncker & Humblot, Berlin 1998, S. 27 ff.

Daß es sich bei der Wendung »Sprache des Wesens« nicht um eine einfache Umkehrung der Wendung »Wesen der Sprache« handelt, geht aus unseren Ausführungen zum hermeneutischen Grundcharakter des Denkens und Fragens hervor. Vorgreifend können wir sagen: Aus der erst zu vollziehenden denkenden Erfahrung mit dem Wesen der Sprache wird sich zeigen, daß wir für beide Worte »Sprache« und »Wesen« aus der zweiten Wendung jeweils »ein anderes Wort einsetzen« müssen.[4] Für das Wort »Sprache« wird sich das Wort »Sage« ergeben, für das Wort »Wesen« das »Geläut der Stille«. Aus dem hermeneutischen Anklang wird dann der volle hermeneutische Klang: Das Wesen der Sprache ist die Sage des Geläuts der Stille.

Der *hermeneutische Anklang* oder die *hermeneutische formale Anzeige* »Das Wesen der Sprache −: Die Sprache des Wesens« erweist sich als der *hermeneutische Leitfaden*. Das Leitfadenproblem spielt im Denken der Philosophie immer wieder eine bedeutsame Rolle. Solange sich das Fragen und Denken nach dem Wesen der Sprache der sicheren Führung seines hermeneutischen Leitfadens »Das Wesen der Sprache −: Die Sprache des Wesens« überläßt, bleibt es seiner hermeneutischen Selbstverständigung eingedenk.

Dieses Denken aber, das sich auf seinem Weg dem hermeneutischen Anklang der angestrebten Erfahrung mit dem Wesen der Sprache überläßt, bleibt nicht nur bei sich selbst. Es läßt sich vielmehr von einer dichterischen Erfahrung begleiten. Diese begleitet das Denken nicht so, daß das Dichten denselben Weg wie das Denken geht. Das Dichten hält sich auf seinem eigenen Weg, der dennoch in der Nähe zum Weg des Denkens verläuft. Das bisher vom Denken mit dem Dichten geführte hermeneutische Gespräch ergab: Der Dichter George »deutet in das Verhältnis von Wort und Ding«.[5] Er erfährt das Wort als jenes Ver-hältnis, das die zu dichtenden Dinge ins »ist« hält und in ihrem »ist« erhält. George deutet in das Verhältnis von Wort und Ding, ohne dichterisch sagen zu können, wie das Wort und woher es die Eignung habe, das die Dinge einbehal-

---

[4] M. Heidegger, Das Wesen der Sprache, a.a.O., S. 176.
[5] ebd.

tende Ver-hältnis zu sein. Das aber, wohin der Dichter in seiner gedichteten Erfahrung deutet, nimmt das Denken auf, um in dieser
Richtung eine denkende Erfahrung mit der Herkunft des sein-vergebenden Wortes zu suchen. Aus dieser Richtung, in die der Dichter gewiesen hat, entnimmt das Denken im hörenden Verstehen den
Zuspruch als die hermeneutische Vorgabe, um so nach dem Wesen
der Sprache fragen zu können. Das hermeneutische Gespräch des
Denkens mit der Dichtung Stefan Georges hat für das Denken weg-
-weisenden Charakter.

§ 15. Weg und Methode

Nach dem hermeneutischen Gespräch des Denkens mit einer thematisch gedichteten Erfahrung mit der Sprache ging das Denken dazu
über, sein eigenes Verhältnis zum Dichten zu überdenken (§ 12). Dieses Wesensverhältnis zeigte sich als Nachbarschaft des Dichtens zum
Denken und des Denkens zum Dichten. Daran anschließend wandten wir uns der Methodenfrage zu, so, wie diese sich für jenes Denken stellt, das nach dem Wesen der Sprache im Horizont der Frage
nach dem Sein fragt. Die Methodenfrage verfolgten wir nach drei
Hinsichten: Wir fragten im § 13 nach der Fragestruktur der Frage
nach dem Wesen der Sprache und arbeiteten den hermeneutischen
Charakter dieser Frage heraus, und wir kennzeichneten im § 14 den
hermeneutischen Leitfaden für das Fragen.

Die Methodenbesinnung schließen wir im § 15 ab durch eine Besinnung auf das Verhältnis von Weg und Methode.[1]

Der *Wegcharakter* des Denkens und Fragens ergibt sich aus dem
Erfahrungscharakter des Denkens. Als denkende Erfahrung ist das
Denken ein Auf-dem-Weg-sein zum gesuchten Wesen der Sprache.
Als denkende Erfahrung ist das Denken an den Weg verwiesen. Im
hermeneutischen Gespräch mit der Dichtung Stefan Georges hatten
wir gesehen, daß sich auch das Dichten, so, wie es im Gedicht »Das

---

[1] Vgl. F.-W. v. Herrmann, Weg und Methode. Zur hermeneutischen Phänomenologie des seinsgeschichtlichen Denkens. Vittorio Klostermann, Frankfurt a.M. 1990.

Wort« selbst thematisch wird, als das Gehen auf einem Weg versteht. Im § 9 d) hatten wir das erste Mal gezeigt, wie zum Wesen der Erfahrung als Widerfahrnis der Weg gehört. Denn Er-fahren bedeutet: im Fahren auf einem Weg etwas erreichen, das, wohin der Weg führt. Nachdem wir den hermeneutischen Charakter des Fragens und Denkens herausgestellt haben, läßt sich nunmehr die Besinnung auf den Wegcharakter vertiefen.

Insbesondere kommt es nun darauf an, das *Weg-Problem* so, wie es sich im ereignisgeschichtlichen Denken stellt, ins Verhältnis zu setzen zu dem uns geläufigen *Methodenproblem*, vor allem zu dem seit dem Beginn der Neuzeit in Philosophie und Wissenschaft ins Zentrum tretenden Methoden-Verständnis.

Der Weg, von dem hier und jetzt die Rede ist, ist der Weg jenes Denkens, das im Horizont der Frage nach dem Sein das Wesen der Sprache erfahren und denkend bestimmen möchte. Der Weg ist aber nicht nur ein Grundzug im seinsgeschichtlichen Denken. Er gehört auch zum überlieferten Denken der Philosophie. Darüberhinaus gehört der Weg zum wissenschaftlichen Denken der positiven Wissenschaften. Im Denken der neuzeitlichen Philosophie und im wissenschaftlichen Denken der neuzeitlichen Wissenschaft wird der Weg unter dem Titel der *Methode* gedacht. Methode heißt wörtlich: dem Weg nach. In diesem reinen Wortsinn ist das Gehen des Denkens auf einem Weg im Sinne der denkenden Erfahrung Methode und methodisch. Umgekehrt liegt auch der Weg in der Methode des neuzeitlichen Denkens in Philosophie und Wissenschaft beschlossen.

Wenn Heidegger zwischen Weg und Methode *unterscheidet*, verwendet er das Wort »Methode« in einem engeren Sinn für eine bestimmte geschichtliche Gestalt des Weg- und Methodenverständnisses. Es ist das *neuzeitliche Methodenverständnis*, Methode im neuzeitlichen Sinne als Wissensweg des neuzeitlichen Denkens in Philosophie und Wissenschaft.

Gestiftet wurde das neuzeitliche Methodenverständnis mit dem geschichtlichen Aufkommen der neuzeitlichen Naturwissenschaft, deren Hauptbegründer Galilei ist. Durch ihn wird die neuzeitlich umgestaltete exakte Mathematik zur Methode und zum Instrument für die Gewinnung der mathematisch-physikalischen Natur. Die rein rational erkennbare, unanschauliche Natur wird als die eigentliche wirkliche Natur ausgegeben, während die sinnlich erfahrbare, anschauliche raum-zeitliche Natur entwertet wird als die nicht eigentlich wirkliche und wahre Natur. Die exakte Mathematik wird zum methodischen Instrument für die wissenschaftliche Beherrschung der Natur. Hier zeigt sich deutlich, wie in diesem Verständnis von Naturwissenschaft die Methode ins Zentrum rückt, so, daß *sie* bestimmt, was der Gegenstandsbereich der Wissenschaft ist.

Ungefähr 30 Jahre nach Galilei ist es der Philosoph und Mathematiker Descartes, der die Philosophie aus einem neu gestifteten Methodenverständnis neu begründet. In diesem Methodenverständnis knüpft Descartes an jenes wissenschaftliche Methodenverständnis an, das Galilei in Mathematik und Naturwissenschaft für die Beherrschung der Natur entwickelt hat. Descartes hat zwei Methodenschriften verfaßt, »Die Regeln zur Leitung des Geistes« und die »Abhandlung über die Methode«. Als Philosoph tritt er mit dem Anspruch auf, das in Mathematik und Naturwissenschaft neu gestiftete Methodenverständnis *philosophisch* aus einem ersten Prinzip zu begründen, das absolute Unbezweifelbarkeit mit sich führt, nicht nur apodiktische Gewißheit, wie sie zur Mathematik gehört, sondern jene *höchste* Gewißheit (certitudo), aus der heraus auch noch die apodiktische Gewißheit der Mathematik ihre letzte Begründung erhält. Es ist die absolut unbezweifelbare Gewißheit in Gestalt der Selbstgewißheit des Selbstbewußtseins.

Mit Descartes beginnt die neuzeitliche Philosophie des Selbstbewußtseins. Im Selbstbewußtsein findet Descartes den Grund für die Gewißheit der Mathematik, die ihrerseits zur Methode der Naturwissenschaft wird. Mit der Ansetzung des absolut unbezweifelbaren Selbstbewußtseins als des unerschütterlichen Fundaments für Philosophie und Wissenschaften wird der Weltbezug des Ichs und Subjekts zu jenem Vorstellungsbezug, aus dem die Welt zum Objekt wird. Die Objektivität des Objekts, der Natur als Objekt, ihre rational erkennbare mathematisch-physikalische Vorgestelltheit, empfängt die Natur aus dem Selbstbewußtsein und seinem Vorstellungsbezug. Mit der philosophischen Ausbildung des Menschen als des maßgebenden Subjekts wird die Herrschaft des Subjekts über die Natur als Objekt aufgerichtet. Die Herrschaft ergibt sich aus der Selbstgewißheit des Selbstbewußtseins, aus der sich fortan das Methodenverständnis bestimmt.

Nur wenn wir die Ausbildung des neuzeitlichen Methodenverständnisses aus der Gründung der *Herrschaftsstellung des Subjekts* gegenüber der Natur im ganzen begreifen, verliert das neuzeitliche Methodenverständnis den Schein des Selbstverständlichen. Nur dann leuchtet ein, daß die Methode der neuzeitlich-modernen Wissenschaft »kein bloßes Instrument im Dienste der Wissenschaft« ist.[2] Nicht steht die Methode im Dienste der Wissenschaft, sondern seit Galilei und Descartes hat »die Methode [...] ihrerseits die Wissenschaften in ihren Dienst genommen«.[3] Die Methode hat im neuzeitlichen Denken von Wissenschaft und Philosophie keine Dienststellung, sondern eine Herrschaftsstellung. Der Herrschaftscharakter der neuzeitlichen Methode zeigt sich darin, daß die Methode nicht nur das Thema stellt, sondern daß sie das Thema so in sich hineinstellt, daß sie es sich *unterstellt* und *unterwirft*. Das Verhältnis von Thema und Methode im neuzeitlichen Denken und Forschen ist ein solches, in dem die Methode einen eindeutigen Vorrang vor dem Thema hat.

Das Verhältnis von Methode und Thema in den neuzeitlichen und das heißt zugleich in den gegenwärtigen Wissenschaften wird von Heidegger zusammenfassend so gekennzeichnet: »Bei der Methode liegt alle Gewalt des Wissens. Das Thema gehört in die Methode«.[4] Die Methode ist es, die vorzeichnet, was Gegenstand des Wissens ist und wie. In der neuzeitlich-modernen Wissenschaft ist das wissenschaftliche Thema ganz der Methode und mit ihr der Herrschaft des Subjekts unterworfen.

Wenn das Wort »Methode« reserviert wird für das neuzeitliche Methodenverständnis, dann ist es konsequent, wenn Heidegger mit Blick auf das Denken der denkenden Erfahrung mit dem Wesen der

---

[2] M. Heidegger, Das Wesen der Sprache, a.a.O., S. 178.
[3] ebd.
[4] ebd.

Sprache sagt: »Hier gibt es weder die Methode noch das Thema«.[5] Hier im seinsgeschichtlichen Denken gibt es weder die Methode noch das Thema *so, wie* diese und ihr Verhältnis im neuzeitlichen Denken angesetzt werden. Im Denken, das auf dem Wege einer denkenden Erfahrung das Wesen der Sprache denken möchte, gibt es weder die Methode, die über das Thema herrscht, noch ein solches Thema, das sich allein aus der Methode bestimmt. In diesem Denken gibt es weder die so verstandene Methode noch das so verstandene Thema, weil dieses Denken nicht wie das neuzeitliche seinen Seins- und Wahrheitsgrund in der Subjektivität des Subjekts hat.

Daß es im ereignisgeschichtlichen Denken weder die Methode noch das Thema gibt, heißt aber nicht, dieses Denken sei ohne »Thema«, ohne eine zu denkende Sache, und ohne »Methode« im Sinne von Weg, ohne Weg und ohne Gang auf einem Weg. Das Denken, das auf dem Weg der Erfahrung das Wesen der Sprache denken möchte, hat im gesuchten Wesen der Sprache seine zu denkende Sache und in diesem Sinne sein »Thema«. Es bewegt sich selbst sehr wohl auf einem Weg und ist in diesem Sinne »methodisch«, aber in einem ganz anderen Sinne als das neuzeitliche Denken. Denn im seinsgeschichtlichen Denken ist das Verhältnis von zu denkender Sache und Weg ein wesentlich anderes als im neuzeitlichen Denken.

Um aber für die Kennzeichnung der zu denkenden Sache und des Weges zu dieser Sache nicht dieselben Worte terminologisch zu verwenden, die zur Kennzeichnung des neuzeitlichen Denkens dienten, vermeidet Heidegger die Rede vom »Thema« und von der »Methode«. Statt der Methode und des Themas gibt es im ereignisgeschichtlichen Denken die »Gegend« und den »Weg«. Während das neuzeitliche Denken charakterisiert ist durch Methode und Thema, ist das seinsgeschichtliche Denken gekennzeichnet durch die Gegend und den Weg. Während für das neuzeitliche Denken erst die Methode und dann das Thema genannt werden, wird im ereignisgeschichtlichen Denken erst die Gegend und dann der Weg genannt.

Was besagt das Wort »Gegend«? Was im ereignisgeschichtlichen

---

[5] ebd.

Denken »Gegend« genannt wird, heißt so, »weil sie das gegnet, freigibt, was es für das Denken zu denken gibt«.[6] »gegnet« sagt Heidegger und greift damit auf das in der neuhochdeutschen Sprache
verloren gegangene mhd. Verb »gegnen« zurück, »gegnen« in der
Bedeutung von »entgegenkommen«, »begegnen«. Indem die Gegend gegnet, kommt das zu Denkende für das Fragen und Denken
entgegen, begegnet ihm. Die Gegend gibt das zu Denkende frei.

Das Gegnen der Gegnet als das Freigeben zeigt dieselbe Struktur,
die wir als den vorgängigen Zuspruch, als die vorgängige Zusage
und diese als das in der hermeneutischen Vorhabe jeweils Vorverstandene kennengelernt haben, vorverstanden für die hermeneutische Vorsicht des Fragens und Denkens. Den hermeneutischen Zuspruch erkannten wir aber auch als die Ereignisstruktur des
ereignenden Zuwurfs, der nur Zuwurf ist für den fragend-denken-
den Entwurf. So ist auch das *Gegnen der Gegend* nichts anderes als
der *ereignende Zuwurf* und dieser das hermeneutische Vorverständnis für den Vollzug des fragenden Denkens, das sich selbst in der
Weise des ereigneten Entwurfs vollzieht. Entwerfen aber heißt: Eröffnen. Das Fragen und Denken vollzieht sich als ein Eröffnen dessen, was sich ihm im ereignenden Zuwurf als fragend zu Eröffnendes vorgibt.

In einem weiten und formalen Sinn ist die Gegend in ihrem Gegnen das »Thema« des Denkens, aber ein »Thema«, das nicht von
einer Methode gestellt und ihr unterstellt wird. Die Gegend ist in
ihrem Gegnen »Thema« des Denkens so, daß das jeweils zu Denkende als die vorgängige Zusage in der Weise des Gegnens für das
fragende Denken freigegeben wird.

Jenes Denken, dem die Gegend das zu Fragende freigibt im Sinne
der Zusage dessen, wobei angefragt und wonach gefragt werden
kann, »hält sich in der Gegend auf, indem es die Wege der Gegend
begeht«.[7] Damit ist etwas Entscheidendes in bezug auf den Weg und
dessen Verhältnis zur Gegend gesagt. Das Denken findet sich je
schon in »der« Gegend, es geht nicht erst außerhalb ihrer in »die«

---

[6] a.a.O., S. 179.
[7] ebd.

Gegend. Sich je schon in der Gegend findend, begeht das Denken die Wege der Gegend, die jeweils in der Zusage, im Zuspruch, im Zuwurf oder im Gegnen freigegeben werden. Was das hörende Verstehen als das Zugesagte versteht, ist der vom fragenden Denken zu ergreifende und zu begehende Weg. Aber das jeweils Zugesagte wird erst dann zu einem Weg, wenn das fragende Denken das Zugesagte *fragend* ergreift, wenn es das im Gegnen ereignend Sichzuwerfende im Vollzug des Entwerfens ergreift. Wenn das Denken das ihm jeweils Zugesagte hörend versteht und das so hörend Verstandene in der Weise des An- und Nachfragens *entwerfend* denkt, begeht es den aus der Gegend sich zeigenden Weg.

»Wege *der* Gegend« – dieser Genitiv ist ein genitivus possessivus: die Wege, die die Gegend freigibt und die deshalb der Gegend gehören. Diese Bestimmung des Verhältnisses von Weg und Gegend geschieht in Entgegensetzung zur neuzeitlichen Bestimmung, wonach umgekehrt das Thema in die Methode gehört. Während im neuzeitlichen Denken das Thema in die Methode gehört, gehört im ereignisgeschichtlichen Denken der Weg und in diesem Sinne die »Methode«, das Gehen entlang dem Weg, in die Gegend, in die zu denkende Sache. Um eine bloße Umkehrung handelt es sich deshalb nicht, weil die Gegend nicht das Thema des neuzeitlichen Denkens ist und weil der Weg nicht die Methode im Sinne des neuzeitlichen Methodenverständnisses ist. Im neuzeitlichen Denken wird das Thema der Methode unterworfen. Im seinsgeschichtlichen Denken, dessen Vollzieher nicht das Subjekt, sondern das Da-sein ist, fügt sich stattdessen der Weg der Gegend, sofern die Gegend es ist, die in ihrem Freigeben des zu Denkenden den zu bahnenden Weg freigibt.

DRITTES KAPITEL

DIE NACHBARSCHAFT VON DENKEN UND DICHTEN ALS ZARTE, ABER HELLE DIFFERENZ

§ 16. Das Ins-Dunkle-Gehen der dichterischen Erfahrung Stefan Georges mit dem Wort

Innerhalb unserer Besinnung auf den hermeneutischen Grundzug des denkenden Fragens nach dem Wesen der Sprache wurde für dieses Fragen der hermeneutische Leitfaden gefunden: Das Wesen der Sprache –: Die Sprache des Wesens. Von diesem Leitfaden, den Heidegger als Anklang der gesuchten denkenden Erfahrung faßt, heißt es, er sei »der Versuch eines ersten Schrittes in die Gegend, die uns Möglichkeiten für eine denkende Erfahrung mit der Sprache bereithält«.[1] Innerhalb dieser Gegend trifft das fragende Denken »auf die Nachbarschaft zur Dichtung«.[2] Hier ist nicht mehr nur die Dichtung Stefan Georges gemeint. Denn das Dichten überhaupt vollzieht sich je und je aus einer Erfahrung mit der Sprache. Auch die dichterische Erfahrung hat ihren Wesensort in jener Gegend, in der sich das fragende Denken findet. Was die jeweilige dichterische Erfahrung erfährt und dichtet, widerfährt dem Dichter vermutlich auch aus dem ereignenden Zuwurf, aus dem Gegnen der Gegend, dem das hörende Verstehen des Dichters antwortet in der Weise seines dichterischen Entwurfs, der wie der denkerische Entwurf ein aus dem ereignenden Zuwurf (Gegnen) ereigneter Entwurf ist.

Die Gewinnung des hermeneutischen Leitfadens ist ein erster Schritt des Denkens in jene Gegend, die Möglichkeiten für eine *denkende* Erfahrung mit der Sprache bereit hält. Um sich für die weiteren Schritte in die Gegend zu rüsten, wendet sich das fragende Denken erneut der dichterischen Erfahrung Stefan Georges zu.

[1] a.a.O., S. 181.
[2] ebd.

Heidegger kennzeichnet das dichterische Sagen Georges im Gedicht »Das Wort« und in den übrigen Gedichten des Zyklus »Das Lied« als »ein Gehen, das einem Weggehen gleichkommt«.[3] Als Weggehen geht es weg von seinem früheren dichterischen Selbstverständnis, worin sich der Dichter als Gesetzgeber und Künder verstand. Weggehen von diesem gesetzgeberischen und kündenden Dichten vermag der Dichter jedoch nur, sofern dieses Weggehen ein erfahrenes Hingehen zum Geheimnis des dichterischen Wortes ist. Geheimnisvoll ist das neu erfahrene dichterische Wort, sofern es die dichterischen Dinge ins Sein hält und darin erhält.

Der Gedicht-Zyklus »Das Lied« wird eröffnet durch einen Leitspruch, den wir schon einmal gestreift haben:

> *Was ich noch sinne und was ich noch füge*
> *Was ich noch liebe trägt die gleichen züge.*

Was hier auf das dreimal gesagte »noch« folgt, nennt das künftige Dichten des Dichters, das künftig ist nach der gemachten Erfahrung mit dem dichterischen Wort. Das »Sinnen«, »Fügen« und »Lieben« vollziehen sich aus der gemachten Erfahrung mit der dichterischen Sprache und tragen deshalb »die gleichen züge«. Dieses Motto läßt uns wissen, daß die in dem Zyklus vereinigten Gedichte aus derselben Erfahrung gedichtet sind und von daher die gleichen Züge tragen. Was der Dichter »noch« sinnt, fügt und liebt, nachdem er die Erfahrung mit dem dichterischen Wort gemacht hat, trägt die gleichen Züge.

In dem jetzt anhebenden *zweiten hermeneutischen Gespräch* des fragenden Denkens mit der Dichtung Georges vollzieht die denkende Auslegung jenen Schritt, auf den wir innerhalb des ersten hermeneutischen Gesprächs schon vorausgewiesen haben. In diesem Schritt ergibt sich eine *zweite Deutung* dessen, was George im *Kleinod* meint.[4]

In der ersten Deutung steht das Kleinod für ein besonderes zu dichtendes Ding, für das der Dichter den nennenden Namen von

---

[3] ebd.
[4] Im Vortrag »Das Wort« beginnt die zweite Deutung des Kleinods S. 232.

der grauen Norn verlangt. In der Verweigerung des nennenden
Wortes durch die Norn macht der Dichter die entscheidende Erfahrung mit dem dichterischen Wort, daß dieses nicht nur der künstlerischen Sprachgebung des dichterisch Imaginierten dient, sondern
daß das dichterische Wort in bezug auf die dichterischen Dinge
sein-vergebend ist, so, daß aus diesem Wortwesen die dichterischen
Dinge erst werden, was und wie sie sind. Gemäß dem Vortrag »Das
Wort« sagt sich das Verzichten des Dichters »dem höheren Walten
des Wortes« zu, wonach das Wort »erst ein Ding als Ding sein läßt«.
Solches Sein-lassen ist ein Be-dingen: »Das Wort be-dingt das Ding
zum Ding«. Doch ist solches im Wesen der Sprache geschehende
Be-dingen keine Bedingung als »der seiende Grund für etwas Seiendes«, sondern die »Bedingnis«. Dies der älteren Sprache entnomme-
ne Wort benennt hier das Sein-vergebende Walten der worthaften
Sprache.[5]

Die jetzt anhebende zweite Auslegung deutet *das Kleinod als das
erfahrene geheimnisvolle, weil sein-vergebende Wesen der dichterischen Sprache.* Wenn der Dichter für dieses Kleinod das nennende
Wort verlangt, strebt er nach einem dichterischen Wort, das dieses
als Kleinod erfahrene geheimnisvolle Wesen des dichterischen Wortes ausdrücklich dichterisch nennen soll. Der zweiten Deutung zufolge sucht der Dichter nach der dichterischen Sprache nicht für dieses oder jenes zu dichtende Ding, sondern für das zu dichtende,
dichterisch zu nennende geheimnisvolle Wortwesen. Aber dieses
entscheidende Wort wird dem Dichter verweigert.

Wie aber läßt sich die Interpretationsthese stützen, daß George
mit dem Kleinod nicht nur ein zu dichtendes Ding, sondern auch
und darüberhinaus und vor allem das geheimnisvolle Wesen des
Wortes selbst meint? Heidegger gewinnt diese Stütze in der Hinwendung zu den anderen Gedichten des Zyklus. Das Kleinod selbst
ist es, das von seiner Bedeutung her auf andere Gedichte dieses Zyklus verweist. Denn ein Kleinod ist ein zierliches Geschenk, das einem Gast zugedacht ist, ein Gastgeschenk. Ferner ist ein Kleinod
als Geschenk ein Zeichen besonderer Gunst. Das Kleinod steht so-

---

[5] a.a.O., S. 232.

mit in den Bedeutungsbezügen von Gast und Gunst. Wenn wir die
Gedichte des Zyklus durchgehen und auf die Bedeutungsbezüge von
Kleinod, Gast und Gunst achtgeben, stoßen wir auf ein Gedicht,
das den Gast dichtet, den Gast aber in einer Bedeutungsnähe zum
Gedicht »Das Wort«. Der Zählung nach ist es das fünfte Gedicht
mit dem Titel »Seelied«[6], das aus sechs vierzeiligen Strophen besteht:

Seelied

Wenn an der kimm in sachtem fall
Eintaucht der feurig rote ball:
Dann halt ich auf der düne rast
Ob sich mir zeigt ein lieber gast.

Zu dieser stund ists öd daheim ·
Die blume welkt im salzigen feim.
Im lezten haus beim fremden weib
Tritt nie wer unter zum verbleib.

Mit gliedern blank mit augen klar
Kommt nun ein kind mit goldnem haar ·
Es tanzt und singt auf seiner bahn
Und schwindet hinterm grossen kahn.

Ich schau ihm vor · ich schau ihm nach
Wenn es auch niemals mit mir sprach
Und ich ihm nie ein wort gewusst:
Sein kurzer anblick bringt mir lust.

---

[6] St. George, Das Neue Reich, a.a.O., S. 130 f. – Vgl. auch Heideggers frühere
Erläuterung und Bezugnahmen auf das Gedicht »Seelied«: M. Heidegger, Vom Wesen der Sprache. Die Metaphysik der Sprache und die Wesung des Wortes. Zu Herders Abhandlung »Über den Ursprung der Sprache«, a.a.O., 56., 57., 58. Abschnitt. –
ders., Der Anfang des abendländischen Denkens. In: Heraklit. Freiburger Vorlesung
Sommersemester 1943. Gesamtausgabe Bd. 55. Hrsg. v. M. S. Frings. Vittorio Klostermann, Frankfurt a.M. 1987², S. 65. – ders., Der Satz vom Grund. Günther Neske,
Pfullingen 1957, S. 109.

Mein herd ist gut · mein dach ist dicht ·
Doch eine freude wohnt dort nicht.
Die netze hab ich all geflickt
Und küch und kammer sind beschickt.

So sitz ich · wart ich auf dem strand
Die schläfe pocht in meiner hand:
Was hat mein ganzer tag gefrommt
Wenn heut das blonde kind nicht kommt.

Die Nähe dieses Gedichts zum Gedicht »Das Wort« ist unübersehbar. Die *erste Strophe* dichtet den Dichter in der Gestalt des Fischers, der am Abend auf der Düne Ausschau hält nach einem »lieben gast«.

Die *zweite Strophe* sagt uns, wie es daheim beim Dichter ist, dort, von wo er hinausgegangen ist zur Düne, um sich in die Nähe des zu erwartenden Gastes zu begeben. Weil das Heim des Dichters fern von der möglichen Ankunft des Gastes auf der Düne ist, ist es dort »öd«, »welkt« dort die Blume, ist das »weib« im »letzten haus« »fremd«, so, daß nie jemand unter ihr Dach zum »verbleib« tritt.

Die *dritte Strophe* dichtet den erwarteten Augenblick, in dem der Gast erscheint, – ein Gast in Gestalt eines Kindes mit goldenem Haar. Von diesem Gast, dem Kinde, sagt uns die dritte Strophe, es tanze und singe und verschwinde schließlich wieder hinter dem großen Kahn. *Tanzen* und *Singen* gehören zum Lied als dem *liedhaften Gedicht*. Damit leuchtet der Bezug zur Sprache und zum Wort erstmals auf.

Die *vierte Strophe* dichtet das Verhältnis des Dichters zu seinem Gast, dem Kinde, sowie das Verhältnis des Gastes zum Dichter. Der Dichter in Gestalt des Fischers »schaut« dem Gast »vor«, wenn er auf der Düne dessen Kommen erwartet. Der Dichter »schaut« seinem Gast »nach«, wenn dieser wieder verschwindet und sich ihm entzieht. Der Dichter denkt dem Kommen seines Gastes voraus und denkt seinem Sichwiederentziehen nach. Der Dichter ist auf seinen sich zeigenden und sich entziehenden Gast ausgerichtet. Das ist sein Verhältnis zum Gast.

Vom Gast aber sagt uns die vierte Strophe, daß er selbst niemals mit dem Dichter sprach. Der Dichter aber hat seinerseits seinem Gast »nie ein wort gewußt«. Dem Dichter entzieht sich somit das Wort für den Gast, der seinerseits nie mit ihm, dem Dichter, gesprochen hat. Dennoch bringt dem Dichter »der kurze anblick« des Gastes »lust«. »kurz« ist sein Anblick, weil sich der Gast nur für einen Augenblick zeigt, um sich sogleich wieder zu entziehen. Für das aber, was sich dem Dichter zeigt und entzieht im dichterischen Bild eines Gastes, dafür fehlt dem Dichter das nennende Wort.

Die *fünfte Strophe* dichtet ähnlich wie die zweite das Fernbleiben der Freude im eigenen Heim, d.h. in der Entfernung zu einer möglichen Ankunft des Gastes auf der Düne. Obwohl sein Herd gut ist und sein Dach dicht, obwohl er als Fischer alle Netze geflickt hat und Küche und Kammer gut beschickt sind, wohnt dort nicht die Freude. Die Freude steigt als Grundstimmung des Dichters nur dort auf, wo sich ihm der erwartete Gast zeigt.

Die *sechste* und letzte *Strophe* sagt es deutlich und vernehmlich: Ohne die Ankunft des Gastes auf der Düne bleibt der Tag des Dichters unerfüllt. Der Dichter wartet auf dem Strande, sein ganzer Dichtertag bleibt leer und nichtig, wenn sich ihm nicht der erwartete Gast zeigt, auch wenn dieses Sichzeigen nur einen Augenblick währt.

Das Gedicht »Seelied«, das den Gast des Dichters dichtet, nennt diesen Gast und nennt ihn auch nicht. Wie in dem Gedicht »Seelied« der Gast, so hält sich im Gedicht »Das Wort« das Kleinod im Ungenannten. Beide Gedichte erhellen sich wechselseitig. Auch im Gedicht »Seelied« dichtet George *das Verhältnis des Dichters zu der sich ihm gewährenden und doch entziehenden dichterischen Sprache*. Nur wenn er durch die Ankunft des Gastes, durch die Gewährung des dichterischen Wortes, beschenkt wird, ist der Tag des Dichters erfüllt. Dieser Gast singt zwar und tanzt, wenn er sich zeigt, aber er spricht nicht mit dem Dichter. Er spricht nicht mit dem Dichter dergestalt, daß der Dichter ihm antworten könnte und in seiner Antwort ein dichterisches Wort wüßte für den sich zeigenden Gast, d.h. für die sich ihm gewährende dichterische Sprache. Das dichterische Wort, das dem Dichter im Bilde der Ankunft des Gastes gewährt wird, spricht nicht zu ihm dergestalt, daß der Dichter das ihm gewährte dichterische Wort in seinem geheimnisvollen Wesen eigens dichterisch ins Wort bringen könnte. Was der Dichter vermag, beschränkt sich auf die dichterische Nennung des Verzichtes auf das Wort für das geheimnisvolle Wortwesen. Das Gedicht »Seelied« nennt den Gast, indem es die Gewährung des dichterischen Wortes dichtet. Zugleich aber läßt das Gedicht den Gast im Ungenannten. Denn der Dichter vermag nicht das geheimnisvolle Wesen der Sprache ausdrücklich in einem besonderen dichterischen Wort zu nennen.

Das Gedicht »Seelied« dichtet den Gast im dichterischen Nennen und auch Nichtnennen. Der Gast aber ist das dichterische Bild für die dichterische Sprache, die sich dem Dichter gewährt, auf die er wie auf einen Gast wartet, über die er nicht verfügt, ebensowenig wie wir über das Kommen eines Gastes verfügen. Wenn sich dem Dichter die dichterische Sprache gewährt, vermag er zwar zu dichten. Was er aber darin nicht vermag, ist das dichterische Nennen dieses Gastes selbst, das Nennen des geheimnisvollen, unverfügbaren Sprachwesens. Für diese dichterische Nennung entzieht sich jeweils der Gast, entzieht sich ihm das dichterische Wort.

Ein anderes Gedicht aus demselben Zyklus, das letzte der zwölf Gedichte, das ohne Titel ist, dichtet die höchste *Gunst*, die dem Dichter gewährt werden kann. Es dichtet die Gunst jedoch dergestalt, daß die Gunst im Gedicht zwar »gesagt«, nicht aber auch »genannt« wird. Das Gedicht besteht aus vier vierzeiligen Strophen[7]:

> Du schlank und rein wie eine flamme
> Du wie der morgen zart und licht
> Du blühend reis vom edlen stamme
> Du wie ein quell geheim und schlicht
>
> Begleitest mich auf sonnigen matten
> Umschauerst mich im abendrauch
> Erleuchtest meinen weg im schatten
> Du kühler wind du heisser hauch

---

[7] St. George, Das Neue Reich, a.a.O., S. 138.

> Du bist mein wunsch und mein gedanke
> Ich atme dich mit jeder luft
> Ich schlürfe dich mit jedem tranke
> Ich küsse dich mit jedem duft
>
> Du blühend reis vom edlen stamme
> Du wie ein quell geheim und schlicht
> Du schlank und rein wie eine flamme
> Du wie der morgen zart und licht.

Die *erste Strophe* ist ein Lobpreisen der dem Dichter sich gewährenden Gunst, *die Gunst des dichterischen Wortes in seinem geheimnisvollen Wesen.* Der Dichter lobpreist diese Gunst als schlanke und reine Flamme, als zarten und lichten Morgen, als blühendes Reis, als geheime und schlichte Quelle.

Die *zweite Strophe* dichtet den Bezug der Gunst zum Dichter. Die Gunst, die Gewährung des dichterischen Wortes, begleitet den Dichter auf sonnigen Matten. Sie umschauert den Dichter im Abendrauch. Die Gewährung der dichterischen Sprache erleuchtet den Weg des Dichters im Schatten. Sie ist ihm kühlender Wind und Leben-spendender Hauch.

Demgegenüber dichtet die *dritte Strophe* das Verhältnis des Dichters zu der ihm sich zuwendenden Gunst. Der Dichter wünscht sich die Gunst, die Gewährung der rechten dichterischen Sprache herbei. Er gedenkt ihrer, er atmet sie, er schlürft und küßt sie.

Die *vierte Strophe* ist eine Umstellung der ersten Strophe, die Zeilen drei und vier aus der ersten Strophe sind die Zeilen eins und zwei der vierten Strophe, während die Zeilen eins und zwei der ersten Strophe in der vierten Strophe die Zeilen drei und vier geworden sind. Die vierte Strophe preist wie die erste die dem Dichter gewährte Gunst, die ihm gewährte dichterische Sprache, sie preist diese in den Bildern Reis, Quelle, Flamme und Morgen.

In diesem vierstrophigen Gedicht wird die Gunst des erfahrenen und gewährten dichterischen Wortes gesagt. Aber die Gunst wird nicht in einem dichterischen Wort so genannt, daß in dieser worthaften Nennung das Wesen des dichterischen Wortes und seine Herkunft eigens zur Sprache kämen.

Auch hier muß der Dichter auf das dichterische Wort für die dichterisch erfahrene Sprache in ihrem geheimnisvollen Wesen verzichten. Was sich in dem Gedicht mit der Gunst ereignet, geschieht im »Seelied« mit dem Gast und im Gedicht »Das Wort« mit dem Kleinod. Jedesmal wird das Wort in seinem erfahrenen sein-vergebenden und somit geheimnisvollen Wesen dichterisch gesagt, aber nicht zugleich auch genannt.

Ein solches Nichtnennen scheint dasselbe zu sein wie ein Verschweigen. Genauer besehen handelt es sich aber bei George nicht um ein Verschweigen. Denn um etwas verschweigen zu können, müßte George das Wort für das erfahrene geheimnisvolle Wortwesen wissen. Verschweigen ist ein besonderes Verhältnis zu einem Wissen und dessen Gewußtem. Nur was ich weiß und insofern auch worthaft nennen könnte, vermag ich zu verschweigen, indem ich mich der worthaften Nennung enthalte.

Der Dichter George verschweigt aber nicht die dichterischen Namen für das erfahrene geheimnisvolle Wesen der dichterischen Sprache, er verschweigt sie deshalb nicht, weil er sie nicht weiß. Zwar nähert er sich dem erfahrenen geheimnisvollen Wesen der dichterischen Sprache. Er nähert sich ihm an, wenn er dies erfahrene Wortwesen in den dichterischen Bildern Kleinod, Gast und Gunst sagt. Dies Sagen ist aber nicht schon ein Nennen, kein Nennen in einem solchen Wort, das einen dichterischen Einblick in das geheimnisvolle Wortwesen gewährte. Weil dem Dichter gerade dieser Wesensblick nicht gewährt wird, weil sich ihm für eine solche dichterische Nennung das geheimnisvolle Wortwesen vielmehr entzieht, weiß er nicht die dichterischen Namen für das geheimnisvolle Wesen der Sprache.

In den jetzt erläuterten Sinnzusammenhang weist auch das vierte Gedicht aus dem Zyklus »Das Lied«, das ebenfalls ohne Titel ist und aus drei dreizeiligen Strophen sowie einer Schlußzeile besteht[8]:

---

[8] a.a.O., S. 129. – Siehe auch Heideggers Hinweis auf dieses Gedicht: M. Heidegger, Grundsätze des Denkens. In: Bremer und Freiburger Vorträge. Gesamtausgabe Bd. 79. Hrsg. v. P. Jaeger. Vittorio Klostermann, Frankfurt a.M. 1994, S. 106 f. – Zur

Horch was die dumpfe erde spricht:
Du frei wie vogel oder fisch –
Worin du hängst · das weisst du nicht.

Vielleicht entdeckt ein spätrer mund:
Du sassest mit an unsrem tisch
Du zehrtest mit von unsrem pfund.

Dir kam ein schön und neu gesicht
Doch zeit ward alt · heut lebt kein mann
Ob er je kommt das weisst du nicht

Der dies gesicht noch sehen kann.

Der Vers, der das Gedicht im ganzen trägt, ist dieser:

Worin du hängst · das weisst du nicht.

Wie das Element der Luft den Flug des Vogels möglich macht und wie das Element des Wassers das Schwimmen des Fisches ermöglicht, so ermöglicht das Element der dichterischen Sprache den Dichter. Der Dichter aber weiß nicht, worin sich sein Dichten hält, wenn er im Wort mit dessen geheimnisvollem Wesen dichtet. Er wüßte es nur, wenn er das geheimnisvolle Wortwesen selbst noch einmal ins dichterische Wort bringen könnte. In einem solchen Falle käme er als Dichter dem zwar erfahrenen Geheimnis der dichterischen Sprache näher. Im Gedicht ist stattdessen zweimal die Rede von einem »nicht wissen«. Von diesem Vers sagt Heidegger, er töne »wie der Generalbaß durch alle Lieder« des Zyklus.

Was der Dichter nicht weiß: das dichterische Wort für das geheimnisvolle Wesen des Wortes, entdeckt vielleicht ein späterer Mund. Dieser könnte aus seiner Entdeckung, seiner weiter reichenden Erfahrung, zum Dichter sprechen, er habe mit an unserem Tisch

---

Interpretation vgl. H.-G. Gadamer, Der Dichter Stefan George. In: Gesammelte Werke, a.a.O., Bd. 9, S. 227 f. – ders., Hölderlin und George. In: Gesammelte Werke, a.a.O., Bd. 9, S. 243 f. – ders., Die Wirkung Stefan Georges auf die Wissenschaft. In: Gesammelte Werke, a.a.O., Bd. 9, S. 266.

gesessen, mit von unserem Pfund gezehrt. Der Dichter weiß darum, daß sich ihm ein schönes und neues Gesicht gezeigt hat, der Anblick des geheimnisvollen Waltens der Sprache, ohne daß er dieses tiefer zu deuten vermag. Er weiß auch, daß heute keiner lebt, und weiß nicht, ob je einer kommen wird, der sein Gesicht noch sehen kann, und zwar so, daß dieser das, was ihm selbst verhüllt blieb, entdeckt, ohne daß dadurch das Wort sein Geheimnisvolles und Unverfügbares verlöre. Angesichts dieser Georgeschen Grunderfahrung schreibt Gadamer: »Man wird hinter die Philosophie der Neuzeit und die Sprache der Metaphysik, die ganz auf Bewußtsein und Selbstbewußtsein gegründet sind, zurückgehen müssen, wenn man diese Erfahrung als eine fundamentale menschliche Erfahrung einsehen will«.[9]

Mit Blick auf die vier Gedichte Georges, in denen seine Erfahrungen mit dem dichterischen Wort thematisch gedichtet sind, läßt sich sagen: Die Erfahrung Georges mit dem Wort »geht ins Dunkle und bleibt dabei selber noch [als Erfahrung] verschleiert«.[10] Das Dunkel betrifft das Wort in seinem sein-vergebenden Wesen: daß das Wort das zu Dichtende ins Sein bringt, darin erhält und in sich einbehält. Das Dunkel betrifft den Bezug des Wortes zum »ist«, zum Sein der zu dichtenden Dinge. Dieser Bezug wird zwar von George in den Worten Kleinod, Gast und Gunst gesagt, aber der Dichter weiß nicht jenes Wort, das den Bezug des Wortes zum Sein des zu Dichtenden eigens nennen könnte. Über diesem Bezug liegt für den Dichter ein Dunkel, das er nicht zu lichten vermag. Ins Dunkel gehend, bleibt diese dichterische Erfahrung mit der Sprache insofern selber noch verschleiert, als sich die Erfahrung als Erfahrung in einer gewissen Verhüllung hält.

Das Denken aber, das die dichterische Erfahrung Georges mit der Sprache ausgelegt hat, muß diese Erfahrung so, wie sie ist – als ins Dunkel gehend und selber verschleiert bleibend –, belassen. Das Denken, das sich im hermeneutischen Gespräch dieser dichterischen Erfahrung zugewandt hat, muß diese in sich ruhen lassen.

---

[9] H.-G. Gadamer, Die Wirkung Stefan Georges auf die Wissenschaft. In: Gesammelte Werke, a.a.O., Bd. 9, S. 266.
[10] M. Heidegger, Das Wesen der Sprache, a.a.O., S. 184.

Aber indem das Denken die dichterische Erfahrung auslegend bedenkt, hält sich die dichterische Erfahrung schon *in der Nähe und Nachbarschaft zum Denken*. Das denkende Nachgehen der dichterischen Erfahrung zeigt, daß sich diese in der Nähe zum Denken des Wesens der Sprache hält und insofern auch vom Denken bedacht werden muß. Die dichterische Erfahrung Georges in der Nähe zum Denken lassen, heißt vor allem, daß sich das Denken als Denken jenem Dunkel zuwenden wird, in das die dichterische Erfahrung Georges geht.

In diesem Vorhaben, denkend sich dem dichterisch erfahrenen Dunkel zuzuwenden, hält sich das Denken frei von der Anmaßung, als denkende Erfahrung das Dunkel aus der dichterischen Erfahrung mühelos aufhellen und den verhüllenden Schleier lüften zu können. Das Denken muß hier seiner hermeneutischen Selbstverständigung eingedenk bleiben. Angesichts des Dunkels, in das die dichterische Erfahrung dichtend gegangen ist, kann es für das Denken nur darauf ankommen, ob es überhaupt, und wenn ja, wie es aus dem dichterisch erfahrenen Dunkel das sich ihm zusagende und zeigende Wesen der Sprache hörend versteht, um das so Verstandene fragend-denkend eröffnen zu können in der Weise des hermeneutischen Entwurfs.

Das Aufsuchen der Nachbarschaft zur dichterischen Erfahrung für die Möglichkeit einer denkenden Erfahrung ist nicht, wie man meinen könnte, ein Notbehelf, ist kein Ausweg, kein Ersatz, kein Umweg. Das Aufsuchen einer dichterischen Erfahrung mit der Sprache geschieht aus der Vermutung des Denkens, »daß Dichten und Denken in die Nachbarschaft gehören«.[11] Das Aufsuchen der dichterischen Erfahrung durch das Denken erfolgt aus der Vermutung, daß nur aus einem *Bedenken und Durchdenken der Nachbarschaft des Denkens zum Dichten* das Wesen der Sprache aus der Zusage ihres Wesens erfahren und fragend gedacht werden kann.

Das Nichtbedenken dieser Nähe von Dichten und Denken wäre dann der Grund dafür, daß in der bisherigen Geschichte der Wesensbestimmung der Sprache dieses Wesen der Sprache noch nie-

---

[11] ebd.

mals aus der Zusage ihres Wesens gedacht worden ist. Die Vermutung, daß Denken und Dichten in die Nachbarschaft gehören und
innerhalb dieser sich wechselseitig zuwenden, entspricht jener Aufforderung, die im hermeneutischen Leitfaden liegt: Das Wesen der
Sprache -: Die Sprache des Wesens. Die Vermutung entspricht der
Aufforderung aus dem Leitfaden, daß die Zusage des Wesens der
Sprache nur innerhalb der Nachbarschaft zum Dichten gedacht werden kann.

Inwiefern? Insofern, als die dichterische Erfahrung mit dem Wort
in die Möglichkeit einer denkenden Erfahrung des sich bekundenden Wesens der Sprache weist, ohne daß sie selbst als dichterische
Erfahrung diese denkende Erfahrung machen könnte. Georges
dichterische Erfahrung weist, wenn sie in der erläuterten Weise ins
Dunkel geht, dem Denken eine Möglichkeit der Erfahrung mit dem
Wesen der Sprache. Das dichterisch erfahrene Dunkel ist nichts, was
es nur zu beseitigen gälte. Denn als dieses Dunkel birgt es das Wesen der Sprache und die Möglichkeiten seiner Erfahrbarkeit. Das
dichterisch erfahrene Dunkel, das über dem dichterischen Wort in
seinem sein-vergebenden Wesen liegt, könnte sich als jener Bereich
erweisen, aus dem das Denken das sich ihm bekunde Wesen der
Sprache erfahren wird.

§ 17. Georges dichterische Erfahrung und der frühgriechische Anfang des Denkens

Georges dichterische Erfahrung mit der Sprache wird von Heidegger
zusammenfassend gekennzeichnet als »das Sagen des Verzichts«.[1]
Dieser Verzicht ist erstens ein Verzichten auf das vorherige Verhältnis dieses Dichters zur Sprache. Er ist zweitens ein Verzichten für
das erfahrene Wesen des dichterischen Wortes. Der Verzicht ist drittens in seinem Wofür zugleich auch noch ein Verzichten auf das dichterische Wort für das geheimnisvolle Wesen des Wortes, der Sprache.

---

[1] a.a.O., S. 185.

In diesem dichterischen Sagen des dreifachen Verzichts wird von George das Verhältnis von Ding und Wort gedichtet. Dieses Verhältnis ist aber aus der Blickrichtung des Denkens gesehen »das Verhältnis der Sprache zu einem jeweils Seienden als solchem«.[2] Wenn wir so vorgehen, daß wir in dem von George gedichteten Verhältnis von Wort und Ding das Verhältnis von Sprache und Seiendem als solchem erkennen, dann »haben wir das Dichterische in das Nachbarliche eines Denkens herübergerufen«.[3] Herübergerufen heißt: vom dichterischen Weg auf den Weg des Denkens herübergerufen. In diesem Herüberrufen vollzieht sich das Gespräch des Denkens mit dem Dichten. Aber das Gespräch ist derart, daß sich das Denken nicht etwa selbst auf den Weg des Dichtens begibt. Das Gespräch zwischen dem Denken und dem Dichten ist vielmehr von der Art, daß das Denken das dichterisch Erfahrene zu sich und auf seinen Weg herüberholt. Auch hier wird deutlich, daß das Denken, wenn es sich in die Nachbarschaft zum Dichten begibt, nicht selbst zum Dichten wird. Denken und Dichten bleiben in ihrem Dialog geschieden, aber in einer sie verbindenden Wesensnähe.

Das Dichterische Georges in die Nähe »eines Denkens« herüberrufen heißt jetzt nicht nur: in die Nähe des Denkens der gesuchten denkenden Erfahrung. In die Nähe »eines« Denkens heißt jetzt vor allem: in die Nähe des *frühgriechischen* Denkens. Das Denken der gesuchten denkenden Erfahrung vernimmt in seiner Zukehr zur dichterischen Erfahrung Georges solches, das das Denken schon aus seiner eigenen Geschichte kennt, aus dem Anfang dieser Geschichte.

Heidegger stellt jetzt die dichterische Erfahrung Georges, das Verhältnis von Ding und Wort, in den geschichtlichen Zusammenhang mit dem Anfang der abendländischen Denkgeschichte, welcher Anfang bestimmt ist durch eine denkerische Erfahrung des Verhältnisses von Sprache und Seiendem als solchen. Es ist jener Anfang, der sich mit dem Namen Heraklit verbindet.

Im seinsgeschichtlichen Denken wird das frühgriechische Denken als der anfangende Anfang und dieser als der *erste Anfang* ge-

[2] ebd.
[3] ebd.

dacht. Der erste Anfang ist in seinem Anfangen dadurch gekennzeichnet, daß in ihm die ἀλήθεια als Unverborgenheit des Seienden
in seinem Sein erfahren und gedacht wird. Das seinsgeschichtliche
Denken aber, das im Rückgang auf das Denken des ersten Anfangs
die Unverborgenheit des Seins selbst, die Wahrheit des Seins als Ereignis zu denken sucht, versteht sich selbst als das Denken des *anderen Anfangs*.

Das seinsgeschichtliche Denken, das zwischen dem Denken des
ersten und dem Denken des anderen Anfangs hin und her geht, um
sowohl den ersten Anfang als einen solchen wie auch den anderen
Anfang als solchen herauszustellen, erkennt jetzt, daß sich die dichterische Erfahrung Georges in bezug auf das Verhältnis von Ding
und Wort in der Nähe zum erstanfänglichen frühgriechischen Denken aufhält. Es soll gezeigt werden, daß George als Dichter in der
Erfahrung des Verhältnisses von Ding und Wort so weit gekommen
ist, wie Heraklit als Denker auf seine Weise.

Den geschichtlichen Zusammenhang zwischen der dichterischen
Erfahrung Georges und der denkerischen Erfahrung Heraklits sieht
Heidegger so: »Denn mit das Früheste, was durch das abendländi-
sche Denken ins Wort gelangt, ist das Verhältnis von Ding und
Wort, und zwar in Gestalt des Verhältnisses von Sein und Sagen«.[4]
Anschließend heißt es weiter: »Dieses Verhältnis überfällt das Den-
ken so bestürzend, daß es sich in einem einzigen Wort ansagt. Es
lautet λόγος«. Λόγος ist ein, wenn nicht sogar das Grundwort im
Denken Heraklits. Λόγος ist aber in einem zumal das Wort für das
Sein des Seienden und für das Sagen in der Sprache.

Für den jetzt zu bedenkenden Sachverhalt ist vor allem das Fragment 50 des Heraklit heranzuziehen: οὐκ ἐμοῦ, ἀλλὰ τοῦ λόγου
ἀκούσαντας ὁμολογεῖν σοφόν ἐστιν ἓν πάντα εἶναι: »Habt ihr nicht
mich, sondern den λόγος vernommen, so ist es weise, dem λόγος zu
entsprechen: Eins ist Alles.«[5] In seinem Aufsatz »Logos«[6] aus »Vorträge und Aufsätze« führt Heidegger auf den letzten drei Seiten aus,

[4] ebd.
[5] Die Fragmente der Vorsokratiker (Diels/Kranz), a.a.O., S. 161.
[6] M. Heidegger, Logos (Heraklit, Fragment 50). In: Vorträge und Aufsätze. Günther Neske, Pfullingen 1954, S. 207 ff.; hier S. 226 ff.

wie für Heraklit der λόγος das Wort sowohl für das Sein wie für das
Sagen in der Sprache ist. Im folgenden beziehen wir uns auf diese
Ausführungen.

»Eines ist Alles« – »Alles« bedeutet hier: alles Seiende. Alles Seiende ist Eines ("Εν) im Sein. Denn das "Εν ist das Eine in seinem
Einigen: alles Seiende, alles vielzahlige und vielartige Seiende, ist geeint im Sein. Das "Εν als das Einend-Eine ist somit das das vielzahlige und vielartige Seiende Versammelnde. Zu sagen »alles Seiende ist
geeint, ist versammelt im Sein« ist nach Fragment 50 ein Ent-sprechen, ein ὁμολογεῖν. Im Hören auf den λόγος entspricht dieses Sagen
dem λόγος. Das Wort λόγος nennt somit jenes, das alles Seiende ins
Sein versammelt und im Sein versammelt vorliegen läßt. Λόγος als
das versammelnde Vorliegenlassen alles Seienden in seinem Sein ist
für Heraklit der Name für das Sein des Seienden.

Λέγειν heißt aber nicht nur beisammen-vorliegen-lassen, sondern
auch: vorlegen, darlegen, erzählen, sagen. Λόγος wäre dann zugleich
auch der Name Heraklits für das Sprechen als Sagen, für die Sprache. Sprache wäre dann in ihrem Wesen: versammelndes Vorliegen-
-lassen des Seienden in seinem Sein.

Hierzu sagt Heidegger: In diesem so verstandenen Wesen der
Sprache *wohnten* zwar die Griechen und mit ihnen Heraklit, aber
»sie haben dieses Wesen der Sprache niemals *gedacht*, auch Heraklit
nicht«.[7] Heraklit erfährt zwar das *Sagen* der Sprache als das versammelnde Vorliegen-lassen des Seienden in seinem Sein, er erfährt
zwar die Sprache im Horizont des Wesens des Seins als des versammelnden Vorliegen-lassens des Seienden in seinem Sein. Aber ein
solches Erfahren ist nicht selbst schon ein Denken. Heraklit denkt
nicht »eigens das Wesen der Sprache als den λόγος«, als das Beisam-
menvorliegen-lassen des Seienden in seinem Sein.[8] Hätte er und hätten mit ihm die Griechen ausdrücklich das Wesen der Sprache als
den λόγος in seinem versammelnden Vorliegen-lassen des Seienden
in seinem Sein gedacht, dann hätte er, hätten die Griechen »das Wesen der Sprache aus dem Wesen des Seins« gedacht, dann hätten sie

---

[7] a.a.O., S. 228.
[8] ebd.

das Wesen der Sprache sogar als das Wesen des Seins selbst gedacht.[9]

Doch »nirgends finden wir eine Spur davon, daß die Griechen das Wesen der Sprache unmittelbar aus dem Wesen des Seins dachten«.[10]

Wie aber dachten die Griechen das Wesen der Sprache, wenn nicht ausdrücklich aus dem Wesen des Seins? Aristoteles bestimmt in »De interpretatione« in einer für die folgende Geschichte des Sprachdenkens maßgebenden Weise die Sprache als φωνὴ σημαντική, als stimmlich gebildeter Laut, der etwas bezeichnet und bedeutet.[11] Der etwas bezeichnende Laut ist der sprachliche Ausdruck für die innerseelischen Vorstellungen, die ihrerseits Angleichungen an die äußeren Dinge sind, die in den Vorstellungen vorgestellt werden. Das erste also, was an der Sprache auffällt, ist ihr Lautcharakter. An diesem aber zeigt sich, daß er nicht bloßer Laut ist, sondern ein Laut, der etwas bedeutet. Der Laut zeigt sich als der Träger für die Bedeutungen. So selbstverständlich dieser Grundriß der Sprache sich ausnimmt, so daß er für jede Thematisierung der Sprache den unumgänglichen Ausgang zu bilden scheint, so läßt sich dennoch zeigen, daß diese Ansetzung der Sprache Voraussetzungen einschließt, die ihrerseits hinterfragt werden können.

Mit Blick auf die auf Aristoteles zurückgehende und seitdem unangefochtene Grundauffassung von der Sprache kann darauf verwiesen werden, daß »einmal« vor Aristoteles im Anfang des abendländischen Denkens »das Wesen der Sprache im Lichte des Seins« aufblitzte.[12] »Einmal, da Heraklit den Λόγος als Leitwort dachte, um in diesem Wort das Sein des Seienden zu denken. Aber der Blitz verlosch jäh. Niemand faßte seinen Strahl und die Nähe dessen, was er erleuchtete«.[13]

Somit wird deutlich, was es heißt, daß das Verhältnis von Sein und Sagen das Denken Heraklits überfallen habe. Heraklit denkt das *Sein* des Seienden unter dem Leitwort Λόγος. In einem zumal

---

[9] ebd.
[10] ebd.
[11] Aristoteles, De interpretatione. l. c. 2, 16 a 19.
[12] M. Heidegger, Logos, a.a.O., S. 229.
[13] ebd.

erfährt er auch, da λόγος zugleich das *Sagen* im Sprechen ist, das Wesen der Sprache im Horizont des von ihm gedachten Seins. Aber Heraklit denkt nicht ausdrücklich und thematisch das Wesen der Sprache aus dem im λόγος gedachten Wesen des Seins. Heraklit denkt nicht thematisch das Wesen der Sprache aus dem versammelnden Vorliegen-lassen des Seienden in seinem Sein. Andererseits ließ die Erfahrung im Horizont des als Sein gedachten λόγος Heraklit die Sprache noch nicht bestimmen als Einheit von Laut und Bedeutung.

Zwar wurde das Denken Heraklits überfallen von der Erfahrung des Verhältnisses von Sein und Sagen. Diese Erfahrung spricht sich aus in dem Wort λόγος. Aber in dieser Erfahrung wird »keine denkende Erfahrung mit der Sprache gemacht [...], so nämlich, daß die Sprache selber jenem Verhältnis gemäß und eigens zur Sprache käme«.[14] Bei Heraklit kommt nicht das Wesen der Sprache gemäß dem Verhältnis von Sein und Sagen ausdrücklich ins Wort des Denkens. Denn das Verhältnis von Sein und Sagen bildet für das Denken Heraklits nur den Erfahrungshorizont, was besagt, daß jenes Verhältnis nicht thematisch gedacht wird. Weil in Heraklits Grundwort λόγος nur das Sein des Seienden gedacht wird, das Wesen der Sprache aber lediglich im Horizont des gedachten Seins aufblitzt, ohne ausdrücklich gedacht zu werden, kommt im Grundwort λόγος nur das Wesen des Seins, nicht aber auch das Wesen der Sprache zu Wort.

Wenn der Dichter George das Verhältnis von Wort und Ding so erfährt, daß das Wort in bezug auf das Ding sein-vergebend ist, dann hält sich diese dichterische Erfahrung in der Nähe zu dem, was im Denken Heraklits nur aufblitzte. Was im Denken Heraklits nur aufleuchtete, ohne von ihm selbst und von der nachfolgenden Geschichte des Denkens ausdrücklich gedacht worden zu sein, hält das Denken seit Heraklit »gefangen«.[15] Das Denken hält sich in einer Gefangenschaft, in der es das Wesen der Sprache nicht im Horizont des Seins zu denken vermag. Während Heraklit das Wesen der Sprache im Horizont des Seins noch erfährt, wird die Sprache nach ihm

---

[14] ebd.
[15] ebd.

und fortan als Einheit von Laut und Bedeutung bestimmt. In dieser Bestimmungsweise bleibt aber das Wesensverhältnis von Sprache und Sein entzogen.

Mit Blick auf Heraklit und auf Stefan George kann Heidegger sagen: Weder die Erfahrung Heraklits mit dem Sagen der Sprache im Horizont des Seins noch die Erfahrung Georges mit dem Wort bringt »die Sprache in ihrem Wesen zur Sprache«.[16] Im Denken Heraklits kommt es zu keiner denkenden Erfahrung mit dem Wesen der Sprache. Im Dichten Georges kommt es zwar zur Erfahrung mit dem Wesen der Sprache, nicht aber derart, daß dem Dichter das dichterische Wort auch für das Wesen der Sprache gewährt würde. Zwar macht George eine Erfahrung mit dem Wort in seinem geheimnisvollen Wesen, zwar bringt er diese Erfahrung in den von uns durchgesprochenen Gedichten in das dichterische Wort. Aber Stefan George bringt in den Worten Kleinod, Gast und Gunst nicht schon das Wesen der Sprache selbst ins Wort. Er muß vielmehr auf das dichterische Wort für das geheimnisvolle Wesen der Sprache verzichten. Die graue Norn gewährt ihm nicht das Wort für das Kleinod. Im Gedicht »Seelied« ist es der Gast, d.h. die dem Dichter jeweils gewährte und seinen Dichtertag in die Freude stimmende dichterische Sprache, der niemals mit dem Dichter sprach, so sprach, daß der Dichter diesem zu ihm sprechenden Gast ein Wort als Antwort gewußt hätte. Zwar zeigt sich der Gast dem Dichter, zwar wird dem Dichter die dichterische Sprache gewährt. Aber die Gewährung bleibt bestimmt durch einen Entzug: Der Gast spricht nicht zu ihm, dem Dichter wird nicht das dichterische Wort für das Wesen der dichterischen Sprache gewährt, nicht so gewährt, daß er das Wesen der Sprache selbst ins Gedicht bringen könnte. Georges dichterische Erfahrung vermag nicht dergestalt in das erfahrene Wesen der Sprache hineinzureichen, daß er auf dichterische Weise mehr vom Wesen der dichterischen Sprache zu sagen vermöchte, als ihm gewährt wird.

Dennoch muß betont werden: Obwohl weder Heraklit als Denker noch George als Dichter das Wesen der Sprache selbst ins den-

---

[16] ebd.

kerische und ins dichterische Wort zu bringen vermögen, halten sich
ihre Erfahrungen vom Sagen und vom Wort außerhalb jener Grundauffassung von der Sprache, der gemäß die Sprache die Einheit von
Laut und Bedeutung ist. Im Unterschied zu dieser auf Aristoteles
zurückgehenden, bis heute herrschenden Grundauffassung halten
sich die Erfahrungen Heraklits und Georges im Erfahrungshorizont des Seins des Seienden.

Im Rückblick auf die Geschichte des Denkens seit den Griechen
bis in unsere Zeit kann Heidegger die Feststellung treffen: Obwohl
»seit der Frühzeit des abendländischen Denkens bis in die Spätzeit
der Dichtung Stefan Georges durch das Denken Tiefes über die
Sprache gedacht, Erregendes im Dichten zur Sprache gedichtet wurde«[17], ist noch niemals die Sprache in ihrem Wesen selbst zur Sprache gekommen. Denn noch nie ist das Wesen der Sprache denkerisch oder dichterisch so erfahren und ins Wort gebracht worden,
wie es für die gesuchte denkerische Erfahrung in ihrem hermeneutischen Leitfaden angezeigt wird: Das Wesen der Sprache –: Die Sprache des Wesens. Noch niemals ist das Wesen der Sprache ausdrücklich und thematisch aus dem Wesen des Seins erfahren und gedacht
worden, obwohl es im 18. und 19. Jahrhundert bedeutende Sprach-
denker gab: Hamann, Herder, Humboldt, obwohl die Dichtung seit
dem 18. Jahrhundert in wachsendem Maße bis in die Gegenwart ihr
eigenes Verhältnis zur Sprache thematisiert.

Daß sich das Wesen der Sprache bisher weder im Denken noch
im Dichten »als die Sprache des Wesens«, als die Zusage ihres Wesens, zur Sprache gebracht hat, dafür werden von Heidegger nicht
etwa die Denker und die Dichter verantwortlich gemacht, so als hätten sie es an der Anstrengung des Denkens und an der dichterischen
Besinnung fehlen lassen. Das Ausbleiben der denkerischen und
dichterischen Erfahrung des Wesens der Sprache als Zusage ihres
Wesens kann Heidegger nur aufklären im Vorblick auf das von ihm
erfragte Wesen der Sprache. Weil aber die denkerische Erfahrung
selbst noch aussteht, weil das Denken erst unterwegs ist zu dieser
Erfahrung, unterwegs im hermeneutischen Gespräch mit dichteri-

---

[17] M. Heidegger, Das Wesen der Sprache, a.a.O., S. 185.

schen Erfahrungen, deshalb kann die Aufklärung des bisherigen Ausbleibens einer denkerischen oder dichterischen Erfahrung des Wesens der Sprache aus der Zusage dieses Wesens nur in der Weise einer *Vermutung* geschehen.

Vermutlich ist es das in der Zusage des Wesens der Sprache erwartete Sprachwesen selbst, das sich selbst dort »verweigert«[18], wo die Sprache grundsätzlich gefaßt wird als der vorliegende Laut mit seiner jeweiligen Bedeutung. Wird die Sprache von vornherein angesetzt als Laut, der die Bedeutung trägt, kann sich ihr Wesen aus der Zusage ihres Wesens nicht zeigen. Aus dem erfragten Wesen der Sprache her gesehen ist die Ansetzung der Sprache als Einheit von Laut und Bedeutung die Weise, wie sich das gesuchte Wesen selbst verweigert. Die Verweigerung käme aus dem erfragten Wesen der Sprache, wäre also nichts, was sich von außen über das Wesen legt. Solche Selbstverweigerung des Wesens der Sprache wäre so etwas wie ein »An-sich-halten«.[19]

Von einem An-sich-halten des Wesens der Sprache war schon einmal die Rede (§ 8), als wir die verschiedenen Möglichkeiten einer Erfahrung mit dem Wesen der Sprache abhoben gegen das alltägliche-vorwissenschaftliche und das wissenschaftliche Sprechen. In beiden Weisen des Sprechens kommt es zu keiner Erfahrung mit dem Wesen der Sprache, da in ihnen das Wesen der Sprache an sich hält zugunsten dessen, worüber jeweils gesprochen wird. Diese Weise des An-sich-haltens gehört wesenhaft zu jenen beiden Sprechweisen. Ohne dieses An-sich-halten käme es zu keinem alltäglichen oder wissenschaftlichen Sprechen.

Jenes An-sich-halten des Wesens der Sprache aber, das mit der Ansetzung der Sprache als Einheit von Laut und Bedeutung zusammengeht, ist eine *andere Weise* als das An-sich-halten im alltäglichen und im wissenschaftlichen Sprechen. Es ist ein An-sich-halten dort, wo es darum geht, das Wesen der Sprache zu bestimmen. Es ist eine *geschichtliche* Weise des An-sich-haltens. Denn diese Weise des An-sich-haltens hat die bisherige Geschichte des Sprachdenkens in

---

[18] a.a.O., S. 186.
[19] ebd.

einer wesentlichen Weise bestimmt. Dennoch ist es auch ein An-sich-halten. Vermutlich gehört das An-sich-halten in verschiedenen Weisen zu dem erfragten Wesen der Sprache. Aber nicht nur ein An--sich-halten, sondern auch ein Sichzeigen. Denn selbst in der An-setzung der Sprache als Einheit von Laut und Bedeutung hält das Wesen der Sprache nicht gänzlich an sich. Auch in der Ansetzung der Sprache als Einheit von Laut und Bedeutung zeigt sich immer noch etwas von ihrem Wesen, auch wenn dieses Sichzeigen gekenn-zeichnet ist durch ein überwiegendes An-sich-halten des erfragten ursprünglicheren Wesens der Sprache.

Daß zum erfragten Wesen der Sprache überhaupt ein An-sich--halten, die Verweigerung oder der Entzug gehört, ist im jetzigen Standort unseres Fragens nicht mehr verwunderlich. Unser Stand-ort auf dem Weg in das erfragte Wesen der Sprache ist bestimmt durch den im hermeneutischen Gespräch mit der dichterischen Er-fahrung gewonnenen hermeneutischen Leitfaden. Dieser weist uns an, das erfragte Wesen der Sprache aus der Zusage ihres Wesens zu erwarten. Die dichterische Erfahrung Georges war es sogar, die als erste das sich zusagende Wort in seinem geheimnisvollen Wesen er-fuhr. Wenn von Zusage die Rede ist, liegt darin ein Sichbekunden und Sichzeigen. Dort aber, wo es ein Sichzeigen und sich Zusagen gibt, da gibt es auch das Sich-nicht-zeigen, Sichverweigern, An--sich-halten. So etwas wie die Zusage des Wesens der Sprache, das Sichzeigen und Sichbekunden, und das An-sich-halten erscheinen nur solange als befremdlich oder gar als Aufsteigerung der Sprache zu einem selbständigen Wesen, wie wir orientiert bleiben an der Sprache als Einheit von Laut und Bedeutung. In dieser Blickbahn ist die Sprache *nur* die von uns, vom Menschen gesprochene, über die wir verfügen. Aber es war der Dichter George, der die Erfah-rung von der Unverfügbarkeit der Sprache gemacht hat. Diese dich-terische Erfahrung weist uns in einen Bereich, in dem wir ein grund-sätzlich anderes Verhältnis zur Sprache haben, in dem wir uns als Sprechende einem unverfügbaren Wesen der Sprache verdanken, das zum Wesen des Seins gehört.

In bezug auf das bisherige Ausbleiben einer denkerischen oder dichterischen Erfahrung mit dem Wesen der Sprache als Zusage ih-

res Wesens spricht Heidegger eine zweite Vermutung aus. Die erste
Vermutung lautete: Das Ausbleiben stammt aus dem An-sich-halten, das selbst zum erfragten Wesen der Sprache, zur Zusage ihres
Wesens, gehört. Die zweite Vermutung besagt: Die »eigentümliche
›Sprache‹ des Sprachwesens«, die Zusage ihres Wesens, wurde im
überlieferten Denken deshalb stets »überhört«, weil »die beiden
ausgezeichneten Weisen des Sagens, Dichten und Denken, [nicht] in
ihrer Nachbarschaft aufgesucht wurden«.[20] Das Wesen der Sprache
als die gesuchte Zusage ihres Wesens kann nur erfahren und als erfahrene erfragt und gedacht werden, wenn sich das fragende Denken in die *Nähe* von Denken und Dichten begibt. Ein Bedenken
dieser Nähe, ihrer Nachbarschaft, ist also gefordert, wenn die an-
-sich-haltende Zusage des Sprachwesens aus ihrer bisherigen Verweigerung enthüllt werden soll.

Vermutlich ist mit der »Nachbarschaft«, mit der Nähe von Denken und Dichten, nicht nur ihr Verhältnis zueinander gemeint, das
ein Verhältnis des Miteinandersprechens ist. Vermutlich meint die
Nachbarschaft nicht nur die Nähe, die zwischen dem Denken und
dem Dichten waltet, sondern das erfragte Wesen der Sprache selbst,
die erfragte Zusage ihres Wesens. Dann wäre es das erstmals sich
zeigende ursprüngliche Wesen der Sprache, das immer schon Denken und Dichten in eine Nähe zueinander versetzt hat, weil beide
sich aus einem ausgezeichneten Bezug des Sprachwesens zu ihnen
vollziehen.

§ 18. Nachbarschaft als Gegen-einander-über

Das im hermeneutischen Leitfaden angezeigte Wesen der Sprache
kann nur erfahren und fragend gedacht werden, wenn das Denken
hierfür seine Nachbarschaft zum Dichten aufsucht. Das »und« in
der Wendung Denken *und* Dichten zeigt in die noch nicht aufge-
hellte Nachbarschaft beider hinein.[1] Solange wir nur von der Nach-

---

[20] ebd.
[1] ebd.

barschaft von Dichten und Denken sprechen, ist diese noch nicht *als Nachbarschaft* gedacht. Das im hermeneutischen Leitfaden für die denkende Erfahrung formal angezeigte Wesen der Sprache erfahren und fragend enthüllen heißt von jetzt ab zugleich: die Nachbarschaft als solche bedenken. Das Wesen der Sprache als die Zusage ihres Wesens und die Nachbarschaft von Dichten und Denken gehören auf eine erst noch zu erhellende Weise zusammen.

Wenn wir vom Wort »Nachbarschaft« ausgehen, so ist darin ein besonderes Verhältnis zwischen solchen, die innerhalb dieses Verhältnisses einander Nachbarn sind, gemeint. Zunächst sieht es so aus, als müsse das nachbarschaftliche Verhältnis bestimmt werden im Ausgang von den Nachbarn, zwischen denen das Verhältnis der Nachbarschaft besteht. Ein Nachbar ist der, der in der Nähe zu einem Anderen und mit einem Anderen wohnt, so daß er dessen Nachbar genannt wird. Zugleich ist dieser Andere seinerseits der Nachbar für jenen, der sein Nachbar ist. Jeder von beiden ist der Nachbar des anderen. Die Nachbarschaft zwischen beiden ist eine wechselseitige Beziehung.

Woraus aber ergibt sich diese Beziehung? Scheinbar nur daraus, daß einer der beiden in die Nähe des anderen zieht oder beide zugleich in die Nähe des je anderen ziehen. Jeder von beiden siedelt sich »gegenüber dem anderen« an.[2] Erklären wir die Nachbarschaft in dieser Weise, dann ist das, was wir gewöhnlich als Nachbarschaft bezeichnen, das Ergebnis und die Folge einer Handlung, die von einem der beiden oder von beiden zugleich ausgeht. Die Nachbarschaft als das uns vertraute zwischenmenschliche Verhältnis scheint damit geklärt zu sein.

Die Rede von der Nachbarschaft von Dichten und Denken scheint nur eine bildliche Rede zu sein, in der wir das Verhältnis zwischen Denken und Dichten mit Hilfe jenes zwischenmenschlichen Verhältnisses der Nachbarschaft veranschaulichen. Dementsprechend würde die Rede von der Nachbarschaft des Denkens und des Dichtens besagen, »daß beide [wie zwei Nachbarn] einander gegenüber wohnen«, weil »eines gegenüber dem anderen sich angesie-

---

[2] a.a.O., S. 187.

delt hat«.[3] Auch hier sieht es so aus, als ob das nachbarschaftliche Verhältnis von Denken und Dichten wie das uns vertraute zwischenmenschliche Verhältnis erst dadurch entsteht, daß das Denken sich gegenüber dem Dichten ansiedelt. Auch die Nachbarschaft von Denken und Dichten scheint sich lediglich daraus zu ergeben, daß das Denken in die Nähe des Dichtens zieht. Daß das Dichten und das Denken »einander gegenüber wohnen« im Sinne ihres nachbarschaftlichen Verhältnisses, scheint nur die Folge davon zu sein, daß das Denken von sich aus die Nähe zum Dichten, zur Dichtung Stefan Georges, aufgesucht hat. So gesehen steht die Nachbarschaft von Denken und Dichten im freien Belieben des Denkens.

Ob jedoch diese Kennzeichnung der Nachbarschaft zutreffend ist, muß nach allem, was wir auf unserem zurückgelegten Weg gedacht und ausgeführt haben, als zweifelhaft erscheinen. Auch ist es höchst zweifelhaft, ob die Rede von der Nachbarschaft des Denkens und Dichtens eine nur bildliche und veranschaulichende ist.

Das »Wohnen des einen gegenüber dem anderen«, das »einander gegenüber Wohnen beider« ist zwar schon eine Kennzeichnung, die die Nachbarschaft als solche trifft. Fraglich bleibt aber, ob ein solches Einander-gegenüber-wohnen schon dadurch wesensgerecht und zureichend bestimmt ist, daß es als Folge einer Handlung gefaßt wird.

Die *erste Kennzeichnung* des Wesens der Nachbarschaft von Denken und Dichten lautet: Sie ist das *Gegen-einander-über* von Denken und Dichten. Diese Charakterisierung ist aber noch rein formal. Sie hat nur den Sinn einer formalen Anzeige.

Gegenüber der Auffassung, die Nachbarschaft von Denken und Dichten ergebe sich erst dann, wenn sich das Denken aufmacht, sich dem Dichten gegenüber anzusiedeln, könnte sich erweisen, daß das Denken nicht erst die Nachbarschaft zum Dichten aufsuchen muß, sofern sich das Denken »schon« in der Nachbarschaft aufhält.[4] Es bewegt sich »schon« in ihr. Inwiefern? Hält sich das Denken nur deshalb schon in der Nachbarschaft zum Dichten auf, weil es sich

³ ebd.
⁴ ebd.

auf seinem bisherigen Weg bereits der Dichtung Stefan Georges zugewandt hat? Besteht die Nachbarschaft von Denken und Dichten
nur solange, wie das Denken auf die Dichtung eingeht? Entsteht die
Nachbarschaft erst damit, daß das fragende Denken die dichterische
Erfahrung mit der Sprache auslegt? Halten wir uns nur deshalb
schon in der Nachbarschaft auf, weil wir schon längere Zeit in einem hermeneutischen Gespräch mit der Dichtung Georges stehen?
Oder hält sich unser Denken nur deshalb »schon« in der Nachbarschaft zum Dichten auf, weil diese Nachbarschaft »schon« vor einer
ausdrücklichen Zuwendung des Denkens zu einer Dichtung ihr
Wesen entfaltet hat?

Die erste auf das Wesen zielende Kennzeichnung der Nachbarschaft von Denken und Dichten als ihr Gegen-einander-über ist nur
eine formale Anzeige. Die beiden zur Entscheidung stehenden Fragen aber, die sich für die Besinnung auf das Wesen der Nachbarschaft ergeben, lauten:

1. Wie kommt es zu einer solchen Nachbarschaft von Denken
und Dichten? Wie kommt es zu ihrem Gegen-einander-über? Hat
dieses seine Herkunft in denjenigen, die in diesem Verhältnis zueinander stehen, oder ist die Herkunft ihrer Nachbarschaft in einer
ganz anderen Weise zu kennzeichnen?

2. Wie muß das Wesen dieser Nachbarschaft, dieses Gegen-einander-über, gekennzeichnet werden: im Ausgang von denen, die aus
dieser Nachbarschaft einander Nachbarn sind, oder in einem unmittelbaren Zugehen auf die Nachbarschaft selbst?

Bei dem Versuch, direkt auf die Nachbarschaft zuzugehen, um
ihr Wesen in den Blick zu nehmen, machen wir die Erfahrung, daß
das Wesen der Nachbarschaft, das sich zwischen den Nachbarn entfaltet, zunächst »unsichtbar« bleibt.[5] Sie kann nicht geradewegs erblickt und erfaßt werden. Sie muß erst sichtbar gemacht, zum Sichzeigen gebracht werden. Sie muß Phänomen werden.

Das Wesen der Nachbarschaft kann nicht im Ausgang von denen
gefaßt werden, die in der Nachbarschaft stehen. Die Nachbarschaft
ergibt sich nicht daraus, daß einer in die Nähe des anderen zieht.

---

[5]   a.a.O., S. 188.

Der erste Versuch, die Nachbarschaft als eine Beziehung zweier
Nachbarn zu verstehen, ging von einem der Nachbarn aus, der diese
Beziehung dadurch herstellt, daß er von sich aus in die Nähe des
anderen zieht. Diese Vorgehensweise ist aber nicht der Weg, der zur
Wesenserfahrung der Nachbarschaft führen kann. Vielmehr kommt
es darauf an, die Beziehung, die zwischen den Nachbarn besteht,
»rein aus ihr selbst her zu erfahren«.[6]

Damit sind die oben ausgesprochenen Fragen zugunsten der jeweils zweiten Möglichkeit entschieden. Die Herkunft des Gegen-
-einander-über von Denken und Dichten wird nicht in der Hand-
lungsweise der Nachbarn selbst beruhen. Deshalb ist auch das Wesen ihrer Nachbarschaft nur im unmittelbaren Zugang selbst zu erfassen, um erst von ihm aus zu verstehen, wie die Nachbarschaft
selbst die sich in ihr Aufhaltenden zu Nachbarn werden läßt.

Die Nachbarschaft »rein aus ihr selbst her erfahren« und aus dieser Selbsterfahrung ihr Wesen zu kennzeichnen – eine solche Erfahrung ist eine phänomenologische Wesenserfahrung im Unterschied
zu einem erklärenden Denken. In der phänomenologischen Wesenserfahrung lassen wir die Nachbarschaft so sehen, wie sie sich
für das enthüllende Denken an ihr selbst und von ihr selbst her
zeigt. Im erklärenden Denken aber erklären wir die nachbarschaftliche Beziehung von dem her, der in der Beziehung steht, in der
Meinung, diese Beziehung selbst sei etwas, was sich erst von jenen
beiden her ergibt, die in dieser Beziehung stehen. Die Nachbarschaft wird im erklärenden Denken aus den Beziehungsgliedern
hergeleitet, statt zu sehen, daß die Beziehungsglieder nur sind, was
sie sind, aus der vorgängigen Beziehung als solcher. Nicht stellen
die Nachbarn von sich aus die Nachbarschaft her, sondern umgekehrt, die Nachbarn sind nur, die sie sind, aus der Nachbarschaft
selbst.

Damit sind zwei wesensverschiedene Weisen des Denkens benannt: das *erklärende* Denken und das *phänomenologische* Denken.
Die nachbarschaftliche Beziehung aus ihr selbst her erfahren heißt,
erfahren, wie sich die Beziehung ergibt, woher sie sich ergibt und

⁶ ebd.

wie sie als solche Beziehung waltet, wenn diese nachbarschaftliche Beziehung sich nicht aus der Handlung der Beziehungsglieder ergibt. Zwar ist es für das Walten einer nachbarschaftlichen Beziehung eine notwendige Bedingung, daß diejenigen, die in einer Nachbarschaft stehen, auch in die Nähe zueinander ziehen. Aber diese notwendige Bedingung ist nicht die zureichende Bedingung für eine Nachbarschaft, die nur in ihr selbst liegen kann.

Solange wir die Nachbarschaft nur als eine Beziehung denken, bleibt das Denken allzu formal. Aus dieser formalen Kennzeichnung der Nachbarschaft als nachbarschaftliche Beziehung können wir sachlich nicht entnehmen, »ob das Dichten in die Nachbarschaft zum Denken zieht«, oder ob es das Denken ist, das sich in die Nachbarschaft zum Dichten begibt, oder ob Dichten und Denken in die Nachbarschaft »zueinander gezogen sind«[7] – *oder* ob alle drei Möglichkeiten des Ziehens und Sichbegebens unzutreffend sind, sofern die Nachbarschaft nicht erst aus einem Ziehen und Sichbegeben hervorgeht, sondern Dichten und Denken je schon von woanders her in ihre Nachbarschaft versetzt sind. Trifft das letztere zu, dann können Denken und Dichten ihre Nachbarschaft überhaupt nicht frei wählen, sondern sie können sich zu ihrer faktischen Nachbarschaft nur so oder so verhalten. Dieses Sichverhalten kann auch ein solches sein, in dem die Nachbarschaft selbst verdeckt bleibt.

§ 19. Der Denkungscharakter des Dichtens und der Dichtungscharakter des Denkens

Die Nachbarschaft von Denken und Dichten soll in ihrem Wesen Phänomen werden. Sie zeigt sich zunächst darin, daß Denken und Dichten sich »im Element des Sagens vollziehen«.[1] Was Heidegger das *Sagen* nennt, ist jenes, was in der Sprache des Dichtens und des Denkens eigentlich geschieht. Damit zeigt sich uns erneut, daß die Nähe von Denken und Dichten, ihr Gegen-einander-über, in der

---

[7] ebd.
[1] ebd.

Sprache selbst beruht. Sie ist es, die Denken und Dichten Nachbarn sein läßt. Denken und Dichten vollziehen sich aus jenem ausgezeichneten Bezug der Sprache zu ihnen, den Heidegger die »Erfahrung« nennt.

In Anlehnung an das vierte Gedicht Georges aus der Sammlung »Das Lied« wird das Sagen im dichterischen und denkerischen Sprechen »Element« genannt. Dieses schon im § 16 erläuterte Gedicht ohne Überschrift lautet:[2]

> Horch was die dumpfe erde spricht:
> Du frei wie vogel oder fisch –
> Worin du hängst · das weisst du nicht.
>
> Vielleicht entdeckt ein spätrer mund:
> Du sassest mit an unsrem tisch
> Du zehrtest mit von unsrem pfund.
>
> Dir kam ein schön und neu gesicht
> Doch zeit ward alt · heut lebt kein mann
> Ob er je kommt das weisst du nicht
>
> Der dies gesicht noch sehen kann.

Zwar wird in der ersten Strophe das Wort »Element« nicht eigens genannt. Aber das »Element« steht zweifellos im Blick dieser Strophe. Wie die Luft das Element des fliegenden Vogels ist und das Wasser das Element des schwimmenden Fisches, so wird von Stefan George die Sprache des Dichters, das, worin er dichtet, als das Element des Dichters erfahren. Zwar lautet der Vers

> *Worin du hängst · das weisst du nicht.*

Damit will der Dichter nicht sagen, er wisse überhaupt nicht, worin er als Dichter hängt. Er weiß sehr wohl, daß sein Element die Sprache ist, die Sprache in ihrem geheimnisvollen sein-vergebenden, das Seiende in seiner Offenheit erscheinen lassenden Wesen. Was aber

---

[2] St. George, Das Neue Reich, a.a.O., S. 129.

der Dichter nicht weiß, ist das *dichterische Wort für das so erfahrene Wortwesen*. Gerade weil er die dichterische Sprache in ihrem sein--vergebenden Walten erfährt, möchte er von der so erfahrenen Sprache mehr wissen, als ihm gewährt wird.

Diese dichterische Erfahrung ist es nun, die das Denken innerhalb seines hermeneutischen Gesprächs mit der Dichtung zu der wegweisenden Einsicht bringt, daß sich das Dichten und das Denken »im selben Element« vollziehen.[3] Das gemeinsame Element des Sagens weist in die Richtung ihrer Nachbarschaft.

Solange jedoch trotz der gewonnenen Einsicht in das Sagen als das gemeinsame Element die Nachbarschaft von Denken und Dichten als solche unsichtbar bleibt, lassen sich das *Wesen* des Dichtens und das *Wesen* des Denkens noch nicht aus ihrer Nachbarschaft bestimmen. Dies ist aber gefordert, wenn die Nachbarschaft nichts ist, was nachträglich auch noch zum Dichten und Denken hinzukommt, sondern wenn sie es ist, aus der heraus sich das Dichten als Dichten und das Denken als Denken vollziehen. Weil die Nachbarschaft als solche sich noch nicht in ihrem Wesen gezeigt hat, weil daher auch das Dichten als Dichten und das Denken als Denken noch nicht aus dem Wesen der Nachbarschaft bestimmt sind, läßt sich im Augenblick noch »nicht geradehin entscheiden, ob das Dichten eigentlich ein Denken sei, oder das Denken eigentlich ein Dichten«.[4]

Wenn wir »Dichten« und »Denken« aus dem gegebenen Zitat so nehmen, wie wir beide gewöhnlich verstehen, dann scheint der Satz Heideggers ein deutlicher Beleg dafür zu sein, daß hier die Grenzen zwischen dem Denken und dem Dichten durchlässig gemacht werden, so, daß das Denken selbst Anleihen macht bei der Dichtung und einen halbpoetischen Charakter annimmt. Umgekehrt scheint der Dichtung zugemutet zu werden, selbst philosophische Züge anzunehmen, also zu reflektieren statt aus der Einbildungskraft zu schaffen.

Offenbar müssen wir aber jenen Satz Heideggers, in dem einerseits vom *Denkungscharakter* der Dichtung und andererseits vom

---

[3]   M. Heidegger, Das Wesen der Sprache, a.a.O., S. 188.
[4]   a.a.O., S. 189.

Dichtungscharakter des Denkens gesprochen wird, anders lesen, nicht als Vermischung von Denken und Dichten. Dazu ist aber nötig, genau zu wissen, was hier das Denken im Dichten und das Dichten im Denken, was hier überhaupt Denken und Dichten besagen.

Schon einmal hieß es, daß das hohe Dichten aller großen Dichtung stets in einem Denken schwinge.[5] Gemeint war auch dort der dem Dichten *eigene* Denkungscharakter. Das Denken dieses Denkungscharakters heißt: Besinnung, die nicht ohne weiteres eine philosophierende sein muß. Die Frage, ob das *Dichten* »eigentlich«, d.h. in seinem *noch zu erfahrenden* Eigenwesen, einen *eigenen Denkungscharakter* habe, entstammt der Einsicht, daß das Wesen des Dichtens unzureichend gefaßt wird, wenn es von der ästhetischen Einbildungskraft her bestimmt wird. Darin bleibt ein anderes Wesen des Dichtens verhüllt. Aus diesem anderen Wesen der Dichtung, das nicht an die herkömmliche Bestimmung der Einbildungskraft geknüpft ist, ergibt sich auch ein eigener Denkungscharakter, der nicht an die herkömmliche rationale Auslegung des Denkens gebunden ist.

Ferner fragt die Frage, ob das *Denken* »eigentlich«, d.h. in seinem *noch zu erfahrenden* Eigenwesen, ein Dichten sei, danach, ob dem Denken ein *eigener Dichtungscharakter* eigne. Auch hier hat das Dichten nicht die Bedeutung, die es im Zusammenhang mit der Einbildungskraft hat. Ebenso wird das Denken, nach dessen eigenem Dichtungscharakter gefragt wird, nicht in der bekannten Weise rational verstanden. Ob dem Denken ein eigener Dichtungscharakter eigne, ist eine Frage, die nicht danach fragt, ob das Denken eine eigene Art von Dichten, eine Abart neben dem eigentlichen Dichten sei.

Der in Frage stehende eigene Denkungscharakter des Dichtens ist ein eigener gegenüber dem philosophierenden Denken. Ebenso ist der fragliche Dichtungscharakter des Denkens ein eigener gegenüber dem poetischen Dichten.

Wie aber wird hier das *Dichten als Dichten* verstanden, wenn

---

[5] a.a.O., S. 173.

zum einen vom Dichten gesprochen und nach seinem Denkungscharakter gefragt wird, und wenn zum anderen nach dem eigenen
Dichtungscharakter des Denkens Ausschau gehalten wird?

Ferner ist zu fragen, wie hier das *Denken als Denken* verstanden
wird, wenn einerseits nach dem Dichtungscharakter des Denkens
und andererseits nach dem Denkungscharakter des Dichtens gefragt
wird.

Hölderlins späte Hymne »Andenken« endet mit dem Vers[6]:

> *Was bleibet aber,* stiften *die Dichter.*

Hölderlin erfährt somit das Dichten als ein *Stiften.* Stiften ist aber
nicht eine Vollzugsweise der Einbildungskraft. Die dichterische Rede
vom Dichten als dem Stiften weist in ein *anderes Wesensverständnis*
vom Dichten und vom Dichter. Heideggers Hölderlin-Interpreta-
tionen sind von der grundlegenden Einsicht geführt, daß Hölderlin
sein Dichten nicht als Hervorbringung der ästhetischen Einbildungskraft verstanden hat, sondern als Vollzugsweise des von ihm thematisch gedichteten Stiftens.

Stiften ist ein *Eröffnen* und *Gründen.* Hölderlin dichtet das Wesen des Dichters und des Dichtens dergestalt, daß er das Dichten als
Stiften und dieses als ein Eröffnen und Gründen erfährt. Er dichtet
aus der Erfahrung des Dichtens als eines Stiftens und er dichtet zugleich auch *thematisch* das dichterische Stiften. Deshalb kann Heidegger Hölderlin als den Dichter des Dichters charakterisieren.

Heidegger nimmt Hölderlin als Dichter des Dichters ernst, wenn
er sich als Denker durch den Dichter die Richtung für die denkerische Bestimmung des Wesens des Dichtens weisen läßt. Dieser Weg,
auf den die Dichtung Hölderlins weist, verläuft *in der Nähe* zu dem,
was Heidegger zu denken sucht. Das ist Heideggers bedeutsame
Einsicht, die ihn mit dem Beginn der seinsgeschichtlichen Wende
seines Denkens überfallen hat. Deshalb sagt er in den »Beiträgen
zur Philosophie«: »Wie soll aber dem Denken glücken, was zuvor
dem Dichter (Hölderlin) versagt blieb? Oder müssen wir des-

---

⁶ Fr. Hölderlin, Sämtliche Werke (N. v. Hellingrath), a.a.O., S. 63.

sen Bahn und Werk in der Richtung auf die Wahrheit des Seyns nur der Verschüttung entreißen?«[7] An späterer Stelle heißt es: »Die geschichtliche Bestimmung der Philosophie gipfelt in der Erkenntnis der Notwendigkeit, Hölderlins Wort das Gehör zu schaffen«.[8] Von der Einsicht her, daß Hölderlins dichterische Blickbahn und sein Werk sich in der Nähe der denkerischen Blickbahn Heideggers halten, ergibt sich die sachliche Legitimation dafür, das hermeneutische Gespräch mit der Dichtung Hölderlins aufzunehmen, ein hermeneutisches Gespräch, das fortan ohne Unterbrechung das ereignisgeschichtliche Denken begleitet.

Was Hölderlin dichterisch als *Stiftungscharakter* des Dichtens erfährt, hält sich in der Nähe des von Heidegger bereits in »Sein und Zeit« denkend erfahrenen Grundcharakters des Denkens. Im Zuge der hermeneutischen Phänomenologie des Daseins wurde das Denken des Seins in dessen ihm eigener Wahrheit (Enthülltheit) als eine eigenständige Vollzugsweise des geworfenen Entwurfs als der Seinsweise des Daseins bestimmt. Das Entwerfen des Entwurfs hat sein Eigenes im Aufschließen und Eröffnen dessen, was ihm als Aufschließbares und zu Eröffnendes vorgegeben ist. Damit zeigt sich, daß nicht nur das Dichten seinen Charakter des Stiftens als eines Eröffnens hat, sondern daß auch das *Denken* seinen *eigenen Charakter des Stiftens* hat, wenn das *Eröffnen* ein Stiften und der denkerische Entwurf eröffnend ist. Hölderlins dichterisches Verständnis vom Dichten als einem Stiften und Heideggers denkerisches Verständnis vom Denken als einem Entwerfen treffen sich darin, daß beide, das *dichterische Stiften* und das *denkerische Entwerfen*, je ein *Eröffnen* sind. In Hölderlins Dichten des Wesens des Dichtens als eines Stiftens spricht sich ein Wesensverständnis vom Dichten aus, das nicht am vernünftigen Lebewesen, sondern unausdrücklich am Dasein orientiert ist.

Weil aber Hölderlin sein Dichten versteht als das Fassen der Blitze des Göttlichen und als das Hüllen des so Gefaßten in das dichterische Wort, spricht sich in seinem Dichten des Dichtens das seinsbzw. ereignisgeschichtlich bestimmte Da-sein aus. Was das Dichten

---

[7] M. Heidegger, Beiträge zur Philosophie, a.a.O., S. 12.
[8] a.a.O., S. 422.

als Stiften eröffnet und gründet, ist solches, was sich ihm als Bekundung des Göttlichen in dessen Flucht oder Ankunft zuwirft, so daß das dichterische Stiften das ereignend Zugeworfene empfängt und im ereigneten Entwurf eröffnet und gründet.

Stiften in dem *weiten Sinne* von Eröffnen kann aber als *Dichten in einem weiten Sinne*, im Sinne von Eröffnen, angesprochen werden. Von hier aus läßt sich auch der Eröffnungscharakter des Denkens als ein Stiftungscharakter und in diesem Sinne als ein Dichtungscharakter fassen. Dennoch ist der Stiftungs- als Dichtungscharakter des Denkens ein anderer als der Stiftungscharakter des Dichtens.

Nur in diesem weiten Sinne von Stiften als Dichten, nämlich als Eröffnen, fragt Heidegger, ob das *Denken* »eigentlich ein Dichten« sei. In der kleinen Spruchsammlung »Aus der Erfahrung des Denkens« heißt es in dem weiten Sinne von Dichten als Stiften: »Der Dichtungscharakter des Denkens ist noch verhüllt. Wo er sich zeigt, gleicht er für lange Zeit der Utopie eines halbpoetischen Verstandes. Aber das denkende Dichten ist in der Wahrheit die Topologie des Seyns. Sie sagt diesem die Ortschaft seines Wesens«.[9] Der Dichtungscharakter, d.h. der dem Denken eigene Stiftungs- und Eröffnungscharakter ist noch weithin verhüllt. Denn das Denken bestimmt sich immer noch in der herkömmlichen Weise von der ratio, von der Vernunft und dem Verstande her, so, wie diese philosophisch interpretiert werden. Das von der ratio her sich auslegende Denken versteht sich als Denken des Seienden, des Seienden aber, das Gegenstand und Objekt ist für das erkennende Subjekt. Für dieses herrschende Denken, dessen Leitfaden das Wesen des Menschen als animal rationale ist, bleibt der Dichtungs- als Stiftungscharakter des Denkens verhüllt. Das Stiften des Denkens ist sein eigenes entwerfendes Eröffnen des Seins, das entwerfende Eröffnen und Auslegen der Offenheit als der Wahrheit und Unverborgenheit des Seins in ihrem zuwerfenden Bezug zur Ek-sistenz des Menschen. Dort, wo das philosophierende Denken aus seinem Dichtungscharakter, aus seinem Stiftungs- und Entwurfscharakter gefaßt wird, leitet als

---

[9] M. Heidegger, Aus der Erfahrung des Denkens. Günther Neske, Pfullingen 1954, S. 23.

Wesensbestimmung des Menschen nicht das animal rationale, sondern das seinsverstehende Da-sein.

Wenn sich das Denken der Philosophie in seinem Dichtungs-, Stiftungs-, Eröffnungscharakter zeigt, gerät es für das herrschende Denken in den Anschein eines halbpoetischen Verstandes. Was aus der Blickbahn des herrschenden Denkens einem halbpoetischen Denken gleicht, ist in Wahrheit das »denkende Dichten«. Es ist das *denkende* Stiften, Eröffnen der Offenheit des Seins für das Sichzeigen des Seienden.

Das *denkende* Dichten ist aber anderes als das *dichtende* Dichten, das seinen eigenen Denkungscharakter hat, so daß das dichtende Dichten auch als das *dichtende* Denken gefaßt werden kann. Dichtendes Denken heißt nicht: ein Denken, das auch ein Dichten in der Weise des stiftenden Eröffnens ist. Dichtendes Denken heißt vielmehr ein Dichten, das seinen eigenen Besinnungscharakter hat. Desgleichen bedeutet die Wendung »denkendes Dichten« nicht ein Dichten, das in sich auch denkend ist, sondern das Denken, das seinen eigenen Dichtungscharakter hat.

Beide Wendungen »denkendes Dichten« und »dichtendes Denken« könnten auch in umgekehrter Bedeutung gebraucht werden. Wenn in der Wendung »denkendes *Dichten*« die Betonung auf dem Dichten liegt, könnte das Dichten mit seinem eigenen Denkungscharakter gemeint sein. Liegt in der Wendung »dichtendes *Denken*« die Betonung auf dem Denken, könnte das Denken gemeint sein, das seinen eigenen Dichtungscharakter hat. In der Tat verwendet Heidegger jene Wendungen unterschiedlich, einmal in der einen und dann wieder in der anderen Weise.

Das Dichten im weiten Sinne von Stiften, Eröffnen und Gründen kann sowohl ein *denkendes* wie ein *dichtendes* Stiften sein. Das denkende Stiften eröffnet die Wahrheit des Seins, sofern diese sich als entwerfbare zuwirft und so, wie sie sich zuwirft. Das denkende Stiften eröffnet das Geschehnis der Wahrheit des Seins als Ereignis in dessen Gefügecharakter.

Aber auch das dichtende Stiften eröffnet das Sein des Seienden, wenn auch *in anderer Weise* als das Denken. Beide Weisen des stiftenden Eröffnens aber vollziehen sich in ihrem je eigenen Sagen, im

Sagen des Denkens und im Sagen des Dichtens, und das so, daß das dichterische Sagen im *Bild*, das denkerische Sagen im *Begriff* zu Wort kommt. Das Gemeinsame von Denken und Dichten, was sie Nachbarn sein läßt in einer Nachbarschaft, ist der weite Sinn von Dichten als Stiften, Eröffnen und Gründen.

Das Denken in seinem Dichtungscharakter, das denkende Dichten in seinem Stiftungs-, Eröffnungs-, Entwurfscharakter, ist »die Topologie des Seyns«.[10] Im Wort »Topologie« liegen τόπος und λόγος bzw. λέγειν. λόγος und λέγειν meinen hier Reden in der Bedeutung des sagenden Sehenlassens. Der λόγος aus der Topo-logie ist der λόγος der Phänomeno-logie. Das denkende Dichten sagt als λόγος, als Sehenlassen, den Ort für das Seyn an, den Ort und die Ortschaft seines Wahrheitsgeschehens, seines Ereignisgeschehens. Dem Seyn die Ortschaft seines Wesensgeschehens sagen heißt, aus dem ereignenden Zuwurf das Seyn in seinem entbergend-verbergenden Wahrheitsgeschehen entwerfend zur Entfaltung bringen.

In dem jetzt erläuterten Sinne des Dichtens als eines stiftenden Eröffnens heißt es an anderer Stelle jener Spruchsammlung »Aus der Erfahrung des Denkens«: »Singen und Denken sind die nachbarlichen Stämme des Dichtens«.[11] Hier wird das Dichten im Unterschied zum Denken ein Singen genannt, um das Wort »Dichten« ihrem gemeinsamen Stiften vorzubehalten. Dichten als Singen und Denken sind in ihrer Vollzugsweise stiftend. Aber Singen als Dichten und Denken sind nicht etwa zwei Äste eines und desselben Stammes, sondern sie sind *zwei Stämme*. Das Dichten als Singen und das Denken sind nicht nur getrennt wie zwei Äste eines Stammes, sondern wie zwei Stämme, die einem *gemeinsamen Boden* entwachsen. Weil beide Stämme nahe beieinander dem gemeinsamen Grund entwachsen, sind sie nachbarliche Stämme. Ihre Nähe haben das Singen als Dichten und das Denken aus dem Dichten als dem stiftenden Eröffnen. Weil sie aber zwei Stämme bilden, ist das Dichten des Singens ein anderes als das Dichten des Denkens.

Beide, das Singen als Dichten und das Denken, entwachsen »dem

---

[10] Vgl. O. Pöggeler, Der Denkweg Martin Heideggers. Günther Neske, Pfullingen 1963, S. 280 ff.

[11] M. Heidegger, Aus der Erfahrung des Denkens, a.a.O., S. 25.

Seyn und reichen in seine Wahrheit«. Das Seyn in seiner Wahrheit ist der gemeinsame Boden, dem die beiden Stämme entwachsen. In der Weise, wie sie aus der Wahrheit des Seyns ihr Sagen einerseits als Singen, andererseits als Denken entfalten, sind sie stiftend und nur in diesem Sinne dichtend.

Heidegger greift zu diesem Bilde von den nachbarlichen Stämmen, indem er an einen Hölderlin-Vers denkt[12]:

> *Und unbekannt einander bleiben sich,*
> *Solang sie stehn, die nachbarlichen Stämme.*

Dieses von Hölderlin in bezug auf die Stämme des Waldes Gesagte bezieht Heidegger auf das Verhältnis von Singen als Dichten und Denken. Das Verhältnis beider sei mit Blick auf das zu denken, was Hölderlin von den Bäumen des Waldes sagt: daß die nachbarlichen Stämme, solange sie stehen, sich einander unbekannt bleiben. Daß das Dichten und das Denken als nachbarliche Stämme sich dennoch einander unbekannt bleiben, betont, daß sie sich trotz ihrer Nähe in einer unaufhebbaren Eigenheit und Differenz halten. Ihre je eigene Eigenheit bedeutet, daß das Dichten trotz seines eigenen Denkungscharakters stets nur Dichten bleibt und niemals zum Denken wird, und umgekehrt, daß das Denken trotz seines eigenen Dichtungs-, d.h. Stiftungscharakters stets nur ein Denken bleibt und niemals in das Dichten als das Singen übergeht.

§ 20. *Das Zeigen der dichterischen Erfahrung Georges in das zu Denkende*

Das gesuchte Wesen der Nachbarschaft hat sich bisher nur angedeutet als das *Gegen-einander-über* von Denken und Dichten sowie als das *gemeinsame Element des Sagens*. Um sich dem Wesen dieser Nachbarschaft weiter anzunähern, wird das hermeneutische Ge-

---

[12] Fr. Hölderlin, Sämtliche Werke (N. v. Hellingrath). Dritter Band, Propyläen Verlag, Berlin 1922. Anhang, S. 551. Die von Heidegger zitierten Verse gehören zu einer ersten Fassung von Versen aus dem Fragment »Empedokles auf dem Aetna«.

spräch mit der Dichtung Georges wieder aufgenommen. Im erneuten Bedenken der Schlußstrophe des Gedichtes »Das Wort« soll Ausschau gehalten werden nach dem, was sich als eine Möglichkeit für die noch ausstehende denkende Erfahrung mit dem Wesen der Sprache zeigen könnte. Das Wesen der Nachbarschaft wird gesucht in Richtung auf das Wesen der Sprache. Dieses wird aber erfragt entlang dem hermeneutischen Leitfaden: Das Wesen der Sprache –: Die Sprache des Wesens, also gemäß der Zusage dieses Wesens. Das heißt hermeneutisch: Das Wesen der Sprache wird aus der hermeneutischen Vorgabe für das fragende Denken gesucht.

a) Das Wort selbst kein Seiendes

Die Schlußstrophe des Gedichtes »Das Wort« lautet:

> *So lernt ich traurig den verzicht:*
> *Kein ding sei wo das wort gebricht.*

Der Schlußvers sagt: Kein Ding ist, wo das Wort fehlt, ins Positive gewendet: Ein Ding ist erst und nur dort, wo das Wort nicht fehlt, nicht ausbleibt. Man möchte meinen, daß wir das Nichtfehlen auch fassen dürfen als: nicht abwesend sein, also anwesend sein. Dann können wir sagen: Ein Ding ist nur, wie und was es ist, wenn das es nennende Wort nicht abwesend, sondern anwesend ist. Alles, was anwesend ist, ist seiend, ist ein Seiendes. Wenn das nicht fehlende Wort anwesend zu sein scheint, dann scheint es ein Seiendes oder – in der Sprache Georges – ein Ding zu sein. Ist aber, wie das Gedicht es sagt, ein Ding, wie und was es als Ding ist, aus dem nicht fehlenden, scheinbar anwesenden Wort, dann »ist« auch das Wort als ein Ding nur aus einem ihm das Sein vergebenden Wort. Wie steht es aber mit diesem Wort? Ist nicht auch dieses Wort anwesend und somit selbst wieder ein Seiendes und ein Ding? Bedarf es nicht eines weiteren Wortes, das seinerseits jenem zweiten Wort das Sein vergibt? Geraten wir so nicht in eine unabschließbare Iteration? Derartige Iterationen ad infinitum machen uns auf einen Denkfehler aufmerksam.

Vermutlich schlich sich der Denkfehler dort ein, wo wir wie selbstverständlich das Nichtfehlen des seinvergebenden Wortes als ein *Anwesendsein* des Wortes verstanden. Damit erklärten wir das Wort selbst zu einem Anwesenden, zu einem *Seienden* unter anderem Seienden. Vielleicht sagt aber das Gedicht Georges ganz anderes vom Wort, das als nicht ausbleibendes in bezug auf die dichterischen Dinge sein-vergebend ist. Vielleicht gehört zum dichterisch Erfahrenen auch dieses: daß das Wort, wenn es in seinem Sprechen sagend ist, *als Wort selbst kein Ding* ist, nichts ist, was ist. Das sprechende und sagende Wort ist das Wort in seinem dichterisch erfahrenen Wesen, das zu dichtende Ding als ein Seiendes sein zu lassen. Wenn das sagende Wort diese Eignung hat, ist es vielleicht selbst kein Ding und kein Seiendes.

Diese Vermutung widerspricht zwar der überlieferten Grundauffassung von der Sprache und von ihren Worten. Wenn wir das Wort auffassen als den stimmlich artikulierbaren, sinnlich hörbaren und als Schriftzeichen sichtbaren Laut, der als solcher ein Bedeutungsträger ist, dann ist es dieser sinnlich wahrnehmbare Laut, der das Seiende am Wort ausmacht. Früher sagten wir, daß wir innerhalb unserer Frage nach dem Wesen der Sprache die überlieferte Grundauffassung von der Sprache auf die Seite stellen und ihr gegenüber hermeneutische Epoché üben müssen. Daher könnte es sein, daß wir in der gesuchten denkerischen Erfahrung mit dem Wesen der Sprache dasjenige, was man ihren Lautcharakter nennt, in einer ganz anderen Weise erfahren. Wenn wir aus dem noch gesuchten Wesen der Sprache, gesucht aus der hermeneutischen Zusage, den Lautcharakter der Sprache in ganz anderer Weise erfahren, dann erfahren wir, inwiefern das Wort primär kein Seiendes ist.

In der gedichteten Erfahrung mit dem Wort ist nichts davon gesagt, daß das seinvergebende Wort selbst ein Ding sein müsse. Im Gegenteil, George dichtet:

Kein ding sei wo das wort gebricht.

In dem jetzt anhebenden *zweiten hermeneutischen Gespräch* mit dem Gedicht »Das Wort« kommt es zu einer die bisherige Auslegung vertiefenden Deutung. Die Vertiefung ergibt sich vor allem durch das Hören auf eine *zweite Tonart*, in der das Gedicht spricht. Die zweite Tonart tritt nicht an die Stelle der ersten, sondern überhöht diese, so, daß beide Tonarten zusammen die Vielschichtigkeit des Gedichtes ausmachen. Auf diese zweite Tonart haben wir innerhalb der ersten Deutung schon hingewiesen, aber jetzt erst kommt sie zur Entfaltung. Für das Hören der zweiten Tonart müssen wir uns die Strophen vier bis sieben erneut vergegenwärtigen:

> *Einst langt ich an nach guter fahrt*
> *Mit einem kleinod reich und zart*
>
> *Sie suchte lang und gab mir kund:*
> *›So schläft hier nichts auf tiefem grund‹*
>
> *Worauf es meiner hand entrann*
> *Und nie mein land den schatz gewann …*
>
> *So lernt ich traurig den verzicht:*
> *Kein ding sei wo das wort gebricht.*

Die zweite Deutung, die Heidegger der zweiten Tonart entnimmt, wird von ihm in Form einer *Frage* gegeben, die er an das Gedicht richtet: »Meint der Dichter mit dem ›kleinod reich und zart‹ vielleicht das Wort selbst?«[1]

In der *ersten Deutung* war das Kleinod ein dichterisches Ding, für das dem Dichter das sein-vergebende Wort nicht gewährt wird. Gerade dieses Nichtgewähren des Wortes durch die Norn war die entscheidende Erfahrung, daß ein dichterisches Ding nur ist, wie und was es sein kann, aus dem sein-vergebenden Wesen des Wortes.

In der *zweiten Deutung* könnte das Kleinod für das sein-vergebende Wort selbst stehen. In diesem Fall hätte der Dichter zumindest dichterisch geahnt, »daß das Wort selber [in seinem sein-vergebenden Wesen] kein Ding sein könne«.[2] Das so erfahrene Wort wäre dann das Kleinod, für das George bei der Norn das dichterische

---

[1] M. Heidegger, Das Wesen der Sprache, a.a.O., S. 192.
[2] ebd.

Wort erbeten hätte. Das erbetene dichterische Wort für das sein-vergebende Wesen des Wortes wäre dem Dichter verweigert worden.
Wie der Dichter die Worte erbittet für die zu dichtenden Dinge, so
hätte er auch für das erfahrene sein-vergebende Wesen des Wortes,
für das Kleinod, das eigene Wort erbeten, um in diesem das sein-
-vergebende Wesen des Wortes thematisch dichterisch zu nennen.
Durch die Verweigerung dieses Wortes hätte der Dichter die Erfahrung gemacht, daß das geheimnisvolle Wesen des dichterischen
Wortes nicht durch ein *solches* Wort genannt werden könne, das den
Dingen ihr Sein vergibt.

Die zweite Tonart des letzten Verses »Kein ding sei wo das wort
gebricht« ergibt sich durch die Betonung des »Kein« und durch den
Bezug des »wo« auf das Kleinod als das sein-vergebende Wort.
Wenn überhaupt kein Ding ist, wo ein solches Wort fehlt, das die zu
dichtenden Dinge ins Sein hält, dann ist dieses Kleinod – das sein-
-vergebende Wort – kein Ding. »Kein ding sei wo das wort gebricht« heißt in der zweiten Tonart: Dort, wo das Wort gebricht,
das Kleinod als das sein-vergebende Wort, ist selbst kein Ding. Kein
Ding ist das Kleinod, das sein-vergebende Wort, weil für das Kleinod, für das sein-vergebende Wesen des Wortes, dasjenige Wort, das
es nennen könnte, ausbleibt. Das sein-vergebende Wort läßt sich
selbst nicht wie ein zu dichtendes Ding worthaft nennen. Gemäß
dieser zweiten Tonart liegt im Schlußvers Georges die Erfahrung,
daß *das Wort und das Ding verschieden sind*. Das Wort ist nicht nur
kein Ding wie die Dinge, die durch das sein-vergebende Walten des
Wortes sind, wie und was sie sind, sondern das Wort in seinem sein-
vergebenden Wesen ist überhaupt kein Ding.

Georges Erfahrung mit dem dichterischen Wort bestünde somit
in einem Dreifachen: Erstens, daß die zu dichtenden Dinge nur sind,
wie und was sie sind, aus dem sein-vergebenden Wort; zweitens, daß
ihm das dichterische Wort für das sein-vergebende Wesen des Wortes nicht gewährt wird; drittens, daß das sein-vergebende Wort
selbst kein Ding, kein Seiendes ist.

Das Wort, das selber kein Ding, kein Seiendes ist, vergibt das Sein
an die zu dichtenden Dinge, an das Seiende, so, daß aus diesem Ver-
geben die zu dichtenden Dinge erst »sind«, wie und was sie »sind«,

daß somit aus diesem Vergeben allererst das Seiende als Seiendes in seinem jeweiligen Wie- und Was-sein offenbar wird.

Mit Blick auf diese dichterische Erfahrung mit der *Verweigerung des Wortes für das sein-vergebende Wesen des selbst nicht seienden Wortes* läßt sich sagen: Das dichterisch nennende Wort für das geheimnisvolle, weil sein-vergebende Wort läßt sich *dort* nirgends finden, wo der Dichter auf das ihm gewährte *sein-vergebende Wort* für die dichterischen *Dinge* wartet und Ausschau hält. Denn aus einem sein-vergebenden Wort wird das zu Dichtende als gedichtetes Seiendes offenbar. Aus einem solchen Wort müßte auch das sein-vergebende Wort selbst zu einem Seienden ernannt werden. Wir gerieten erneut in die Iteration ad infinitum. Das dichterische Wort für das sein-vergebende, geheimnisvolle Wesen der dichterischen Sprache kann jedoch niemals ein Wort sein wie das Wort für das zu dichtende Seiende. Solange der Dichter Ausschau hält nach der dichterischen Nennung des *sein-vergebenden* Wortwesens, nach einem dichterischen Wort, das wie die ihm sonst gewährten Worte sein--vergebend ist, muß dem Dichter dieses Wort verweigert bleiben. Die Erfahrung dieser Verweigerung ist die Erfahrung dessen, daß das geheimnisvoll sein-vergebende Wort selbst kein Ding, *kein Seiendes* ist. Das geheimnisvolle Wesen des Wortes ist wie ein Kleinod. Würde dem Dichter das Wort für das Kleinod gewährt, dann würde das Kleinod zu einem Schatz im Lande des Dichters.

Vielleicht könnte es ein solches dichterisches Wort geben, das das Kleinod und mit ihm das sein-vergebende Wort dichterisch nennen könnte, *ohne daß das sein-vergebende Wortwesen durch diese Nennung zu einem Ding und einem Seienden würde.* Doch ein solches Wort wäre *anderen Wesens* als das Wort und als die Worte, als die dichterische Sprache, die dem Dichter für die zu dichtenden Dinge gewährt wird. Das Kleinod aber, das sein-vergebende Wesen des Wortes, wird dann nie zum Schatz im Lande des Dichters George, wenn er das Wort für das Kleinod wie ein sein-vergebendes Wort sucht. Doch die Erfahrung, daß das Kleinod nicht zum Schatz seines dichterischen Landes wird, ist die entscheidende Erfahrung dessen, daß das Wort in seinem sein-vergebenden Wesen nicht selbst ein Ding ist.

Diese Erfahrung, daß das sein-vergebende Wort selbst kein Ding ist wie die Dinge, die das dichterische Wort ins Sein hält, gehört wesentlich zu jener ersten Erfahrung, daß das dichterische Wort kein nur künstlerischer Ausdruck für das in der ästhetischen Einbildungskraft Imaginierte ist, sondern sein-vergebend in bezug auf die zu dichtenden Dinge. Die Erfahrung aber, die auch nur eine Ahnung zu sein braucht, daß das Wort, weil es sein-vergebend ist, selbst kein Ding, kein Seiendes ist, besagt, daß das, was wir sonst als das Seiende an der Sprache feststellen, ihr Lautcharakter, nicht den Ausgang bildet für die dichterisch erfahrene Sprache. Vielmehr muß der Lautcharakter neu erfahren werden, aus jener Richtung, in der sich das geheimnisvoll sein-vergebende Wesen der Sprache zeigt.

Wenn das Wort für das Wort niemals für das Land des Dichters George zu gewinnen ist, wird dann dieses Wort vielleicht einem anderen Dichter gewährt? Ist das Wort für das Wort durch das Denken zu gewinnen? Wird es dem Denken möglich sein, so vor die Möglichkeit einer Erfahrung mit dem Wesen der Sprache zu gelangen, daß das Denken das erfahrene, d.h. sich zusagende Wesen der Sprache in ein denkerisches Wort zu bringen vermag? Das denkerische Wort müßte aber ein solches sein, das nicht selbst sein-vergebend ist, da es in einem solchen Falle das sein-vergebende Wortwesen zu einem Seienden werden ließe.

In dem zweiten hermeneutischen Gespräch mit dem Gedicht »Das Wort« wurde versucht, der in diesem Gedicht gedichteten Erfahrung Georges erneut nachzudenken. Das Denken ist darin zu der Einsicht gekommen, daß das Wort in seinem sein-vergebenden Sagen *selbst kein Sein hat wie Seiendes* und *selbst kein Seiendes ist*. Das ist der Beginn einer grundlegend anderen Bestimmung des Lautcharakters der Sprache. Die neu gewonnene Einsicht bleibt jedoch unabhängig davon, wie weit George selbst die Verschiedenheit von sein-vergebendem Wort und Ding erfahren hat.

Das Wort selbst ist kein Ding, überhaupt kein Seiendes. Das scheint eine unhaltbare Behauptung zu sein. Das Wort ist doch genauso seiend wie anderes hör- und sichtbare Seiende. Wir hören doch die gesprochene Sprache, die artikulierten Worte, den Wortlaut. Wir lesen und sehen die geschriebene Sprache. Das Seiende am Wort und an der Sprache sind doch offensichtlich Laut und Schriftzeichen.

In der Tat, wenn wir in dieser Weise auf die Sprache zugehen und in dieser Zugangsweise die Frage nach dem Wesen der Sprache stellen, dann zeigt sich uns die Sprache in ihrem dinglich-seienden Charakter. Die Worte der Sprache können wie Dinge genommen werden. Die Sprache und ihre Worte können für uns so ins Blickfeld rücken, daß sich die Worte wie Dinge im weiten Sinne des sinnlich wahrnehmbaren Seienden ausnehmen. Wenn wir in dieser Weise und sogar ausschließlich auf die Sprache blicken, setzen wir sie an als das Lautliche, das der Träger für die sprachlichen Bedeutungen ist. So angesetzt aber bleibt das von George erfahrene sein-vergebende Wesen der Sprache unsichtbar. Wird aber demgegenüber geahnt, daß die Sprache sein-vergebend ist, dann *verweist das sein--vergebende Wesen in ein ursprünglicheres Sprachwesen*, das mit der Erfahrung des sein-vergebenden Waltens des Wortes noch nicht erschöpft ist. Aus diesem ursprünglicher erfahrenen Wesen der Sprache aber erhält das, was man sonst an der Sprache abhebt, erhalten der Laut und die Bedeutung eine gewandelte Bestimmung. Erst dort, wo die Sprache nicht mehr angesetzt wird als Einheit von Laut und Bedeutung, zeigt sich auch das Wesen der Nachbarschaft von Denken und Dichten.

b) Das »ist« kein Seiendes. Zum Verhältnis zwischen dem »ist« und dem Wort

Wenn wir sagen: Das Ding und das Seiende ist nur als Seiendes aus dem nichtdinghaften, nicht seienden sein-vergebenden Wort, wie verhält es sich dann mit dem »ist« selbst? Wie müssen wir das »sei« und das »ist« aus dem Vers »Kein ding sei wo das wort gebricht«, wie müssen wir das Sein des Dinges kennzeichnen?

Die Erfahrung Georges betrifft das Wort in seinem sein-vergebenden Wesen, betrifft das Wort in seinem Verhältnis zum »ist«, zum Sein des Seienden. Nachdem das Denken zuerst mit Blick auf das sein-vergebende Wort zu der Einsicht gelangt ist, daß das so dichterisch erfahrene Wort selbst kein Seiendes ist, wendet es sich nunmehr fragend dem vom Wort vergebenen »ist« zu. Wir fragen:

Ist das »sei«, das »ist«, das Sein des Seienden auch ein Ding und ein Seiendes? Vergibt das selbst nicht seiende Wort dem Ding, wenn es dieses in das Sein hält, ein irgendwie Dinghaftes und Seiendes? Ist das »ist«, das das Ding als ein solches für uns verständlich macht, selbst etwas Dinghaftes und irgendwie Seiendes? Die so gestellte Frage ist wissentlich grob formuliert. Gefragt ist in dieser Frage nach dem *Bezug des »ist« zum Ding*, nach dem *Bezug des Seins zum Seienden.*

Wenn das »ist«, das wir von allem Seienden sagen, ein irgendwie Dinghaftes wäre, müßte es wie alles Dinghafte am Ding irgendwie auffindbar sein. Das Dinghafte eines Dinges ist alles das, was das Ding als Ding ist. Gehört zu diesem auch das »ist«, das das Wort vergibt?

Die Antwort muß lauten: Wir finden das »ist« nirgends als ein Dinghaftes am Ding. Das will nicht nur sagen, daß wir das »ist« nicht als ein Ding finden, das so Ding wäre wie das Ding, an dem wir nach dem »ist« suchen. Daß wir das »ist« nirgends als ein Dinghaftes an einem Ding finden, besagt, daß wir das »ist« überhaupt nicht als ein irgendwie Dinghaftes am Ding finden. Das »ist« gehört überhaupt nicht zu dem, als was ein Ding seiend ist. Das »ist« gehört nicht selbst zum Seienden so, daß wir es als irgendwie Seiendes am Seienden abheben könnten.

Damit wird aber deutlich, um welche Frage es sich hier handelt. Es ist die Frage nach dem Bezug des Seins zum Seienden. In dem bewußt grob formulierten Satz, daß das »ist« nicht unter die seienden Dinge gehöre, spricht sich Heideggers *Grunderfahrung* aus, die Grunderfahrung vom Unterschied, von der *Differenz von Sein und Seiendem.* Diese Differenz ist eine einzigartige, weil sie von keiner uns sonst vertrauten Differenz her als Differenz im Seienden und zwischen Seiendem verständlich gemacht werden kann. Denn die Differenz von Sein und Seiendem ist es, die alle Differenzen im Seienden, aber auch die verstandesmäßigen Distinktionen ermöglicht.

Im § 2 von »Sein und Zeit« wird diese das Denken Heideggers tragende Differenz in einer ersten formalen Anzeige genannt: »Das Sein des Seienden ›ist‹ nicht selbst ein Seiendes. Der erste philosophische Schritt im Verständnis des Seinsproblems besteht darin, [...]

Seiendes als Seiendes nicht durch Rückführung auf ein anderes Seiendes in seiner Herkunft zu bestimmen, gleich als hätte Sein den Charakter eines möglichen Seienden«. Das Sein des Seienden ist »nicht« selbst ein Seiendes.[3] Dieses »nicht« zeigt in die zu denkende Differenz von Sein und Seiendem hinein. Die Differenz von Sein und Seiendem ist keine solche, die nur wir im Denken als Distinktion vornehmen. Sie ist vielmehr eine *Unterscheidung in der Sache selbst*, im Bezug von Sein und Seiendem. Indem sich aber Sein und Seiendes unterscheiden, gehören sie zugleich als die sich Unterscheidenden zusammen. Das Denken macht nicht diesen Unterschied, sondern geht ihm als einem in der Sache selbst geschehenden Unterschied nach und faßt diesen einzigartigen Unterschied als die *ontologische Differenz* in der Absetzung von jeglicher ontischen Differenz.

Wenn das »ist« des Dinges selber nichts Dinghaftes, wenn das Sein des Seienden selber nichts Seiendes ist, dann ist dieser Satz gesprochen aus der Grunderfahrung der ontologischen Differenz von Sein und Seiendem. Mit Blick auf die metaphysisch-ontologische Tradition heißt dies: Das »ist«, das Sein des Seienden, ist auch dann noch nicht in seiner Differenz zum Seienden zureichend gedacht, wenn es nur als Seinsverfassung am je schon vorliegenden Seienden zur Abhebung gelangt. In der metaphysischen Blickbahn auf das Sein des Seienden ist zwar Sein nicht wie das Seiende gedacht, dessen Sein und Seinsverfassung es ist. Aber es wurde stets gedacht als das Seiendsein und als die Seiendheit des vorliegenden Seienden. Der Unterschied aber von Seiendheit und Seiendem ist die metaphysische oder die erstanfängliche Gestalt der andersanfänglich erfahrenen ontologischen Differenz. Die ursprünglicher erfahrene Differenz von Sein und Seiendem, ursprünglicher als die von Seiendheit und Seiendem, zeigt sich dem Denken dann, wenn das »ist«, das Sein des Seienden, nicht nur als Seiendheit nach Wassein und Wiesein erfahren und bestimmt wird, sondern als das enthüllte und gelichtete Sein in seiner Differenz zum Seienden und dessen Seiendheit. Das im Da- des Da-seins gelichtete Sein zeigt sich als die Er-

---

[3] M. Heidegger, Sein und Zeit, a.a.O., S. 6.

möglichung dafür, daß Seiendes als das, was und wie es ist, für uns
allererst offenbar und verständlich wird. Das so gelichtete, enthüllte
Sein, die Gelichtetheit oder Enthülltheit oder Offenheit des Seins,
d.h. das Sein selbst und als solches in seiner ihm eigenen Unverborgenheit, d.h. aber Wahrheit, finden wir nicht als etwas Dinghaftes
am Ding. Wir finden es nicht als etwas Seiendes, aber auch nicht als
Seiendheit am Seienden.

Nachdem zuerst die Frage nach dem dichterisch erfahrenen *Wort*
ihre vorläufige Antwort gefunden hat: daß es selbst kein Seiendes
ist, und nachdem im Anschluß daran die Frage nach dem »ist«, das
das Wort vergibt, in vorläufiger Weise beantwortet wurde: daß es
nicht nur kein Seiendes, sondern auch nicht die Seiendheit am Seienden ist, kann nunmehr mit Blick auf Georges Erfahrung gesagt
werden: Im dichterisch erfahrenen Wort »spielt das Verhältnis zwischen dem ›ist‹, das selbst nicht ist, und dem Wort, das im selben
Fall sich findet, d.h. nichts Seiendes ist«.⁴ Georges dichterische Erfahrung mit dem Wesen der Sprache reicht hinein in das *Verhältnis
zwischen dem Sein, das selber nichts Seiendes ist, und dem selbst
nicht seienden Wort.*

Was George *dichterisch* erfährt und sagt, versucht Heidegger zu
denken und denkerisch zu sagen. Beides ist nicht das gleiche. Was es
im Hinblick auf das dichterisch Erfahrene zu denken gilt, ist dieses:
daß weder dem Wort noch dem »ist« das Dingwesen zukommt.
Dem Wort kommt nicht das Dingwesen zu heißt: dem Wort kommt
nicht das Sein zu wie jenem Ding, das nur aus dem Sein verständlich
ist als Ding. Dem »ist« kommt nicht das Dingwesen zu heißt: ihm
selbst kommt nicht das Sein zu, so, wie es dem Ding zukommt, damit es als Ding offenbar und verständlich ist. Dem Sein kommt
nicht selbst das Sein zu, so, wie das Sein dem Seienden zukommt.

Wenn es zwischen dem Wort und dem »ist« ein Verhältnis gibt,
dann ist zu sagen: Auch diesem Verhältnis kommt nicht das Dingwesen zu, nicht das Sein des Dinges. Auch dieses Verhältnis ist nicht
irgendwie seiend, sondern alles Seiende ist nur als Seiendes offenbar
aus dem *nichtseienden Verhältnis* von Wort und »ist«.

---

⁴ M. Heidegger, Das Wesen der Sprache, a.a.O., S. 193.

Vom Wort läßt sich sagen, daß ihm »aufgegeben [ist], jeweils ein ›ist‹ zu vergeben«.⁵ Das Verhältnis zwischen dem Wort und dem »ist« beruht darin, daß das Wort das »ist« an die zu dichtenden Dinge ver-gibt. Wenn das Wort und das »ist« und wenn das Verhältnis zwischen dem Wort und dem »ist« selber nichts Seiendes sind, so heißt das nicht, daß sie »in die Leere der bloßen Nichtigkeit« verbannt sind.⁶ Als bloß Nichtiges stellt sich das Verhältnis zwischen Wort und »ist« nur dem überlieferten ontologischen Denken dar. Das Sein aber aus der ontologischen Differenz zum Seienden und dessen Seiendheit denken, das Sein selbst in seiner ihm eigenen Offenheit denken bleibt dem überkommenen ontologischen Denken fremd.

c) Das Wort als das Vergebend-Gebende

Wenn Heidegger auf dem Wege des hermeneutischen Gesprächs der dichterischen Erfahrung Georges nachdenkt, ihr denkend nachgeht, folgt er demjenigen, *wohin* diese dichterische Erfahrung *zeigt*. Sie zeigt in ein »Denkwürdiges«.⁷ Das Denkwürdige ist ein Sachverhalt, der so heißt, weil er eines Denkens gewürdigt werden muß. Dieser denkwürdige Sachverhalt ist »dem Denken von altersher, wenngleich in verhüllter Weise, zugemutet«.⁸

Von altersher – das bezieht sich wieder auf Heraklit. Heraklit hat – so sagten wir oben – in seinem Grundwort λόγος das Sein des Seienden *gedacht*, und zwar als das versammelnde Vorliegenlassen alles Seienden in seinem Sein. Weil λόγος aber auch Sagen heißt, hat Heraklit zugleich das Sagen der Sprache als das versammelnde Vorliegenlassen des Seienden in seinem Sein *erfahren*. Er hat die Sprache im Horizont des Seins erfahren, nicht aber thematisch gedacht. Heraklit hat nicht das Wesen der Sprache aus dem Wesen des Seins thematisch gedacht.

---

⁵ ebd.
⁶ ebd.
⁷ ebd.
⁸ ebd.

Die dichterische Erfahrung Georges zeigt in jenen Sachverhalt, der seit Heraklit darauf wartet, thematisch gedacht zu werden. Seit dem Grundwort Heraklits als dem λόγος ist dem Denken die Aufgabe gestellt, das Wesen der Sprache aus dem Wesen des Seins zu denken. Diese Aufgabe blieb für das Denken von Heraklit bis in unsere Gegenwart verhüllt.

Der denkwürdige Sachverhalt, in den die dichterische Erfahrung hineinzeigt, wird von Heidegger wie folgt gefaßt: Der denkwürdige Sachverhalt ist solches, »was es gibt und was gleichwohl nicht ›ist‹«.[9] Der erst noch zu denkende Sachverhalt, das Verhältnis von Wort und Sein, »ist« nicht wie Seiendes, aber »es gibt« ihn.

Von dem Verhältnis, in welchem das Wort und das »ist« stehen, wird jetzt statt »es ist« »es gibt« dieses gesagt. Die Wendung »es gibt« für die Kennzeichnung von solchem, was selbst nicht wie Seiendes »ist«, zieht Heidegger schon in »Sein und Zeit« heran[10], um für Sein, das sich in der Weise der ontologischen Differenz von Seiendem unterscheidet, nicht das »ist« zu verwenden, das rechtmäßig nur vom Seienden zu sagen ist. Das Verhältnis zwischen dem Wort und dem Sein des Seienden »ist« nicht wie Seiendes. Aber dieses nicht seiende Verhältnis »gibt es«. »Es gibt« dieses Verhältnis jedoch nicht in der Weise, wie es auch dieses oder jenes Seiende gibt. In der außerphilosophischen Sprache verwenden wir das »es gibt« auch gleichbedeutend mit dem »es ist«. Um diesen Unterschied deutlich werden zu lassen, setzt Heidegger das »es gibt« in Anführungszeichen. Diese zeigen an, daß das »es gibt Sein« nicht in derselben Weise genommen werden darf, in der wir das »es gibt« außerphilosophisch für dieses oder jenes Seiende verwenden.

Was jetzt in der Wendung »es gibt« angesprochen wird, ist das Verhältnis zwischen dem Wort und dem Sein des Seienden. Daran anschließend heißt es: »Zu dem, was es gibt, gehört auch das Wort«.[11] Denn das, was es gibt, ist das Verhältnis unter Einschluß des Wortes und des »ist«.

---

[9] ebd.
[10] M. Heidegger, Sein und Zeit, a.a.O., S. 212, 214, 226, 227, 228, 230, 316.
[11] M. Heidegger, Das Wesen der Sprache, a.a.O., S. 193.

Das Wort gehört nicht nur auch zu dem, was es gibt, sondern »vor allem anderen«.[12] Denn in dem Verhältnis zwischen dem Wort und dem Sein des Seienden ist es gerade das Wort, von dem gesagt werden muß, daß es »vor allem anderen gibt«, d.h. *vor* dem Sein des Seienden und *vor* dem Verhältnis. Inwiefern?

Vom Wort wurde mit Blick auf die dichterische Erfahrung Georges gesagt, es *vergebe* das »ist«, das Sein des Seienden. Innerhalb des Verhältnisses zwischen dem Wort und dem Sein kommt dem Wort ein Vorrang zu. Denn von ihm aus entfaltet sich das Verhältnis als ein Vergeben des Seins.

Wie aber vergibt das Wort das »ist«? Die Antwort auf diese Frage leitet einen *neuen Schritt* in Richtung auf das Wesen der Sprache ein. Das Wort ver-gibt das Sein, so, daß in seinem Ver-geben »jenes sich verbirgt, was gibt«.[13] Das Wort *ver*-gibt nur das »ist«, sofern sich das *erstlich und eigentlich Gebende* verbirgt. Dieses ist aber das, was sich im Wesen des Wortes für das Denken noch verbirgt. Das Wort ist das Sein-*vergebende*, in welchem *vergebenden* Wesen und Walten ein erstlich und eigentlich *Gebendes* sich verhüllt.

Damit beginnen wir in ein *mehrfältiges Geben* zu blicken, das uns schließlich in das volle Wesen der Sprache weist.

Bisher war stets nur die Rede von einem *Ver*-geben. Das Wort *ver*-gibt an die zu dichtenden Dinge, an das Seiende das Sein, so, daß die zu dichtenden Dinge und das Seiende überhaupt nur *als* das, was und wie es ist, offenbar ist aus dem sein-*vergebenden* Walten der Sprache. Wir sprachen stets vom *Ver*-geben, ohne auf diese Wortwahl eigens zu achten. Stets war die Rede vom Ver-geben, nicht aber vom Geben. Jetzt beginnen wir zu sehen, warum von einem Ver-geben und nicht sogleich von einem Geben und Verleihen die Rede war. Das Ver-geben gehört in ein mehrfältiges Geben und weist als Ver-geben zurück in jenes Geben, das das erstlich Gebende ist. Sowenig aber, wie wir das ver-gebende Wesen des Wortes ontifizieren dürfen, sowenig dürfen wir auch jetzt das aus dem Ver-geben sich zeigende Geben ontifizieren. Das sich jetzt nur andeutende pri-

---

[12] ebd.
[13] ebd.

märe Geben gehört mit dem Ver-geben des Seins an das worthaft genannte Seiende in das *volle Wesen* der Sprache, das als solches aus dem vollen Wesen des Seins gedacht werden soll.

Das volle Wesen des Seins zeigt sich aber als die Wahrheit oder Lichtung des Seins in seiner in sich gegenschwingenden Ereignisstruktur. Ist die Rede vom Ver-geben des »ist« an das Seiende und vom ursprünglichen Geben als der Herkunft für das ver-gebende Wortwesen, dann dürfen wir diese Sachverhalte nicht unsachgemäß ontifizieren. Vielmehr müssen wir sie zu denken versuchen aus dem Lichtungsgeschehen des Seins und dessen gegenschwingender Ereignisstruktur. Auch wenn wir im augenblicklichen Stand unserer Gedankenführung das volle Wesen der Sprache noch nicht aus dem Wesen des Seins zu denken vermögen, kommt es doch darauf an, das, was sich bisher vom Wesen der Sprache zeigt oder auch nur andeutet, in sachgerechter Weise aufzunehmen. Das Wesen der Sprache gehört in das Wesen des Seins und dessen Lichtungsgeschehen. Deshalb müssen wir die *Strukturen des Wesens der Sprache* als *Strukturen dieses Lichtungsgeschehens*, als Strukturen eines *Entbergungs-Verbergungsgeschehens* sachgerecht denken.

Weil sich im ver-gebenden Wortwesen das eigentlich Gebende verhüllt, muß vom Wort und seinem ver-gebenden Wesen gesagt werden: »Es gibt«.[14] Das »Es« wird jetzt groß geschrieben. Die neue Schreibweise soll darauf hindeuten, daß von jetzt ab das »Es gibt« nicht nur eine sprachliche Wendung ist, mit der die Wendung »es ist« vermieden werden soll. Die Großschreibung des Es soll deutlich werden lassen, wie das »Es gibt« in bezug auf das sein-vergebende Wesen des Wortes zu denken sei. »Es«, d.h. das Wort selber, »gibt«, aber in der Weise des Ver-gebens. Es gibt und ver-gibt das Sein an das worthaft genannte Seiende. Vom Wort können wir nicht sagen »Es ist«[15], sondern müssen sachgerecht von ihm sagen: Es gibt in der Weise des Ver-gebens des Seins an das Seiende. Das Geben des Wortes ist ein Ver-geben, sofern sich in ihm das erstliche Geben verbirgt. Das eigentliche Geben im ver-gebenden Wortwesen wird

---

¹⁴ ebd.
¹⁵ ebd.

sich als das zeigen, was die *Sage* genannt wird, die Sage als ein erstes Wort für das volle Wesen der Sprache, die Sage aber als das *Erscheinenlassen der Welt* als des *Gevierts*. Der noch ausstehende Gedankenschritt, der zu dieser Einsicht führen soll, wird jetzt erst vorbereitet.

Was ergibt sich aus der Einsicht, daß Es, das Wort, gibt, indem es das Sein an das Seiende ver-gibt, so, daß dieses daraus erst als Seiendes offenbar wird? Das Wort in seinem sein-vergebenden Wesen ist »das Gebende selbst«, nie aber das aus solchem Geben »Gegebene«.[16] Das Geben als das Ver-geben des »ist« zeigt sich als das Wesen des Wortes. Das Gegebene dieses Gebens und Ver-gebens ist das Sein des Seienden. Wäre das Wort in seinem Geben und Ver-geben selbst ein Gegebenes aus solchem Geben, müßten wir von ihm sagen: es »ist« selbst ein Seiendes. Deshalb ist das Wort in seinem Sein-Geben und Vergeben nur das Gebende, niemals aber ein Gegebenes.

Dieser Sachverhalt ist das eigentlich »Denkwürdige«[17], in das die dichterische Erfahrung Georges zeigt, freilich nur dann, wenn wir dem dichterisch Gesagten *ausdrücklich nachgehen*. Der denkwürdige Sachverhalt lautet: Es, das Wort, gibt. Heidegger nennt ihn einen »einfachen, ungreifbaren Sachverhalt«.[18] Ein ungreifbarer Sachverhalt ist er, weil er nicht wie Seiendes und nicht wie seiende Sachverhalte greif- und vorstellbar ist. Ein »einfacher« Sachverhalt ist er deshalb, weil er nicht durch eine schwierige Gedankenoperation zu gewinnen ist, sondern durch ein phänomenologisches Denken, das dem Sichzeigen des Sachverhalts enthüllend nachgeht. Dieser Sachverhalt zeigt sich uns nur, wenn wir unbeirrt dem Richtungssinn des dichterisch Erfahrenen folgen.

Das in dem Sachverhalt »Es, das Wort, gibt« eigentlich Denkwürdige, das sich für das Denken als Aufgabe stellt, »kommt erst zum Scheinen«.[19] Was hier als das zu Denkende aufscheint, ist solches, dem das phänomenologische Denken folgen muß in die Rich-

---

[16] ebd.
[17] a.a.O., S. 194.
[18] ebd.
[19] ebd.

tung, in die der aufscheinende Sachverhalt weist. Aber für die denkende Bestimmung dessen, was hier als zu denkender Sachverhalt aufscheint, fehlen »überall noch die Maße«.[20] Inwiefern?

Insofern, als dieser Sachverhalt und das, wohin er das Denken weist, in der langen Geschichte des abendländischen Denkens noch nie gedacht worden ist. Das Denken betritt hier ein bisher *unbegangenes Land*. Dem Denken zeigt sich ein Feld, das *erstmals als Feld für ein mögliches Denken* enthüllt wird. Es ist das Feld jenes Wesens der Sprache, das zum Wesen des Seins gehört, zum Wahrheitsgeschehen des Seins in dessen gegenschwingender Struktur von ereignendem Zuwurf und ereignetem Entwurf. Die nötigen Maße für das hier erforderliche Denken können nicht der Überlieferung entnommen werden. Sie müssen allererst im Denken dieses Sachverhaltes für dieses Denken gewonnen werden. Das Denken des Wesens der Sprache aus der hermeneutischen Zusage, aus dem ereignisgeschichtlichen Geschehen des Seins hat für seine Aufgabe keine Vorgängerschaft. Andererseits ist dieses Denken des Wesens der Sprache nicht ungeschichtlich in dem Sinne, daß es sich seiner eigenen Geschichte entledigt, in der Meinung, absolut neu anfangen zu können. Eine der sechs Fügungen des ereignisgeschichtlichen Denkens ist das Zu-spiel, in dem sich das andersanfängliche Denken in der ernsthaftesten Auseinandersetzung mit seiner Geschichte, die es als erstanfängliches Denken begreift, erarbeitet.

d) Die Verweigerung des dichterischen Wortes für das geheimnisvolle Wesen des Wortes

Für das Denken dessen, daß das Wort gibt, indem es das Sein an das Seiende ver-gibt, fehlen diesem Denken vorerst noch alle Maße. Der denkwürdige Sachverhalt zeigte sich jedoch erstmals im hermeneutischen Gespräch mit der dichterischen Erfahrung Georges.

Daher kann nunmehr gefragt werden, ob vielleicht der Dichter die Maße für die Bestimmung des sein-gebenden, sein-vergebenden Wesens des Wortes kenne. Hier erinnern wir uns jedoch, daß Geor-

[20] ebd.

ges dichterische Erfahrung im Gedicht »Das Wort« der gelernte
Verzicht ist. Die Spätdichtung Georges bestimmt sich aus dem ge-
lernten Verzicht. Der Dichter George hat nicht nur gelernt, auf sein
bisheriges Verhältnis zur Sprache zu verzichten, er hat auch zu verzichten gelernt auf das dichterische Wort für das von ihm erfahrene
sein-vergebende Wesen des Wortes. Der Verzicht des Dichters ist
aber nicht von der Art, daß er nur etwas verloren hätte. Im Gegenteil, der Verzicht ist vor allem ein Gewinn und bleibt auch im Entzug des Wortes für das Wort ein Gewinn. Zwar entrinnt ihm das
Kleinod, sofern ihm für dieses, d.h. für das sein-vergebende Wesen
des Wortes, jenes Wort verweigert wird, das dieses sein-vergebende
Wortwesen eigens nennen würde. In dieser Verweigerung wird ihm
das dichterische Wort für das sein-gebende und -vergebende Wortwesen vorenthalten. Die Erfahrung des Dichters mit dem Verzicht
ist die Erfahrung eines »Vorenthaltes«.[21]

Dieser so erfahrene Vorenthalt ist kein eigentlicher Verlust, sondern ein Gewinn. Denn in dem erfahrenen Vorenthalt »erscheint
gerade das Erstaunliche des Waltens, das dem Wort eignet«.[22] Inwiefern?

Insofern, als sich das sein-gebende, ver-gebende Wesen des Wortes gerade dann in seinem Geheimnischarakter zeigen kann, wenn
dem Dichter das Wort für diesen Geheimnischarakter verweigert
wird, ein solches Wort, das den Geheimnischarakter des Wortwesens wie ein Seiendes nennen würde. Dieser Augenblick der Verweigerung ist der Augenblick der schärfsten Erfahrung dessen, daß
das Wort in seinem sein-vergebenden Wesen *selbst kein Seiendes* ist.
In der erfahrenen Verweigerung des Wortes für das Wort verliert
der Dichter nicht das Wort in seinem sein-vergebenden Wesen. In
diesem Augenblick des Vorenthaltes gewinnt er vielmehr die Erfahrung mit dem Wort, das in seinem sein-vergebenden Wesen selbst
kein irgendwie Seiendes ist.

Im Gedicht heißt es auch nicht, daß das Kleinod, für das der
Dichter das Wort erbittet, in ein Nichts zerfiele. Der Dichter kann

---

[21] ebd.
[22] ebd.

nur nicht das Kleinod als Schatz seines dichterischen Landes gewinnen. Er kann das als Kleinod erfahrene sein-vergebende Wesen des Wortes nicht ebenso ins dichterische Wort bringen wie die von ihm gedichteten Dinge. Mit der Erfahrung, daß ihm das dichterische Wort für das sein-vergebende Wortwesen vorenthalten wird, sagt der Dichter dem Wort nicht ab. Er verzichtet nicht auf sein Dichten. Zwar entzieht sich ihm das Kleinod »in das geheimnisvoll Erstaunende, was staunen läßt«.[23] Es entzieht sich ihm aber nur in dem Versuch, es selbst dichterisch zu sagen. In diesem Entzug zeigt es sich aber in seinem nicht seienden sein-vergebenden Wesen.

Was sich im Entzug zeigt, läßt den Dichter staunen. Das Staunen gehört zur Grundstimmung des Dichters George. Es ist das dichterische Staunen, das uns zugleich an das θαυμάζειν denken läßt, auf das Platon und Aristoteles als auf die Grundstimmung ihres Denkens des Seins des Seienden hinweisen. In der Grundstimmung des Staunens angesichts des erfahrenen geheimnisvoll sein-vergebenden Wortwesens »sinnt« und »fügt« der Dichter. Aus diesem sinnenden Fügen, von dem im Leitspruch über dem Gedichtzyklus »Das Lied« die Rede ist, geht seine Spätdichtung hervor. Diese ist bestimmt aus der Erfahrung mit dem geheimnisvollen Wesen des Wortes, das sich dem Dichter in seinem Sein-vergeben zeigt.

Hier können wir ein weiteres Gedicht aus dem Zyklus heranziehen, aus dem das Staunen des Dichters spricht und in dem das »geahnte Geheimnis des Wortes« gedichtet wird, »das in der Verweigerung sein vorenthaltenes Wesen nahe bringt«.[24] Es ist das erste der zwölf Gedichte und hat wie einige andere keine Überschrift. Es besteht aus drei dreizeiligen Strophen[25]:

> Welch ein kühn-leichter schritt
> Wandert durchs eigenste reich
> Des märchengartens der ahnin?

---

[23] ebd.
[24] ebd.
[25] St. George, Das Neue Reich, a.a.O., S. 125. – Siehe auch Heideggers Auslegung dieses Gedichtes in seinem Wiener Vortrag »Das Wort«, in: Unterwegs zur Sprache, a.a.O., S. 234 f.

> Welch einen weckruf jagt
> Bläser mit silbernem horn
> Ins schlummernde dickicht der Sage?
>
> Welch ein heimlicher hauch
> Schmiegt in die seele sich ein
> Der jüngst-vergangenen schwermut?

Die *erste Strophe* spricht vom kühn-leichten Schritt des Wanderers durch das Reich des Dichters. Der Wanderer ist aber nicht der Dichter, sondern das auf den Dichter zukommende Wesen der dichterischen Sprache. Das Staunen des Dichters vor dem erfahrenen geheimnisvollen Wesen der Sprache bekundet sich darin, daß er dem auf ihn Zukommenden dichterisch in der Weise des Fragens entgegnet: Welch ein kühn-leichter schritt?

In der *zweiten Strophe* ist es der Bläser mit silbernem Horn, der einen Weckruf ins schlummernde Dickicht der Sage jagt. Auch hier wieder die staunende Frage: Welch einen Weckruf ... ? Dieser Weckruf ruft *die Sage* aus ihrem Schlaf wach. Auch der Bläser ist nicht der Dichter, ebensowenig wie der Wanderer. Der Dichter verfügt nicht über die Sprache und ihre Sage. Die Sage, die George in diesem Gedicht als einziges Wort groß schreibt, ist das vom Dichter erfahrene geheimnisvolle Wesen der Sprache. Die Sprache hält sich in einem schlummernden Dickicht. Dieses Dickicht läßt den eigenmächtigen Zugang des Dichters zur dichterischen Sprache nicht zu. Die Sprache hält sich in einem schlummernden Dickicht, weil die dichterische Sprache in ihrem sein-vergebenden Wesen schläft und nur aus der Verhülltheit dieses Schlafes gewährt wird. Solange der Weckruf ausbleibt, kommt es zu keinem dichterischen Sagen.

Der *dritten Strophe* entnehmen wir, daß ein heimlicher Hauch sich in die Seele des Dichters einschmiegt, in seine Seele, die bis zum Erscheinen des kühn-leichten Schrittes jenes Wanderers durch das Land des Dichters und bis zum Ertönen des Weckrufs jenes Bläsers schwermütig gestimmt war. Der heimliche Hauch belebt die Seele des Dichters zu einem dichterischen Sagen. Zu welchem? Zum dich-

terischen Sagen dieser Erfahrung, die in diesem Gedicht gedichtet
wird.

Das *dreifache* Fragen: Welch ein kühn-leichter Schritt? Welch einen Weckruf? Welch ein heimlicher Hauch? – bezeugt, daß George
hier »das geahnte Geheimnis des Wortes« dichtet. Geheimnisvoll ist
das sein-vergebende Wesen des Wortes, sofern es sich für eine dichterische Nennung in der Weise, wie der Dichter die Dinge dichtet,
verweigert. In dieser Verweigerung bringt es sich aber nahe und
zeigt sein sein-vergebendes Walten.

In dem erläuterten Gedicht hat George »die geheimnisvolle Nähe
des fern ausbleibenden Waltens des Wortes« gedichtet.[26] Das Walten
ist das erfahrene Sein-vergeben. Dieses Walten des Wortes ist für
George ein »fern ausbleibendes«, weil es ihm nicht vergönnt ist, das
erfahrene sein-vergebende Wesen des Wortes in einer solchen Weise
dichterisch aufzuhellen, die noch über das Dichten der Erfahrung
vom Walten des Wortes hinausginge. Weil sich aber das Walten des
Wortes gerade im Ausbleiben des dichterischen Wortes für dieses
Walten zeigt, hält es sich für den Dichter in einer geheimnisvollen
Nähe.

Was George dichterisch sagt: die geheimnisvolle Nähe des fern
ausbleibenden Waltens des Wortes, ist »ganz Anderes auf andere
Weise gesagt« und dennoch »das Selbe« wie dasjenige, was schon
denkerisch gesagt wurde zum Verhältnis des nicht seienden Wortes
zum »ist«.[27] Das ganz Andere und dennoch das Selbe: darin bekundet sich aufs Neue die Differenz von Dichten und Denken innerhalb ihrer Nähe. Ihre Nähe zeigt sich darin, daß Dichter und Denker in die Zusammengehörigkeit von Sprache und Sein des Seienden
blicken. Aber der Dichter erfährt diese Zusammengehörigkeit auf
seine eigene Weise, so wie der Denker diese auf seine ihm eigene
Weise erfährt. Das Sagen beider gilt dieser Zusammengehörigkeit
von Sprache und Sein. Aber die Sage*weise* ist je eine andere: das Sagen in der Weise eines Gedichtes und *sprachlichen Kunstwerkes* und
das Sagen in der Weise eines *denkerischen Textes*.

---

[26] M. Heidegger, Das Wesen der Sprache, a.a.O., S. 195.
[27] ebd.

§ 21. Dichten und Denken in ihrer zarten, aber hellen Differenz

Wenn die *Spätdichtung* Stefan Georges die geheimnisvolle Nähe des fern ausbleibenden Waltens des Wortes dichtet, und wenn das *Denken* das Verhältnis des undinglichen Wortes zum Sein des Seienden fragend bedenkt, »wie verhält es sich [dann] mit der *Nachbarschaft von Denken und Dichten*?«[1]

In bezug auf die gedichtete geheimnisvolle Nähe des fern ausbleibenden Waltens des Wortes hieß es, sie sei ganz Anderes, auf andere Weise Gesagtes als das zum Verhältnis des undinglichen Wortes zum Sein des Seienden Gedachte – *ganz Anderes* und dennoch *das Selbe*. Das Selbe ist aber nicht das Gleiche. Das Gedachte gleicht nicht dem Gedichteten. Das Selbe schließt das Andere, den Unterschied, die Differenz, ein, ohne daß dadurch die Selbigkeit des Selben aufgehoben würde. In bezug auf das von George Gedichtete und von Heidegger Gedachte ist eine *Selbigkeit im Anderssein* und ein *Anderssein in der Selbigkeit* zu denken.

Wie läßt sich die Nachbarschaft von Denken und Dichten mit Blick auf die Selbigkeit im Anderssein deutlicher kennzeichnen?

Die Gedichte Stefan Georges, die wir durchgesprochen haben, und das im hermeneutischen Gespräch mit diesen Gedichten Gedachte sind »zwei durchaus verschiedene Weisen des Sagens«.[2] Gerade hier, wo es darum geht, in Absetzung von der überlieferten Entgegensetzung des philosophierenden Denkens und des Dichtens, in Absetzung von der herkömmlichen Überordnung des Denkens und Unterordnung des Dichtens ihre Wesensnähe als *Nachbarschaft erstmals denkerisch sichtbar zu machen*, muß auch die Verschiedenheit beider Sageweisen hervorgehoben werden. Aber diese Verschiedenheit ist anderen Wesens als jene Entgegensetzung sowie Über- und Unterordnung. Die Verschiedenheit des in bezug auf das Wesen des Wortes Gedichteten und Gedachten zeigt sich so: In den Gedichten Georges »*scheint* das Wort als das geheimnisvoll Erstaunende«.[3] Das »scheinen« nennt hier die ausgezeichnete Weise

---

[1] ebd.
[2] ebd.
[3] ebd. (Hervorhebung v. Vf.).

eines Sichzeigens. Sie ist dadurch ausgezeichnet, daß dieses Sichzeigen aus den Gedichten als sprachlichen Kunstwerken geschieht. Es ist die *werkmäßige* Weise des Sichzeigens, das werkmäßige Scheinen, das nicht mit dem »schönen Schein« gleichgesetzt werden darf, wohl aber mit dem Schönen der Kunst.[4] Das Kunst-Schöne erweist sich somit als das ausgezeichnete, werkmäßige Scheinen und Sichzeigen. In den durchdachten Gedichten Georges ist es das werkmäßige Sichzeigen des geheimnisvollen Waltens des Wortes. Das vom Dichter erfahrene, darin sich ihm nähernde, aber für die dichterische Aufhellung sich entziehende Walten des Wortes ist von George in seinen späten Gedichten gesagt.

Das so in den Gedichten scheinende Wesen der dichterischen Sprache läßt den Dichter erstaunen, aber nicht nur ihn als jenen, der das so erfahrene Wesen des Wortes dichtet, sondern mit ihm auch uns, die wir uns diesen Gedichten dergestalt zuwenden, daß wir uns dem aus ihnen geschehenden werkmäßigen Scheinen des Wortwesens aussetzen. Nur wenn wir uns hermeneutisch darum bemühen, in den Machtbereich dieses werkmäßigen Scheinens des Wortwesens einzutreten, geben wir den Gedichten die Möglichkeit, in der ihnen gemäßen Weise zu uns zu sprechen. In einem solchen Zugang zum Gedicht verhalten wir uns nicht ästhetisch erlebend, sind wir selbst nicht das ästhetisch erlebende Subjekt und ist das Gedicht nicht das ästhetische Objekt. Die Kategorien der Ästhetik gehören in die erkenntnistheoretische Subjekt-Objekt-Beziehung. Jener Zugang aber zu einem Gedicht, der sich dem aus dem Gedicht geschehenden werkmäßigen Scheinen dessen, was im Gedicht ins Wort gebracht ist, aussetzt, ist nicht ästhetisch erlebend und genießend, obwohl er das Gedicht als schön erfahren kann. Dieser Zugang zum Gedicht hat den seinsmäßigen Charakter des Bewahrens.[5] Der verstehende Zugang als ein bewahrender bewahrt das aus dem sprachlichen Kunstwerk geschehende werkmäßige Sichzeigen dessen, was in ihm worthaft gedichtet ist. Die Bewahrung ist die daseinsmäßige

---

[4] Vgl. F.-W. v. Herrmann, Heideggers Philosophie der Kunst. Eine systematische Interpretation der Holzwege-Abhandlung »Der Ursprung des Kunstwerkes«. Vittorio Klostermann, Frankfurt a.M. 1994², § 27, S. 259 ff.

[5] Vgl. a.a.O., § 37, S. 339 ff.

Zugangsweise zum Kunstwerk überhaupt und daher auch zu den Kunstwerken der bildenden Kunst und der Tonkunst.

Was aber geschieht im Unterschied zum dichterischen Sagen im Gedicht im *denkerischen* Sagen? In welcher Weise ist das denkerische Sagen in bezug auf das Verhältnis von Sprache und Sein des Seienden verschieden? Das Verhältnis von Wort und Sein ist zwar insoweit durchdacht worden, als sich das Wort in seinem sein-vergebenden Wesen gezeigt hat, so, daß in diesem Ver-geben sich ein ursprünglicheres Geben verhüllt. Aber damit ist das Verhältnis zwischen dem sein-vergebenden Wort und dem gegebenen Sein des Seienden noch keineswegs zureichend bestimmt. Vielmehr ist dieses Verhältnis selbst und die Herkunft, in die es als Ver-geben weist, noch weitgehend unbestimmt.

Die Verschiedenheit des denkenden und des dichtenden Sagens in bezug auf das Verhältnis von Wort und Sein des Seienden läßt sich wie folgt umschreiben:

Das *dichterische* Sagen in den Gedichten Georges ist ein »erfülltes singendes Sagen«.[6] Denn es vermochte die Erfahrung des geheimnisvollen Wortwesens in ein Gedicht zu fügen, das ein sprachliches Kunstwerk ist.

Demgegenüber ist das *denkende* Sagen nicht wie das dichtende ein erfülltes. Es erfüllt sich nicht in der Hervorbringung eines geglückten Kunstwerkes. Das denkende Sagen ist in bezug auf das zu denkende Verhältnis von nichtdinglichem Wort und dem nicht seienden Sein des Seienden ein »kaum bestimmbares«, allererst noch zu bestimmendes Sagen.[7]

Im Sinne dieses Unterschiedes zwischen dem geglückten Gedicht und dem sich nicht in gleicher Weise erfüllenden denkerischen Sagen heißt es in den »Beiträgen zur Philosophie«: »Leichter als andere verhüllt der Dichter die Wahrheit in das Bild und schenkt sie so dem Blick zur Bewahrung«.[8] Die Wahrheit ist die Unverborgenheit des vom Dichter zu Dichtenden. In unserem Falle ist es die Unverborgenheit des geheimnisvollen Wesens des Wortes, wie es der

---

[6] M. Heidegger, Das Wesen der Sprache, a.a.O., S. 195.
[7] ebd.
[8] M. Heidegger, Beiträge zur Philosophie, a.a.O., S. 19.

Dichter George erfahren hat. Dies, was sich ihm in seiner dichterischen Erfahrung enthüllt hat, bringt der Dichter in das sprachliche
Bild seiner Dichtung. Dies bildhafte Ins-Wort-bringen ist aber ein
Bergen, ein hütendes Bergen in das worthafte Bild.[9] Als hütendes
Bergen ist es ein Verhüllen, zwar kein gänzliches, wohl aber ein Verhüllen in der Weise, daß das im worthaften Bild Geborgene aus dem
Gedicht scheint. Es scheint für den verstehenden Zugang, der als
verstehender ein Blick ist, der das im worthaften Bild Geborgene
erblickt und in solchem verstehenden Erblicken bewahrt.

Was dem Dichter gewährt ist, das verhüllende Bergen der Wahrheit des zu Dichtenden in das worthafte Bild des sprachlichen
Kunstwerkes, bleibt dem Denken versagt. Angesichts dieser Verschiedenheit zwischen dem dichtenden und dem denkenden Sagen
müssen wir fragen, inwiefern in bezug auf die verschiedenen Sageweisen dennoch von einer Nachbarschaft gesprochen werden kann.
Beide Sageweisen »laufen doch so weit als nur möglich auseinander«.[10]

In der Tat kommt es darauf an, die Verschiedenheit und das Auseinander von Dichten und Denken zu sehen, wenn zugleich ihre
Wesensnähe bestimmt werden soll. Ihre Wesensnähe ist nur dann
sachgerecht gedacht, wenn sie »in dem weitesten Auseinander« des
dichtenden und des denkenden Sagens gesehen werden.[11] Das weiteste Auseinander ist aber die Weise, wie Denken und Dichten gegen-einander-über sind.

Mit Blick auf dieses für die Wesensnähe konstitutive weiteste
Auseinander ist die Meinung abzulegen, »die Nachbarschaft von
Dichten und Denken erschöpfe sich in einer geschwätzigen trüben
Mischung beider Weisen des Sagens, wobei die eine bei der anderen
unsichere Anleihen macht«.[12] Eine solche Verunglimpfung des her-
meneutischen Gesprächs des Denkens mit der Dichtung ergibt sich
zwangsläufig für denjenigen, der auf dem Boden des überlieferten
Philosophie- und Dichtungsverständnisses steht. Auf diesem Boden

---

[9] Vgl. zur Bergung F.-W. v. Herrmann, Heideggers Philosophie der Kunst, a.a.O.,
§ 31, S. 277 ff.
[10] M. Heidegger, Das Wesen der Sprache, a.a.O., S. 195.
[11] ebd.
[12] a.a.O., S. 196.

stehend ist die Philosophie Sache von Vernunft und Verstand, während die Dichtung der Einbildungskraft zugeordnet wird. Gemäß dieser Vermögenseinteilung ist es Aufgabe der Philosophie, die rationale Struktur der Wirklichkeit, die der sinnlichen Erfahrungswelt zugrundeliegt, zu denken. Im Unterschied dazu ist die Dichtung aufgrund der dichterischen Einbildungskraft an die sinnliche Erfahrungswelt verwiesen. Was sie imaginativ hervorbringt, bleibt auf die sinnliche Erfahrungswelt rückbezogen. Die dichterische Welt ist eine imaginativ abgewandelte sinnliche Erfahrungswelt, die im Vergleich zur wirklichen Erfahrungswelt unwirklich ist, die Welt des schönen Scheins. In der Blickbahn einer solchen Wesensbestimmung von Philosophie und Poesie muß die Rede von einer Nachbarschaft zwischen Denken und Dichten in den Verdacht geraten, sich einer unerlaubten Mischung von Denken und Dichten schuldig zu machen. Dieser Verdacht wird noch dadurch verstärkt, daß das aus der Nachbarschaft zum Dichten sich verstehende Denken eine Sprache spricht, die nicht die herkömmliche Begriffssprache ist.

Allein, der Schein einer trüben Mischung von Denken und Dichten entsteht nur dort, wo nicht beachtet wird, daß das aus der Nachbarschaft zum Dichten sich bestimmende Denken jenen Boden verlassen hat, auf dem das Denken der Ratio und das Dichten der Einbildungskraft zugeordnet werden. Jener Boden ist verlassen durch den Übergang vom animal rationale zum Da-sein. Mit dieser gewandelten Wesensbestimmung des Menschen haben sich auch die Wesensbestimmung des Denkens und des Dichtens mitgewandelt. Desgleichen hat sich der thematische Gegenstand der Philosophie gewandelt. Dieser ist in der Blickbahn des Menschen als Da-sein nicht mehr die rationale Struktur der Seiendheit des Seienden, sondern die Wahrheit des Seins in ihrer Ereignis-Struktur, zu der das Da-sein als der ereignete Entwurf gehört. Vom Da-sein als dem ereigneten Entwurf her bestimmt sich aber nicht nur das Denken, sondern auch das Dichten. Das Denken vollzieht sich im denkenden Entwurf, das Dichten im dichtenden Entwurf. Durch die *daseinsmäßige* Bestimmung ihres Wesens rücken aber Denken und Dichten in eine *Nähe*, in der sie dennoch *auseinandergehalten* bleiben.

Innerhalb der Blickbahn von Ereignis und Da-sein rückt aber vor allem auch das, was sonst als bloße sinnliche Erfahrungswelt gegenüber der rationalen Welt ontologisch abgewertet wird, in ein neues Licht ohne diese Abwertung. Deshalb heißt sie auch nicht mehr sinnliche Erfahrungswelt, sondern lebensweltliche Welt des daseinsmäßigen In-der-Welt-seins. Die phänomenologische Auslegung dieser nächsten und natürlichen Welt wird zu einer vorrangigen Aufgabe des Denkens, rückt in den Rang einer *Aufgabe der Ersten Philosophie*. In diesem Felde aber begegnet nunmehr das Denken dem Dichten. Denn das Dichten ist auf diese daseinsmäßige Lebenswelt bezogen. Deshalb konnte Heidegger schon in »Sein und Zeit« darauf hinweisen, daß das Erschließen von Möglichkeiten des daseinsmäßigen In-der-Welt-seins »eigenes Ziel der ›dichtenden‹ Rede [Sageweise]«[13] werden könne. Damit ist gesagt: Das Dichten ist eine eigene Weise des Sichtbarmachens von möglichen Weisen des In-der-Welt-seins und jener Phänomene, die das lebensweltliche Miteinander-in-der-Welt-sein ausmachen. Wenn das Denken die Daseinsphänomene hermeneutisch-phänomenologisch interpretiert: wie Welt im vortheoretischen Leben bzw. Da-sein verstanden wird, wie sich die innerweltlichen Dinge einer Umwelt vortheoretisch zeigen, wie die Stimmungen als Befindlichkeit den Weltaufenthalt des Menschen und das Miteinander-in-der-Welt aufschließen, wie sich das Miteinander in der Welt bei den innerweltlichen Dingen vortheoretisch vollzieht, – wenn somit das Denken als hermeneutische Phänomenologie des Da-seins diese Aufgabe als eine solche der *Ersten Philosophie*, der *Fundamentalontologie*, übernimmt, kann es bei der *Dichtung* anfragen und von dieser und *ihrer Erschließungsweise des vortheoretischen In-der-Welt-seins* für seine denkerische Aufgabe lernen. Denn jetzt hält sich das Dichten im *selben* sachlichen Feld wie das Denken, nur daß ihre Sageweisen verschieden sind.

Auf dem gemeinsamen Boden des Da-seins kann es dann auch zu dichterischen Erfahrungen mit dem Wesen der Sprache kommen, zu solchen, die für die denkerische Bestimmung wegweisend sind.

---

[13] M. Heidegger, Sein und Zeit, a.a.O., S. 162.

Dennoch bleibt das denkerische Bestimmen etwas anderes als gedichtete Erfahrungen mit der Sprache. Die Andersheit hält sich jedoch in dem gemeinsamen Bereich des vortheoretischen In-der-
Welt-seins.

Jenes Denken der Philosophie, das sein eigenes Wesen aus der
Nachbarschaft zum Dichten denkt, hat mit der Verabschiedung der
primär rationalen Selbstauslegung nicht auch sein Eigenwesen im
Unterschied zu dem der Dichtung aufgegeben zugunsten einer trü-
ben Mischung. Die Sprache, die dieses Denken spricht, bleibt eine
Sprache des Denkens im Unterschied zur Sprache des Dichtens.

In einem Text aus dem Jahre 1941 »Winke« heißt es hierzu: »Das
Sagen des Denkens ist im Unterschied zum Wort der Dichtung bildlos. Und wo ein Bild zu sein scheint, ist es weder das Gedichtete
einer Dichtung noch das Anschauliche eines ›Sinnes‹, sondern nur
der Notanker der gewagten, aber nicht geglückten Bildlosigkeit«.[14]
Die Verschiedenheit von Denken und Dichten ist u.a. die Differenz
von »Begriff« und »Bild«. Die Sageweise der Dichtung vollzieht
sich im Bild, die Sageweise des Denkens im Begriff. Zu diesem Unterschied von Bild und Begriff als dem Unterschied von Dichten
und Denken heißt es in den »Beiträgen«: »Welches Glücken ist [...]
dem Dichter aufbehalten! Zeichen und Bilder dürfen ihm das Innerste sein, und die übersehbare Gestalt des ›Gedichtes‹ vermag je sein
Wesentliches in sich hineinzustellen. Wie aber dort, wo der Begriff
die Notwendigkeit und die Frage ihre Bahnen durchmessen will?«[15]
Wie nun aber das dichterische Bild näherhin zu kennzeichnen ist
und wie der Begriff des Denkens aus der Nachbarschaft zum Dichten, bleibt damit noch offen.

Die Nachbarschaft von Denken und Dichten hält sich nicht in
einer trüben Mischung von beidem. Denn »in Wahrheit sind [...]
Dichten und Denken aus ihrem Wesen durch eine zarte, aber helle
Differenz in ihr eigenes Dunkel auseinander gehalten«.[16]

Die Verschiedenheit des denkenden und des dichtenden Sagens

---

[14] M. Heidegger, Winke. In: Aus der Erfahrung des Denkens. Gesamtausgabe Bd.
13. Hrsg. v. H. Heidegger. Vittorio Klostermann, Frankfurt a.M. 1983, S. 33.
[15] M. Heidegger, Beiträge zur Philosophie, a.a.O., S. 60.
[16] M. Heidegger, Das Wesen der Sprache, a.a.O., S. 196.

wird jetzt gefaßt als eine *zarte, aber helle Differenz*. Inwiefern ist sie eine »zarte«, inwiefern zugleich aber eine »helle« Differenz?

Die Differenz von Denken und Dichten ist eine »zarte« heißt zunächst, sie ist keine grobe Differenz. Denken und Dichten halten sich nicht in jener Differenz, die überlieferungsgemäß zwischen Philosophie und Poesie besteht. Überlieferungsgemäß sind Philosophie und Poesie ebenso weit voneinander geschieden wie die Vermögen der Vernunft und der Einbildungskraft. Gemäß dieser groben Differenz hat die Philosophie ein thematisches Feld, das ein ganz anderes ist als das Feld, auf dem sich die Dichtung bewegt. Thematischer Bereich und Vollzugsweise von Philosophie und Poesie sind derart different, daß die Philosophie keine Veranlassung hat, sich für ihre eigene Sache der Dichtung zuzuwenden.

Denken wir für einen Augenblick an die Sache der theoretischen Philosophie Kants. In der »Kritik der reinen Vernunft« sind es jene synthetischen Urteile apriori, die als die reinen Gesetze der theoretischen Vernunft die rationale Struktur der empirischen Erfahrungswelt bilden. Um zu fragen, wie solche synthetischen Erkenntnisse apriori, wie die Axiome der Anschauung, die Antizipationen der Wahrnehmung oder die Analogien der Erfahrung, möglich sind, kann die Philosophie keine Wegweisungen von der Dichtung erwarten. Die philosophierende Vernunft bewegt sich hier auf einem anderen Feld als die dichterische Einbildungskraft. Hier sind Philosophie und Poesie durch eine *grobe Differenz* auseinander gehalten.

In jenem Denken aber, das eine ausgezeichnete Seinsmöglichkeit des Daseins ist, des Daseins, das als ereigneter Entwurf in das Ereignis gehört, rücken Denken und Dichten als zwei verschiedene Möglichkeiten des Daseins und dessen ereigneten Entwerfens in eine Nähe zueinander. Beide vollziehen sich hier nicht mehr aus wesensverschiedenen Vermögen und nicht mehr in wesensverschiedenen Feldern, sondern Denken und Dichten vollziehen sich als *eröffnender Entwurf* in einem *gemeinsamen Feld*. Sie stehen hier nicht in einer groben, sondern in einer durch ihre *Nähe* bestimmten *zarten* Differenz.

Dennoch ist diese Nähe nicht von der Art, daß das Denken in das Dichten übergeht. Denn die zarte Differenz, in welcher Denken und Dichten gegenüber der Überlieferung einander nahe kommen, ist eine »helle« Differenz. Diese Helle besagt: Die Differenz ist, obwohl eine zarte, dennoch eine klare, *nicht trübe* Differenz, die so trübe ist, daß es zu Grenzüberschreitungen von Seiten des Denkens kommen kann. Als helle Differenz ist sie eine klare, eindeutige, unübersehbare, unaufhebbare Differenz. Denken und Dichten sind sich in ihrem daseinsmäßigen Wesen nahe, aber in dieser Nähe zugleich durch eine helle, unzweideutige Differenz auseinandergehalten. Auch wenn sich das Denken auf das hermeneutische Gespräch mit der Dichtung einläßt, mißachtet es nicht seine Wesensdifferenz zur Dichtung. Doch nur deshalb, weil die Differenz nicht mehr eine grobe, sondern eine zarte ist, vermag das Denken für seine eigene Sache das hermeneutische Gespräch mit der Dichtung aufzunehmen. Aufgrund der Zartheit dieser Differenz erweist sich die Dichtung als ein gleichrangiger Gesprächspartner der Philosophie.

Daß sich Denken und Dichten in ihrer zarten, aber hellen Differenz nicht doch irgendwann und irgendwo einmal vermischen, verdeutlicht Heidegger durch einen Vergleich mit den zwei Parallelen. Denken und Dichten verhalten sich in ihrer zarten, aber hellen Differenz wie *zwei Parallelen*. Wie diese, so verlaufen auch Denken und Dichten nicht ineinander, sondern beieinander, nebeneinander und gegen-einander-über. Im Gegen-einander-über sind sie nicht bezugslos, sondern einander zugekehrt, wenn auch so, daß sie in einer unüberbrückbaren Weise auseinander gehalten sind. Sie verhalten sich zueinander wie zwei Parallelen, die sich im Endlichen wesenhaft nicht schneiden. Daß sie sich in ihrem Gegen-einander--über zukehren und in einem wechselseitigen Gespräch stehen können, worin der eine den anderen zu fördern vermag, rührt daher, daß sie sich im Un-endlichen schneiden. Das *Un-endliche* kennzeichnet hier die *gemeinsame Herkunft* von Denken und Dichten. Diese schneiden sich im Un-endlichen »in einem Schnitt, den sie nicht selber machen«.[17] Denken und Dichten verfügen nicht selbst über ihre gemeinsame Herkunft. Diese ist aber nichts anderes als der unverfügbare ereignende Zuwurf, dem sie sich als denkender

---

[17] ebd.

und als dichtender Entwurf jeweils verdanken. Somit ist es der ereignende Zuwurf der Wahrheit des Seins, durch den Denken und Dichten »in den Aufriß ihres nachbarlichen Wesens geschnitten« werden.[18]

Denken und Dichten haben ihre gemeinsame Wesensherkunft aus der ereignend sich zuwerfenden Wahrheit des Seins, jedoch so, daß jedes von beiden in sein je eigenes Wesen, in den denkenden und in den dichtenden Entwurf, ereignet ist. Zum Eigenwesen von Denken und Dichten gehört aber auch, daß sie in ihr Gegen-einander-über ereignet sind. Der Schnitt im Unendlichen ist es, der Denken und Dichten dergestalt in ihr je eigenes Wesen, in ihre je eigene Sageweise wirft, daß sie »in die Nähe zueinander« versetzt sind.[19] So wird einsichtig, inwiefern Denken und Dichten nicht von sich aus »zueinander in die Nähe ziehen«, um auf diese Weise erst ihre Nachbarschaft entstehen zu lassen.[20] Nur wenn das Denken seine Nachbarschaft zum Dichten in der erläuterten Weise denkt, denkt es sein eigenes Wesen, das aus seiner unverfügbaren Herkunft in die Nähe zum Dichten versetzt ist. Die Nähe zur Dichtung gehört zur unverfügbaren Faktizität des Denkens. Aber diese Nähe ist bestimmt durch eine Differenz, die zwar eine zarte, wohl aber helle Differenz ist. Die zarte, aber helle Differenz läßt ein Sichschneiden von Denken und Dichten nicht zu.

Denken und Dichten sind durch einen Schnitt im Un-endlichen in ihr Eigenwesen und das heißt zugleich in ihre Nähe zueinander versetzt. Von dieser Nähe heißt es, sie »nähert«.[21] Was als die *nähernde Nähe* gedacht werden soll, ist aber nicht nur jene Nähe, in der sich das denkende und das dichtende Sagen halten. Die nähernde Nähe ist zu denken als jener Schnitt im Un-endlichen, der Denken und Dichten in den Aufriß ihres nachbarlichen Wesens schneidet. Der das Denken und das Dichten in den Aufriß ihres je eigenen Wesens schneidende Schnitt ist die nähernde Nähe, die Denken und Dichten in ihre Nähe zueinander bringt.

[18] ebd.
[19] ebd.
[20] ebd.
[21] ebd.

Insofern Denken und Dichten im Nähern der Nähe »in das Eigene ihres Wesens verwiesen sind«, zeigt sich die nähernde Nähe als »das *Ereignis*«.[22] Das Nähern der Nähe geschieht als Herkunft von Denken und Dichten in der Weise des *ereignenden Zuwurfs*. In diesem werden Denken und Dichten »in das Eigene ihres Wesens verwiesen«. Das Wesens-*Eigene* sowohl des Denkens wie des Dichtens hat seine Herkunft aus dem *Ereignen* als dem ereignenden Zuwurf.

Damit zeigt sich uns eine *neue* und *weitere* Sinnkomponente dessen, wie wir das Er-eignen aus dem er-eignenden Zuwurf zu denken haben. Als wir im § 3 den Ereignis-Begriff einführten, zeigten wir, was Er-eignen zuerst besagt: Er-eignen als zum Eigentum werden lassen. Der er-eignende Zuwurf läßt den daseinsmäßigen Entwurf als einen er-eigneten zum Eigentum des vollen Geschehens der Wahrheit des Seins werden. Aus dem er-eignenden Zuwurf empfängt das Da-sein als er-eigneter Entwurf seine Zugehörigkeit zur Wahrheit des Seins. Nun aber kommt eine weitere Sinnkomponente hinzu: Das er-eignende Zuwerfen ist zumal ein *Ins-Eigene-bringen*. Es bringt das Denken in sein Eigenes als sein Eigenwesen. Es bringt das Dichten in sein Eigenes als sein Eigenwesen. Die zarte, aber helle Differenz, in die das Denken und das Dichten in ihren je eigenen Sageweisen auseinander gehalten sind, ist aus dem Ereignis zu denken, aus dem ereignenden Zuwurf für den aus diesem ereigneten je eigenen Entwurf des Denkens und des Dichtens.

---

[22] ebd. (Hervorhebung durch den Vf.).

VIERTES KAPITEL

DIE DENKENDE ERFAHRUNG MIT DEM WESEN DER
SPRACHE IN DER NÄHE ZU GEORGE UND HÖLDERLIN

§ 22. Sprache und Welt

Die gesuchte *denkende* Erfahrung mit dem Wesen der Sprache *steht noch aus*, wenn auch schon einiges zum Wesen der Sprache gedacht wurde. Dieses ließ sich das Denken durch Georges dichterische Erfahrung mit der Sprache vorgeben. Die denkerische Auslegung dessen, was George als das sein-vergebende Wesen der dichterischen Sprache erfahren und thematisch gedichtet hat, verblieb innerhalb der durch das dichterisch Erfahrene gezogenen Grenzen. Innerhalb des hermeneutischen Gespräches holte das Denken das dichterisch Erfahrene vom dichterischen Weg zu sich herüber auf den denkerischen Weg. Dadurch wurde das Gedichtete zu einem Gedachten. Wenn George die Erfahrung gemacht hat, daß das dichterische Wort in bezug auf die zu dichtenden Dinge sein--vergebend ist, dann heißt das ins Denkerische herübergeholt: Das Seiende ist nur als das Seiende, das und wie es ist, offenbar und verständlich aus dem sein-vergebenden Wesen der Sprache. Zum Erfahrenen der dichterischen Erfahrung gehört aber auch die *dunkle Ahnung* in bezug auf eine *Wesensherkunft* des sein-vergebenden Wortes, nur daß es dieser dichterischen Erfahrung nicht gewährt ist, in diese Wesensherkunft hineinzureichen und für sie die dichterische Sprache zu finden. Dadurch aber, daß das Denken diese dichterische Erfahrung denkerisch entfaltet hat, hat es aus dem dichterisch Erfahrenen eine Weisung in die Richtung empfangen, in die es als Denken blicken muß, um die Wesensherkunft des dichterisch erfahrenen Verhältnisses von Sprache und Sein denkerisch erfahren zu können. Die von George nur geahnte Wesensherkunft des sein-vergebenden Wesens der Sprache thematisch denkerisch zu erfahren wäre die Erfüllung der gesuchten denkerischen Erfahrung.

Der Weg, auf dem das Denken die dichterische Erfahrung Georges durchdacht hat, ist eine der beiden Parallelen, deren andere der Weg der dichterischen Erfahrung ist. Beide Parallelen schneiden sich nicht im Endlichen, d.h. der Weg des Denkens geht wesensmäßig nicht irgendwo über in den Weg des Dichtens. Sie schneiden sich nur im Un-endlichen, d.h. beide Wege haben eine *gemeinsame Herkunft*: *das Wesen der Sprache*. Deshalb verlaufen beide Wege, auch wenn sie durch eine zarte, aber helle Differenz auseinander gehalten sind, in einer *gemeinsamen Gegend*. Deren Gemeinsamkeit zeigt sich darin, daß auf beiden Wegen dasselbe Wesen des Wortes erfahren wird, einerseits dichterisch, andererseits denkerisch. Was in der dichterischen Erfahrung dem Dichten und was in der denkenden Auslegung dem Denken widerfährt und sich zeigt, kommt aus der Gegend auf den Dichtenden und auf den Denkenden zu. Der *Weg* also, den das Dichten Georges in seiner Spätdichtung gegangen ist, und der *Weg*, den das Denken in der Auslegung des dichterisch Erfahrenen schon begangen hat, sind *Wege*, die *aus der gemeinsamen Gegend des Wesens der Sprache freigegeben sind*.

Im § 15 »Weg und Methode« stießen wir das erste Mal auf das, was Heidegger die Gegend nennt. Diese heißt so, weil sie »gegnet«. Was im Gegnen entgegenkommt, ist der zu gehende Weg, der in die Gegend hineinführt. Damals erläuterten wir das Verhältnis von Gegend und Weg mit Blick auf das Denken. Jetzt aber sehen wir, daß dasselbe Verhältnis von Gegend und Weg auch das Dichten betrifft. Weder das Denken noch das Dichten verfügen über ihre Wege, weil nicht sie die Wege vorgeben, sondern vielmehr die Wege aus der Gegend auf sie zukommen.

Das Verhältnis der Gegend zu den von ihr freigegebenen Wegen kennzeichnet Heidegger nunmehr durch das, was er das *Be-wëgen* nennt.[1] Um deutlich werden zu lassen, daß dieses Wort nicht in der geläufigen Bedeutung zu lesen ist, schreibt er das Wort mit einem Bindestrich und setzt – in Anlehnung an die Schreibweise im Mhd. –

---

[1] a.a.O., S. 197.

auf das wëgen zwei Punkte. Im Mhd. heißt das Verb wëgen: einen
Weg bahnen. Die Vorsilbe Be- hat hier die Bedeutung des »Verse-
hens mit«. Be-wëgen heißt also: Versehen mit Wegen. Indem die
Gegend die Wege für das Dichten und für das Denken freigibt, wird
die Gegend mit Wegen versehen.

Das besagt: Das Dichten kann das Wesen der Sprache nur insoweit erfahren und ins Wort bringen, wie die Gegend, das Wesen der
Sprache, einen Weg für die dichterische Erfahrung »freigegeben«
hat. Desgleichen kann das Denken das Wesen der Sprache nur insoweit erfahren und ins Wort bringen, wie sich dafür ein zu begehen-
der Weg aus der Gegend »freigegeben« hat.[2] Die Wesensherkunft
des dichterisch erfahrenen sein-vergebenden Wortes kann denkerisch nur auf einem Weg erfahren und in den worthaften Begriff gebracht werden, wenn die Gegend hierfür einen Weg freigibt.

Für die gesuchte denkerische Erfahrung mit der Wesensherkunft
des sein-vergebenden Wortes verbleibt das Denken »auf dem einge-
schlagenen Weg« in der Nähe zur Dichtung.[3] Nachdem es sich die
Wegweisung durch Georges dichterische Erfahrung hat geben lassen, bleibt es in seiner Suche nach der eigenen Erfahrung nicht nur
bei sich selbst, sondern hält sich auch für seinen eigenen und entscheidenden Schritt offen für das hermeneutische Gespräch mit der
Dichtung. Denn es könnte eine andere als die Georgesche Erfahrung sein, eine Erfahrung eines *anderen Dichters*, die ihrerseits dem
Denken einen wesentlichen Hinweis für die zu erfahrende Wesensherkunft des sein-vergebenden Wortwesens gibt.

Auf dem Weg innerhalb der Nähe zur Dichtung verbleibend, soll
sich das Denken »in dieser Nachbarschaft umblicken, ob und wie
sie solches zeigt, was unser Verhältnis zur Sprache verwandelt«.[4]
Was unser Verhältnis zur Sprache verwandelt, ist die denkende Erfahrung mit dem Wesen der Sprache. Sich innerhalb der Nachbarschaft von Denken und Dichten umblicken heißt, sich innerhalb der
gemeinsamen Gegend umschauen, die in ihrem Be-wëgen die Wege
der dichterischen und der denkerischen Erfahrung mit der Sprache

---

[2] ebd.
[3] a.a.O., S. 199.
[4] ebd.

freigibt. Das denkerische Umblicken ist ein Ausschauhalten nach dem, was sich aus der Gegend zeigt, ein Ausschauhalten nach dem Sichzeigenden, nach dem, was als Wesensherkunft des sein-vergebenden Wortes *Phänomen* werden kann.

Damit kommt erneut der phänomenologische Grundzug dieses Denkens zum Tragen. Der phänomenologische Grundzug schließt den hermeneutischen Charakter ein. Indem die Gegend be-wëgt, einen Weg freigibt, gewinnt das Denken seine Vorhabe, um in der Vorsicht das in der Vorhabe Sichzeigende denkend zu eröffnen und das so Eröffnete aus dem Vorgriff in den worthaften Begriff zu bringen. Im Anhalt an das, was sich bisher vom Wesen der Sprache gezeigt hat, blickt sich das Denken in seiner phänomenologisch-hermeneutischen Grundhaltung um, ob sich aus der be-wëgenden Gegend und wie sich aus dieser die Wesensherkunft für die sein--vergebende Sprache zeigt.

Der aus der Be-wëgung der Gegend für das Denken sich ergebende Weg, der das Denken in jene Wesensherkunft, in das zur Gegend gehörende Wesen der Sprache, führen soll, bedarf »eines weit vorausreichenden Geleites«.[5] Diese Leitung erhält das Denken auf seinem Weg durch den hermeneutischen Leitfaden: Das Wesen der Sprache -: Die Sprache des Wesens. Der Leitfaden, der in formalanzeigender Weise sagt, daß das Wesen der Sprache sich aus der Sprache, aus der Zusage des Wesens zeigen wird, reicht insofern weit voraus, als er das erfragte Wesen der Sprache in der Weise eines Vorverständnisses formuliert. Ausgebildet hat sich dieses Vorverständnis in der denkenden Auslegung des dichterisch erfahrenen sein-vergebenden Wortwesens. Das im Leitfaden beschlossene Vorverständnis reicht weit voraus, weil es in der Wendung »Sprache des Wesens« das erfragte Wesen der Sprache in formaler Weise anzeigt. In diesem Sinne gibt der Leitfaden dem Denken ein »vorauswinkendes Geleit«.[6] Die Silbe »voraus« im Voraus-winken nennt das Vorgreifende im Vorverständnis. Das »Winkende« aber im Voraus--winken meint das Zeigende, das Sichzeigende im Sinne des Phäno-

5 ebd.
6 ebd.

mens. Sofern der Leitfaden das für das Denken nötige Vorverständnis nennt, bewegt sich das hermeneutisch-phänomenologische Denken des Wesens der Sprache im hermeneutischen Zirkel. Dieser gehört zum Wesen des entwerfend-auslegenden Denkens. Innerhalb dieses hermeneutischen Zirkels gelangt das Denken schrittweise tiefer in das von ihm im hermeneutischen Entwurf zu enthüllende Wesen der Sprache.

Um nun auf dem aus der Gegend sich ergebenden Weg sowie am Leitfaden des Vorverständnisses einen Schritt in die Gegend und in das Wesen der Sprache vollziehen zu können, ist als erstes zu beachten, daß die Gegend »sich in der Nachbarschaft bekundet«.[7] Die Gegend bekundet sich in der Nachbarschaft, insofern das, was vom Wesen des Wortes dichterisch erfahren und denkerisch ausgelegt wurde, in die gemeinsame Gegend als den Herkunftsbereich für das sein-vergebende Wortwesen weist. Ferner ist zu beachten: Nachbarschaft von Denken und Dichten besagt, daß beide in einer Nähe sich halten, die das Denken und das Dichten in die Nähe zueinander, in ihre Nachbarschaft, bringt. Dichten und Denken sind aber zwei ausgezeichnete Weisen des Sagens. Von diesem Sagen hieß es früher, es sei das gemeinsame Element von Denken und Dichten. Jene Nähe ist es dann aber, die Denken und Dichten in ihre je eigene Sageweise bringt. Verhält es sich so, dann hat die *nähernde Nähe* selbst etwas mit dem Sagen zu tun, mehr noch, sie ist selbst »die Sage«.[8]

Die das Denken und das Dichten in ihre je eigene Sageweise bringende und so nähernde Nähe ist *die Sage*. Die nähernde Nähe ist die Herkunft für die Nachbarschaft beider Sageweisen. Als diese Herkunft ist sie die Sage.

Die Sage ist aber nicht das gleiche wie das Sagen des Denkens und des Dichtens. Die Sage ist vielmehr die *Herkunft* für diese beiden, in der Weise der zarten, aber hellen Differenz geschiedenen Sageweisen. *Das* Sagen ist das, was *im* dichtenden und *im* denkenden *Sprechen* geschieht. *Die* Sage als terminologische Prägung für die Herkunft des dichtenden und denkenden Sagens ist bereits ein den-

---

[7] ebd.
[8] a.a.O., S. 200.

kerisches Wort für das erfragte *Wesen* der Sprache. In der Sage »vermuten wir das Wesen der Sprache«.[9] Weil uns aber das Wort »Sage« noch nicht sehen läßt, wie wir das Wesen der Sprache zu denken haben, ist dieses Wort nur ein Vorwort für das Wesen der Sprache.

Was aber geschieht als Wesen der Sprache, wenn dieses als die Sage gefaßt werden soll? Die Antwort ergibt sich aus dem hermeneutisch-phänomenologischen *Umblicken* in der Gegend und aus dem *Blick* in die aus ihr sich zeigende Wesensherkunft des bislang dichterisch erfahrenen und denkerisch ausgelegten sein-vergebenden Wortwesens. Die Antwort lautet: In der Sage als dem Wesen der Sprache geschieht das Erscheinen lassen, das lichtend-verbergende Frei-geben als Dar-reichen von Welt.[10]

Diese Antwort, die wir in die Formel »Sprache und Welt« bringen können, ist freilich selbst nur ein erster Schritt in Richtung auf das volle Wesen der Sprache. Als dieser erste Schritt wird er nur möglich, sofern sich das Erscheinenlassen von Welt aus der Gegend als Weg zeigt, der vom Denken im Umblicken erblickt und ergriffen wird. Erst durch das erblickende Ergreifen dessen, was als Weg von der Gegend freigegeben wird, wird dieser Weg zum Weg. Das erblickende Ergreifen vollzieht sich aber als denkender Entwurf. Sofern dieser nur entwerfend eröffnen kann, was sich als Entwerfbares aus der Gegend als der zu ergreifende Weg zeigt, vollzieht sich der denkende Entwurf als geworfener. Sofern aber das Freigeben des Weges aus der Gegend als Zuwurf den Grundzug des Ereignens hat, vollzieht sich der denkende Entwurf als ereignet aus dem ereignenden Zuwurf. Das im ereignenden Zuwurf Zugeworfene ist für unseren jetzt eingenommenen Standort des Denkens das Erscheinenlassen von Welt, das als Sage, als Wesen der Sprache, geschieht. Das Denken aber, das in seinem Umblicken in der Gegend das Erscheinenlassen von Welt als die Herkunft des sein-vergebenden Wortwesens erblickt, entwirft, d.h. eröffnet dieses Erscheinenlassen von Welt in seinem strukturalen Gehalt.

Inwiefern gelangen wir vom dichterisch erfahrenen und denke-

---

[9] ebd.
[10] ebd.

risch ausgelegten sein-vergebenden Wortwesen zum Erscheinenlassen von Welt? Inwiefern ist das *Erscheinenlassen von Welt die Herkunft für das worthafte Sein-vergeben?* In welchem sachlichen Zusammenhang stehen Sein und Welt?

Als wir im Ausgang von Georges Vers »Kein ding sei wo das wort gebricht« das Sein der zu dichtenden Dinge kennzeichneten, sprachen wir vom Wassein und Wiesein. Im Nennen vergibt das Wort, die worthafte Sprache, dem Seienden sein jeweiliges Was- und Wiesein. Es läßt das Seiende als das, was und wie es ist, allererst offenbar werden. Das Wassein eines Seienden ist aber seine Bewandtnis und Bedeutsamkeit, in der das Seiende für uns offenbar ist. Bewandtnis und Bedeutsamkeit gehören in ein Ganzes von Bewandtnis- und Bedeutsamkeitsbezügen, die wir auch Sinnbezüge nennen können. Das Ganze dieser Sinnbezüge, die *Sinnbezugsganzheit*, ist das, was wir Welt, *eine Welt* nennen. Weil das Wassein eines Seienden seine Bewandtnis und Bedeutsamkeit ist und weil diese hineingehört in die Bewandtnis- und Bedeutsamkeitsganzheit, in die Sinnbezugsganzheit der Welt, ist das Wassein eines Seienden dessen *Innerweltlichkeit*. Die Innerweltlichkeit als Seinscharakter des Seienden zeigt die Weise an, wie das jeweilige Seiende in die Welt gehört. Die Welt zeichnet jedem Seienden seine Weltzugehörigkeit, seine Innerweltlichkeit vor.

Damit haben wir die Frage, in welchem sachlichen Zusammenhang das Sein des Seienden und Welt stehen, beantwortet. Das Sein eines Seienden, sein Wassein, ist seine Innerweltlichkeit, seine weltmäßige Bewandtnis und Bedeutsamkeit, die es aus der Ganzheit von Bedeutsamkeit, d.h. aus der Welt, empfängt.

So wird auch für uns einsichtig, wie das Denken vom dichterisch erfahrenen und von ihm selbst ausgelegten worthaften Sein-vergeben in einem Schritt-zurück zur Welt gelangt. Im Wesen der Sprache als der Sage geschieht ein Erscheinenlassen, ein lichtend-verbergendes Freigeben von Welt als der Herkunft für das worthafte Sein-vergeben an das Seiende. Das Wort vergibt in seinem Nennen das Sein als die Innerweltlichkeit an das darin erst offenbar werdende Seiende. Im worthaften Nennen wird das Seiende allererst offenbar in seiner Innerweltlichkeit. Diese ist die jeweilige Zugehörigkeit eines Seienden zur Welt. Im worthaften Nennen kommt es nur insofern zum Sein-vergeben, zum Vergeben der Innerweltlichkeit an das Seiende, als im Wesen der Sprache das Erscheinenlassen von Welt geschieht.

Denken wir zurück an den früher gegebenen Aufriß der Möglichkeiten, mit der Sprache selber eine Erfahrung zu machen. In bezug auf das Dichten kamen zwei Wesensmöglichkeiten zur Abhebung.

Die erste besagt: Jedes Dichten geschieht *aus* einer dichterischen Erfahrung mit dem Wesen der Sprache. Denn alles Dichten verdankt sich einer Erfahrung mit dem Wesen der Sprache. Für jedes Dichten widerfährt dem Dichter das Wesen der Sprache.

Die zweite Möglichkeit einer dichterischen Erfahrung mit der Sprache ist diejenige, die wir exemplarisch in der Spätdichtung Georges kennengelernt haben. Hier ist die dichterische Erfahrung mit der Sprache selber eine solche, die als diese Erfahrung *thematisch* gedichtet wird. Das Gedichtete ist hier die Sprache selber in ihrem sein-vergebenden Wesen. Was George so erfährt und ins dichterische Wort bringt: das sein-vergebende Wesen des dichterischen Wortes in bezug auf das zu Dichtende, geschieht in allem Dichten, das selbst aber nicht die dichterische Erfahrung mit der Sprache thematisch dichtet, das vielmehr aus je einer Erfahrung mit dem Wesen der Sprache dichtet.

In allem Dichten, worin die dichterischen Dinge gedichtet werden, geschieht aber nicht nur das Sein-vergeben an das jeweils Gedichtete. In allem dichterischen Sagen geschieht *schon für das Sein--vergeben* durch die worthafte Nennung das *Erscheinenlassen von Welt* als Wesensherkunft des worthaften Sein-vergebens. Inzwischen hat sich uns gezeigt, daß das Sein-vergeben einem Vergeben der jeweiligen Innerweltlichkeit des worthaft genannten Seienden gleichkommt.

Wenn das Erscheinenlassen von Welt die Sage und diese das Wesen der Sprache überhaupt ist – und nicht nur der dichterischen Sprache –, dann geschieht solches Erscheinenlassen von Welt und Vergeben des Seins als der Innerweltlichkeit an das worthaft genannte Seiende in *allem* Sprechen, auch im alltäglichen Sprechen. Aber im nichtdichterischen, im alltäglichen Sprechen hält das Wesen der Sprache für eine Erfahrung an sich zugunsten dessen, worüber wir sprechen.

Dagegen widerfährt im dichterischen Sprechen das Wesen der Sprache dem Dichter so, daß dieser das so Erfahrene ins dichterische Wort bringt. Das dichterisch Erfahrene ist je eine erscheinende Welt und die zu ihr gehörende mannigfaltige Innerweltlichkeit des dichterisch genannten Seienden. Die jeweils dichterisch erfahrene Welt und Innerweltlichkeit des Seienden bringt der Dichter in das sprachliche Kunstwerk. Das Bringen der dichterisch erfahrenen Welt und Innerweltlichkeit vollzieht sich als Hervorbringen des sprachlichen Kunstwerkes. Sofern die dichterisch erfahrene Welt und Innerweltlichkeit in die dichterische Sprache gebracht ist, scheint sie aus dem sprachlichen Kunstwerk. Das Kunstwerk-gemäße Scheinen der gedichteten Welt und Innerweltlichkeit ist das, was uns aus dem Kunstwerk anspricht, wenn wir uns ihm verstehend zuwenden. Während im alltäglichen Sprechen das Erscheinenlassen von Welt und Offenbarwerden des Seienden in seiner Innerweltlichkeit in der Weise des An-sich-haltens geschieht, geschieht im dichterischen Sprechen und im sprachlichen Kunstwerk das Erscheinenlassen von Welt und Offenbarwerden des innerweltlichen Seienden offenkundig. Es geschieht in der Weise, daß es uns anrührt, uns trifft und wachruft, uns die Augen öffnet, uns sehen und hören läßt, solches nämlich, was wir außerhalb des Machtbereichs der Dichtung nicht sehen und nicht erfahren.

Die Dichtung und jedes sprachliche Kunstwerk ist Welt-eröffnend, in einer Weise, wie es außerhalb der Dichtung und außerhalb der Kunst nicht geschieht. Deshalb bedarf es der Dichtung, des sprachlichen Kunstwerkes in seinen unterschiedlichen Gestalten, um uns hörend und sehend werden zu lassen für den Reichtum der jeweiligen geschichtlichen Welt und geschichtlichen Innerweltlichkeit des Seienden, für einen Reichtum, der sich im alltäglichen Aufenthalt in der Sprache nicht eigens zu zeigen vermag. Deshalb ist auch die dichterische Welt nicht weniger wirklich als die Welt des alltäglichen Sprechens. Vielmehr ist sie wirklicher als die alltägliche Welt, weil sie unverhüllter als die alltägliche Welt uns angeht und uns zu verstehen gibt, was im alltäglichen Sprechen an sich hält.

Das im Wesen der Sprache geschehende Erscheinenlassen von Welt wird auch gekennzeichnet als ein *Dar-reichen* und »*Reichen von Welt*«.[11] Aus diesem Reichen müssen wir zweierlei heraushören. *Erstens*: Das lichtend-verbergende Freigeben ist ein Dar-reichen von Welt, sofern das Freigeben von Welt *auf den Menschen bezogen* ist. Nur der Mensch ist in seinem daseinsmäßigen Wesen Welt-offen und Welt-verstehend. Wenn nur dem Welt-offenen Wesen Welt gereicht wird, versteht nur der Mensch das Seiende in seinem Sein als seiner Innerweltlichkeit. Das Seiende wird aber in seiner Innerweltlichkeit offenbar nur in und aus der worthaften Nennung. Keine Sprache und kein Sprechen ohne Weltverständnis. Welt- und Seinsverständnis gibt es nur in der Sprache. Weil das Tier ohne Welt- und Seinsverständnis lebt, lebt es ohne Sprache. Das Tier gibt wohl Laute von sich, die zur artgemäßen Verständigung untereinander dienen. Aber die tierischen Laute haben nicht den Charakter worthafter Nennung des Seienden in seiner Innerweltlichkeit, die ihre Herkunft aus dem Freigeben von Welt hat.

Aus dem Dar-reichen und Reichen von Welt, das als Wesen der Sprache geschieht, müssen wir *zweitens* den *Bezug des ereignenden Zuwurfs* heraushören. Im Dar-reichen von Welt wird Welt ereignend zugeworfen für den daseinsmäßigen Entwurf. Daß die im Wesen der Sprache sich jeweils freigebende Welt dem Welt-offenen Da--sein dar-gereicht, also ereignend-zugeworfen wird, sagt deutlich, daß die jeweils in der Sprache gelichtete Welt keine Hervorbringung des menschlichen Geistes ist. Welt als Sinnbezugsganzheit und deren Offenheit gehört zum Unverfügbaren des Menschen, in das er eingelassen ist, so, daß er sich nur zur Lichtung von Welt verhalten kann. Wenn das Erscheinenlassen von Welt als Wesen der Sprache geschieht, ist mit dem Dar-reichen von Welt gesagt, daß wir zwar die Sprache sprechen, darin aber nicht über die Sprache verfügen. Zwar liegt es im Spielraum unserer daseinsmäßigen Freiheit, uns so oder so zur Sprache zu verhalten und darin auch ihr eigentliches Wesen zu verdecken. Aber auch dieses verdeckende Verhalten zum Wesen der Sprache ist nur möglich, weil uns als Dasein je schon das Wesen der Sprache als das Erscheinenlassen von Welt gereicht ist.

[11] ebd.

Zwar haben wir jetzt einen wesentlichen Schritt vollzogen, zurück aus dem Sein-vergeben des Wortes und hin in dessen Herkunft, in das Erscheinenlassen und Reichen von Welt, das als Wesen der Sprache geschieht. Aber eine entscheidende Frage blieb noch unberücksichtigt: die Frage nach der *worthaften Verlautbarung*. Wenn diese nicht wie in der Überlieferung als seiender Träger der geistigen Bedeutungen bestimmt werden soll, muß der Versuch gemacht werden, aus dem Wesen der Sprache als dem Erscheinenlassen von Welt über die worthafte Verlautbarung Aufschluß zu gewinnen. Im Weiterfragen nach dem Wesen der Sprache und nach der in diesem Wesen gereichten Welt muß versucht werden, aus der Welt selbst Aufklärung auch über das Wesen der worthaften Verlautbarung zu erhalten.

§ 23. Die maßgebende Bestimmung der Sprache in der Überlieferung durch Aristoteles im Ausgang vom Lautcharakter

In der denkenden Erfahrung mit dem Wesen der Sprache kommt es in einer besonderen Weise darauf an, den *Lautcharakter* der Sprache *aus dem als Wesen der Sprache geschehenden Erscheinenlassen von Welt* neu zu erfahren.

In der überlieferten Wesensbestimmung der Sprache ist es gerade der Lautcharakter, von dem die Bestimmung der Sprache ausgeht. Dieser Ausgang für die Betrachtung der Sprache ist es vor allem, der den Einblick in das Wesen der Sprache als Zusage ihres Wesens unterbindet. Für die anstehende Aufgabe, das als Wesen der Sprache geschehende Erscheinenlassen von Welt zu enthüllen und *aus diesem* den Lautcharakter der Sprache neu zu erfahren, wendet sich Heidegger erneut dem *hermeneutischen Leitfaden* zu. Das Wesen der Sprache –: Die Sprache des Wesens – dieser Leitfaden wird für die anstehende Aufgabe in einer Weise bedacht, die über die bisherige Klärung der hermeneutischen Leitfadenfunktion hinausgeht, aber zu dieser gehört.

Das Eigentümliche des Leitwortes »Das Wesen der Sprache -: die Sprache des Wesens« zeigt sich darin, daß es in seiner Leitfaden-

funktion den Grundzug eines *Winkens* hat.[1] Vom Winken war
schon einmal die Rede. Vom Leitfaden hieß es, er gebe dem Denken
ein weit vorauswinkendes Geleit. Dort wurde das Winken als ein
Voraus-winken erläutert, voraus im Sinne des vorgreifenden Vorverständnisses vom erfragten Wesen der Sprache. Jetzt aber heißt es
vom Wink: »Ein Wink winkt vom einen weg zum anderen hin«.[2]
Das zum Leitfaden gehörende Winken ist nicht nur ein Voraus-winken, ein Hin-winken, sondern zugleich ein Weg-winken. Die ergänzende Hinsicht auf das zum Leitfaden gehörende Winken geht auf
das Weg-winken, das zum Hin-winken als dem Voraus-winken gehört.

Wovon winkt der Leitfaden weg? Der hermeneutische Leitfaden
»Das Wesen der Sprache –: die Sprache des Wesens« winkt in seiner
ersten Wendung und mit dieser weg »von den geläufigen Vorstellungen über die Sprache«.[3] Denn wenn wir die Wendung »Das Wesen der Sprache« für sich nehmen und in der uns geläufigen Weise
hören, dann spricht sich darin die überlieferte Frageweise nach dem
Wesen der Sprache aus. Diese nimmt das, dessen Wesen bestimmt
werden soll, als ein Vorliegendes und begreift das Wesen als Wesen
in der Weise des Wasseins dieses Vorliegenden. Gemäß dieser geläufigen Frageweise der Wesensfrage wird auch die Sprache als ein Vorliegendes genommen, nach dessen Wassein gefragt wird.

Der Leitfaden »Das Wesen der Sprache –: die Sprache des Wesens« winkt das Denken von dieser überlieferten Frageweise der
Wesensfrage und von den überlieferten Vorstellungen über die Sprache und deren Wesen weg. In diesem Wegwinken aber winkt der
Leitfaden das Denken in die zweite Wendung hinein »die Sprache
des Wesens«, d.h. »in die Erfahrung der Sprache als der Sage«.[4] Im
Wort »Sage« aber denkt Heidegger vorläufig das Erscheinenlassen,

---

[1] Grundsätzliches zum Begriff des Winkes vgl. P.-L. Coriando, Der letzte Gott
als Anfang. Zur ab-gründigen Zeit-Räumlichkeit des Übergangs in Heideggers »Beiträgen zur Philosophie«. Wilhelm Fink, München 1998, § 10 »Die formale Struktur
des Winkes«, S. 63 ff.
[2] M. Heidegger, Das Wesen der Sprache, a.a.O., S. 202.
[3] ebd.
[4] ebd.

das lichtend-verhüllende Freigeben, das Reichen von Welt, das ein Reichen für das Welt-offene, Welt-verstehende Da-sein ist.

Wie aber winkt der Leitfaden weg-von und hin-zu? Dieses Winken als ein Weg- und Hin-winken kann auf zweifache Weise geschehen.

Die *erste* dieser beiden Weisen ist das einfache und erfüllte Erwinken.[5] Es ist ein einfaches und erfülltes, wenn das, wohin der Leitfaden winkt, sich rückhaltlos zeigt. In solchem rückhaltlosen Sichzeigen läge die Erfüllung des Winkens. Dieses Winken ist deshalb ein Erwinken. In diesem erfüllten Erwinken läßt sich das dem Winken folgende Denken »in aller Eindeutigkeit« in das los, wohin der Wink winkt.[6] Das Sichloslassen ist das uneingeschränkte Sehenlassen dessen, was sich im erfüllten Erwinken rückhaltlos an ihm selbst und von ihm selbst her zeigt.

Die *zweite* Weise des Winkens ist kein erfülltes Erwinken, sondern ein noch unerfülltes Winken. Zwar ist hier jeder Wink ein Weg- und Hin-winken. Ist das Winken noch unerfüllt, dann ist es nicht wie das erfüllte Erwinken ein einfaches Weg-winken und Hin--winken zum Sichzeigenden, sondern es verweist das Denken »zuvor und langehin« an das, wovon es wegwinkt.[7] Der so winkende Wink verweist das Denken zunächst an das, von dem er wegwinkt, als ein solches, das vom Denken erst einmal bedacht werden muß.

In unserem hermeneutischen Leitfaden ist das, wovon der Wink so wegwinkt, daß er das Denken zuvor und langehin an dieses verweist als ein zu Bedenkendes, die überlieferte Art der Wesensbestimmung der Sprache. Dieses, an das der Wink das Denken verweist, nennt Heidegger »das Bedenkliche«.[8] Die überlieferte Art, das Wesen der Sprache zu bestimmen, ist »das Bedenkliche«. Dieses Wort ist zweifach zu hören: 1. das Bedenkliche als das, was Zweifel erregt; 2. das Bedenkliche als das, was als das Zweifel-erregende eigens bedacht werden muß. Das Bedenkliche in der ersten Bedeutung ist das Ungenügende. Dasjenige, von dem der Wink dergestalt

---

[5] ebd.
[6] ebd.
[7] ebd.
[8] ebd.

wegwinkt, daß er das Denken auf es verweist, muß zuerst bedacht werden, und zwar so, daß sich darin das Bedenkliche in der Bedeutung des Unzureichenden zeigt. Andererseits kann das Unzureichende an der überlieferten Wesensbestimmung der Sprache sich nur deshalb zeigen, weil der Wink in seinem Weg-winken zugleich ein Hin-winken ist in eine andere, zureichendere Wesenserfahrung der Sprache. Nur im Vorverstehen dieses anderen kann das Denken das, woran es zuvor und langehin verwiesen wird, in seinem Unzureichenden erfahren.

Das aber, wohin der Wink winkt, läßt er vorerst nur »vermuten«.[9] Im Vermutenlassen liegt das noch Unerfüllte dieser zweiten Weise des Winkens. In dieser zeigt sich das, wohin der Wink winkt, als das »Denkwürdige«.[10] Es zeigt sich als ein solches, was nicht schon sachgerecht gedacht ist, sondern erst sachgerecht gedacht werden muß. Es bedarf noch des sich erfüllenden Sehenlassens dessen, was sich vielleicht rückhaltlos an ihm selbst zeigen wird. Für dieses denkende Sehenlassen fehlt freilich noch »die gemäße Denkweise«.[11] Diese kann sich nur ausbilden im schrittweisen Sichzeigen dessen, wohin der Wink winkt, und im denkenden Sehenlassen dieses so Sichzeigenden.

Das in unserem hermeneutischen Leitfaden *spielende Weg- und Hin-winken* gehört zur *zweiten Art des Winkens*. Sein Winken in das, wohin es winkt – in die Erfahrung der Sage als des Erscheinenlassens von Welt –, ist noch kein erfülltes Winken. Sein Winken ist nicht von der Art, daß wir uns von dem, wovon es wegwinkt, einfach loslassen könnten, um uns ganz diesem Wohin denkend zu überlassen. Das Denken vermag das, wohin der Leitfaden winkt, nur zu vermuten. Das Denken, das an diesem Leitfaden und seinem hermeneutischen Winken entlang das Wesen der Sprache als die Erfahrung ihres Wesens qua Sage sucht, vermag sich nur vorzutasten in einen vom überlieferten Denken unbegangenen Bereich. Dasjenige, wovon der Leitfaden wegwinkt, indem er das Denken zugleich

[9] ebd.
[10] ebd.
[11] ebd.

an dieses verweist, ist unser geläufiges und überliefertes Verständnis vom Wesen der Sprache.

Bevor wir dem eigentümlichen Weg-winken als einem Verweisen an das, wovon es wegwinkt, nachgehen und die überlieferte Wesensbestimmung im Lichte dessen, wohin der Wink winkt, bedenken, müssen wir diese Vorgehensweise selbst klären. Die Leitfadenfunktion des hermeneutischen Leitfadens liegt nicht nur im Vorauswinken und Hinwinken auf das neu zu erfahrende Wesen der Sprache, sondern zugleich in einem Weg-winken und Verweisen des Denkens an das, wovon weggewinkt wird. *Welche Dimension* des *hermeneutischen Denkens* ist hiermit angesprochen? Keine andere als die *geschichtliche Dimension* in einem bestimmten Sinne. Das ursprünglichere Wesen der Sprache, angezeigt in der Wendung »die Sprache des Wesens«, kann nur gewonnen werden in einer Auseinandersetzung mit der geschichtlichen Überlieferung.

In »Sein und Zeit« heißt diese Auseinandersetzung mit der Überlieferung »phänomenologische Destruktion«.[12] Destruktion meint nicht Zerstörung, sondern wörtlich den Abbau, die Freilegung jener denkerischen Erfahrungen, die zur überlieferten Bestimmungsweise der Sprache geführt haben: hermeneutisch-phänomenologische Archäologie. Die die Überlieferung stiftenden Erfahrungen werden ins Verhältnis gesetzt zu dem, was als ursprünglichere Wesenserfahrung gesucht und schon vorverstanden ist.

Innerhalb des ereignisgeschichtlichen Denkens erscheint das, was im fundamentalontologischen Denken phänomenologische Destruktion genannt wird, als das Denken des »Zu-spiels«. In diesem spielt sich die geschichtliche Überlieferung zu als Geschichte des erstanfänglichen Denkens im Lichte des sich zugleich zuspielenden andersanfänglichen Denkens. Das andersanfängliche Denken ist das seinsgeschichtliche oder ereignisgeschichtliche Denken. Innerhalb dieses Denkens wird an Hand des hermeneutischen Leitfadens die ursprünglichere Erfahrung des Wesens der Sprache gesucht. Das ursprünglichere Wesen der Sprache, ursprünglicher als die überlieferte

---

[12] M. Heidegger, Sein und Zeit, a.a.O., § 6, S. 22 ff. – vgl. hierzu F.-W. v. Herrmann, Hermeneutische Phänomenologie des Daseins. Eine Erläuterung von »Sein und Zeit«. Vittorio Klostermann, Frankfurt a.M. 1987. Bd. I, S. 232 ff.

Wesensbestimmung, wurde bisher gefaßt als das sein-vergebende Walten der worthaft verlautenden Sprache im Erscheinenlassen von Welt als Wesensherkunft für das sein-vergebende, die Innerweltlichkeit des Seienden vergebende Walten der Sprache.

Die jetzt erfolgte Wesenskennzeichnung des hermeneutischen Leitfadens, daß dieser in seinem Hin-winken zugleich ein Weg-winken ist und als solches ein Verweisen des Denkens an das, wovon er wegwinkt, betrifft die *geschichtliche Dimension des hermeneutisch-phänomenologischen Sprachdenkens.* Innerhalb der sechsfach gefügten Fuge des ereignisgeschichtlichen Denkens hat die geschichtliche Dimension ihren Ort in der zweiten Fügung, im Zu-spiel. Die Auseinandersetzung mit der überlieferten maßgeblichen Wesensbestimmung der Sprache gehört fugenmäßig in das Zu-spiel und ist die Auseinandersetzung mit der erstanfänglichen Bestimmung der Sprache umwillen der andersanfänglichen Wesensbestimmung der Sprache.

Das Wesen der Sprache ist uns durch jene »vielfältigen Bestimmungen«[13] vertraut, die im Laufe der Geschichte des Sprachdenkens gegeben wurden und die vor allem auf Aristoteles zurückgehen. In seinem Winken winkt der Leitfaden uns weg von dieser mächtigen überlieferten Wesensbestimmung der Sprache und fordert uns auf, uns aus der Übermacht dieser Überlieferung zu befreien umwillen eines ursprünglicheren Sprachverständnisses.

Dennoch darf diese Befreiung nicht als ein »Gewaltstreich«[14] geschehen. Es käme aber einem Gewaltstreich gleich, wenn wir die geschichtliche Überlieferung des Sprachdenkens gedankenlos fallenließen, ihr den Rücken zukehrten, um uns nur dem Wohin des Winkens zu überlassen.

Ein solcher Gewaltstreich ist aus zwei Gründen unmöglich. Zum einen bleibt auch die Überlieferung »reich an Wahrheit«.[15] Wenn der hermeneutische Leitfaden das Denken in jenen Bereich hineinweist, der formal in der Wendung »die Sprache des Wesens« angezeigt ist, dann ist die geschichtliche Überlieferung des Sprachdenkens und

---

[13] M. Heidegger, Das Wesen der Sprache, a.a.O., S. 202.
[14] ebd.
[15] ebd.

die sie tragende Grundbestimmung der Sprache nicht falsch. Innerhalb ihres eigenen Gesichtskreises ist auch sie reich an Wahrheit. Es stellt sich aber die Frage, ob dieser Gesichtskreis schon ursprünglich genug ist, um das Wesen der Sprache wesensgerecht erfahren und bestimmen zu können.

Der andere Grund für die Unmöglichkeit eines gewaltsamen Handstreiches besteht darin, daß es nur dann zur denkerischen Erfahrung mit dem Wesen der Sprache als Sage und Erscheinenlassen von Welt kommen kann, wenn zuvor das Unzureichende der überlieferten Wesensbestimmung der Sprache erfahren ist. Die überkommene, scheinbar unantastbare Wesensbestimmung der Sprache ist nichts, was von der gesuchten ursprünglicheren Wesenserfahrung losgelöst ist. Wenn aber die überlieferte Wesensbestimmung in einem Bezug steht zum ursprünglicher zu erfahrenden Sprachwesen, dann muß auch ein Weg von der überlieferten Bestimmungsweise zu dem gesuchten ursprünglicheren Sprachwesen führen. Dieser Weg soll jetzt beschritten werden, wenn das Denken die überlieferte Bestimmung der Sprache im Vorblick auf das ursprünglichere Sprachwesen auf ihr Unzureichendes durchsichtig macht.

In Befolgung dessen, daß der hermeneutische Leitfaden zunächst an das verweist, wovon er wegwinkt, muß damit begonnen werden, die »geläufige Vorstellung von der Sprache« ausdrücklich zu bedenken.[16] Die überlieferte Grundvorstellung von der Sprache soll nicht nur innerhalb ihres eigenen Gesichtskreises thematisch werden, vielmehr sollen die überlieferten Grundbestimmungen der Sprache im Vorblick auf das bedacht werden, wohin der Leitfaden winkt.

Die übliche Weise, auf die Sprache zu blicken und sie thematisierend zu bestimmen, besteht darin, sie selbst »wie etwas Anwesendes vorzustellen«.[17] Die Sprache wie etwas Anwesendes vorstellen heißt, sie wie ein Seiendes unter anderem Seienden in den Blick nehmen. Solches Blicken auf die Sprache wird von Heidegger als ein *Vorstellen* gekennzeichnet. Dieses so verwendete Vorstellen hat nicht die Bedeutung, in der wir sonst, z.B. auch in der Phänomenologie Husserls, das Wort verwenden. Es hat eine streng terminolo-

[16] ebd.
[17] a.a.O., S. 203.

gische Bedeutung innerhalb des seinsgeschichtlichen Denkens. Vorstellen nennt Heidegger jene denkende Verhaltung zum Seienden, in der das Seiende in seiner Seiendheit verstanden wird, ohne daß hierbei nach dem Sein selbst in seiner ihm eigenen Wahrheit gefragt wird. Weil es das Eigentümliche des metaphysischen Denkens ist, das Sein des Seienden als dessen Seiendheit zu denken, nicht aber das Sein selbst in seiner ihm eigenen Wahrheit und in seinem Bezug zum Da-sein des Menschen, nennt Heidegger alles metaphysische Denken ein vorstellendes Denken oder ein Vorstellen.

Im Sinne der überlieferten Grundauffassung von der Sprache stellen wir diese unmittelbar wie ein Seiendes vor. Unsere geläufige, überlieferungsmäßig bestimmte Blickweise auf die Sprache ist als ein Vorstellen eine metaphysische Betrachtungsweise der Sprache. Sie ist eine Betrachtungsweise, in der die Sprache nicht im Horizont der Frage nach dem Sein selbst in dessen Bezug zum Da-sein bestimmt wird. Stellen wir die Sprache unmittelbar wie etwas Anwesendes vor, dann zeigt sie sich uns »als Tätigkeit des Sprechens, als Betätigung der Sprachwerkzeuge«.[18]

Mit diesem ersten Hinweis darauf, wie die Sprache für ihre Bestimmung überlieferungsmäßig und üblicherweise in den Blick genommen wird, wird gesagt: Die geläufige Hinblicknahme auf die Sprache ist charakterisiert durch die primäre Orientierung an der *Lautgestalt* der Sprache. Im Sprechen wird die Sprache in ihrer Lautgestalt gebildet, so, daß sie als etwas Anwesendes vorliegt. In dieser Weise kann die Sprache wie anderes sinnlich wahrnehmbare Seiende sinnlich vernommen werden. Die im Sprechen gesprochene, in ihrer Lautgestalt artikulierte Sprache zeigt sich »als eine am Menschen vorkommende Erscheinung«.[19] Ein deutliches Zeichen dafür, daß die Sprache »seit langer Zeit« von ihrem im Sprechen hervorgebrachten Lautcharakter »erfahren, vorgestellt und bestimmt wird«[20], sieht Heidegger in den Namen, in denen die abendländischen Sprachen sich selbst benannt haben: griechisch γλῶσσα, lateinisch lingua, französisch langue, englisch language, was jedesmal

---

[18] ebd.
[19] ebd.
[20] ebd.

»Zunge« bedeutet. Diese Benennungen der Sprache aus dem Hinblick auf die Zunge, auf jenes Sprechwerkzeug, das vor allem an der Lautbildung beteiligt ist, zeigen an, daß die Sprache auch schon vor ihrer philosophischen Thematisierung im Anblick ihrer Lautgestalt steht. Der Lautcharakter ist an der Sprache das, was sich in einer bestimmten Weise *vordrängt*, so, daß dieser aller Erfahrung, Vorstellung und Bestimmung den primären Anhalt gibt.

Auf dem Grunde dieser natürlichen Begegnisweise der Sprache in ihrem Lautcharakter siedelt sich auch die »griechische Kennzeichnung des Sprachwesens« an, die Aristoteles »in die maßgebende Umgrenzung bringt«.[21] Es ist jene Kennzeichnung des Sprachwesens, die Aristoteles zu Beginn von »De interpretatione« gibt. Diese Kennzeichnung ist deshalb maßgebend, weil mit ihr die Blickbahn für alle spätere Betrachtung und Bestimmung der Sprache vorgegeben wird. Das Entscheidende in dieser Wesensbestimmung besteht darin, daß in ihr maßgeblich für alles Spätere die Sprache »im Ausgang von der lautlichen Erscheinung des Sprechens vorgestellt« wird.[22]

Ἔστι μὲν οὖν τὰ ἐν τῇ φωνῇ τῶν ἐν τῇ ψυχῇ παθημάτων σύμβολα, καὶ τὰ γραφόμενα τῶν ἐν τῇ φωνῇ. καὶ ὥσπερ οὐδὲ γράμματα πᾶσι τὰ αὐτά, οὐδὲ φωναὶ αἱ αὐταί · ὧν μέντοι ταῦτα σημεῖα πρώτων, ταὐτὰ πᾶσι παθήματα τῆς ψυχῆς, καὶ ὧν ταῦτα ὁμοιώματα πράγματα ἤδη ταὐτά.[23] Heidegger gibt folgende Übersetzung: »Es ist nun das, was in der stimmlichen Verlautbarung vorkommt (die Laute), Zeichen von dem, was in der Seele an Erleidnissen vorkommt, und das Geschriebene (ist) Zeichen der stimmlichen Laute. Und so wie die Schrift nicht bei allen die nämliche ist, so sind auch die stimmlichen Laute nicht die nämlichen. Wovon aber diese (Laute und Schriftzeichen) erstlich Zeichen sind, das sind bei allen die nämlichen Erleidnisse der Seele, und die Dinge, wovon diese (die Erleidnisse) die angleichenden Darstellungen bilden, sind gleichfalls die nämlichen«.[24]

Die Sprache gehört in ihrer primären Begegnisweise der stimmli-

---

[21] ebd.
[22] ebd.
[23] Aristoteles, De interpretatione. l. c. 1, 16 a 3 sqq.
[24] M. Heidegger, Das Wesen der Sprache, a.a.O., S. 203 f.

chen Verlautbarung in einen Wesensaufriß, der in dem Text des Aristoteles sich deutlich zeigt. Es ist das »Baugerüst« von »Zeichenbeziehungen«[25]: Die geschriebenen Buchstaben sind Zeichen für die gesprochenen Laute, diese sind ihrerseits Zeichen für die Erleidnisse der Seele, und diese sind Zeichen der Dinge. Wissentlich gibt Heidegger eine an der nacharistotelischen Überlieferung orientierte Übersetzung, wenn er ohne nähere Bestimmung durchgehend von Zeichen spricht. Denn Aristoteles selbst verwendet nur einmal das Wort σημεῖα, während er außerdem die Worte σύμβολα und ὁμοιώματα gebraucht, die nicht ohne weiteres die Bedeutung von Zeichen haben.

Die aristotelische Wesenscharakterisierung der Sprache zeigt somit deutlich, daß sie als erstes den Laut- und Schriftcharakter der Sprache in den Blick nimmt. Zwar ist die Sprache nicht nur stimmlich gebildeter Laut, sondern der Laut ist Zeichen für Vorstellungen in der Seele. In der stimmlichen Lautbildung werden die inneren Vorstellungen ausgedrückt.

Das verlautende Wort und Wortgefüge, in dem wir sprechen, ist der sprachliche Ausdruck, worin die inneren Gedanken, Willensstrebungen und Gefühle ausgedrückt werden. Geht aber die Sprachbetrachtung aus vom Lautcharakter der Sprache, dann liegt in diesem Ausgang eine Entscheidung darüber, daß der Wortlaut der Sprache Ausdruckscharakter hat, daß in der verlautenden Sprache die Vorstellungen in der Seele aus der Innerlichkeit hinausgesetzt werden in die Sphäre der Äußerlichkeit. Dieses Hinaussetzen hat den Charakter des Ausdrückens, so, daß das im stimmlich gebildeten Wortlaut Ausgedrückte sinnlich vernommen werden kann. Die Textstelle des Aristoteles ist ein deutlicher Beleg dafür, wie die Sprache im Ausgang vom Sprechen als stimmliche Verlautbarung vorgestellt und angesetzt wird.

Weil jeder durch diese überlieferte Erfahrungs- und Bestimmungsweise der Sprache geprägt ist, möchte man auf die kritische Fragestellung, Aristoteles setze die Sprache im Ausgang von der stimmlichen Verlautbarung an, fragend entgegnen: Trifft diese Aus-

---

[25] ebd.

gangs- und Betrachtungsweise nicht auf einen Bestand, der jederzeit an der Sprache nachweisbar ist?[26] Handelt es sich nicht um einen Bestand, der der Sprache wesentlich ist? Soll etwa die stimmliche Verlautbarung als eine leibliche Erscheinung und als das bloß Sinnliche an der Sprache abgedrängt werden zugunsten des Bedeutungs- und Sinngehaltes der Sprache als des Geistigen an der Sprache?[27]

In solchen Fragen, die sich an unsere kritische Reserve gegenüber dem Ausgang vom Lautcharakter richten, haben wir die überlieferte Grundvorstellung von der Sprache entfaltet. Diese besagt: Die Sprache ist die Einheit von Sinnlichem und Geistigem. Der Sprachlaut ist das Sinnliche an der Sprache. In diesem werden Bedeutungs- und Sinngehalt als das Geistige der Sprache ausgedrückt. Da der Lautcharakter der Sprache in den Bereich des Sinnlichen gehört und die stimmliche Verlautbarung eine leibliche Erscheinung ist, gehört das Leibliche am Menschen in den Bereich des Sinnlichen. Der Bereich des Sinnlichen unter Einschluß der Leiblichkeit ist gegen den Bereich des Geistigen abgegrenzt. Wie der Mensch überhaupt ein Zwischenwesen ist, das teilhat am Sinnlichen und am Geistigen, so ist auch die Sprache aufteilbar in einen sinnlichen und in den geistigen Teil.

Die Aufteilung des Menschen in sein Leiblich-Sinnliches und in sein Geistiges spricht sich in der überlieferten Wesensbestimmung des Menschen aus, die ebenfalls auf Aristoteles zurückgeht: der Mensch als das ζῷον λόγον ἔχον, das Lebewesen, das die Sprache hat. Im I. Buch der »Politik« heißt es: λόγον δὲ μόνον ἄνθρωπος ἔχει τῶν ζῴων · ἡ μὲν οὖν φωνὴ τοῦ λυπηροῦ καὶ ἡδέος ἐστὶ σημεῖον, διὸ καὶ τοῖς ἄλλοις ὑπάρχει ζῴοις (μέχρι γὰρ τούτου ἡ φύσις αὐτῶν ἐλήλυθε, τοῦ ἔχειν αἴσθησιν λυπηροῦ καὶ ἡδέος καὶ ταῦτα σημαίνειν ἀλλήλοις), ὁ δὲ λόγος ἐπὶ τῷ δηλοῦν ἐστι τὸ συμφέρον καὶ τὸ βλαβερόν, ὥστε καὶ τὸ δίκαιον καὶ τὸ ἄδικον ·[28]: »Nun ist aber einzig der Mensch unter allen animalischen Wesen mit der Sprache (λόγος) be-

---

[26] ebd.

[27] ebd.

[28] Aristotelis Politica. Recognovit brevique adnotatione critica instruxit W. D. Ross. Oxonii 1957, reprinted 1985. A, 2, 1253 a 9 – 15 (Übersetzung nach E. Rolfes).

gabt. Die Stimme (φωνή) ist das Zeichen für Schmerz und Lust und
darum auch den anderen Sinneswesen verliehen, indem ihre Natur
soweit gelangt ist, daß sie Schmerz und Lust empfinden und beides
einander zu erkennen geben. Die Sprache aber ist dafür da, das
Nützliche und das Schädliche und so denn auch das Gerechte und
das Ungerechte offenbar zu machen (δηλοῦν)«.

Was die menschliche Sprache vom tierischen Laut unterscheidet,
ist ihre geistige Seite, daß in der stimmlichen Verlautbarung die Gedanken der Seele ausgedrückt werden. Seit der römischen Übersetzung durch Seneca als animal rationale meint ratio die Vernunft: der
Mensch als das Wesen, das sich von allen anderen nichtmenschlichen Lebewesen durch die Vernunft und das vernünftige Denken
unterscheidet. Die Sprache wird somit von der Vernunft her gefaßt.

Wenn sich das ereignisgeschichtliche Denken, das nach dem Wesen der Sprache fragt entlang dem hermeneutischen Leitfaden »Das
Wesen der Sprache –: die Sprache des Wesens«, kritisch von der Betrachtungsweise der Sprache im Ausgang von der stimmlichen Verlautbarung distanziert, dann nicht deshalb, weil der Lautcharakter
der Sprache als das Sinnliche zugunsten ihres geistigen Bedeutungs-
charakters abgedrängt werden soll. Eine solche Vorgehensweise
würde nur innerhalb der überlieferten Betrachtungsweise eine Ak-
zentverschiebung vom Laut zur Bedeutung vornehmen. Die kritische Distanz gegenüber dem scheinbar selbstverständlichen Ausgang vom Lautcharakter richtet sich vielmehr gegen die überlieferte
Grundvorstellung von der Sprache überhaupt, gegen die Ansetzung
der Sprache als Einheit von Sinnlichem und Geistigem. Wenn aber
diese Grundvorstellung in die überlieferte allgemeinste Wesensbestimmung des Menschen als animal rationale gehört und diese wi-
derspiegelt, dann ist jene kritische Distanz allem voran eine solche
gegenüber dieser Wesensauffassung vom Menschen.

Denn die Wesensbestimmung des Menschen als animal rationale
und die aus ihr hervorgehende Wesensbestimmung der Sprache ist
von einem Seinsverständnis geführt, das nicht aus der eigensten
Seinsverfassung des Menschen geschöpft, sondern mit Blick auf das
nichtmenschliche Seiende gewonnen ist. Dieses Verständnis vom
Sein, das stillschweigend die überlieferte Wesensbestimmung des

Menschen und der Sprache leitet, verdeckt die eigenste Seinsverfassung des Menschen: die seinsverstehende Existenz und das Da-sein des Menschen.

Ist aber erst einmal diese Seinsverfassung und dieses Wesen des Menschen gesichtet, dann bestimmt sich von diesem her sowohl die Leiblichkeit des Menschen überhaupt wie auch die Leiblichkeit der Sprache, deren Lautcharakter, in einer neuen Weise. Die kritische Distanz gegenüber der überlieferten Betrachtungsweise der Sprache im Ausgang von der vorgegebenen Lautgestalt möchte diese Lautgestalt und die Leiblichkeit im ganzen nicht unterdrücken. Sie möchte ihr vielmehr eine sachgerechte Auslegungsweise zukommen lassen, die sich vom Sein- und Welt-verstehenden Da-sein leiten läßt.

Inwiefern ist die Bestimmung des Menschen als animal rationale von einem nicht aus dem Menschen selbst geschöpften Seinsverständnis geführt? Die Wesensbestimmung des animal rationale ist eine Wesensdefinition. Diese geschieht durch Angabe der nächsten Gattung (genus proximum) des zu Definierenden und durch Angabe der artbildenden Differenz (differentia specifica). Animal ist die Gattung Lebewesen. Innerhalb dieser Gattung lassen sich verschiedene Arten herausheben: das pflanzliche, das tierische und das menschliche Lebewesen. Ihr Gemeinsames ist das Lebewesensein. Das aber, wodurch sie sich unterscheiden, ist die je eigene Art. Die artbildende Differenz des menschlichen Lebewesens in der Abgrenzung gegen die nichtmenschlichen Lebewesen ist die ratio. Gattung und Art sind aber Wesen im Sinne von essentia, Wassein. Im Gattungswesen wie im Artwesen denken wir eine Sachhaltigkeit, die gattungs- und artmäßige Sachhaltigkeit, die wir durch die Anführung von Wesensmerkmalen benennen.

Vom Wesen als dem Was-sein unterscheiden wir das Daß-sein als das Wirklichsein. Sein als Was-sein und Sein als Daß-sein bilden die Grundunterscheidung im überlieferten Seinsbegriff. Das ontologische Begriffspaar Wassein und Daßsein wird in der Überlieferung mit einem universalen Anspruch auf alles, auf jedes Seiende bezogen.

Alles Seiende: Stein, Pflanze, Tier und Mensch, ist bestimmbar nach seinem sachhaltigen Wassein und nach seinem Wirklichsein (im Unterschied zum Möglichsein). Nach der Wesensbestimmung des Menschen als animal rationale ist der Mensch hinsichtlich seines Gattungswesens ein Lebewesen unter anderen. Er teilt sein Gattungswesen mit den nichtmenschlichen Lebewesen. Von diesen unterscheidet er sich durch sein Artwesen. Was sein Sein als Wirklichsein anbetrifft, so teilt er dieses sogar mit allem Seienden, das nicht nur möglich, sondern wirklich ist. Im Horizont dieser überlieferten ontologischen Unterscheidung im Sein zwischen Wassein und Daßsein ist der Mensch im Ganzen des Seienden ein Seiendes unter anderem.

Indessen bleibt in dieser ontologisch-logischen Wesensbestimmung des Menschen dessen eigenste Seinsverfassung, der Existenz- und Daseins-charakter, ungesehen und unberücksichtigt. Seinsverstehende Existenz und Da-sein sind der »eigenste« Seinscharakter, weil dieser nur dem Menschen zukommt. Dieser eigenste Seinscharakter läßt sich aber nicht von der Scheidung in Wassein und Daßsein fassen. Vielmehr ist diese ontologische Scheidung nur einem Seienden möglich, das in seinem Sein seinsverstehend ist. Die seinsverstehende Existenz ist der Grund der Möglichkeit für die Abhebung des ontologischen Begriffspaares essentia – existentia. Dieses Begriffspaar ist aber vom seinsverstehenden Da-sein geschöpft im Blick auf das je schon vorliegende Seiende, das als so Vorliegendes hinsichtlich seines sachhaltigen Wesens bestimmt werden kann. Von diesem sachhaltigen Wesen ist das Vorliegen als das Wirklichsein des Seienden zu unterscheiden.

Damit aber Seiendes als Seiendes vorliegen und hinsichtlich seines Was- und Wirklichseins bestimmt werden kann, muß sich in der und für die seinsverstehende Existenz das Sein selbst mit seiner Artikulierbarkeit schon aufgeschlossen und gelichtet haben. Das Seiende aber, das seinsverstehend ist und für das Sein überhaupt sich im Existenzvollzug enthüllt, darf nicht von jenen Seinsbegriffen her gefaßt werden, die nur innerhalb der seinsverstehenden Existenz möglich werden.

Die seinsverstehende Existenz ist in ihrem eigensten Vollzugscharakter weder als essentia noch als existentia zu fassen. Weder hat der Mensch als Da-sein ein sachhaltiges Wesen noch ist er wirklich in der Weise der existentia.

Wenn der ontologische Unterschied von essentia und existentia mit Blick auf die vorhandenen Dinge gewonnen ist, also ein dingontologischer Unterschied ist, dann ist die Wesensbestimmung des Menschen als animal rationale eine dingontologische, aber keine daseinsontologische Wesensbestimmung. Das animal rationale als dingontologische Wesensbestimmung will nicht sagen, hier werde der Mensch verdinglicht und wie ein Ding genommen. Das wäre keine ontologische, sondern eine ontische Bestimmung des Menschen. Das animal rationale als dingontologische Wesensbestimmung sagt vielmehr, daß die sie leitenden ontologischen Begriffe (Seinsbegriffe) eine verstellende seinsmäßige Bestimmung des Menschen herbeiführen.

Wenn aber die überlieferte Grundvorstellung von der Sprache ihre Herkunft aus dem animal rationale hat, dann ist auch diese Grundvorstellung von einem dingontologischen und nicht daseinsontologischen Denken geführt.

Die kritische Distanz gegenüber der herkömmlichen, letztlich auf Aristoteles zurückgehenden Bestimmung der Sprache im Ausgang von ihrem Lautcharakter stellt die *überlieferte Deutung* des Lautcharakters der Sprache in Frage. Denn in dieser Deutung gehört das Lautliche als das Leibliche zum Sinnlich-Animalischen des animal rationale. Weil der Mensch als animal seine Leiblichkeit und sein Lebewesensein mit den nichtmenschlichen Lebewesen teilt, teilt er mit diesen auch das Lautliche seiner Sprache.

Zur Einsicht in die eigenste Seinsverfassung des Menschen, in die seinsverstehende Existenz, gehört, daß diese Seinsverfassung nicht an die Stelle der ratio tritt, so als ob es sich um den Austausch des bisherigen gegen ein neu formuliertes Artwesen handelte. So gesehen, verblieben wir innerhalb der überlieferten ontologischen Blickbahn von essentia und existentia. Diese Unterscheidung ist aber als solche dingontologischer Herkunft. Die Wesensbestimmung des Menschen als Da-sein und seinsverstehende Existenz hält sich diesseits der Unterscheidung von essentia und existentia. Die eigenste Seinsverfassung des Menschen ist überhaupt nicht faßbar auf dem

Wege einer Definition durch Angabe von Gattungs- und Artwesen. Hat aber die seinsverstehende Existenz nicht den Charakter eines Artwesens auf dem Grunde eines mit anderem Seienden gemeinsamen Gattungswesens, so heißt das: Der Daseinscharakter des Menschen bestimmt ihn im ganzen, daher auch in seiner Leiblichkeit und allem, was zu dieser gehört. Als seinsverstehendes Da-sein teilt der Mensch auch nicht seine Leiblichkeit mit den nicht-daseinsmäßigen Lebewesen.

Im »Brief über den Humanismus« heißt es: »So gründet auch das, was wir aus dem Vergleich mit dem ›Tier‹ dem Menschen als animalitas zusprechen, selbst im Wesen der Ek-sistenz. Der Leib des Menschen ist etwas wesentlich anderes als ein tierischer Organismus«.[29] Damit wird freilich nicht die Möglichkeit ausgeschlossen, daß unser Leib auch wie ein tierischer Organismus untersucht werden kann. Solches ist aber nur deshalb möglich, weil uns der Leib und die Leiblichkeit des Da-seins zuvor schon in einer anderen Weise zugehört. Diese primäre Weise des Zugehörens der Leiblichkeit zum Da-sein bestimmt sich aus der sein- und weltverstehenden Existenz. Die kritische Distanz gegenüber der überlieferten Bestimmung des Lautcharakters der Sprache richtet sich gegen die Verdeckung der Existenzgegründetheit der stimmlichen Verlautbarung und der Leiblichkeit überhaupt.

Es ist somit zu bedenken, ob in der überlieferten Bestimmungsweise der Sprache, d.h. im Ausgang von deren Lautcharakter, »das Leibhafte der Sprache, Laut- und Schriftzug, zureichend erfahren wird«.[30] Genügt es, »den Laut nur dem physiologisch vorgestellten Leib« zuzuordnen und ihn »in den metaphysisch gemeinten Bezirk des Sinnlichen einzuordnen«?[31] Keineswegs soll etwa bestritten werden, daß sich die Verlautbarung auch »physiologisch als Schallerzeugung erklären« läßt.[32] Die zur Entscheidung stehende Frage ist aber, ob die physiologische Blickbahn auf die stimmliche Verlautbarung und den Leib die einzig wahre Zugangsweise ist – oder nur

---

[29] M. Heidegger, Brief über den Humanismus. In: Wegmarken, a.a.O., S. 324.
[30] M. Heidegger, Das Wesen der Sprache, a.a.O., S. 204.
[31] a.a.O., S. 204 f.
[32] a.a.O., S. 205.

eine mögliche. Dieser möglichen, nicht aber einzig wahren Zugangsweise zur Leiblichkeit und stimmlichen Verlautbarung geht eine andere voraus, die uns sehen läßt, daß sich die Leiblichkeit des Da-seins und die Leiblichkeit der Sprache in einer ganz anderen Weise bestimmen. Diese andere Weise ist vorgezeichnet aus der Seinsverfassung des Menschen. Erst wenn sich diese primäre Bestimmungsweise des Lautcharakters aus der weltverstehenden Existenz, aus dem Wesen der Sprache als dem Erscheinenlassen von Welt für die weltverstehende Existenz, verschließt, kann sich die Verlautbarung der Sprache auch als der sinnliche Ausdruck der inneren Gedanken zeigen. So gesehen kann der Lautcharakter der Sprache auch wissenschaftlich-physiologisch thematisiert werden. In der physiologischen Erklärung der Verlautbarung ist aber »das Eigene des Lautens und Tönens im Sprechen« abgedrängt und verdeckt.[33]

Im Vorblick aber auf die Erfahrung des Sprachwesens, wie dieses in der zweiten Wendung des hermeneutischen Leitfadens angezeigt ist, gilt es, das Eigene des Lautens der Sprache zu bestimmen. Dieses ist das Eigene gegenüber dem tierischen Laut, der mit dem tierischen Organismus nicht durch die seins- und weltverstehende Existenz bestimmt ist.

Die physiologisch-physikalische Vorstellung alles Lautlichen in Sprache und Gesang führt zu unbestrittenen richtigen wissenschaftlichen Ergebnissen. Richtig ist aber nur die wissenschaftliche Bestimmung, die sich nach dem richtet, was in den Ansatz gebracht ist. In der Art und Weise, wie das Lautende von vornherein durch »Physiologie und Physik«[34] angesetzt wird, hat sich die primäre Bestimmungsmöglichkeit aus dem Weltverständnis das Da-seins bereits entzogen. Das Eigene des Lautens läßt sich innerhalb des sinnlich-physiologisch-physikalischen Gesichtskreises niemals mehr erfahren.

Alles kommt aber darauf an, wie das Lauten und wie der Sinn der Sprache wesensgerecht zu fassen sind. Eine solche wesensgerechte Bestimmungsweise ist ständig der Gefahr ausgesetzt, der überliefer-

---

[33] ebd.
[34] ebd.

ten Bestimmungsweise wieder anheimzufallen. Diese überlieferte Bestimmungsweise ist es aber, die eine physiologisch-physikalische Erklärungsweise in ihrer Ausschließlichkeit ermöglicht. Eine wesensgerechte Bestimmung der Sprache, ihres Lautens und dessen, was man den Sinn nennt, ist eine »sachgemäße Besinnung«.[35] Als sachgemäße Besinnung läßt sie sich davon leiten, wie die hier zu bestimmende Sache – der Lautcharakter der Sprache – sich an ihm selbst und von ihm selbst her zeigt. Der Lautcharakter soll sich ungehindert innerhalb der Blickbahn der weltverstehenden Existenz zeigen. Das Denken aber, das auf dieses Sichzeigen achtet, muß sich vollziehen als ein enthüllendes Sehenlassen dessen, was sich als das Eigene des Lautens der Sprache an ihm selbst und von ihm selbst her zeigt, was somit als das Eigene des Lautens Phänomen wird.

§ 24. Hölderlins dichterische Erfahrung mit der Sprache.
Ihre Bedeutung für die hermeneutisch-phänomenologische Besinnung auf das Eigene des Lautens der Sprache

Die sachgemäße, d.h. hermeneutisch-phänomenologische Besinnung auf das Eigene des Lautens der Sprache setzt ein mit einem Hinweis auf die Dialekte einer Sprache. Denn diese sind es in einer besonderen Weise, die in das Eigene des Lautens hineinzeigen.

Dialekte sind »landschaftlich verschiedene Weisen des Sprechens«, sind »Mundarten«.[1] Worin besteht aber die Verschiedenheit des Lautlichen in den Mundarten?

Gewöhnlich wird diese Frage mit Hilfe der Phonetik, der Laut- und Stimmbildungslehre, beantwortet. Die Phonetik bewegt sich aber im physiologisch-physikalischen Denken und Erklären. Sie erklärt die Verschiedenheit der Mundarten aus den »unterschiedlichen Bewegungsformen der Sprachwerkzeuge«.[2] Die phonetisch-physiologisch-physikalische Erklärungsweise ist aber ihrerseits bestimmt durch die überlieferte Grundvorstellung von der Sprache, dergemäß

---

[35] ebd.
[1] ebd.
[2] ebd.

die Sprache selbst ein Anwesendes ist, das vorliegt in seinem Laut-charakter, der der Träger für die Wortbedeutungen ist.

In Abwendung von dieser bloß phonetischen Blickweise auf den Lautcharakter der Sprache, die innerhalb ihres eigenen Gesichts-kreises ihre Richtigkeit hat, äußert sich Heidegger im Sinne der ge-forderten gemäßen, d.h. hermeneutisch-phänomenologischen Be-sinnung: In der Verschiedenheit der Mundarten und ihres Lautens »spricht je verschieden die Landschaft und d.h. die Erde«.[3]

Hier taucht erstmals das Wort »Erde« auf. Mit diesem Wort leuchtet jene Dimension auf, in die das Lautliche der Sprache gehört und von der her der Lautcharakter neu erfahren wird. Was Heideg-ger die Erde nennt, wird sich als eine der vier Weltgegenden erwei-sen. Die Erde als eine Weltgegend, eine Gegend jener Welt, die wir schon kennengelernt haben aus dem Erscheinenlassen, dem lich-tend-verbergenden Freigeben und Darreichen von Welt. Die so sich lichtende Welt lichtet sich im Weltverständnis des Da-seins, lichtet sich in der Sage als dem Wesen der Sprache. Wenn aber Erde eine Gegend der Welt ist und wenn das Lautliche der Sprache aus seinem Bezug zur Erde erfahren werden soll, dann beginnen wir zu ahnen, was es heißt, das Lautliche der Sprache sachgemäß, hermeneutisch-phänomenologisch aus der Blickbahn des weltverstehenden Da--seins zu erfahren und zu bestimmen.

Im unterschiedlich Lautenden der Mundarten »spricht je ver-schieden die Landschaft, d.h. die Erde«. Wie aber spricht die Erde? Was besagt hier sprechen? Wie kann die Erde sprechen?

Phonetisch gesehen ist der Mund ein Organ, und dieses gehört zum Gesamtorganismus. Denn der Leib, zu dem der Mund gehört, wird in der Blickbahn der Phonetik von vornherein nur als Orga-nismus angesetzt. Solange aber der menschliche Leib – im Unter-schied zum Körper – als Organismus genommen wird, gleicht er dem tierischen Organismus, gehört der als Organismus aufgefaßte Leib in den Bereich der animalitas, und diese animalitas ist als das für Mensch und Tier gemeinsame Gattungswesen verstanden.

Bemühen wir uns dagegen um eine hermeneutisch-phänomeno-

---

[3] ebd.

logische und insofern sachgemäße Besinnung, dann dürfen wir für diese nicht die wissenschaftlich-phonetische Blickbahn einnehmen. Dieser wissenschaftlichen Blickweise geht die vorwissenschaftliche Verständlichkeit der Leiblichkeit voraus, jenes Leiblichkeitsverständnis, worin sich unser Daseinsvollzug vor jeder wissenschaftlichen Thematisierung hält. Dieses natürliche Leiblichkeitsverständnis, das zum Daseinsverständnis gehört, kann sich auch in einem Auslegungsverständnis halten, das das daseinsmäßige Leibverständnis mehr oder weniger verdeckt. Deshalb kommt es für die gesuchte sachgemäße Besinnung auf das Eigene des Lautens darauf an, das unverdeckte daseinsgemäße Leibverständnis vor den phänomenologischen Blick zu bringen.

Für die hermeneutisch-phänomenologische Besinnung auf das Eigene des Lautens müssen wir die unverstellte Blickbahn des seins- und weltverstehenden Daseins aufnehmen und festhalten. Wir müssen uns selbst durchsichtig machen als das ereignete Entwerfen von Sein und Welt im Gegenschwung zum ereignenden Zuwurf von Welt und Sein. Die für die *Besinnung auf das Eigene des Lautens* und der Leiblichkeit des Daseins aufzunehmende Blickbahn ist die *ereignisgeschichtliche Blickbahn*.

Aus dieser Blickbahn gesprochen, gehören »Leib und Mund [...] in das Strömen und Wachstum der Erde«.[4] Das Strömen und Wachstum der Erde nennt das, als was die Landschaft, die Erde als Erde, in unserem daseinsmäßigen Weltverständnis offen und je schon verstanden ist. Die daseinsmäßige Verständlichkeit der Leiblichkeit und des leiblich-lautenden Sprechens gehört in die Weise, wie in unserem Weltverständnis die Erde als Erde offen und verstanden ist.

In diesem zum daseinsmäßigen Weltverständnis gehörenden Verstehen des Strömens und Wachstums der Erde »gedeihen wir« als »die Sterblichen«.[5] Die für das Da-sein als das Strömen und Wachstum gelichtete Erde gehört zu dem, worin und woraus der Mensch als Da-sein (nicht aber als Lebe- und Sinnenwesen) ist, wie er ist. Der Mensch gedeiht als Mensch in seinem daseinsmäßigen Wesen

---

[4] ebd.
[5] ebd.

im Unterschied zum Tier, sofern für ihn die Erde *als* Erde daseinsmäßig gelichtet ist. Mit der Erde ist die zu ihr gehörende Leiblichkeit des Menschen daseinsmäßig gelichtet, auf eine Weise, die der
Mensch nicht mit dem Tier teilt.

Wir, die wir als Da-sein in der Gelichtetheit der Erde als Erde
und der zu ihr gehörenden Leiblichkeit gedeihen, sind aber als solche »die Sterblichen«. Das Da-sein ist das sterbliche, nicht weil es
früher oder später endet, sondern weil es zu seiner Grundverfaßt-
heit gehört, für den eigenen Tod offen zu sein, d.h. in seinem Vollzug als Da-sein sich so oder so zu seinem bevorstehenden Tod zu
verhalten. Das daseinsmäßige Seinsverhältnis zum Tod ist wesens-
konstitutiv für den Da-seinsvollzug und somit für das daseinsmäßige Welt- und Seinsverständnis. Zum daseinsmäßigen Weltverständnis gehört nicht nur die Gelichtetheit der Erde als Erde, sondern
mit dieser auch die Gelichtetheit des Todes, so, daß dieser als ein
solcher verstanden wird. Deshalb heißen die daseinsmäßig verstandenen Menschen die Sterblichen. Das zum Da-seins-vollzug gehörende Verständnis des Sterblichseins ist konstitutiv für das Welt-
und Seinsverständnis.

Der erste Hinweis auf die Zugehörigkeit des Lautenden der Sprache zur Erde, zur Gelichtetheit der Erde als Erde, gelichtet im
daseinsmäßigen Weltverständnis, vollzog sich schon im unausge-
sprochenen Vorblick auf *Hölderlin*. Denn den Einblick in die Zugehörigkeit des Lautens der Sprache zur Erde, den Einblick in die
Zugehörigkeit der leiblichen Lautbildung zur Erde, verdankt Heidegger seiner Begegnung mit der Dichtung Hölderlins.

Hier erinnern wir uns daran, daß Heidegger auch für das am hermeneutischen Leitfaden entlang gehende Denken der Wesensherkunft des seinvergebenden Wortes in der Nähe zur Dichtung verbleibt. Damit war die Möglichkeit ins Auge gefaßt, sich für die
erfragte Wesensherkunft und das gesuchte Eigene des Lautens der
Sprache erneut eine entscheidende Wegweisung von einer Dichtung
geben zu lassen. Jetzt, da es gilt, das Lautende der Sprache aus der
Sage als dem Erscheinenlassen von Welt zu erfahren, läßt sich das
Denken die Wegweisung von der Dichtung geben. Doch jetzt ist es
nicht, wie bisher, die Dichtung Stefan Georges. Denn die dichteri-

sche Erfahrung Georges mit dem Wort reicht *nicht* in die *Wesensherkunft* des seinvergebenden Wortes hinein. Daher reicht sie auch nicht in eine Erfahrung der Zugehörigkeit des Lautenden der Sprache zur Erde hinein.

Jetzt ist es die Dichtung Hölderlins, Hölderlins dichterische Erfahrung mit dem Wesen der Sprache so, wie diese Erfahrung in verschiedenen Gedichten *thematisch* gedichtet wird. In seiner hermeneutischen Zuwendung zu Hölderlin möchte Heidegger zeigen, wie in diesen Gedichten eine Erfahrung vom Wesen der Sprache zu Wort kommt, eine Erfahrung mit dem Wesen der Sprache, die ursprünglicher ist als die Erfahrung Stefan Georges. Ursprünglicher erweist sie sich insofern, als Hölderlin in seiner dichterischen Erfahrung *weiter zurück* in den *Ursprung* der Sprache reicht, weiter zurück als George in seiner dichterischen Erfahrung vom Wesen der Sprache.

Drei bzw. vier Gedichte sind es, denen sich Heidegger in seinem hermeneutischen Gespräch mit Hölderlin nunmehr zuwendet.[6] Die ersten herangezogenen Verse stammen aus der V. Strophe der späten Hymne »Germanien«.[7]

Germanien

> Nicht sie, die Seeligen, die erschienen sind,
> Die Götterbilder in dem alten Lande,
> Sie darf ich ja nicht rufen mehr, wenn aber
> Ihr heimatlichen Wasser! jezt mit euch
> Des Herzens Liebe klagt, was will es anders
> Das Heiligtrauernde? Denn voll Erwartung liegt
> Das Land und als in heissen Tagen
> Herabgesenkt, umschattet heut
> Ihr Sehnenden! uns ahnungsvoll ein Himmel.
> 10 Voll ist er von Verheissungen und scheint

---

[6] a.a.O., S. 205 – 207.
[7] Fr. Hölderlin, Sämtliche Werke (N. v. Hellingrath), a.a.O., S. 181 – 185.

Mir drohend auch, doch will ich bei ihm bleiben,
Und rükwärts soll die Seele mir nicht fliehn
Zu euch, Vergangene! die zu lieb mir sind.
Denn euer schönes Angesicht zu sehn,
Als wärs, wie sonst, ich fürcht' es, tödtlich ists
Und kaum erlaubt, Gestorbene zu weken.

Entflohene Götter! auch ihr, ihr gegenwärtigen, damals
Wahrhaftiger, ihr hattet eure Zeiten!
Nichts läugnen will ich hier und nichts erbitten.
20 Denn wenn es aus ist, und der Tag erloschen,
Wohl trifts den Priester erst, doch liebend folgt
Der Tempel und das Bild ihm auch und seine Sitte
Zum dunkeln Land und keines mag noch scheinen.
Nur als von Grabesflammen, ziehet dann
Ein goldner Rauch, die Sage drob hinüber,
Und dämmert jezt uns Zweifelnden um das Haupt,
Und keiner weiss, wie ihm geschieht. Er fühlt
Die Schatten derer, so gewesen sind,
Die Alten, so die Erde neubesuchen.
30 Denn die da kommen sollen, drängen uns,
Und länger säumt von Göttermenschen
Die heilige Schaar nicht mehr im blauen Himmel.

Schon grünet ja, im Vorspiel rauherer Zeit
Für sie erzogen das Feld, bereitet ist die Gaabe
Zum Opfermahl und Thal und Ströme sind
Weitoffen um prophetische Berge,
Dass schauen mag bis in den Orient
Der Mann und ihn von dort der Wandlungen viele bewegen.
Vom Äther aber fällt
40 Das treue Bild und Göttersprüche reegnen
Unzählbare von ihm, und es tönt im innersten Haine.
Und der Adler, der vom Indus kömmt,
Und über des Parnassos
Beschneite Gipfel fliegt, hoch über den Opferhügeln

Italias, und frohe Beute sucht
Dem Vater, nicht wie sonst, geübter im Fluge
Der Alte, jauchzend überschwingt er
Zulezt die Alpen und sieht die vielgearteten Länder.

Die Priesterin, die stillste Tochter Gottes,
50 Sie, die zu gern in tiefer Einfalt schweigt,
Sie suchet er, die offnen Auges schaute,
Als wüsste sie es nicht, jüngst da ein Sturm
Todtdrohend über ihrem Haupt ertönte;
Es ahnete das Kind ein Besseres,
Und endlich ward ein Staunen weit im Himmel
Weil Eines gross an Glauben, wie sie selbst,
Die seegnende, die Macht der Höhe sei;
Drum sandten sie den Boten, der, sie schnell erkennend,
Denkt lächelnd so: Dich, unzerbrechliche, muss
60 Ein ander Wort erprüfen und ruft es laut,
Der Jugendliche, nach Germania schauend:
»Du bist es, auserwählt
»Allliebend und ein schweres Glück
»Bist du zu tragen stark geworden.

Seit damals, da im Walde verstekt und blühendem Mohn
Voll süssen Schlummers, trunkene, meiner du
Nicht achtetest, lang, ehe noch auch Geringere fühlten
Der Jungfrau Stolz, und staunten, wess du wärst und woher,
Doch du es selbst nicht wusstest. Ich miskannte dich nicht,
70 Und heimlich, da du träumtest, liess ich
Am Mittag scheidend dir ein Freundeszeichen,
Die Blume des Mundes zurük und du redetest einsam.
Doch Fülle der goldenen Worte sandtest du auch
Glükseelige! mit den Strömen und sie quillen unerschöpflich
In die Gegenden all. Denn fast, wie der heiligen,
Die Mutter ist von allem, und den Abgrund trägt
Die Verborgene sonst genannt von Menschen,
So ist von Lieben und Leiden

Und voll von Ahnungen dir
80   Und voll von Frieden der Busen.

O trinke Morgenlüfte,
Biss dass du offen bist,
Und nenne, was vor Augen dir ist,
Nicht länger darf Geheimniss mehr
Das Ungesprochene bleiben,
Nachdem es lange verhüllt ist;
Denn Sterblichen geziemet die Schaam,
Und so zu reden die meiste Zeit
Ist weise auch von Göttern.
90   Wo aber überflüssiger, denn lautere Quellen
Das Gold und ernst geworden ist der Zorn an dem Himmel,
Muss zwischen Tag und Nacht
Einsmals ein Wahres erscheinen.
Dreifach umschreibe du es,
Doch ungesprochen auch, wie es da ist,
Unschuldige, muss es bleiben.

O nenne Tochter du der heiligen Erd'!
Einmal die Mutter. Es rauschen die Wasser am Fels
Und Wetter im Wald und bei dem Nahmen derselben
100   Tönt auf aus alter Zeit Vergangengöttliches wieder.
Wie anders ists! und rechthin glänzt und spricht
Zukünftiges auch erfreulich aus den Fernen.
Doch in der Mitte der Zeit
Lebt ruhig mit geweihter
Jungfräulicher Erde der Äther
Und gerne, zur Erinnerung, sind
Die unbedürftigen sie
Gastfreundlich bei den unbedürftgen
Bei deinen Feiertagen
110   Germania, wo du Priesterin bist
Und wehrlos Rath giebst rings
Den Königen und den Völkern.

Heidegger zitiert die Verse 70 bis 75. Sie gehören zu dem, was der Adler, der Götterbote, zu Germanien als der stillsten Tochter Gottes sagt:

> *Und heimlich, da du träumtest, liess ich*
> *Am Mittag scheidend dir ein Freundeszeichen,*
> *Die Blume des Mundes zurük und du redetest einsam.*
> *Doch Fülle der goldenen Worte sandtest du auch*
> *Glükseelige! mit den Strömen und sie quillen unerschöpflich*
> *In die Gegenden all.*

In diesen Versen ist von Hölderlin unüberhörbar die Sprache dichterisch erfahren als »Die Blume des Mundes«. Zwar ist auch hier die Rede vom Mund, zwar wird auch hier die dichterische Sprache im Wort »Mund« genannt. Das Entscheidende aber ist, daß hier der Mund nicht als Organ erfahren ist, nicht als das Laut-bildende Organ, das mit dem Organismus zur animalitas des Menschen gehört. Vielmehr wird die dichterische Sprache erfahren und gedichtet als »Die Blume des Mundes«. Was besagt hier »Blume«? Der Mund als Wort für die Sprache, die Sprache als Mund, muß hier in den Versen Hölderlins primär aus dem her verstanden werden, was in diesem Zusammenhang »Blume« besagt.

In den Versen 70 bis 75 ist ferner die Rede von der »Fülle der goldenen Worte«, die mit den *Strömen der Erde* unerschöpflich in alle Gegenden quillen. Hier ist der *Bezug der dichterischen Worte zur Erde* genannt. Beachten wir den Sinnbezug zwischen der dichterischen Sprache als der »Blume des Mundes« und den »goldenen Worten«, die mit den Strömen als den Strömen der Erde in die Gegenden unerschöpflich quillen. Die dichterische Sprache als die »Blume des Mundes« und die »goldenen Worte«, die dichterischen Worte der Blume des Mundes, die mit den Strömen der Erde in die Gegenden quillen: Hier wird deutlich, daß die Sprache als die »Blume des Mundes«, daß der sprechende Mund, der die dichterischen Worte spricht, aus einem Bezug zur *Erde* erfahren ist.

Um diesen Sinnbezug noch deutlicher heraustreten zu lassen und den Sinn dessen, was hier »Blume« besagt, aufzuspüren, wendet sich

Heidegger einigen Versen aus der Elegie »Der Gang aufs Land« zu, die aus 40 Versen besteht.[8]

Der Gang aufs Land. An Landauer

Komm! ins Offene, Freund! zwar glänzt ein Weniges heute
Nur herunter und eng schliesset der Himmel uns ein.
Weder die Berge sind, noch aufgegangen des Waldes
Gipfel nach Wunsch und leer ruht von Gesange die Luft.
Trüb ists heut, es schlummern die Gäng' und die Gassen, und
                                         fast will
Mir es scheinen, es sei, als in der bleiernen Zeit.
Dennoch gelinget der Wunsch, Rechtglaubige zweifeln an
                                         Einer
Stunde nicht und der Lust bleibe geweihet der Tag.
Denn nicht wenig erfreut, was wir vom Himmel gewonnen,
10   wenn ers weigert und doch gönnet den Kindern zulezt.
Nur dass solcher Reden und auch der Schritt und der Mühe
Werth der Gewinn und ganz wahr das Ergözliche sei.
Darum hoff ich sogar, es werde, wenn das Gewünschte
Wir beginnen, und erst unsere Zunge gelöst,
Und gefunden das Wort, und aufgegangen das Herz ist,
Und von trunkener Stirn' höher Besinnen entspringt,
Mit der unsern zugleich des Himmels Blüthe beginnen,
Und dem offenen Blik offen der Leuchtende seyn.

Denn nicht Mächtiges ists, zum Leben aber gehört es,
20   Was wir wollen, und scheint schiklich und freudig zugleich.
Aber kommen doch auch der seegenbringenden Schwalben
Immer einige noch ehe der Sommer ins Land.
Nemlich droben zu weihn bei guter Rede den Boden,
Wo den Gästen das Haus baut der verständige Wirth;
Dass sie kosten und schaun das Schönste, die Fülle des Landes,

---

[8] a.a.O., S. 112 f.

Dass, wie das Herz es wünscht, offen, dem Geiste gemäss,
Mahl und Tanz und Gesang und Stutgards Freude gekrönt sei.
Deshalb wollen wir heut wünschend den Hügel hinauf.
Mög' ein Besseres noch das menschenfreundliche Mailicht
30 Drüber sprechen, von selbst bildsamen Gästen erklärt,
Oder, wie sonst, wenns andern gefällt, denn alt ist die Sitte,
Und es schauen so oft lächelnd die Götter auf uns,
Möge der Zimmermann vom Gipfel des Daches den Spruch
                                     thun,
Wir, so gut es gelang, haben das Unsre gethan.

Aber schön ist der Ort, wenn in Feiertagen des Frühlings
Aufgegangen das Thal, wenn mit dem Nekar herab
Weiden grünend und Wald und die schwanken Bäume des
                                     Ufers
Zahllos blühend weiss wallen in wiegender Luft
Aber mit Wölkchen bedekt am rothen Berge der Weinstok
40 Dämmert und wächst und erwarmt unter dem sonnigen Duft

– – – –

Die für unsere Fragestellung aufschlußgebenden Verse 13 bis 18 gehören zur I. Strophe:

> *Darum hoff ich sogar, es werde, wenn das Gewünschte*
> *Wir beginnen, und erst unsere Zunge gelöst,*
> *Und gefunden das Wort, und aufgegangen das Herz ist,*
> *Und von trunkener Stirn' höher Besinnen entspringt,*
> *Mit der unsern zugleich des Himmels Blüthe beginnen,*
> *Und dem offenen Blik offen der Leuchtende seyn.*

In diesen Versen ist die Rede von der »gelösten Zunge« und vom
»gefundenen Wort«, dem dichterischen Wort. In der Hymne »Germanien« war die Rede von der »Blume des Mundes«, also vom Mund,
in der Elegie »Der Gang aufs Land« ist es die Zunge. Wie bei der
Deutung des Mundes, so ist auch hier für das Verständnis des Bildes

von der Zunge entscheidend, in welchen Sinnbezügen diese steht. Entscheidend ist, ob die Zunge für sich als das Laut-artikulierende Organ im Blick steht, oder ob sich die Zunge und mit ihr das worthaft Verlautende aus einem anderen Sinnbezug bestimmt.

Der für diese Frage aufschlußgebende Vers 17:

Mit der unsern zugleich des Himmels Blüthe beginnen,

ist sinngemäß aufzulösen und zu ergänzen: Ich hoffe, es werde mit unserer Blüte zugleich des Himmels Blüte beginnen. Mit unserer Blüte heißt: mit der Blüte der Blume des Mundes, mit der Blüte der dichterischen Sprache, der dichterischen Worte. Hölderlin erfährt und dichtet das Wesen der dichterischen Sprache als *das Blühen der Blume des Mundes*. Gehen wir den hier sich zeigenden Sinnbezügen nach, dann dürfen wir sagen: Im Blühen, im Aufblühen der Blume des Mundes »erblüht die Erde der Blüte [und dem Erblühen] des Himmels entgegen«.[9]

Den Versen 70 bis 75 aus »Germanien« konnten wir entnehmen, wie die goldenen Worte der Blume des Mundes mit den Strömen der *Erde* in alle Gegenden quillen. Dort leuchtete der Sinnbezug zwischen den *Worten der Blume des Mundes* und der *Erde* auf.

In den Versen 13 bis 18 der Elegie »Der Gang aufs Land« sehen wir, wie wir »die Blume« als die des Mundes verstehen müssen: als ein Aufblühen und Erblühen. Das Aufblühen geschieht aber aus der Verschlossenheit der bergenden Erde. Es ist ein Aufblühen aus der Erde und als solches ein Entgegenblühen dem Offenen und Lichten des *Himmels*. Zu den dichterischen Bildern »Blume des Mundes« und »Blüthe« gehören die Bezüge zur *Erde* und zum *Himmel*. Wenn die dichterische Sprache durch Hölderlin als »Blume des Mundes« und als »Blüthe« erfahren ist, dann ist die Sprache aus dem Geschehen des blühenden *Aufgangs von Erde und Himmel* erfahren. Im Blühen der Blüte des Mundes, im dichterischen Sagen der Worte, erblühen Erde und Himmel.

Holt das Denken diese dichterische Erfahrung von der Sprache

---

[9] M. Heidegger, Das Wesen der Sprache, a.a.O., S. 206.

vom dichterischen Weg Hölderlins auf den denkerischen Weg herüber, dann besagt die dichterische Erfahrung in der denkerischen Auslegung dieses: Im Sagen des dichterischen Wortes öffnet sich die Erde als Erde und öffnet sich der Himmel als Himmel. In diesem Sichöffnen geht die Erde als Erde unter dem Himmel auf und geht der Himmel als Himmel über der Erde auf. Die Erde ist nur Erde unter dem Himmel, der Himmel ist nur Himmel über der Erde.

Hölderlin erfährt das Wesen der Sprache als das Blühen der Blüte, als das Aufblühen der Blume des Mundes. In diesem Aufblühen und Blühen der Blüte und der Blume des Mundes erblüht die Erde als Erde unter dem Himmel, erblüht der Himmel als Himmel über der Erde. Mit Blick auf diese dichterische Erfahrung kann Heidegger sagen: In dieser dichterischen Erfahrung mit dem Wesen der Sprache kündigt sich an »das Wesen der Sprache als die Sage, als das alles Bewëgende«, d.h. als das Erscheinenlassen von Welt für das weltverstehende Da-sein.[10]

Das als Wesen der Sprache geschehende Erscheinenlassen von Welt zeigte sich uns schon als die erfragte Wesensherkunft für das seinvergebende Wortwesen, so, wie dieses von Stefan George dichterisch erfahren ist. Jetzt aber im Zusammenhang der Hölderlinschen Erfahrung mit dem Wesen der Sprache zeigt sich, daß zur *Welt* der *erblühende Aufgang von Erde und Himmel* gehört. Als wir erstmals auf das Erscheinenlassen von Welt als der Wesensherkunft des seinvergebenden Wortes stießen, erläuterten wir Welt als Ganzheit von Bedeutsamkeit, als Ganzheit von Sinnbezügen oder als Sinnbezugsganzheit. Jetzt aber stoßen wir auf Erde und Himmel, von denen wir sagten, Heidegger fasse diese als Gegenden der Welt, als *Weltgegenden*. Zu diesen zwei Gegenden der Welt kommen noch zwei weitere hinzu, so, daß die Welt vier Gegenden zeigt. Diese vier Weltgegenden werden wir begreifen als die Gegenden für jene Sinnbezugsganzheit oder Ganzheit von Bedeutsamkeit.

Dennoch spricht Heidegger in bezug auf Hölderlins dichterische Erfahrung mit der Sprache nur von einem »sich ankündigen«. Auch in Hölderlins Erfahrung *kündigt sich* das Wesen der Sprache *nur an*

---

[10] ebd.

als das Erscheinenlassen von Welt und ihrer Gegenden. Dieses so dichterisch erfahrene Wesen der Sprache zeigt sich nicht rückhaltlos. Es ist vielmehr ein Hineinzeigen in den im Wesen der Sprache geschehenden Aufgang von Welt in ihren vier Gegenden. Zu einer dieser Gegenden, zur Erde, steht aber der Lautcharakter der Sprache, deren worthafte Verlautbarung, in einem besonderen Bezug. Das bedeutet aber: Zu Hölderlins dichterischer Erfahrung vom Wesen der Sprache gehört *auch* die Zugehörigkeit des Lautenden der Sprache zur Erde, so, wie diese im Wesensgeschehen der Sprache mit den anderen Gegenden der Welt aufgeht. Diesen sachlichen Zusammenhang gilt es im Folgenden im Auge zu behalten und einer Klärung entgegenzuführen.

Das dritte Gedicht Hölderlins, dem sich Heidegger in einem hermeneutischen Gespräch zuwendet, ist die große Elegie »Brod und Wein«.[11] Auch dieses Gedicht ist, wie die beiden anderen, nicht im ganzen eine thematische Dichtung von der dichterischen Erfahrung mit der Sprache. Es enthält aber Verse, in denen das dichterisch erfahrene Wesen der Sprache thematisch gedichtet wird.

Wenn wir an unseren Aufriß der verschiedenen Möglichkeiten für die dichterischen Erfahrungen mit der Sprache zurückdenken, so können wir in bezug auf die hier herangezogenen Gedichte Hölderlins sagen: Sie sind zum einen Gedichte, die wie jedes Gedicht *aus* je einer einzigartigen dichterischen Erfahrung mit dem Wesen der Sprache hervorgegangen sind. Dieselben Gedichte sind zum anderen und zugleich auch Dichtungen, in denen die *thematische Erfahrung* mit dem Wesen der Sprache *thematisch gedichtet* wird. Das in den dichterischen Bildern von Blüte und Blume des Mundes thematisch gedichtete Wesen der Sprache ist jenes Sprachwesen, aus dessen dichterischer Erfahrung diese Gedichte selbst hervorgegangen sind.

Die Elegie »Brod und Wein« besteht aus neun Strophen mit insgesamt 160 Versen.

---

[11] Fr. Hölderlin, Sämtliche Werke (N. v. Hellingrath), a.a.O., S. 119 – 125.

Brod und Wein. An Heinze

1

Rings um ruhet die Stadt; still wird die erleuchtete Gasse,
Und, mit Fakeln geschmükt, rauschen die Wagen hinweg.
Satt gehn heim von Freuden des Tags zu ruhen die Menschen,
Und Gewinn und Verlust wäget ein sinniges Haupt
Wohlzufrieden zu Haus; leer steht von Trauben und Blumen,
Und von Werken der Hand ruht der geschäfftige Markt.
Aber das Saitenspiel tönt fern aus Gärten; vieleicht, dass
Dort ein Liebendes spielt oder ein einsamer Mann
Ferner Freunde gedenkt und der Jugendzeit; und die Brunnen
10 Immerquillend und frisch rauschen an duftendem Beet.
Still in dämmriger Luft ertönen geläutete Gloken,
Und der Stunden gedenk rufet ein Wächter die Zahl.
Jezt auch kommet ein Wehn und regt die Gipfel des Hains auf,
Sieh! und das Schattenbild unserer Erde, der Mond,
Kommet geheim nun auch; die Schwärmerische, die Nacht
kommt,
Voll mit Sternen und wohl wenig bekümmert um uns,
Glänzt die Erstaunende dort, die Fremdlingin unter den
Menschen
Über Gebirgeshöhn traurig und prächtig herauf.

2

Wunderbar ist die Gunst der Hocherhabnen und niemand
20 Weiss von wannen und was einem geschiehet von ihr.
So bewegt sie die Welt und die hoffende Seele der Menschen,
Selbst kein Weiser versteht, was sie bereitet, denn so
Will es der oberste Gott, der sehr dich liebet, und darum
Ist noch lieber, wie sie, dir der besonnene Tag.
Aber zuweilen liebt auch klares Auge den Schatten
Und versuchet zu Lust, eh' es die Noth ist, den Schlaf,
Oder es blikt auch gern ein treuer Mann in die Nacht hin,

Ja, es ziemet sich ihr Kränze zu weihn und Gesang,
Weil den Irrenden sie geheiliget ist und den Todten,
30   Selber aber besteht, ewig, in freiestem Geist.
Aber sie muss uns auch, dass in der zaudernden Weile,
Dass im Finstern für uns einiges Haltbare sei,
Uns die Vergessenheit und das Heiligtrunkene gönnen,
Gönnen das strömende Wort, das, wie die Liebenden, sei,
Schlummerlos und vollern Pokal und kühneres Leben,
Heilig Gedächtniss auch, wachend zu bleiben bei Nacht.

3

Auch verbergen umsonst das Herz im Busen, umsonst nur
Halten den Muth noch wir, Meister und Knaben, denn wer
Möcht' es hindern und wer möcht' uns die Freude verbieten?
40   Göttliches Feuer auch treibet, bei Tag und bei Nacht,
Aufzubrechen. So komm! dass wir das Offene schauen,
Dass ein Eigenes wir suchen, so weit es auch ist.
Fest bleibt Eins; es sei um Mittag oder es gehe
Bis in die Mitternacht, immer bestehet ein Maas,
Allen gemein, doch jeglichem auch ist eignes beschieden,
Dahin gehet und kommt jeder, wohin er es kann.
Drum! und spotten des Spotts mag gern frohlokkender
                                              Wahnsinn,
Wenn er in heiliger Nacht plözlich die Sänger ergreift,
Drum an den Isthmos komm! dorthin, wo das offene
                                              Meer rauscht
50   Am Parnass und der Schnee delphische Felsen umglänzt,
Dort ins Land des Olymps, dort auf die Höhe Cithärons,
Unter die Fichten dort, unter die Trauben, von wo
Thebe drunten und Ismenos rauscht im Lande des Kadmos,
Dorther kommt und zurük deutet der kommende Gott.

4

Seeliges Griechenland! du Haus der Himmlischen alle,

Also ist wahr, was einst wir in der Jugend gehört?
Festlicher Saal! der Boden ist Meer! und Tische die Berge,
Wahrlich zu einzigem Brauche vor Alters gebaut!
Aber die Thronen, wo? die Tempel, und wo die Gefässe,
60 Wo mit Nectar gefüllt, Göttern zu Lust der Gesang?
Wo, wo leuchten sie denn, die fernhintreffenden Sprüche?
Delphi schlummert und wo tönet das grosse Geschik?
Wo ist das schnelle? wo brichts, allgegenwärtigen Glüks voll
Donnernd aus heiterer Luft über die Augen herein?
Vater Äther! so riefs und flog von Zunge zu Zunge,
Tausendfach, es ertrug keiner das Leben allein;
Ausgetheilet erfreut solch Gut und getauschet, mit Fremden,
Wirds ein Jubel, es wächst schlafend des Wortes Gewalt
Vater! heiter! und hallt, so weit es gehet, das uralt
70 Zeichen, von Eltern geerbt, treffend und schaffend hinab.
Denn so kehren die Himmlischen ein, tiefschütternd gelangt so
Aus den Schatten herab unter die Menschen ihr Tag.

5

Unempfunden kommen sie erst, es streben entgegen
Ihnen die Kinder, zu hell kommet, zu blendend das Glük,
Und es scheut sie der Mensch, kaum weiss zu sagen ein
                                        Halbgott
Wer mit Nahmen sie sind, die mit den Gaaben ihm nahn.
Aber der Muth von ihnen ist gross, es füllen das Herz ihm
Ihre Freuden und kaum weiss er zu brauchen das Gut,
Schafft, verschwendet und fast ward ihm Unheiliges heilig,
80 Das er mit seegnender Hand thörig und gütig berührt.
Möglichst dulden die Himmlischen diss; dann aber in
                                        Wahrheit
Kommen sie selbst, und gewohnt werden die Menschen
                                        des Glüks
Und des Tags und zu schaun die Offenbaren, das Antliz
Derer, welche schon längst Eines und Alles genannt,
Tief die verschwiegene Brust mit freier Genüge gefüllet,

Und zuerst und allein alles Verlangen beglükt;
So ist der Mensch; wenn da ist das Gut, und es sorget mit
                                        Gaaben
Selber ein Gott für ihn, kennet und sieht er es nicht.
Tragen muss er, zuvor; nun aber nennt er sein Liebstes,
90   Nun, nun müssen dafür Worte, wie Blumen entstehn.

6

Und nun denkt er zu ehren in Ernst die seeligen Götter,
Wirklich und wahrhaft muss alles verkünden ihr Lob.
Nichts darf schauen das Licht, was nicht den Hohen gefället,
Vor den Äther gebührt müssigversuchendes nicht.
Drum in der Gegenwart der Himmlischen würdig zu stehen,
Richten in herrlichen Ordnungen Völker sich auf
Untereinander und baun die schönen Tempel und Städte
Vest und edel, sie gehn über Gestaden empor -
Aber wo sind sie? wo blühn die Bekannten, die Kronen
                                        des Festes?
100   Thebe welkt und Athen; rauschen die Waffen nicht mehr
In Olympia, nicht die goldnen Wagen des Kampfspiels,
Und bekränzen sich denn nimmer die Schiffe Korinths?
Warum schweigen auch sie, die alten heilgen Theater?
Warum freuet sich denn nicht der geweihete Tanz?
Warum zeichnet, wie sonst, die Stirne des Mannes ein
                                        Gott nicht,
Drükt den Stempel, wie sonst, nicht dem Getroffenen auf?
Oder er kam auch selbst und nahm des Menschen Gestalt an
Und vollendet und schloss tröstend das himmlische Fest.

7

Aber Freund! wir kommen zu spät. Zwar leben die Götter,
110   Aber über dem Haupt droben in anderer Welt.
Endlos wirken sie da und scheinens wenig zu achten,
Ob wir leben, so sehr schonen die Himmlischen uns.

Denn nicht immer vermag ein schwaches Gefäss sie zu fassen,
Nur zu Zeiten erträgt göttliche Fülle der Mensch.
Traum von ihnen ist drauf das Leben. Aber das Irrsaal
Hilft, wie Schlummer und stark machet die Noth und
                                       die Nacht,
Biss dass Helden genug in der ehernen Wiege gewachsen,
Herzen an Kraft, wie sonst, ähnlich den Himmlischen sind.
Donnernd kommen sie drauf. Indessen dünket mir öfters
120 Besser zu schlafen, wie so ohne Genossen zu seyn,
So zu harren und was zu thun indess und zu sagen,
Weiss ich nicht und wozu Dichter in dürftiger Zeit?
Aber sie sind, sagst du, wie des Weingotts heilige Priester,
Welche von Lande zu Land zogen in heiliger Nacht.

8

Nemlich, als vor einiger Zeit, uns dünket sie lange,
Aufwärts stiegen sie all, welche das Leben beglükt,
Als der Vater gewandt sein Angesicht von den Menschen,
Und das Trauern mit Recht über der Erde begann,
Als erschienen zu lezt ein stiller Genius, himmlisch
130 Tröstend, welcher des Tags Ende verkündet' und schwand,
Liess zum Zeichen, dass einst er da gewesen und wieder
Käme, der himmlische Chor einige Gaaben zurük,
Derer menschlich, wie sonst, wir uns zu freuen vermöchten,
Denn zur Freude, mit Geist, wurde das Grössre zu gross
Unter den Menschen und noch, noch fehlen die Starken
                                      zu höchsten
Freuden, aber es lebt stille noch einiger Dank.
Brod ist der Erde Frucht, doch ists vom Lichte geseegnet,
Und vom donnernden Gott kommet die Freude des Weins.
Darum denken wir auch dabei der Himmlischen, die sonst
140 Da gewesen und die kehren in richtiger Zeit,
Darum singen sie auch mit Ernst die Sänger den Weingott
Und nicht eitel erdacht tönet dem Alten das Lob.

9

Ja! sie sagen mit Recht, er söhne den Tag mit der Nacht aus,
Führe des Himmels Gestirn ewig hinunter, hinauf,
Allzeit froh, wie das Laub der immergrünenden Fichte,
Das er liebt, und der Kranz, den er von Epheu gewählt,
Weil er bleibet und selbst die Spur der entflohenen Götter
Götterlosen hinab unter das Finstere bringt.
Was der Alten Gesang von Kindern Gottes geweissagt,
150 Siehe! wir sind es, wir; Frucht von Hesperien ists!
Wunderbar und genau ists als an Menschen erfüllet,
Glaube, wer es geprüft! aber so vieles geschieht,
Keines wirket, denn wir sind herzlos, Schatten, bis unser
Vater Äther erkannt jeden und allen gehört.
Aber indessen kommt als Fakelschwinger des Höchsten
Sohn, der Syrier, unter die Schatten herab.
Seelige Weise sehns; ein Lächeln aus der gefangnen
Seele leuchtet, dem Licht thauet ihr Auge noch auf.
Sanfter träumet und schläft in Armen der Erde der Titan,
160 Selbst der neidische, selbst Cerberus trinket und schläft.

Die Verse 87 bis 90 aus der 5. Strophe sind es, in denen die *thematische* Erfahrung mit dem Wesen der Sprache auch *thematisch* gedichtet wird. Hier spricht sich eine dichterische Erfahrung mit dem Wesen der Sprache aus, die sich unmittelbar an das anschließt, was wir den Gedichten »Germanien« und »Der Gang aufs Land« entnehmen konnten.

Die Verse, in denen die dichterische Sprache selbst gedichtet wird, lauten:

So ist der Mensch; wenn da ist das Gut, und es sorget mit Gaaben
Selber ein Gott für ihn, kennet und sieht er es nicht.
Tragen muss er, zuvor; nun aber nennt er sein Liebstes,
Nun, nun müssen dafür Worte, wie Blumen entstehn.

Wir sehen, wie dieses dichterische Bild für die Sprache unmittelbar an die dichterischen Bilder für das Wesen der Sprache aus »Germanien« und »Der Gang aufs Land« anknüpft. Dort war es »die Blume des Mundes« und »unsere Blüthe«, mit der zugleich des »Himmels Blüthe« beginnt, jetzt heißt es von den Worten, daß sie »wie Blumen entstehn«. Blume und Blüte, ihr Aufblühen, stehen in den Bezügen zu Erde und Himmel.

Eine andere Fassung dieser Verse lautet[12]:

> *Lang und schwer ist das Wort von dieser Ankunft aber*
> *Weiß ist der Augenblick. Diener der Himmlischen sind*
> *Aber kundig der Erd, ihr Schritt ist gegen den Abgrund*
> *Jugendlich menschlicher*
> *doch das in den Tiefen ist alt.*

Heidegger führt auch diese Fassung der Verse 87 ff. an mit der Bemerkung, diese zu bedenken sei förderlich für das Durchdenken der Verse 87 ff. aus der Endfassung.[13] Förderlich ist es deshalb, weil die andere Fassung sehen läßt, daß hier, wo das Wesen der dichterischen Sprache gedichtet wird, auch die *Himmlischen* und deren *Diener*, also der *Dichter* als der *Sterbliche*, zu beachten sind. Dadurch, daß die dichterischen Worte in ihrer Sageweise erfahren und thematisch gedichtet werden als solche, die »wie Blumen entstehn«, ist von Hölderlin erfahren, daß im Wesen der Sprache *Erde und Himmel* in gegenseitiger Zuwendung aufgehen. Sofern aber die Worte die des Dieners der Himmlischen sind, gehören auch der Diener als der *Sterbliche* und gehören die *Himmlischen* oder die Götter zu Erde und Himmel, zu dem, was im Wesensgeschehen der Sprache aufgeht.

Jetzt sind auch die zwei anderen Gegenden der Welt genannt, die mit Erde und Himmel zusammen das Gefüge der »Weltgegenden«[14] bilden, jenes Gefüge, das Heidegger das Ge-viert nennen wird. Zugleich wird aber deutlich, daß Heidegger seinen Begriff der Welt als Ge-viert, als Versammlung von vier Weltgegenden, aus seinem hermeneutischen Gespräch mit der Dichtung Hölderlins entfaltet.

---

[12] a.a.O., S. 326 f.
[13] M. Heidegger, Das Wesen der Sprache, a.a.O., S. 206.
[14] a.a.O., S. 207.

Hölderlin erfährt und dichtet thematisch das Wesen der Sprache als »Blume des Mundes«, als »Blüthe«, als »Worte«, die »wie Blumen entstehn«. In dieser dichterischen Erfahrung mit dem Wesen der Sprache zeigt sich für Heidegger ein Vierfaches, das wir zu entfalten versuchen.

1. Wenn Hölderlin seine dichterische Erfahrung mit dem Wesen der Sprache dichtet als »Worte, wie Blumen«, dann handelt es sich hierbei nicht um einen bloßen Vergleich, nicht um eine metaphorische Redeweise. In der dichterisch zu Wort gebrachten Erfahrung mit dem Wesensgeschehen der Sprache liegt das »Erwachen des weitesten Blickes«.[15] Hölderlins dichterischer Blick blickt, wenn er das Wesen der Sprache dichtet als »Worte«, die »wie Blumen entstehn«, in das Wesensgeschehen der Sprache.

Dieser Blick ist der »weiteste«, weil er am weitesten in das Wesen der Sprache hineinreicht, am weitesten, d.h. weiter als der Blick Stefan Georges. Zugleich ist der dichterische Verstehensblick in das Wesen der Sprache der »weiteste« deshalb, weil er in die weiteste Weite hineinreicht. Die weiteste Weite ist aber die Welt in ihren Gegenden, die sich in der Sprache für den Menschen öffnen.

Hölderlins Erfahrung mit der Sprache selbst ist ein »Erwachen« des weitesten Wesensblickes, ein Erwachen aus einem Schlaf, aus jenem Schlaf, der alles sonstige Sprachdenken bestimmt hat. Hölderlins Erfahrung mit der Sprache ist ein Erwachen aus jenem langen Schlaf, in dem das Wesen der Sprache als das Erscheinenlassen der Welt in ihren Gegenden verschlossen blieb.

2. Hölderlins Erfahrung mit dem Wesen der Sprache, thematisch gedichtet in der Wendung »Worte, wie Blumen entstehn«, ist das Erwachen des weitesten Blickes, weil in dieser Wesenserfahrung »das Wort zurückgeborgen [wird] in seine Wesensherkunft«.[16] Das dichterische Wort läßt in seinem Sagen und Nennen das, was es nennt, in die Offenheit seines Was- und Wie-seins, seiner Innerweltlichkeit

---

[15] ebd.
[16] ebd.

und Weltzugehörigkeit eingehen. Das im Nennen offenbarmachende Wort ist aber das *lautende* Wort. Das in seinem offenbarmachenden Nennen lautende Wort wird im Erwachen des weitesten Wesensblickes aus seiner Wesensherkunft erfahren, aus dem Aufgang der Weltgegenden. In dieser Erfahrung wird die im offenbarmachenden Nennen verlautende Sprache »zurückgeborgen« in ihre Wesensherkunft. »Zurück-bergen« – das Bergen meint ein Retten und Bewahren. Solange das lautende Wort bestimmt wird in der Blickbahn der Unterscheidung zwischen Sinnlichem und Geistigem, solange der Lautcharakter der Sprache aufgefaßt wird als das, worin die Sprache als ein Seiendes vorliegt, solange das Lautliche der Sprache zur animalitas des animal rationale gezählt wird, bleibt das verlautende Wort ungeborgen, seiner Wesensherkunft entfremdet. Solange der Lautcharakter der Sprache aus dem Wesen des Menschen als dem animal rationale bestimmt wird, bleibt das Eigene des Lautens der Sprache verhüllt, teilt der Mensch mit dem Tier diese Seite seiner Sprache. Wird dagegen die Wesensherkunft des lautenden Wortes erfahren, dann wird das lautende Wort und das Eigene des Lautens bewahrt, gerettet, geborgen. Sofern das lautende Wort seine Bergung, die Wahrung seines Eigenen, aus seiner Wesensherkunft erhält, wird es »zurück-geborgen«. Es wird *zurück*geborgen in das, von woher es sein Eigenes hat. Sein Eigenes hat das verlautende Wort aus seiner Wesensherkunft, aus dem Aufgang der Welt und insbesondere der einen der vier Weltgegenden, aus dem Aufgang der Erde, zu der das verlautende Wort und mit ihm die daseinsmäßige Leiblichkeit gehört.

3. Sofern in Hölderlins Erfahrung mit dem Wesen der Sprache das lautende Wort zurückgeborgen wird in seine Wesensherkunft, in das Aufgehen der Welt und ihrer Gegenden, insbesondere der Gegend der Erde, wird das lautende Wort »hervorgebracht« »aus seinem Anfang«. Das Zurückbergen des verlautenden Wortes in seine Wesensherkunft ist zugleich das »Hervorbringen des Wortes aus seinem Anfang«.[17] Die Wesensherkunft, das Erscheinenlassen und Darreichen der Welt und ihrer Gegenden, ist zugleich der Anfang, aus

---

[17] ebd.

dem die verlautende Sprache anfängt. Das lautende Wort kann nur ein nennendes Offenbarmachen sein, wenn es für dieses Nennen aus dem Aufgang der Welt anfängt.

Das Dichten Hölderlins ist aber in einem zweifachen Sinn »das Hervorbringen des Wortes aus seinem Anfang«: a) Wenn Hölderlin das Wesen der Sprache thematisch erfährt und diese Erfahrung thematisch dichtet in der Wendung »Worte, wie Blumen entstehn«, dann ist sein thematisches Dichten des thematisch erfahrenen Sprachwesens ein thematisches Hervorbringen der verlautenden Sprache aus ihrem Anfang, aus ihrer Wesensherkunft. – b) Wenn Hölderlin die Wesensherkunft und den Anfang der worthaft verlautenden Sprache thematisch erfährt und dichtet, dann vollzieht sich nicht nur sein thematisches Dichten des erfahrenen Sprachwesens als ein thematisches Hervorbringen des Wortes aus dessen Anfang. Vielmehr vollzieht sich sein Dichten überhaupt als ein Hervorbringen seiner Gedichte aus dem von ihm erfahrenen Anfang der Sprache. Das zeigt sich darin, daß Hölderlin in seiner Dichtung den Aufgang der Welt, ihrer Gegenden, dichtet: Erde und Himmel, die Sterblichen und die Himmlischen.

4. Wenn Hölderlin in seiner Erfahrung mit der Sprache das dichterische Wort aus dessen Wesensanfang hervorbringt, dann ist ein solches Hervorbringen nur möglich als ein »Hörenkönnen« auf das sich ihm in der Erfahrung zusprechende und bekundende Sprachwesen.[18] Das Hörenkönnen als Verhaltensweise des Dichters zur Sprache besagt, daß das, worauf der Dichter hört, das Wesen der Sprache als das Erscheinen, als Aufgang der Welt, nichts ist, worüber der Dichter und der Mensch verfügt. Im Hörenkönnen auf das dem Dichter widerfahrende Wesen der Sprache versteht er den Bezug der verlautenden Sprache zur Erde, versteht er die Erde als eine Dimension der Welt, die mit den anderen Weltdimensionen als das Wesensgeschehen der Sprache aufgeht.

Damit ist Hölderlins Erfahrung mit dem Wesen der Sprache nach vier Hinsichten gekennzeichnet. Wenn Hölderlin das Wesen der Sprache erfährt und dichtet als »Blume des Mundes«, als »Blüthe«,

---

[18] ebd.

als »Worte, wie Blumen entstehn«, dann ist diese Erfahrung 1. ein Erwachen des weitesten Wesensblickes, 2. ein Zurückbergen des lautenden Wortes in seine Wesensherkunft, den Aufgang der Welt, 3. ein Hervorbringen des Wortes aus seinem Anfang, dem Aufgang der Welt, und 4. ein Hörenkönnen des Dichters auf die ihm widerfahrende Wesensherkunft, auf den ihm widerfahrenden Wesensanfang der Sprache.

§ 25. Das Läuten als der Ursprung des Lautens

Die von Hölderlin dichterisch erfahrene Hingehörigkeit des lautenden Wortes in die Weltgegend der Erde muß als dichterisch Erfahrenes ausdrücklich in das Denken herübergeholt werden. Es ist das Denken, das am hermeneutischen Leitfaden entlang geht und aus dem Bedenken dessen, wovon dieser Leitfaden weg-winkt, hinblickt auf das, wohin der Leitfaden winkt. Das, wohin der Leitfaden winkt, ist formal angezeigt als »die Sprache des Wesens«, das sich Zusprechen, Bekunden, sich Zeigen des Wesensgeschehens der Sprache. Dieses erfragte Wesensgeschehen der Sprache zeigte sich bisher als das Erscheinenlassen und Darreichen von Welt, als lichtender Aufgang der vier Weltgegenden: Erde und Himmel, die Sterblichen und die Göttlichen. Dieser lichtende Aufgang der Weltgegenden ist die Wesensherkunft des lautenden, in seinem Nennen offenbarmachenden Wortes. Als Wesensherkunft ist der lichtende Aufgang der Welt der Anfang, aus dem die in ihrem Nennen offenbarmachende lautende Sprache anfängt.

Hölderlins dichterische Worte für das von ihm erfahrene Sprachwesen sind: »Blume des Mundes«, »Blüthe«, »Worte, wie Blumen entstehn«. Mit Blick auf diese gedichtete Erfahrung mit der Sprache sagt Heidegger: Wenn Hölderlin das Wesen des Wortes und der Sprache als »Blume des Mundes« und als »Blüthe« erfährt, »dann hören wir [, die wir uns denkend dieser dichterischen Erfahrung zuwenden,] das Lautende der Sprache erdhaft aufgehen«.[1] Als Hören

---

[1] a.a.O., S. 208.

ist das Denken ein verstehendes Hören auf das, was sich in den dichterischen Worten für das Wesen der Sprache bekundet. Heidegger
spricht vom »erdhaften Aufgehen« des Lautens mit Blick auf Hölderlins Bild von der Blüte, deren Erblühen ein Aufblühen und als
solches ein Aufgehen aus einer Verschlossenheit ist. Das Lauten der
Sprache geht aber »erdhaft« auf, weil es wie alles zur Erde Gehörige
aufgeht.

Wenn das Lauten der Sprache erdhaft aufgeht, dann muß gefragt
werden, »von woher« es aufgeht.[2] Die Antwort lautet: »Aus dem
Sagen, worin sich das Erscheinenlassen von Welt begibt«.[3] Aus dem
Sagen, d.h. aus der schon mehrfach genannten Sage, aus dem Wesensgeschehen der Sprache, aus dem lichtenden Aufgang der Welt
und ihrer Gegenden. Das Lauten der Sprache geht erdhaft auf aus
dem lichtenden Aufgang der Welt, zu deren Gegenden das gehört,
was Hölderlin dichterisch, Heidegger denkerisch als Erde erfahren.

Nachdem in hermeneutisch-phänomenologischer Blickweise das
Lauten der Sprache aus dem erdhaften Aufgehen erfahren ist, das
hineingehört in den lichtenden Aufgang der Weltgegenden, geht
Heidegger dazu über, den *lichtenden Aufgang von Welt selbst in
dessen Bezug zum Lauten und Verlauten der Sprache* zu erhellen.
Die Wesensherkunft des lautenden Wortes und der Verlautbarung
im ganzen, das Erscheinenlassen, der lichtende Aufgang der Welt in
ihren Gegenden, wird nunmehr als ein »Läuten«[4] gekennzeichnet.
Das *Läuten* wird aber gefaßt als ein »rufendes Versammeln«[5] der
Weltgegenden. Was besagt das Läuten? Inwiefern ist es ein rufendes
Versammeln? In welchem Bezug steht das *Läuten* als rufendes Versammeln der Weltgegenden zum *Verlauten* und *Lauten* der Sprache?

Das Erscheinenlassen von Welt, das als Wesensherkunft des verlautenden Sprechens geschieht, zeigt den Grundzug eines Versammelns, weil es die sich lichtenden Weltgegenden versammelt. Das
Erscheinenlassen der Weltgegenden hat versammelnden Charakter,

---

[2] ebd.
[3] ebd.
[4] ebd.
[5] ebd.

sofern es die aufgehenden Weltgegenden nicht vereinzelt aufgehen läßt, sondern in der Weise eines Zueinandergekehrtseins. Im aufgehenden Zueinandersichkehren gehen die Weltgegenden in ihrem Aufeinanderbezogensein auf. Die so lichtend aufgehenden Weltgegenden bilden eine Bezüglichkeit untereinander. Jede der vier Weltgegenden geht in einer eigenen Bedeutsamkeit auf. Aber mit dieser eigenen Bedeutsamkeit halten sie sich nicht in einer Bezugslosigkeit. In ihrer je eigenen Bedeutsamkeit sind die Weltgegenden untereinander in ein Bezugsgeflecht verspannt. Dieses bildet das Gefüge der Weltgegenden, das *Welt-Gefüge*. Innerhalb dieses Welt-Gefüges entfaltet sich jene Bezugsganzheit von Bewandtnissen, wie sie in der Welt-Analytik von »Sein und Zeit« hermeneutisch-phänomenologisch freigelegt ist.[6]

Das im Erscheinenlassen und lichtenden Aufgang von Welt geschehende Versammeln, Miteinanderversammeln der Weltgegenden wird als ein *Rufen* gefaßt. Denn im lichtenden Aufgang der Weltgegenden geschieht ein Sicheinanderrufen der Weltgegenden. In diesem aufgehenden Sicheinanderrufen entfaltet sich das Bezugsgeflecht unter ihnen. Was sich im Erscheinenlassen als Bezugsgeflecht der Weltgegenden entfaltet, waltet als ein *Regsames*. Das sich Entfalten der bedeutsamen Bezüge zwischen den Weltgegenden und innerhalb ihrer ist die dem lichtenden Aufgang der Welt *eigene Bewegtheit*. Diese Bewegtheit im sich Entfalten der bedeutsamen Bezüge zwischen und in den Weltgegenden können wir als Regsamkeit fassen. Die Regsamkeit im einander rufenden Versammeln der Weltgegenden, in der Bewegtheit der sich entfaltenden Weltbezüge, nennt Heidegger das Läuten im Unterschied zum Lauten. Inwiefern?

Was besagt das *Läuten*? Wenn das rufende Versammeln der Weltgegenden ein Läuten genannt wird, dann müssen wir die Bedeutung des Läutens im rufenden Versammeln aufsuchen. Das Läuten ist zuerst das Läuten der Glocke, die diejenigen ruft, an die es sich richtet. Es ruft sie, sich zu versammeln. Das Läuten der Glocke ruft und versammelt, es ist ein rufendes Versammeln. Diese Bedeutung des

---

[6]   Vgl. M. Heidegger, Sein und Zeit, a.a.O., § 18, S. 83 ff.

Läutens einer Glocke greift Heidegger auf, wenn er das Erscheinenlassen der Weltgegenden ein Läuten nennt.

Die andere Bedeutung, die auch zum Läuten gehört, das Lauten
des Schalls, der erklingt und gehört wird, ist hier abgeblendet. Denn
das läutende Erscheinenlassen der Weltgegenden ist noch ohne
Laut, ist lautlos, geschieht *vor* dem Lauten und Verlauten. Das Läuten ist die dem lichtenden Aufgang der Weltgegenden eigene Regsamkeit, ist die dem Erscheinenlassen der Weltgegenden eigene Bewegtheit, eine Lebendigkeit, die sich in der Entfaltung der
Bedeutsamkeitsbezüge zwischen den Weltgegenden und innerhalb
ihrer zeigt.

Im sich Entfalten dieser Bedeutsamkeitsbezüge *gliedert sich* der
lichtende Aufgang der Weltgegenden. Im Läuten als dem rufenden
Versammeln der Weltgegenden lichtet sich das *Gliederungsgefüge*
der Weltgegenden. Im Läuten als dem rufenden Versammeln geschieht ein Gliedern, ein gliederndes Heraustreten der Bedeutsamkeitsbezüge, in denen die Weltgegenden versammelt sind. Wenn das
Läuten ein sinnfügendes Gliedern ist, müssen wir das läutende Gliedern mit dem zusammendenken, was in »Sein und Zeit« in der fundamentalontologischen Wesensanalytik der Sprache als *Rede* gekennzeichnet wird. Im § 34 wird das existenziale Wesen der Rede
erläutert als ein Gliedern der geworfen-entworfenen Erschlossenheit des In-der-Welt-seins im ganzen.[7]

Das *Läuten*, das rufende Versammeln der Weltgegenden in ihrem
Geflecht von Bedeutsamkeitsbezügen, ist der *Ursprung* für das *Lauten* und *Verlauten* der Sprache: »Das Lauten erklingt aus dem Läuten«[8], aus dem rufend-versammelnden Erscheinenlassen der Weltgegenden. Das rufende Versammeln der Weltgegenden selbst lautet
nicht, sondern läutet. Als selbst nicht Lautendes ermangelt jedoch
das rufende Versammeln der Weltgegenden nicht einer eigenen Regsamkeit und Bewegtheit. Diese wird als das Läuten gefaßt. Das Läuten, die läutende, also rufend versammelnde Regsamkeit ist als selbst
nicht lautend der Ursprung für das im nennenden Offenbarmachen
lautende Wort.

---

[7]   a.a.O., S. 160 ff.
[8]   M. Heidegger, Das Wesen der Sprache, a.a.O., S. 208

Man sieht deutlich, wie bedachtsam Heidegger das Wort »Läuten« für diesen jetzt von uns erläuterten Sachverhalt gewählt hat. Für den Ursprung des lautenden Wortes wählt er ein Wort, das zum selben Wortstamm wie das Lauten gehört, selbst aber dasjenige nennt, was dem Lauten ermöglichend voraufgeht. Zugleich ist das Wort »Läuten« gewählt, weil es die Bedeutung des rufenden Versammelns hat. Darüberhinaus wird das Wort »Läuten« deshalb aufgegriffen, weil es eine eigene Lebendigkeit anzeigt, die nicht die des Lautens und Erklingens ist.

Wir fragen nun: In welchem Bezug steht das Läuten, das rufende Versammeln der Weltgegenden, zum *nennenden Offenbarmachen des Seienden*? Die jetzt gestellte Frage ist eine andere als jene, die wir bisher gefragt und auch beantwortet haben: wie aus dem Läuten, dem läutenden Erscheinenlassen der Weltgegenden, das Lauten der Sprache erdhaft aufgeht. Das erdhaft aus dem Läuten, dem rufenden Versammeln der Weltgegenden, aufgehende lautende Wort und Wortgefüge ist nennend, und in seinem Nennen ist es, wie früher ausgeführt, das Seiende offenbarmachend. Wenn wir diesen Zusammenhang festhalten, fragen wir jetzt, in welchem Bezug das Läuten zum nennenden Offenbarmachen des Seienden steht, das im lautenden Wortgefüge geschieht. Von Heidegger erfahren wir als Antwort dieses: Das Läuten als das rufende Versammeln der Weltgegenden läßt im »Offenen« der gelichteten Weltgegenden die so gelichtete Welt, die so gelichteten Bedeutsamkeitsbezüge der Weltgegenden, »in den Dingen erscheinen«.[9] Damit wird in der Blickbahn der Sprache und ihres Wesens der Bezug von Welt und innerweltlichem Ding hermeneutisch-phänomenologisch in den Blick genommen.

Das Erscheinenlassen, das rufende Versammeln der aufeinander bezogenen Weltgegenden und ihrer Bedeutsamkeitsbezüge – dieses Geschehen des lichtenden Aufgangs von Welt steht in einem wesentlichen Bezug zum Seienden, zu den Dingen im weitesten Sinne. Der lichtende Aufgang des Bedeutsamkeitsgefüges der Weltgegenden geschieht in bezug auf die Dinge, so, daß sie allererst als Dinge in ihrem jeweiligen Dingsein aus diesem Weltbezug offenbar wer-

[9] ebd.

den. Sie werden offenbar als innerweltliche Dinge, als Dinge in ihrer Weltzugehörigkeit. In ihrer jeweiligen Weltzugehörigkeit sind die Dinge, was und wie sie sind. Ihr jeweiliges Was- und Wie-sein ergibt sich aus den Bedeutsamkeitsbezügen der Weltgegenden.

Es heißt aber: Die im rufenden Versammeln der Weltgegenden sich lichtende Welt erscheint »in den Dingen«. Das besagt: Hier wird die jeweilige Offenbarkeit der Dinge in ihrer Innerweltlichkeit oder Weltzugehörigkeit gedacht als die Weise, wie die sich lichtende Welt in den Dingen selbst ist, d.h. in ihrer Offenbarkeit *geborgen* ist. Das Erscheinen der Welt in den Dingen wird in anderen Texten Heideggers als die Weise gefaßt, wie die Dinge in ihrer Offenbarkeit die Weltgegenden und deren Bedeutsamkeitsbezüge *versammeln*: das Welt-versammelnde Wesen der innerweltlichen Dinge.

Das Erscheinenlassen von Welt ist der lichtende Aufgang der rufend-versammelten Weltgegenden und zumal das Erscheinen der so aufgehenden Welt, das *Bergen* der Welt, in den Dingen. Das Erscheinenlassen der Welt in den Dingen ist aber das Offenbarwerden der Dinge in ihrer Innerweltlichkeit. Das Offenbarwerden der Dinge geschieht aber im Nennen und Sagen des verlautenden Wortes bzw. der verlautenden Sprache. Was im Nennen des jeweiligen Wortgefüges lautet und verlautet, ist die aus dem Erscheinenlassen von Welt entspringende innerweltliche Offenbarkeit der Dinge. Die weltbezügliche Offenbarkeit der Dinge gibt es aber nur *in* der Sprache und ihrem worthaften Nennen, das selbst aus dem Läuten als dem rufend-versammelnden Aufgang der Weltgegenden entspringt.

Wenn das Lauten der Sprache erfahren ist aus dem erdhaften Aufgehen und dieses aus dem Läuten als dem rufenden Versammeln der Weltgegenden, deren eine die Erde ist, dann ist der Lautcharakter der Sprache nicht mehr, wie in der überlieferten Bestimmungsweise der Sprache, ausschließlich den stimmbildenden Organen zugeordnet. Die von uns durchgeführte hermeneutisch-phänomenologische Besinnung hat das Lautende der Stimme und der Sprache aus dem sonst maßgeblichen »Gesichtskreis der physiologisch-physikalischen Erklärung der bloß phonetischen Bestände« herausgelöst.[10] Denn sie hat »das Lautende, Erdige der Sprache [...]

---

[10] ebd.

in das Stimmen einbehalten, das die Gegenden des Weltgefüges, sie einander zuspielend, aufeinander einstimmt«.[11] Hier ist die Rede von einem *Stimmen*, das die Gegenden der Welt aufeinander einstimmt. Zuvor war die Rede vom Lautenden der *Stimme* und jetzt vom Aufeinander-*Einstimmen* der Weltgegenden. Hier handelt es sich nicht etwa um ein Wortspiel mit den Worten »Stimme« und »Stimmung«, sondern um einen echten, hermeneutisch-phänomenologisch aufweisbaren Sachverhalt. Um diesen angemessen zu verstehen, müssen wir an die erste und grundlegende hermeneutisch-phänomenologische Analytik der Gestimmtheit und der Stimmungen unter dem Titel der Befindlichkeit in »Sein und Zeit« denken.[12]

Dort wurde erstmals in der Geschichte der philosophischen Besinnung auf die Stimmungen (Affekte, Gefühle) der *primär Weltaufschließende* Charakter der Stimmungen erkannt. Die Stimmungen sind in der Blickbahn des Da-seins keine nur subjektiven Gefühlszustände und nicht nur Begleiter unserer gegenstandsbezogenen Vorstellungen sowie unserer Willensakte. Die Stimmungen sind vielmehr Erschlossenheitsweisen unseres In-der-Welt-seins im ganzen und somit Weisen stimmungsmäßiger Gelichtetheit von Welt als Ganzheit der Bedeutsamkeitsbezüge. Wenn wir uns diese daseinsanalytische Wesensbestimmung der Stimmungen vergegenwärtigen, verstehen wir auch, inwiefern Heidegger in der ereignisgeschichtlichen Blickbahn auf ein Stimmen hinweisen kann, das die Weltgegenden einander zuspielt und aufeinander einstimmt.

Der lichtende Aufgang der Weltgegenden ist nicht stimmungsneutral. Vielmehr geschieht der lichtende Aufgang in der Weise eines Stimmens. Dieses Stimmen aus dem lichtenden Aufgang stimmt im rufenden Versammeln der Weltgegenden diese aufeinander ein. Das rufende Versammeln der Weltgegenden in ihrem lichtenden Aufgang ist ein Stimmen und Aufeinander-Einstimmen. Wenn das rufende Versammeln ein Läuten ist, dann geschieht im Läuten das Aufeinander-Einstimmen der gegendhaften Bedeutsamkeiten. Das Erscheinenlassen von Welt, das rufende Versammeln der Weltgegen-

---

[11] ebd.
[12] M. Heidegger, Sein und Zeit, a.a.O., § 29, S. 134 ff.

den, das so zu verstehende Läuten geschieht als ein stimmendes
Aufgehen der Weltgegenden. Dieses stimmende Aufgehen stimmt
die so aufgehenden Weltgegenden in ihrer Bezüglichkeit aufeinander ein. Die Weltgegenden sind nie stimmungsfrei gelichtet. Wie sie
aufeinander eingestimmt sind, ergibt sich aus der jeweiligen Weise
des Stimmens. So ist auch die Weltgegend der Erde als Erde unter
dem Himmel nie stimmungsfrei gelichtet. Zur Erde aber gehört das
Lautende der Stimme. Wenn das lautende Wortgefüge entspringt
aus dem Läuten, dem rufenden Versammeln und Aufeinander-Einstimmen der Weltgegenden, dann steht die Stimme, das lautende
Sprechen, in einem Wesensbezug zum Stimmen als dem Aufeinander-Einstimmen der Weltgegenden.

Von hier aus wird Heideggers Bemerkung durchsichtiger, daß in
den Dialekten und Mundarten je verschieden die Landschaft und
die Erde spricht, daß Leib und Mund in das Strömen und Wachstum der Erde gehören. Die Landschaften eines Sprachbereiches bekunden sich in den Mundarten deshalb verschieden, weil die Erde
als Erde unter dem Himmel jeweils verschieden mit den anderen
Weltgegenden eingestimmt ist. Aus der je eigenen Weise, wie im Erscheinenlassen der Weltgegenden die Erde auf die anderen Gegenden der Welt eingestimmt ist, spricht die jeweilige Mundart.

§ 26. *Die vier Weltgegenden als das Geviert*

Was Heidegger die Gegenden der Welt nennt, Erde und Himmel
sowie die Sterblichen und die Himmlischen oder den Gott, das be-
gegnete uns zuerst im hermeneutischen Gespräch mit einigen Gedichten Hölderlins. Das Erscheinenlassen der Welt als Wesensherkunft für das in seinem Nennen offenbarmachende lautende Wort
zeigte sich uns mit Hölderlin und im Anschluß an dessen dichterische Erfahrung mit der Sprache als der lichtende Aufgang der vier
Gegenden der Welt. Bisher haben wir diese Weltgegenden nur formal gekennzeichnet als Bedeutsamkeitsgegenden. Nun ist es an der
Zeit, die Bedeutsamkeitsbezüge dieser Weltgegenden näher zu erläutern. Dafür gehen wir von jener Textstelle aus »Das Wesen der

Sprache« aus, in der die vier Gegenden zusammen genannt werden. Die Textstelle lautet: »Indes kommt das Gegen-einander-über weiter her, nämlich aus jener Weite, in der sich Erde und Himmel, der Gott und der Mensch erreichen«.[1]

Hier greift Heidegger die Wendung »das Gegen-einander-über« wieder auf, die von ihm eingeführt wurde zur Kennzeichnung jenes Verhältnisses, in dem sich *Denken und Dichten* aufhalten. Das Gegen-einander-über charakterisierte die eigentümliche *Nähe*, in der sich das Denken zum Dichten und das Dichten zum Denken halten – eine Nähe, die zugleich durch eine zarte, aber helle Differenz bestimmt bleibt. Veranschaulicht wurde diese Nähe mit Hilfe der zwei geometrischen Parallelen, die sich niemals im Endlichen, wohl aber im Un-endlichen schneiden. Diesen Schnitt machen sie jedoch nicht selber. Der Schnitt im Un-endlichen ist die Veranschaulichung für ihre gemeinsame Wesensherkunft. Diese ist aber das Wesensgeschehen der Sprache. Die Sage als das Wesen der Sprache – so hieß es oben – habe je schon das Denken und das Dichten in ihre je eigene Sageweise versetzt. Aus dem Wesen der Sprache sind Denken und Dichten als zwei ausgezeichnete Verhaltensweisen zur Sprache einander nahe, in ihre Nähe und Nachbarschaft je schon versetzt. In dieser Nachbarschaft sind Denken und Dichten einander gegenüber wie zwei Parallelen, so, daß sie in ein wechselseitiges, einander förderndes Gespräch treten können.

Von diesem nachbarschaftlichen Gegen-einander-über von Denken und Dichten heißt es in der jetzt von uns herangezogenen Textstelle: Dieses Gegen-einander-über von Denken und Dichten kommt her »aus jener Weite, in der sich Erde und Himmel, der Gott und der Mensch erreichen«. Das Gegen-einander-über von Denken und Dichten, ihre Nachbarschaft, ihre Nähe und Differenz, hat ihre Herkunft aus dem Wesen der Sprache als dem lichtenden Aufgang der vier Weltgegenden. Denn im lichtenden Aufgang gehen diese vier Weltgegenden auf und bilden ein Gefüge in der Weise eines Gegen-einander-über. Die Weltgegenden *selbst* sind es, die primär erscheinen und aufgehen in der Weise eines *Gegen-einander-über*.

---

[1] M. Heidegger, Das Wesen der Sprache, a.a.O., S. 211.

Wird jetzt von den vier Weltgegenden gesagt, sie gehen auf als ein Gegen-einander-über, dann wird damit zweierlei gekennzeichnet.

1. Die Weltgegenden gehen so auf, daß sie nicht ineinander gehen und ihr je Eigenes verlieren. Sie gehen zwar so auf, daß sie rufend versammelt werden, daß sie aufeinander eingestimmt, einander zugespielt werden. Aber in ihrem Aufeinanderbezogensein verlieren sie nicht ihr Eigenes. Ihre Nähe, in der sie zueinander stehen, bleibt durch eine Ferne zwischen ihnen bestimmt. Dieses aber, daß die vier Weltgegenden einander nahe sind und doch einander fernbleiben, wird gekennzeichnet durch das Gegen-einander-über.

2. Die Wendung »Gegen-einander-über der Weltgegenden« soll zugleich anzeigen, daß die vier einander genäherten und doch einander fernbleibenden Gegenden ein Weltgefüge bilden. Dieses Weltgefüge nennt Heidegger das *Weltgeviert*. Ein Geviert ist stets eine Versammlung von Vier. In unserem Falle ist es die Versammlung von vier Gegenden, die in ihrer Versammlung das Gefüge der Welt bilden. Das Geviert ist als Weltgefüge ein Gefüge welthafter Bedeutsamkeitsbezüge, das in sich vier Gegenden zeigt.

Für die anstehende Erläuterung der *je eigenen* Bedeutsamkeitsbezüge von *Erde* und *Himmel*, von *Gott* und *Mensch* greifen wir zurück auf die Vorträge »Das Ding«[2] und »Bauen Wohnen Denken«[3], in denen Heidegger Ende der vierziger, Anfang der fünfziger Jahre erstmals die Weltgegenden des Gevierts entfaltet hat.

a) Die Weltgegend der Erde

Im Vortrag »Das Ding« kennzeichnet Heidegger die Weltgegend der Erde so: »Die Erde ist die bauend Tragende, die nährend Fruchtende, hegend Gewässer und Gestein, Gewächs und Getier«.[4] Ähnlich

---

[2] M. Heidegger, Das Ding. In: Vorträge und Aufsätze, a.a.O., S. 163 – 181.
[3] M. Heidegger, Bauen Wohnen Denken. In: Vorträge und Aufsätze, a.a.O., S. 145 – 162.
[4] M. Heidegger, Das Ding, a.a.O., S. 176.

heißt es in »Bauen Wohnen Denken«: »Die Erde ist die dienend Tragende, die blühend Fruchtende, hingebreitet in Gestein und Gewässer, aufgehend zu Gewächs und Getier«.[5]

Drei Hinsichten auf die Weltgegend der Erde sind genannt, drei Hinsichten auf die der Erde eigene Bedeutsamkeit.

Zur *ersten Hinsicht*: Die Erde als die »bauend Tragende« und als die »dienend Tragende«. Gemeinsam ist beiden leicht voneinander abweichenden Kennzeichnungen »das Tragende«. Die Erde als das Tragende. Das ist keine Beschreibung einer ontischen Eigenschaft der Erde, sondern eine Kennzeichnung dessen, als was die Erde für uns gelichtet und offen ist. Die Erde ist im Da unseres Da-seins gelichtet als die *Gegend des Tragenden*. Sie trägt unser Wohnen auf ihr, unseren wohnenden Aufenthalt bei den Dingen, zu denen wir uns in den mannigfaltigen Weisen des zutunhabenden Umgangs verhalten. Die als das Tragende offene Erde durchragt je schon unseren vielfältigen Umgang mit den weltzugehörigen Dingen. In unserem Tun und Lassen ist uns die Weltgegend der Erde in ihrem tragenden Wesen aufs höchste vertraut. In unserem täglichen Tun und Lassen tragen wir der Offenheit der tragenden Erde Rechnung. Wir können diesem Grundzug nur Rechnung tragen, sofern die Erde je schon als die Tragende für uns, nicht aber durch uns, gelichtet ist. Ohne das schon Gelichtetsein der Erde in ihrem tragenden Wesen wäre unser wohnender Aufenthalt bei den innerweltlichen Dingen nicht möglich. Das gelichtete tragende Wesen der Erde durchzieht alle Verhaltungen zu den weltzugehörigen Dingen, bleibt aber gemeinhin unbeachtet.

Der Grundzug des Tragens, in welchem die Erde als Weltgegend gelichtet ist, wird durch das *Dienen* und das *Bauen* erläutert. Das Tragende der Erde hat dienenden Charakter, weil es allem wohnenden Aufenthalt bei den innerweltlichen Dingen dient und diesen möglich werden läßt. Das dienend Tragende ist zugleich ein bauend Tragendes. Denn als die Tragende läßt die Erde alles Bauen, alles bauende Wohnen auf der Erde bei den Dingen, zu. Wir können uns nur bauend verhalten, weil uns für unser bauendes Verhalten die

---

[5] M. Heidegger, Bauen Wohnen Denken, a.a.O., S. 149.

Erde in ihrem bauend-tragenden Grundzug schon entgegenkommt. Die Erde ist in ihrem tragenden Wesen bauend, weil sie alles bauende Verhalten des Menschen durch ihren tragenden Grundzug möglich macht.

Ist somit die Erde als das dienend und bauend Tragende im Da--sein des Menschen gelichtet, dann ist mit diesem Grundzug der Erde eine *Vielfalt von Bedeutsamkeitsbezügen* gelichtet, die das In--der-Welt-sein als ein Wohnen des Menschen auf der Erde bei den zur Erde gehörenden Dingen zuläßt. Nur weil jene gegendhaften Bedeutsamkeitsbezüge, die das bauend-dienend Tragende umschließt, gelichtet sind, verstehen wir das, was uns in unserem Wohnen auf der Erde als Erde und als zu ihr Gehöriges vertraut ist. In allem herstellenden, bauenden Verhalten und in jedem zutunhabenden Umgang mit den Dingen ist je schon die Offenheit des bauend--dienend Tragenden der Erde verstanden, so, daß wir diesem gelichteten Grundzug der Erde Rechnung tragen. Alles Verhalten zu den Dingen kommt her aus der Offenheit jener gegendhaften Bedeutsamkeit, die das dienend-bauend Tragende der Erde genannt wird. Damit ist aber nur eine Hinsicht auf die Weise, in der die Weltgegend der Erde im Da-sein gelichtet ist, gekennzeichnet.

Zur *zweiten Hinsicht*: Die zweite Weise, in der die Weltgegend der Erde im Da-sein und für das Da-sein gelichtet ist, wird angezeigt als »die nährend Fruchtende« (Das Ding) und als »die blühend Fruchtende« (Bauen Wohnen Denken). Das Gemeinsame beider leicht voneinander abweichenden Kennzeichnungen ist *das Fruchtende*. Die Erde ist im Da-sein gelichtet als »die Fruchtende«, die Frucht Hervorbringende und Gewährende. Die Erde ist für uns offen als die *blühend* Fruchtende, sofern die Frucht in allen ihren Gestalten aus der Blüte hervorgeht. Als die blühend Fruchtende ist die Erde gelichtet als die *nährend* Fruchtende. In diesem Grundzug ist die Erde im Da-sein gelichtet als diejenige, die das in seiner Leiblichkeit zur Erde gehörige Da-sein nährt und ernährt. Damit ist nun aber ein weiterer Reichtum von gegendhafter Bedeutsamkeit gelichtet. Jene gegendhafte Bedeutsamkeit, die im Grundzug des blühend--nährend Fruchtenden angesprochen ist, bestimmt in einem weiten Ausmaß unseren wohnenden Aufenthalt bei den Dingen. Die gegendhafte Bedeutsamkeit, die als das nährend Fruchtende gelichtet ist, ermöglicht eine Vielfalt von Verhaltungen des Da-seins zu den Dingen der Erde. Nicht so sehr die herstellenden, sondern die bestellenden und pflegenden Verhaltungsweisen sind solche, in denen wir der Erde in ihrem blühend-nährend-fruchtenden Wesen Rechnung tragen.

Eine *dritte Hinsicht* auf die als Erde gelichtete Bedeutsamkeit blickt auf jenen Grundzug, den der Ding-Vortrag das *Hegende* nennt. Die Erde ist für uns auch offen als die Hegende. Sie hegt zum einen Gewässer und Gestein, sie hegt zum anderen Gewächs und Getier. In »Bauen Wohnen Denken« ist nicht vom Hegen die Rede, sondern dort heißt es, die Erde ist »hingebreitet in Gestein und Gewässer«, »aufgehend zu Gewächs und Getier«. Das Hegen einerseits und das *Hingebreitetsein* sowie das *Aufgehen* andererseits müssen zusammengesehen werden.

Die Erde ist »hingebreitet« in »Gestein und Gewässer«. In ihrer Gelichtetheit zeigt sie sich als »Gestein« und als »Gewässer«. Sie ist hingebreitet als Gestein: in die freie Ebene, in Gebirge und Tal. Sie ist hingebreitet in Gewässer: in Flüsse, Seen und Meere.

Die Erde ist aber auch »aufgehend zu Gewächs und Getier«. Die Erde ist im Da-sein gelichtet in ihrem Aufgehen zu Gewächs und Getier. Damit ist der Bereich der nichtdaseinsmäßigen Lebewesen benannt. Es sind die Lebewesen, die zwar im Unterschied zum Gestein durch die Seinsweise des Lebens bestimmt sind. Während der Stein nicht für seine Umgebung offen ist, sind Pflanze und Tier in abgestufter Weise für ihre Umgebung offen. Zur Seinsweise des Steins gehört ein wesenhaftes Verschlossensein. Die Seinsweise des Lebens läßt Pflanze und Tier in unterschiedlichen Abstufungen offen sein für ihre je eigene Umgebung. Aber dieses Offensein von Pflanze und Tier heißt nicht, daß die Lebewesen sich in ihrem Sein gelichtet zur Lichtung von Welt verhalten und ihre Umgebung als eine in Bedeutungen offenbare Umwelt verstehen. Für Pflanze und Tier ist die Erde, aus der sie aufgehen, nicht als Erde gelichtet, nicht als Gegend welthafter Bedeutsamkeit offen. Für uns als Da-sein, als ein an ihm selbst und für es selbst gelichtetes Sein in der Lichtung von Welt, ist die Erde gelichtet in ihrem Aufgehen zu Gewächs und

Getier. Weil aber Pflanze und Tier selbst nicht daseinsmäßig verfaßt sind, bleibt für sie ihr eigenes Aufgehen aus der Erde und ihre Zugehörigkeit zur Erde verschlossen. In ihrem Leben halten sie sich in der ihnen in abgestufter Weise zugemessenen Offenheit für ihre Umgebung.

Die Erde ist im Da-sein gelichtet zum einen in der Weise, wie sie in Gestein und Gewässer »hingebreitet« ist, und zum anderen, wie sie zu Gewächs und Getier »aufgeht«. Auch ihr Aufgehen zu Gewächs und Getier ist eine Weise, wie die Erde als Erde für uns offen ist. Sowohl in ihrem Hingebreitetsein in Gestein und Gewässer wie in ihrem Aufgehen zu Gewächs und Getier bietet sie einen Bereich von gegendhafter Bedeutsamkeit, durch deren Gelichtetheit wir je schon in unserem Tun und Lassen hindurchschreiten.

In ihrem Hingebreitetsein in Gestein und Gewässer sowie in ihrem Aufgehen zu Gewächs und Getier ist die Erde die »Hegende«. Sie hegt das, worein sie hingebreitet ist, und das, wozu sie aufgeht. »Hegen« heißt aber: Behüten, Bewahren, Pflegen. Die Erde hegt Gestein und Gewässer, Gewächs und Getier, indem sie das, worein sie hingebreitet ist, und das, wozu sie aufgeht, behütet und bewahrt.

Unser wohnender Aufenthalt auf der Erde bei den Dingen trägt ständig der Gelichtetheit dieser zur Weltgegend der Erde gehörenden Bedeutsamkeit Rechnung.

b) Die Weltgegend des Himmels

Im Ding-Vortrag wird diese in einem besonderen Bezug zur Erde stehende Weltgegend des Himmels wie folgt gekennzeichnet: »Der Himmel ist der Sonnengang, der Mondlauf, der Glanz der Gestirne, die Zeiten des Jahres, Licht und Dämmer des Tages, Dunkel und Helle der Nacht, die Gunst und das Unwirtliche der Wetter, Wolkenzug und blauende Tiefe des Äthers«.[6] In leicht erweiterter Weise lautet die Kennzeichnung der Weltgegend des Himmels in »Bauen Wohnen Denken« so: »Der Himmel ist der wölbende Sonnengang, der gestaltwechselnde Mondlauf, der wandernde Glanz der Gestir-

---

[6] M. Heidegger, Das Ding, a.a.O., S. 177.

ne, die Zeiten des Jahres und ihre Wende, Licht und Dämmer des Tages, Dunkel und Helle der Nacht, das Wirtliche und Unwirtliche der Wetter, Wolkenzug und blauende Tiefe des Äthers«.[7]

Die Weltgegend des Himmels umfaßt den Sonnengang, den Mondlauf, die Gestirnsbewegung, den Wechsel der Jahreszeiten, den Wechsel von Tag und Nacht und den Wechsel der Witterung. Wenn wir dieses, das zur Weltgegend des Himmels gehört, hören, dürfen wir es nicht in der Blickweise der Wissenschaften, der Astronomie und Meteorologie aufnehmen. Eine solche wissenschaftliche Behandlung der Himmelskörper sowie der Erdatmosphäre und des Wettergeschehens ist erst möglich, wenn diese »Himmel« genannte Gegend im Da-sein des Menschen gelichtet ist.

Dasselbe gilt für das, was wir von der Weltgegend der Erde ausgeführt haben. Bevor die Erde hinsichtlich von Gestein und Gewässer durch die Geologie, hinsichtlich von Gewächs und Getier durch die Botanik und Zoologie Gegenstand wissenschaftlicher Untersuchung werden kann, ist sie schon im Da-sein des Menschen gelichtet als Erde in ihrem dienend Tragenden, blühend Fruchtenden, in ihrem Hingebreitetsein in Gestein und Gewässer und in ihrem Aufgehen zu Gewächs und Getier. Wenn hier Erde und Himmel als Weltgegenden bedacht werden, blickt diese Besinnung in einen Bereich, der *früher* ist als die Wissenschaften und ihre Untersuchungsgebiete, der *Bereich der Lichtung von Welt*, von dem auch jene Wissenschaften, ohne daß sie darum wissen, ermöglicht werden.

Mit dem lichtenden Aufgang der Gegend, die Himmel genannt wird, öffnet sich eine Gegend welthafter Bedeutsamkeit, die wie die Weltgegend der Erde unseren Aufenthalt bei den Dingen des täglichen Tuns und Lassens bestimmt. Immer schon durchgehen wir die Offenheit von Sonnengang, Mondlauf, Gestirnsbewegung, Jahreszeiten, das Licht des Tages, das Dunkel der Nacht und den Wechsel der Witterung. Im Durchgehen der Offenheit dieses Genannten durchschreiten wir ständig eine *Gegend welthafter Bedeutsamkeit*, der wir in unserem Tun und Lassen Rechnung tragen. Wir haben unser Tun und Lassen je schon ausgerichtet auf den Sonnengang und Mondlauf, auf den Wechsel der Jahreszeiten, auf den Wechsel

[7] M. Heidegger, Bauen Wohnen Denken, a.a.O., S. 150.

von Tag und Nacht, auf das Wirtliche und Unwirtliche der Witterung. Die Offenheit des zur Weltgegend des Himmels Gehörenden ist die Offenheit einer Bedeutsamkeitsgegend, die unserem Verhalten zu den Dingen eine vorgängige Führung gibt und die Dinge unserer Verhaltungen in deren Innerweltlichkeit und Weltzugehörigkeit bestimmt.

Die Weise, wie die Weltgegend der Erde und die des Himmels in der *Dichtung* genannt werden und sich zeigen, hält sich in einer Nähe zu dem, was hier *denkerisch* von den Weltgegenden gesagt wird. Deshalb kann dieses Denken, das Erde und Himmel als Weltgegenden bedenkt, sich der Dichtung zuwenden, um von ihr zu erfahren, wie die Erde als das dienend Tragende, blühend Fruchtende, in Gestein und Gewässer Hingebreitete, zu Gewächs und Getier Aufgehende das menschliche Wohnen auf der Erde ermöglicht. Das Denken kann in der Hinwendung zur Dichtung erfahren, wie die Weltgegend des Himmels dem Wohnen des Menschen unter dem Himmel eine Bahn eröffnet. Das Wohnen des Menschen als Da-sein auf der Erde und unter dem Himmel, das Wohnen des Menschen in den Bahnen dieser Weltgegenden ist einerseits Thema des Dichtens, andererseits Thema des Denkens, ist Thema in je *unterschiedlicher* und doch *verwandter* Weise. Beide Weisen sind aber *gleichweit entfernt* von jener ganz anderen Weise, in der Erde und Himmel zu Forschungsgegenständen exakter Wissenschaften werden.

Nur für jenes Seiende, das ist in der Weise des Da-seins, sind Erde und Himmel *als Gegenden von Bedeutsamkeit* gelichtet, gelichtet im Da- des Da-seins. Für das Tier aber, das nicht ist in der Weise des Da-seins, sondern in der Weise des Lebens, sind Erde und Himmel nicht als Weltgegenden, nicht als Gegenden welthafter Bedeutsamkeit eröffnet. Durch die Abgrenzung des Da-seins vom Leben des Tieres können wir eindringlicher verstehen, was es heißt, daß Erde und Himmel als Weltgegenden gelichtet sind.

c) Die Weltgegend der Göttlichen

Die dritte Weltgegend, die mit der vierten, den Sterblichen, in einem besonderen Wechselbezug steht, nennt Heidegger in beiden Verträgen »die Göttlichen«, während er in »Das Wesen der Sprache« die dritte Weltgegend anzeigt durch »den Gott«. Im Ding-Vortrag wird die Weltgegend der Göttlichen so charakterisiert: »Die Göttlichen sind die winkenden Boten der Gottheit. Aus dem verborgenen Walten dieser erscheint der Gott in sein Wesen, das ihn jedem Vergleich mit dem Anwesenden entzieht«.[8] In abgewandelter und ergänzender Weise heißt es in »Bauen Wohnen Denken«: »Die Göttlichen sind die winkenden Boten der Gottheit. Aus dem heiligen Walten dieser erscheint der Gott in seine Gegenwart oder er entzieht sich in seine Verhüllung«.[9]

Die dritte Weltgegend zeigt eine eigene Mehrfältigkeit, die mit den Worten »die Göttlichen«, die »Gottheit« und der »Gott« gekennzeichnet wird. Die dritte Weltgegend ist die Gegend des *Gotthaften überhaupt*, wie wir sie nennen können. Die Gegend des Gotthaften in einem weiten und umfassenden Sinn ist als eine Gegend eigener Bedeutsamkeit gelichtet. Zwischen den »Göttlichen«, der »Gottheit« und dem »Gott« walten Bezüge des auseinander Hervorscheinens.

Im »Brief über den Humanismus« stoßen wir auf eine ähnliche Stufung mit dem Unterschied, daß dort statt von den Göttlichen vom Heiligen die Rede ist: das Heilige, die Gottheit, der Gott. Wir dürfen daher die Göttlichen und das Heilige in eins setzen.[10] Im »Brief über den Humanismus« wird aber eigens darauf hingewiesen, daß das Heilige, die Gottheit und der Gott aus der Wahrheit als der Lichtung des Seins zu denken seien. Die Lichtung ist der lichtende Aufgang der Welt und ihrer Gegenden, deren eine »die Göttlichen« sind. Aber »die Göttlichen« sind als »das Heilige« jener voraufwaltende Bereich, voraufwaltend dem möglichen Aufgang der Gottheit, und dieser Aufgang der Gottheit geht dem möglichen Erscheinen des Gottes vorher. Im »Brief über den Humanismus« heißt es: »Erst aus der Wahrheit des Seins läßt sich das Wesen des Heiligen denken. Erst aus dem Wesen des Heiligen ist das Wesen von

---

[8] M. Heidegger, Das Ding, a.a.O., S. 177.
[9] M. Heidegger, Bauen Wohnen Denken, a.a.O., S. 150.
[10] Vgl. F.-W. v. Herrmann, Die Gottesfrage im seinsgeschichtlichen Denken. In: Wege ins Ereignis, a.a.O., S. 350 ff.

Gottheit zu denken. Erst im Lichte des Wesens von Gottheit kann gedacht und gesagt werden, was das Wort ›Gott‹ nennen soll«.[11] An anderer Stelle heißt es zu dem Bezug des Heiligen zur Gottheit und der Gottheit zum Gott: »Das Heilige aber, das nur erst der Wesensraum der Gottheit ist, die selbst wiederum nur die Dimension für die Götter und den Gott gewährt, kommt dann allein ins Scheinen, wenn zuvor und in langer Vorbereitung das Sein selbst sich gelichtet hat und in seiner Wahrheit erfahren ist«.[12]

Mit Hilfe dieser Ausführungen aus dem »Brief über der Humanismus« können wir die Kennzeichnung der dritten Weltgegend in den beiden Vorträgen erläutern. Die Göttlichen sind die »winkenden Boten der Gottheit«, sofern das Heilige der Wesensraum für die Gottheit ist. Die Göttlichen als das Heilige sind die Boten, die den möglichen Aufgang der Gottheit anzeigen. Mit anderen Worten, ohne daß sich in der Lichtung der Welt ein Bereich des Heiligen öffnet, kommt es nicht zum Aufgang der Gottheit und nicht zum erfahrbaren Erscheinen des Gottes.

Die Göttlichen als das Heilige kündigen den Aufgang der Gottheit an. Nur wenn es zu einem »verborgenen« und als solchen »heiligen Walten« der Gottheit kommt, kann »der Gott in sein Wesen« aus der verborgenen und heiligen Gottheit erscheinen. »Sein Wesen«, das dem Gott eigene Wesen, ist nur dann gedacht, wenn es »jedem Vergleich mit dem Anwesenden« entzogen ist. Das Anwesende ist aber das Seiende. Das Wesen des Gottes jedem Vergleich mit dem Anwesenden entziehen heißt, es überhaupt nicht im Anhalt an ein Seiendes denken. Das dem Gott »eigene« Wesen ist ein einzigartiges, das sich weder von irgendeinem Seienden her noch vom Menschen her fassen läßt, das aber auch dann nicht in seiner Einzigkeit und Unvergleichbarkeit getroffen ist, wenn es – wie in der metaphysischen Theologie – als das höchste Seiende gedacht wird. Zwar überragt es als höchstes alles andere Seiende, aber als höchstes kann es nur gedacht werden im Ausgang vom endlichen Seienden und somit im Anhalt an das Seiende.

---

[11] M. Heidegger, Brief über den Humanismus, a.a.O., S. 351.
[12] a.a.O., S. 338 f.

In der Parallelstelle aus »Bauen Wohnen Denken« heißt es in abgewandelter und ergänzender Weise: Nur aus dem heiligen Walten der Gottheit erscheint der Gott »in seine Gegenwart oder er entzieht sich in seine Verhüllung«. Diese Erweiterung ist insofern von Bedeutung, als damit gezeigt wird, wie umfassend diese dritte Weltgegend zu denken ist. Sie ist nicht nur die Gegend für das Erscheinen des Gottes in seine Gegenwart. Sie ist zugleich auch die Gegend für das Sichentziehen des Gottes, der Gottheit und des Heiligen bzw. der Göttlichen in ihre Verhüllung.

Heidegger denkt das Heilige, die Göttlichen, die Gottheit und den Gott, er denkt das Gefüge des Gotthaften, *geschichtlich.* Geschichtlich aber nicht im Sinne eines innerzeitlichen Verlaufes, sondern in der Weise, wie das Sein selbst, die Wahrheit oder Lichtung des Seins in ihrer gegenschwingenden Ereignisstruktur, geschichtlich ist. Aus der Geschichtlichkeit des Seins ergibt sich die Geschichtlichkeit des Gotthaften.

Die Geschichtlichkeit des Heiligen, der Gottheit und des Gottes bzw. der Götter denkt Heidegger seinsgeschichtlich in der *Nähe* zur dichterischen Erfahrung *Hölderlins.* In jenen Gedichten Hölderlins, die wir für dessen dichterische Erfahrung mit der Sprache heranzogen, war viel gesagt vom Entzug der Götter und des Gottes, von der heiligen Nacht, vom Ausbleib des Göttlichen und von der Hoffnung auf eine künftige Wiederkehr des Gotthaften.

Die dritte Weltgegend, die Gegend des Gotthaften, ist ein *eigener Bereich welthafter Bedeutsamkeit,* der im Da-sein mit den Gegenden der Erde und des Himmels gelichtet ist. Weil das Tier in seinem Leben nicht als Da-sein eröffnet ist, kennt es nicht das Gotthafte. Das Leben des Tieres in seiner Bezogenheit auf seine artmäßige Umgebung bestimmt sich weder aus der Gelichtetheit der Erde als Erde und des Himmels als Himmel noch aus der Gelichtetheit des Gotthaften.

d) Die Weltgegend der Sterblichen

In »Bauen Wohnen Denken« heißt es zu den Sterblichen: »Die Sterblichen sind die Menschen. Sie heißen die Sterblichen, weil sie sterben können. Sterben heißt, den Tod als Tod vermögen. Nur der Mensch stirbt. Das Tier verendet. Es hat den Tod als Tod weder vor sich noch hinter sich. Der Tod ist der Schrein des Nichts, dessen nämlich, was in aller Hinsicht niemals etwas bloß Seiendes ist, was aber gleichwohl west, sogar als das Geheimnis des Seins selbst. Der Tod birgt als der Schrein des Nichts das Wesende des Seins in sich. Der Tod ist als der Schrein des Nichts das Gebirg des Seins. Die Sterblichen nennen wir jetzt die Sterblichen – nicht, weil ihr irdisches Leben endet, sondern weil sie den Tod als Tod vermögen. Die Sterblichen sind, die sie sind, als die Sterblichen, wesend im Gebirg des Seins. Sie sind das wesende Verhältnis zum Sein als Sein«.[13]

Zunächst mag es befremden, daß der Mensch als der Sterbliche, daß das sterbliche Da-sein selbst zur Welt gehören und eine Weltgegend sein soll. In der Tat kann das sterbliche Da-sein nicht in der gleichen Weise eine Weltgegend sein wie die Erde, der Himmel und das Gotthafte. Die Sterblichen sind in einer anderen Weise eine Weltgegend als jene drei Gegenden.

Die Charakterisierung der Menschen als »die Sterblichen« erfolgt nicht aus der Feststellung, daß das irdische Leben eines jeden Menschen früher oder später endet. Das Sterben und der Tod werden hier nicht als innerweltliches und innerzeitliches Vorkommnis genommen, das jedes menschliche Leben trifft. Die Charakterisierung der Menschen als »die Sterblichen« erfolgt vielmehr mit Blick auf die Wesensverfassung des Menschen, mit Blick auf seine Daseinsverfaßtheit. Um die Charakterisierung der Menschen als »die Sterblichen« in zureichender Weise verstehen zu können, müssen wir die Blickbahn für das Wesen des Menschen, die Blickbahn des Da-seins, festhalten. Wir müssen innerhalb dieser Blickbahn, die jeder für sich selbst ausdrücklich einnehmen und festhalten muß, ausfindig machen, was es heißt, daß die Menschen als Da-sein »die Sterblichen« sind. Da-sein als Wesensverfaßtheit des Menschen heißt aber: Sein in der Weise des geworfenen Entwerfens und als dieses das Entrücktsein in das Da-, in die Lichtung der Welt und ihrer Gegenden. Die Geworfenheit des entwerfenden Entrücktseins ist aber Gewor-

---

[13] M. Heidegger, Das Ding, a.a.O., S. 177.

fenheit aus dem Zuwurf der sich lichtenden Weltgegenden. Der Zuwurf ist ereignend, weil aus ihm das entwerfende Sein des Menschen zum Eigentum der Lichtung von Welt wird. Das entwerfende Sein ist daher als geworfenes ein ereignetes Entwerfen. Dieses vollzieht sich im Gegenschwung zum ereignenden Zuwurf. Das Ganze dieses gegenschwingenden Geschehens ist das Ereignis. Das Da-*sein*, das ereignete Entwerfen, das entrückt ist in die im ereignenden Zuwurf sich lichtende Lichtung von Welt, gehört in die volle Struktur des Ereignisgeschehens. Das bedeutet für unsere Aufgabe, das Sterblichsein des Menschen zureichend zu verstehen, daß wir uns mit der ausdrücklichen Aufnahme der Blickbahn des Da-seins in der Blickbahn des Ereignisses halten. Wenn Heidegger die Menschen »die Sterblichen« nennt, dann ist diese Wesenscharakterisierung gesprochen aus der Blickbahn des Ereignisses, d.h. aus der Blickbahn dessen, wie wir als Da-sein zum ganzheitlichen Ereignisgeschehen gehören.

Was hier »das Sterblichsein« besagt, müssen wir als Phänomen aufsuchen im Sein des Da, im Sein als dem ereigneten Entwerfen. Das Sterblichsein gehört zur Seinsverfassung des Da-seins und ist ein Grundzug dieser Seinsverfassung.

Die Menschen heißen »die Sterblichen«, weil wir »sterben können«. Das »sterben *können*« ist mit Blick auf die daseinsmäßige Seinsweise gesprochen. Hier müssen wir an das zurückdenken, was erstmals in der hermeneutischen Phänomenologie des Da-seins im § 31 von »Sein und Zeit« unter dem Titel »Das Da-sein als Verstehen« zu diesem daseinsmäßigen »können« ausgeführt wird.[14] Dort wird aufgezeigt, wie wir als Da-sein in unserer Seinsweise ein »Sein-können« sind. Wir sind in der Weise des Sein-könnens. Zunächst meint hier »können«: etwas können, sich auf das, was ich kann, verstehen. Das aber, worauf wir uns zuerst verstehen, was wir zuerst können, ist unser Sein, ist die Weise, wie wir sind. Wir sind in der Weise, daß wir dieses Sein können. Wir können es in der Weise, daß wir es vollziehen. Wir vollziehen es in der Weise des aufschließenden Entwerfens, das für seinen Vollzug je schon geworfen ist. Das

---

[14] M. Heidegger, Sein und Zeit, a.a.O., S. 142 ff.

Sein in der Weise des geworfenen Entwerfens ist das Können des Seins, das Sein-können.

Zu diesem Sein-können als dem Können des geworfenen Entwerfens gehört aber auch das »sterben-können«. Im Vollzug des geworfenen Entwerfens vollziehen wir je schon mit das »sterben«. Was heißt hier »sterben«? Hierauf antwortet Heidegger in beiden Vorträgen: »den Tod als Tod vermögen«. Das »können« aus dem »sterben können« heißt: den Tod als Tod vermögen. Im »sterben können« verhalten wir uns seinsmäßig zum Tod und verstehen diesen als Tod. Wenn zum Sein-können des Da-seins das »sterben können« konstitutiv gehört, ist gesagt, daß der Tod in das *Da*-sein des Menschen hereinsteht. Er steht so in das Da-sein herein, daß wir uns im Vollzug unseres ereigneten Entwerfens je schon auch zum Tod verhalten. Das zur Daseins-Verfassung gehörende Sichverhalten zum Tod nennt Heidegger in »Sein und Zeit« »das Sein zum Tod«.[15] In der Wendung »den Tod als Tod vermögen« kehrt »das Sein zum Tod« aus »Sein und Zeit« wieder. Das »Sein zum Tod«, das »sterben können« und das »den Tod als Tod vermögen« sind Kennzeichnungen dessen, wie das Offensein für den Tod zur Seinsverfassung des Menschen als Da-sein gehört.

Wie aber verstehen wir den »Tod als Tod«, wenn nicht primär als innerweltliches, innerzeitliches Vorkommnis? Wenn das »sterben können« qua »den Tod als Tod vermögen« zur Seinsverfassung des Da-seins gehört und das Da-sein in der Weise des ereigneten Entwerfens in die Lichtung der Weltgegenden entrückt ist, dann müssen wir auch das Wesen des Todes im Umkreis der Lichtung suchen. In der hermeneutischen Analytik des »Seins zum Tod« wird der in das Da, in die Erschlossenheit des In-der-Welt-seins hereinstehende Tod gekennzeichnet als die »schlechthinnige Unmöglichkeit« des In-der-Welt-seins.[16] Die schlechthinnige Unmöglichkeit meint aber die schlechthinnige Verschlossenheit, die dergestalt in die Erschlossenheit, in das Da des Da-seins hereinsteht, daß sie verstanden ist als jene abgründige und geheimnisvolle Verschlossenheit, in die das Da

---

[15] Vgl. zur Analyse des Seins zum Tode M. Heidegger, Sein und Zeit, a.a.O., §§ 46–53, S. 235 ff.
[16] Vgl. a.a.O., S. 250.

des Da-seins im faktischen Hereinbrechen des Todes verschlossen und zurückgenommen wird. Die im Sein zum Tod verstandene abgründige Verschlossenheit gehört wesenhaft zum Da als der Erschlossenheit des Da-seins.

Innerhalb der Ereignis-Blickbahn zeigt sich der Wesenszusammenhang zwischen der Erschlossenheit und der abgründigen, schlechthinnigen Verschlossenheit als Wesenszusammenhang zwischen der Lichtung und der anfänglichen, herkünftigen Verborgenheit. Im »sterben können« als Grundzug des Da-seins und dessen ereigneten Entwerfens verhält sich der in die Lichtung der Weltgegenden entrückte Mensch zu der dieser Lichtung eigenen herkünftigen Verborgenheit. Diese heißt »anfänglich«, weil aus ihr die Lichtung anfängt. Sie heißt zugleich »herkünftig«, weil sie die Herkunft aller Lichtung ist.[17] Diese Verborgenheit, die als eine solche in und mit der Lichtung gelichtet ist als zur Lichtung gehörig, nennt Heidegger im Ding-Vortrag das »Gebirg des Seins«, des Wesensgeschehens des Seins in der Weise des Ereignisses. »Gebirg« ist das Bergend-Verbergende für die Lichtung der Welt. Als das Gebirg ist es das »Geheimnis des Seins selbst«. Das Geheimnis ist nicht das Rätsel, das es aufzulösen, zu enträtseln gilt. Das Geheimnis heißt so, weil es das wesenhaft Unzugängliche ist. Der Tod ist als Gebirg des Seins und als Geheimnis des Seins selbst zugleich der »Schrein des Nichts«. Doch dieses Nichts ist nicht das blanke, absolute Nichts. Vielmehr ist es jenes Nichts, das zum Wesen des Seins gehört. Es gehört zum Wesensgeschehen des Seins in der Weise des nichtenden Entzugs. Im faktischen Hereinbrechen des Todes wird ein Da-sein entzogen, es wird in diesem Entzug entrückt in die anfängliche Verbergung, die als solche das Geheimnis des Seins selbst ist.

Das »sterben können« und »den Tod als Tod vermögen« sind zwei Kennzeichnungen, wie der Tod zum Leben selbst, zum vollzugshaften Da-sein gehört. Das »sterben können« geschieht nicht erst im innerzeitlichen Ende meines Lebens, sondern in meinem Leben, *während* meines Daseins-Vollzuges. Das existierende »sterben können« bestimmt, sofern es während meines Daseins-

---

[17] Vgl. M. Heidegger, Der Ursprung des Kunstwerkes. In: Holzwege, a.a.O., S. 40 f.

Vollzuges geschieht, den Vollzug meines ereigneten Entwerfens, bestimmt somit wesenhaft mein vollzugshaftes Welt- und Seinsverständnis. Nur ein solches Wesen, das in seiner Seinsweise offen ist für den Tod als Tod, für die anfängliche-herkünftige Verborgenheit, ist auch welt- und seinsverstehend und verhält sich aus seinem Welt- und Seinsverständnis zu innerweltlichem Seienden. Ohne die Wesensverfaßtheit des »sterben könnens« kein Welt- und kein Seinsverständnis und keine Offenbarkeit von Seiendem in seinen weltbezüglichen Bedeutungen.

Deshalb heißt es im Ding-Vortrag: »Nur der Mensch stirbt. Das Tier verendet«. Das Tier stirbt nicht, weil es sich in seiner Seinsweise des Lebens nicht zum Tod als der geheimnisvollen Verbergung für die Lichtung von Welt verhält. Das Tier ist nicht in der Weise des Da-seins und ist deshalb auch nicht welt- und seinsverstehend.

Dem widerstreitet nicht die Erfahrung, daß auch Tiere das ihnen drohende Ende wittern, so, daß sie diesem auszuweichen suchen. Was sie spüren und wittern, ist aber nicht der Tod als das Nichtsein in der Unterscheidung zum Sein. Was die Tiere dunkel spüren, hält sich in den Grenzen *ihrer* Seinsweise des *Lebens*. Von dieser Seinsweise heißt es in den »Beiträgen zur Philosophie«: Das Leben ist eine Weise des Seyns des Seienden, die »beginnliche Eröffnung des Seienden auf es zu in der Verwahrung des Selbst. Die erste Erdunkelung in der Verwahrung des Selbst gründet die Benommenheit des Lebendigen, in der alle Aufregung und Erregbarkeit sich vollzieht und die verschiedenen Stufen des Dunkels und seiner Entfaltung«.[18] Die »Erdunkelung« meint die Entfaltung eines Dunkels aus der Verschlossenheit. Das Leben hat den Grundzug des Dunkels, weil es nicht zum Da-sein gelangt. Das Dunkel ist das, was die Benommenheit alles nichtdaseinsmäßigen Lebendigen genannt wird. In dieser Benommenheit hält sich auch das Spüren des nahenden und drohenden Endes. Weil das Tier in seinem Leben nicht gelichtet ist als Entrücktsein in die Lichtung von Welt, lebt es auch nicht entrückt in die zur Lichtung gehörende geheimnisvolle Verbergung.

Das Tier »hat den Tod als Tod weder vor sich noch hinter sich«.

---

[18] M. Heidegger, Beiträge zur Philosophie, a.a.O., S. 276 f.

Es hat den Tod nicht vor sich wie das Wesen, das in der Weise des entwerfenden Sichvorwegseins ist und in diesem sich zum Tod verhält in der Weise des Seins zum Tod, des Sterben-könnens, des den Tod als Tod Vermögens.

Das Tier hat aber den Tod auch nicht »hinter sich«. In dieser Wendung denkt Heidegger an Rilke, an die 8. Duineser Elegie, in der Rilke das Wesen des Tieres, der Kreatur, im Verhältnis und im Unterschied zum Da-sein des Menschen dichtet. Die 8. Elegie beginnt so[19]:

> *Mit allen Augen sieht die Kreatur*
> *das Offene. Nur unsre Augen sind*
> *wie umgekehrt und ganz um sie gestellt*
> *als Fallen, rings um ihren freien Ausgang.*
> *Was draußen ist, wir wissens aus des Tiers*
> *Antlitz allein; denn schon das frühe Kind*
> *wenden wir um und zwingens, daß es rückwärts*
> *Gestaltung sehe, nicht das Offne, das*
> *im Tiergesicht so tief ist. Frei von Tod.*
> *Ihn* sehen wir allein; *das freie Tier*
> *hat seinen Untergang stets hinter sich*
> *und vor sich Gott, und wenn es geht, so gehts*
> *in Ewigkeit, so wie die Brunnen gehen.*

Das Tier kann, so lautet Heideggers kritischer Einwand gegen Rilke, den Tod auch nicht »hinter sich« haben, weil es als Tier sich wesensmäßig nicht zum Tod als Tod verhält. Das Tier hat aus seiner Seinsverfassung des Lebens her weder den Tod vor sich noch den Tod hinter sich. Tier und Mensch sind hier wie auch sonst unvergleichbar, weil das Tier »durch einen Abgrund von unserem ek-sistenten Wesen geschieden ist«.[20]

---

[19] R.M. Rilke, Sämtliche Werke. Hrsg. v. Rilke-Archiv in Verbindung mit Ruth Sieber-Rilke. Besorgt durch E. Zinn. Insel-Verlag 1962. Erster Band, S. 714. – Zu Heideggers seinsgeschichtlicher Auseinandersetzung mit Rilke siehe M. Heidegger, Wozu Dichter? In: Holzwege, a.a.O., S. 269 – 320.

[20] M. Heidegger, Brief über den Humanismus, a.a.O., S. 326.

Wie also sind die Menschen als die *Sterblichen* eine *Gegend der Welt* und als solche in das Geviert gehörend? Im daseinsmäßigen Seinsverhältnis zum Tod verhalten wir uns zur geheimnisvollen Verbergung der Lichtung von Welt. Die Lichtung von Welt gibt es nur als Lichtung aus ihrer herkünftigen Verbergung. Die Menschen gehören als die Sterblichen in das Gefüge der Welt-Gegenden, weil diese Gegenden: Erde – Himmel – die Göttlichen nur gelichtet sind *für* die *Sterblichen*. In diesem »für« liegt die besondere Weise beschlossen, in der die Sterblichen eine Weltgegend sind und zum Geviert gehören. Erde, Himmel und die Göttlichen sind als gegendhafte Bedeutsamkeiten nur für ein Wesen gelichtet, das in seinem Sein gelichtet ist und als so gelichtetes Sein in die Lichtung und die zu ihr gehörende schlechthinnige Verbergung entrückt ist. Wäre der Mensch in seinem Sein nicht der Sterbliche, dann wären für ihn auch nicht die Weltgegenden der Erde als Erde, des Himmels als Himmel, des Gotthaften als eines solchen gelichtet. Die Bedeutsamkeitsgegenden der Erde, des Himmels und des Gotthaften wären ohne die Gegend der Sterblichen nicht gelichtet.

Zugleich aber bildet das Entrücktsein des Menschen in die zur Lichtung gehörende abgründige Verbergung eine *eigene Gegend* von Bedeutsamkeit. Denn das Sterblichsein als Daseinsverfaßtheit läßt das Da-sein um seine abgründige Endlichkeit wissen. Dieses Wissen zeichnet uns die Weise unseres In-der-Welt-seins vor. Alles Tun und Lassen ist von diesem Wissen durchstimmt. Die daseinsmäßigen Möglichkeiten des In-der-Welt-seins, die wir als ergreifbare im geworfenen Entwerfen für uns aufschließen, sind von der daseinsmäßigen *Endlichkeit* gezeichnet. Es sind endliche Möglichkeiten des endlichen, vom Sein zum Tod durchstimmten In-der-Welt-seins. Diese Möglichkeiten sind als solche des In-der-Welt-seins und des wohnenden Seins beim innerweltlichen Seienden Möglichkeiten von Welt, von welthafter Bedeutsamkeit. Diese Möglichkeiten welthafter Bedeutsamkeit, die als Horizont zu den entwerfbaren Möglichkeiten des In-der-Welt-seins gehören, entfalten sich jeweils innerhalb des Gefüges der Weltgegenden. Sie entfalten sich als Möglichkeiten, in denen wir entrückt sind in die Weltgegenden der Erde, des Himmels, des Gotthaften und als Sterbliche in die im Sein zum Tod verstandene abgründige Verbergung. Die mit dem Tod verstandene Endlichkeit bildet eine eigene Gegend von Bedeutsamkeit, innerhalb deren alle entwerfbaren Möglichkeiten des wohnenden In-der-Welt-seins auf der Erde, unter dem Himmel, vor dem Gotthaften als *endliche* Möglichkeiten verstanden sind.

e) Die dreifache Fügung im Weltgefüge des Gevierts

Von den vier Weltgegenden Erde und Himmel, die Göttlichen und die Sterblichen hieß es, sie seien miteinander versammelt in der Weise des Gegen-einander-über. Jetzt gilt es, dieses Gegen-einander-über zu durchdenken.

Die vier Weltgegenden, Gegenden welthafter Bedeutsamkeit, gehen im Da des Da-seins auf in der Weise ihres Gegen-einander-über. In der Lichtung von Welt sind diese Weltgegenden dergestalt gelichtet, daß sie sich »erreichen«.[21] Zwar geht jede Weltgegend in ihrer eigenen Bedeutsamkeit auf, aber so aufgehend erreichen sie sich einander, sind sie in ihrer Eigenheit dennoch einander nahe. Sie erreichen sich, indem sie aufeinander bezogen sind, einander sich zuspielen, einander sich rufen, sich aufeinander einstimmen.

Innerhalb des Sich-einander-erreichens ist eine *dreifache Fügung* zu beachten. Die *erste* Fügung ist die Weise, in der sich Erde und Himmel erreichen. Diese Weise des Sicherreichens kommt darin zum Ausdruck, daß wir sagen: Das wohnende In-der-Welt-sein auf der Erde schließt je schon ein das wohnende In-der-Welt-sein unter dem Himmel. Die gegendhaften Bedeutsamkeiten, die mit der Erde und dem Himmel angesprochen sind, stehen in einem besonderen Wechselbezug.

Die *zweite* Fügung innerhalb des Gevierts ist die Weise, wie die Gegend des Gotthaften und die Gegend der Sterblichen aufeinander bezogen sind. Das Gotthafte erreicht die Sterblichen und die Sterblichen erreichen das Gotthafte. Dieser Wechselbezug ist in den »Beiträgen zur Philosophie« klar herausgearbeitet. Was Heidegger in jenen Texten, die wir der Erläuterung des Gevierts zugrundege-

---

[21] M. Heidegger, Das Wesen der Sprache, a.a.O., S. 211.

legt haben, von der Weltgegend der Göttlichen ausführt, ist von ihm grundlegend vorgedacht in der VI. Fügung der »Beiträge zur Philosophie«, die den Titel trägt »Der letzte Gott«.[22] Alles, was von Heidegger unter diesem Titel ausgeführt wird, müssen wir verstehen als die Bemühung, den »göttlichen Gott«[23] zu denken. Das aber heißt, das Wesen Gottes »jedem Vergleich mit dem Anwesenden zu entziehen«. Das wiederum besagt, die denkerische Bestimmung des Gottes als Causa sui aufzugeben, um das *einzigartige* und *unvergleichbare* Wesen des Gottes in seiner *reinen Göttlichkeit* zu denken. Für diese denkerische Aufgabe sieht Heidegger einen Weg im ereignisgeschichtlichen Denken.

Daher heißt es in den »Beiträgen zur Philosophie«: »Wie aber, wenn der letzte Gott so genannt werden muß, weil zuletzt die Entscheidung über die Götter unter und zwischen diese bringt und so das Wesen der Einzigkeit des Gottwesens ins Höchste hebt?«[24] Die Einzigkeit des Gottwesens sucht Heidegger in der Blick- und Fragebahn des Ereignisses. An anderer Stelle heißt es: »Der letzte Gott ist nicht das Ereignis selbst, wohl aber seiner bedürftig als jenes, dem der Dagründer zugehört«.[25] Das »Ereignis selbst« ist das »Sein selbst«, zu dem das Da-sein als ereigneter Entwurf gehört. Der Gott in der Einzigkeit und Unvergleichbarkeit seines Gottwesens ist nicht das Ereignis selbst, nicht das Sein selbst. Zwischen dem Sein selbst und dem Gott waltet eine Wesensdifferenz, die wir in Anlehnung an eine terminologische Wendung Heideggers aus der ersten Ausarbeitung des 3. Abschnittes »Zeit und Sein« aus dem Ersten Teil von »Sein und Zeit« als »theologische Differenz« fassen kön-

---

[22] Vgl. hierzu die grundlegende Untersuchung v. P.-L. Coriando, Der letzte Gott als Anfang. Zur ab-gründigen Zeit-Räumlichkeit des Übergangs in Heideggers »Beiträgen zur Philosophie«, a.a.O.   dies., Zur Er-mittlung des Übergangs. Der Wesungsort des »letzten Gottes« im seinsgeschichtlichen Denken. In: »Herkunft aber bleibt stets Zukunft«. Martin Heidegger und die Gottesfrage. Schriftenreihe der Martin-Heidegger-Gesellschaft Bd. 5. Hrsg. v. P.-L. Coriando. Vittorio Klostermann, Frankfurt a.M. 1998, S. 101 – 116.
[23] M. Heidegger, Die onto-theo-logische Verfassung der Metaphysik. In: Identität und Differenz. Günther Neske, Pfullingen 1957, S. 70 f.
[24] M. Heidegger, Beiträge zur Philosophie, a.a.O., S. 406.
[25] a.a.O., S. 409.

nen.[26] Die theologische Differenz ist aber nur möglich innerhalb der anderen Wesensdifferenz, der ontologischen Differenz von Sein und Seiendem. Diese besagt, Sein nicht vom Seienden her und auf das Seiende zu als Seinsverfassung des Seienden, als dessen Seiendheit, denken, sondern das Sein aus ihm selbst in seiner eigenen Unvergleichbarkeit mit dem Seienden denken. Das besagt, das Sein aus seiner ihm eigenen Wahrheit als die Wahrheit oder Unverborgenheit des Seins denken.

Wenn wir uns in die Ereignis-Blickbahn und in die zu ihr gehörende ontologische und theologische Differenz hineinstellen und uns vergegenwärtigen, daß innerhalb dieser Blickbahn der lichtende Aufgang der Weltgegenden geschieht, dann können wir den besonderen Wechselbezug der Weltgegenden des Gotthaften und der Sterblichen bedenken. Hierzu lesen wir in den »Beiträgen«: »Das Ereignis übereignet den Gott an den Menschen, indem es diesen [den Menschen] dem Gott zueignet. Diese übereignende Zueignung ist Ereignis ...«.[27] Der Bezug des Gottes zum Menschen als dem Sterblichen wird als ein Übereignen gefaßt. Der Bezug des Menschen als des Sterblichen zum Gott wird gekennzeichnet als ein Zueignen. Der Wechselbezug, das Einandererreichen von Gott und Mensch sowie Mensch und Gott, geschieht innerhalb des Ereignisses. Das bedeutet: Das Übereignen des Gottes an den Menschen geschieht anfänglich aus dem ereignenden Zuwurf als übereignendem Zuwurf, dem der ereignete Entwurf des Da-seins entspricht. Ebenso geschieht das Zueignen des Sterblichen an den Gott anfänglich aus dem ereignenden Zuwurf als zueignendem Zuwurf, dem auch der ereignete Entwurf des Da-seins entspricht. Innerhalb dieses Gegenschwunges von ereignendem Zuwurf (als einem übereignenden und zueignenden) und ereignetem Entwurf geschieht zumal der lichtende Aufgang der Weltgegenden der Erde und des Himmels.

---

[26] Vgl. P.-L. Coriando, Der letzte Gott als Anfang, a.a.O., S. 116 f.

[27] M. Heidegger, Beiträge zur Philosophie, a.a.O., S. 26. – Vgl. hierzu F.-W. v. Herrmann, Gelassenheit und Ereignis. Zum Verhältnis von Heidegger und Meister Eckhart. In: Wege ins Ereignis, a.a.O., S. 385 f. – P.-L. Coriando, Der letzte Gott als Anfang, a.a.O., S. 159, 170, 182 f., 188.

Innerhalb des Gegenschwunges geschieht somit der lichtende Aufgang der vier Weltgegenden in ihrer mehrfachen Fügung.

Die *dritte Fügungsweise* im Weltgefüge der vier Weltgegenden ist jene, in der die beiden anderen Fügungsweisen ineinander verfugt und aufeinander bezogen sind. Das besagt unter anderem, daß die Bedeutsamkeit des Todes und der Endlichkeit des Da-seins hineingreift in die gegendhafte Bedeutsamkeit von Erde und Himmel, d.h. in die Bedeutsamkeiten, die das wohnende In-der-Welt-sein aus den Gegenden von Erde und Himmel ermöglichen. Aber auch die gegendhafte Bedeutsamkeit des Gotthaften greift hinein in die welthaften Bedeutsamkeitsbezüge von Erde und Himmel. Die Gegend des Gotthaften umschließt zugleich auch den geschichtlichen Entzug der Götter, des Gottes und des Göttlichen. Je nachdem, ob wir im Entzug oder gar in einem äußersten Entzug, in einer äußersten Gottferne, wohnen oder in der Ankunft des Heiligen, der Gottheit und des Gottes, sind die Gegenden der Sterblichen, der Erde und des Himmels gelichtet. Je nachdem sind die Dinge, bei denen wir wohnen, für uns offenbar. Die jeweilige, geschichtliche Offenbarkeitsweise des innerweltlichen Seienden kann eine solche sein, die durch den äußersten Entzug des Gotthaften bestimmt ist. Sie kann aber auch eine solche sein, in der das Heilige und Göttliche geborgen ist.

Das rufende Versammeln der vier Weltgegenden in ihr Gegen-einander-über, die Nähe, nennt Heidegger auch »das Be-wëgen des Gegen-einander-über«. Die nähernde Nähe als das Be-wëgende faßt er als »die *Nahnis*«. »Das Wesende der Nähe ist [...] die Be-wëgung des Gegen-einander-über der Gegenden des Weltgeviertes«.[28] An anderer Stelle sagten wir: Die Gegend be-wëgt, läßt in ihr selbst Wege aufgehen, versieht sich selbst mit solchen Wegen. Dort waren es die begehbaren Wege für das *Denken*, das in die Gegend geht und in dieser das erfragte Wesen der Sprache als die Sprache des Wesens sich zeigen läßt. Inzwischen hat sich das erfragte Sprachwesen als die Sage gezeigt, d.h. als der lichtende Aufgang der Welt in ihren vier Gegenden. Aus der Sache her können wir nunmehr sagen: Im

---

[28] M. Heidegger, Das Wesen der Sprache, a.a.O., S. 211.

lichtenden Aufgang der vier Gegenden werden diese in ihr Gegen-
-einander-über be-wëgt. Im lichtenden Aufgang der vier Weltgegenden gehen vier Wege auf, vier Wege als vier ineinandergreifende
Bahnen, in deren Gelichtetheit das wohnende In-der-Welt-sein des
Menschen sich vollzieht.

§ 27. Das Geläut der Stille als das Wesen der Sprache

Das entlang dem hermeneutischen Leitfaden »Das Wesen der Sprache –: Die Sprache des Wesens« erfragte Wesen der Sprache hat sich
gezeigt als die lichtend geschehende Be-wëgung der vier Weltgegenden in ihr Gegen-einander-über. Diese als Lichtung
geschehende Be-wëgung der vier Gegenden welthafter Bedeutsamkeit zeigt sich als Wesensherkunft für unser Sprechen in der worthaften Verlautbarung. In dieser hermeneutisch-phänomenologischen
Einsicht besteht die *denkende* Erfahrung mit dem Wesen der Sprache. Die Weise, wie unser worthaft verlautendes Sprechen der lichtenden Be-wëgung der Weltgegenden entspringt, können wir nur
dann phänomenologisch zureichend sehen, wenn wir das Entspringen innerhalb der Ereignis-Blickbahn nachvollziehen.

Der Bezug von entspringenlassendem Ursprung und Entspringendem bzw. Entsprungenem wird als ein »Belangen« und »Ent-
sprechen« gefaßt. Das Wesen als Wesensgeschehen der Sprache, die
Sage als die lichtende Be-wëgung der Weltgegenden, »be-langt
uns«.[1] Sie belangt uns, »die wir nur insofern sprechen können, als
wir der Sprache entsprechen«.[2] Das »uns belangen« ist innerhalb des
Ereignisses die Struktur des ereignenden Zuwurfs. Wir müssen das
»uns belangen« aus dem ereignenden Zuwurf nachvollziehen. Die
lichtende Be-wëgung der Weltgegenden geschieht auf uns zu als das,
worein wir geworfen sind, worüber wir nicht von uns aus verfügen.
Was aber als lichtender Aufgang der Weltgegenden uns belangt,
nach uns als dem Da-sein auslangt, bedarf der Entgegennahme und
Übernahme. Solche Übernahme geschieht als Sein des Da-*seins*, als

---

[1] a.a.O., S. 215.
[2] ebd.

Entwerfendsein. Das Entwerfendsein vollzieht sich aber als ein »belangtes«, geworfenes, ereignetes. Denn das Da-sein vermag nur das zu entwerfen, was ihm als Entwerfbares aus der lichtenden Be-wëgung vorgegeben wird. In dem belangten, ereigneten Entwerfen der im belangenden Zuwurf sich öffnenden Weltgegenden »entspricht« das Da-sein dem Wesensursprung der Sprache. Als entsprechendes Entwerfen gehört das Da-sein *in* das Wesensgeschehen der Sprache. Denn dieses geschieht gegenschwingend als belangender Zuwurf und belangter Entwurf.

Doch erschöpft sich das daseinsmäßige Entsprechen nicht allein im Vollzug des belangten Entwurfs. Zum Vollzug des daseinsmäßigen Entsprechens gehört *auch* das *worthafte Verlauten*, worin das Erscheinenlassen des innerweltlichen Seienden in seine die Weltgegenden versammelnde Offenbarkeit geschieht. Das daseinsmäßige Entsprechen, das dem sich ihm zusprechenden-zuwerfenden Wesensgeschehen der Sprache entspricht, schließt wesentlich die worthafte Verlautbarung ein. Im worthaft verlautenden Sprechen entsprechen wir der lichtenden Be-wëgung der Weltgegenden insofern, als die worthaft verlautende Offenbarkeit des Welt-versammelnden Seienden ihre Herkunft aus den zugeworfenen-entworfenen Gegenden welthafter Bedeutsamkeit hat. Die »Bedeutungen« unserer worthaft verlautenden Sprache haben ihre Herkunft in der Lichtung der vier Gegenden welthafter Bedeutsamkeit.

Hier können wir auf die *dichterische Erfahrung Stefan Georges* und die von *Hölderlin* mit dem Wesen der Sprache zurückblicken. *Georges* dichterische Erfahrung besagte: Ein Seiendes »ist« nur dann, wenn das es nennende Wort gefunden ist. Das Wort aber vergibt in seinem Nennen das Sein als Wie- und Was-sein an das Seiende. Das Wort selbst und das von ihm vergebene »ist« haben nicht den Charakter eines irgendwie Seienden. Ferner gehörte zu Georges dichterischer Erfahrung, daß ihm das dichterische Wort für das erfahrene sein-vergebende Wortwesen entzogen bleibt. Mit dem Entzug dieses Wortes bleibt ihm eine tiefer reichende Erfahrung verwehrt, jene, die in die Herkunft des sein-vergebenden Wortes reichen könnte.

Diese weiter reichende Erfahrung aber ist es, die dem Dichter

Hölderlin gewährt wird, wenn er das Wesen der Sprache als die »Blume des Mundes« dichtet. Wenn die Sprache aufgeht wie die Blume, dann leuchtet mit diesem dichterischen Bild die Herkunft des Wortes auf als die Gegenden von Erde und Himmel, die von Hölderlin stets im Zusammenhang mit dem Gotthaften und den Sterblichen genannt werden.

Im Zuge unserer Auslegung der dichterischen Erfahrung Georges betonten wir, daß das verlautende Wort in seinem Ver-geben des Seins an das Seiende nicht das erstlich Gebende sei. Nachdem sich die lichtende Be-wëgung der Weltgegenden in ihr Gegen-einander- -über als Herkunft für das verlautende Wort gezeigt hat, erweist sich diese Herkunft als das erstlich Gebende. Die lichtende Be-wë- gung der Gegenden welthafter Bedeutsamkeit, die Sage, ist es, die noch vor dem lautenden Wort das »ist« gibt.[3] Weil die lichtende Be- -wëgung der Weltgegenden die Herkunft für das Was- und Wie-sein des Welt-versammelnden Seienden ist, erweist sich das worthafte Sprechen als ein »Nach-sagen«.[4] Wir können im worthaften Spre- chen nur deshalb das Wie- und Was-sein aussprechen, weil dieses im lichtenden Aufgang der Weltgegenden für unser Seinsverständ- nis gelichtet ist.

Nunmehr sind wir zureichend vorbereitet, um die *abschließende Wesensbestimmung der Sprache* entfalten zu können: das Wesen der Sprache als *das Geläut der Stille*.

Wir wissen, daß das Wort »Sage« ein Wort für das Wesensgesche- hen der Sprache ist. Das Wort »Sage« nennt die lichtende Be- -wëgung der vier Weltgegenden. Die Sage als das Be-wëgende des Weltgevierts »versammelt [...] alles in die Nähe des Gegen-einan- der-über und zwar lautlos, [...] still«.[5] Das Versammeln kennen wir aus dem rufenden Versammeln, das wir erläutert haben als die Wei- se, wie im lichtenden Aufgang der Weltgegenden diese einander ru- fen und sich zum Ge-viert versammeln. Der Grundzug des Versam- melns im Wesensgeschehen der Sprache geht auf die vier Gegenden welthafter Bedeutsamkeit.

[3] ebd.
[4] ebd.
[5] ebd.

Vom Versammeln heißt es, es geschehe lautlos. Es lautet nicht wie das lautende Wort. Aber das lautlose Versammeln der Weltgegenden geht dem Lauten und Verlauten voraus. Das Versammelnde im Wesensursprung der Sprache hat in seiner Lautlosigkeit seine eigene Regsamkeit, die wir an anderer Stelle schon als das »Läuten« kennenlernten. Es ist die zum Ursprung selbst gehörende Regsamkeit, die Regsamkeit in der Lichtung des Weltgevierts.

Das Versammeln der Gegenden welthafter Bedeutsamkeit ist, sofern es lautlos, vor der Verlautbarung, geschieht, »still«. Die Verlautbarung und das Lauten der Sprache kommen her aus dem Lautlosen, kommen aus einer Stille. Die Stille ist nicht nur das Wegbleiben des Lautens. So wäre sie nur negativ gekennzeichnet. Positiv charakterisiert ist sie die Stille einer eigenen, ursprünglichen Regsamkeit, das ursprüngliche »Leben«, die ursprüngliche lebendige Bewegung im Wesen der Sprache.

Die Regsamkeit, die nicht von der Art des Verlautens und Lautens ist, die aber als solche dem Lauten und Verlauten ermöglichend voraufgeht, nennt Heidegger das »Läuten«. Das Läuten ist die noch nicht lautende Regsamkeit in der Lichtung der Weltgegenden.

Die Regsamkeit im lichtenden Versammeln der Weltgegenden ist ein »rufendes« Versammeln. Denn das Läuten ist ein Rufen, so, wie die Glocke in ihrem Läuten ruft. Diejenigen, die sie ruft, versammelt sie. Das Läuten ist ein rufendes Versammeln der Weltgegenden. Zugleich ist das Rufen auf ein Verstehen dieses Rufes bezogen. Das Rufen ist auf das verstehende Da-sein bezogen, das in seinem belangten-ereigneten Entwerfen den rufenden Zuwurf der sich lichtenden Weltgegenden versteht.

Mit dem, was wir jetzt ausgeführt haben zum *Versammeln*, zum Rufen als dem *Läuten* und dem Lautlosen als der *Stille*, ist alles Nötige gesagt, um Heideggers Grundwort für das Wesen der Sprache, das *Geläut der Stille*, zu verstehen.

Die Sage als die lichtende Be-wëgung der Weltgegenden in das Geviert geschieht als »das lautlos rufende Versammeln«.[6] Das lautlos rufende, läutende Versammeln ist das »Geläut der Stille« als »die

---

[6] ebd.

Sprache des Wesens«.[7] Wie ergibt sich also das Grundwort für das ereignisgeschichtlich erfahrene und gedachte Wesen der Sprache?

Das Lautlose ist die Stille. Das Rufen aus dem rufenden Versammeln ist das Läuten. Das Versammeln aber, der Grundzug des Versammelns der vier Weltgegenden in das Gefüge der welthaften Bedeutsamkeit, wird im Präfix Ge-, das eine kollektive Bedeutung hat, genannt. Das Ge-läut der Stille ist das am Leitfaden entlang erfragte Wesen der Sprache, das sich als *die Sprache des Wesens*, als das sich zusprechende Wesensgeschehen der Sprache, zeigt.

Das Wesen der Sprache zeigt sich als das Geläut der Stille: Es zeigt sich als ein *Läuten*, sofern das lichtende Be-wëgen der Weltgegenden ein Rufen ist, ein Rufen als ein Läuten.

Das Wesen der Sprache zeigt sich aber als *Ge*-läut, sofern das lichtende Be-wëgen der Weltgegenden ein Versammeln dieser Gegenden ist, ein versammelndes Rufen und Läuten. Das die Gegenden der welthaften Bedeutsamkeit versammelnde Läuten ist das Geläut.

Das Wesen der Sprache zeigt sich aber als ein Geläut der *Stille*, sofern das versammelnde Läuten lautlos geschieht.

Das Wesen der Sprache als das lichtende Be-wëgen der Weltgegenden ist als Rufen ein Läuten, als rufendes Versammeln ein Geläut, als ein lautloses rufendes Versammeln ein Geläut der Stille.

Nunmehr muß aber eigens gefragt werden nach dem *Bezug des lautenden Wortes zum Geläut der Stille*. Das Geläut der Stille ist der Ursprung, dem das lautende und sein-vergebende Wort entspringt. Wenn wir diesen Bezug von Ursprung und Entspringendem aufgehellt haben, ist die Frage nach dem Wesen der Sprache zureichend beantwortet.

Dieser letzte entscheidende Frageschritt findet seine Beantwortung wiederum im Ausgang von *Stefan Georges dichterischer Erfahrung*. Diese sprach sich aus in dem Vers

Kein ding sei wo das wort gebricht.

---

[7] ebd.

Ein Ding, ein Seiendes, insbesondere das zu dichtende, ist nur als dieses Seiende offenbar aus dem es nennenden Wort, das ihm in seinem Nennen das Was- und Wie-sein vergibt. Innerhalb dieser dichterischen Erfahrung blieb *dunkel*, wie das verlautende Wort es vermag, dem zu dichtenden Seienden das Sein zu vergeben, so, daß das genannte Seiende nur als ein solches offenbar wird im Horizont der worthaft verlautenden Sprache.

Was in Georges dichterischer Erfahrung ein unzugängliches Geheimnis blieb – die *Herkunft* des Wortes mit seinem sein-vergebenden Wesen -, hat sich inzwischen für die *denkerische* Erfahrung enthüllt als das *Geläut der Stille*.

Die denkerisch erfahrene Herkunft des seinvergebenden lautenden Wortes aus dem Geläut der Stille wird von Heidegger in eine Formulierung gebracht, die sich ausdrücklich an den Vers Stefan Georges anlehnt. Sie lautet: »Ein ›ist‹ ergibt sich, wo das Wort zerbricht«.[8]

Das »zerbrechen« des Wortes müssen wir hören als Anklang an das »gebrechen« des Wortes aus dem Vers Georges. Die *dichterische Erfahrung Georges* lautet: »Kein ding sei wo das wort gebricht«. Im hermeneutischen Gespräch mit dieser Dichtung entgegnet die *denkerische Erfahrung*: »Ein ›ist‹ ergibt sich, wo das Wort zerbricht«. Das Zerbrechen des Wortes heißt: das Zurückkehren des verlautenden Wortes in das Lautlose, »dorthin, von woher es gewährt wird«.[9] Das lautlos Gewährende, das das lautende Wort und das »ist« gewährt, ist das Geläut der Stille. Stefan George erfährt dichterisch: Das Sein des zu Dichtenden gibt es nur dort, wo das seinvergebende Wort gewährt wird. Das Gewährende selbst aber verhüllte sich für ihn in das unzugängliche Geheimnis. Heidegger aber erfährt denkerisch in seinem hermeneutischen Gespräch mit Georges dichterischer Erfahrung, daß sich das »ist«, das Sein des Seienden, von dorther ergibt, von woher auch das lautende Wort gewährt wird. Das Woher ist selbst nicht lautend, wohl aber rufend-läutend, es ist als das Lautlose das Geläut der Stille.

---

[8] a.a.O., S. 216.
[9] ebd.

Inwiefern aber kennzeichnet Heidegger den Bezug des verlautenden Wortes zu seiner Herkunft, dem Geläut der Stille, als ein *Zerbrechen*?

Für die Beantwortung dieser Frage müssen wir zurückdenken an das, was zum Sichvordrängen des Lautcharakters der Sprache in der überlieferten Bestimmung der Sprache ausgeführt wurde. Auf dem Boden einer solchen Betrachtungsweise der Sprache, die das Lautliche der Sprache vom Leiblich-Animalischen des animal rationale her faßt, wird der Lautcharakter der Sprache schließlich als phonetischer Bestand physiologisch-physikalisch untersucht. In dieser Behandlungsweise der Sprache spreizt sich der Lautcharakter der Sprache auf als das, von dem jede Bestimmung der Sprache und ihres Wesens auszugehen habe. In dieser Ansetzung der Sprache und ihres sich vordrängenden Lautcharakters ist aber der Weg in die Herkunft des Lautens aus der Weltgegend der Erde verstellt. In der überlieferten Ansetzung der Sprache im Ausgang von deren Lautcharakter bleibt das Wesen Sprache als das Geläut der Stille unerfahrbar verhüllt.

Dieser Anblick aber, in dem die verlautende Sprache geläufigerweise vorgegeben ist, ist es, der in der denkenden Erfahrung mit dem Wesen der Sprache als dem Geläut der Stille *zerbricht*. Denn die denkende Erfahrung gelangt zu dem *Einblick in die gewährende Herkunft des worthaften Verlautens*. Für die denkende Erfahrung mit dem Geläut der Stille kehrt die worthaft verlautende Sprache, kehrt deren Lautcharakter aus seiner Verfremdung zurück. Er kehrt dorthin zurück, von woher das Lautende je schon gewährt war, aber als so Gewährtes nicht erfahren werden konnte. Das seinvergebende lautende Wort wird aus der Stille des Geläuts gewährt. Das »ist«, das das Wort vergibt, ergibt sich aus dem ersten Geben des Geläuts der Stille. Denn das Geläut der Stille lichtet in seinem Geben das weltbezügliche Sein (Anwesen) des Seienden (Anwesenden) und gewährt das lautende Wort, worin die weltbezügliche, weltversammelnde Offenbarkeit des Seienden verlautet. Das Geläut der Stille gewährt das lautende Wort, sofern dieses mit der Erde als einer der Weltgegenden aufgeht.

Vom Zerbrechen des verlautenden Wortes, von seiner Rückkehr

aus seiner Verfremdung in seine es gewährende Herkunft, in das
Geläut der Stille, heißt es, es sei der »eigentliche Schritt zurück auf
dem Weg des Denkens«.[10] Weil es die animalisch-leibliche Deutung
des Lautcharakters der Sprache ist, die eine Erfahrung des lautenden Wortes aus dem Geläut der Stille nicht zuläßt, ist die denkende
Erfahrung dessen, daß das *lautende Wort seine Herkunft aus dem
Lautlosen des Geläuts der Stille* hat, der *entscheidende Schritt zurück*: aus der überlieferten, erstanfänglichen Bestimmung der Sprache in ihre andersanfängliche Bestimmung innerhalb der ereignisgeschichtlichen Blickbahn.

Dieser Schritt zurück, den das Denken vollzieht, ist die Einkehr
des Denkens in jenen Wesensbereich, in dem wir verhüllterweise je
schon waren, wenn wir unser Wesen als animal rationale verstanden
haben. Der Schritt zurück ist der Schritt vom animal rationale zum
Da-sein. Es ist der Schritt zurück von der Ansetzung der Sprache
als Einheit von Laut als dem Animalischen und der Bedeutung als
dem Rationalen der Sprache zum Geläut der Stille, aus dem das
worthafte Sprechen entspringt.

Bildet die Wesensbestimmung des Menschen als des vernünftigen Lebewesens die Bahn für die Bestimmung der Sprache, dann
gehört das Lautliche der Sprache zum Animalischen und Gattungswesen des Menschen, das dieser mit den anderen Lebewesen teilt.
Die Bedeutungen der Sprache aber als das Geistige gehören zur ratio, dem Artwesen der Vernunft, durch das sich der Mensch vom
Tier unterscheidet. Doch weder das Animalische noch das Rationale aus dem animal rationale bestimmt sich aus der dem Menschen
eigensten Seinsweise und Wesensverfassung, dem Da-sein. Das Da-
-sein als Wesensverfassung des Menschen bleibt im vernünftigen
Lebewesen verdeckt und daher unsichtbar.

Wird dagegen das Wesen des Menschen als Da-sein, im Entrücktsein in die Lichtung des Weltgevierts, erfahren, dann wird
zugleich erfahren, daß das *Lauten* der Sprache sich bestimmt aus
dem daseinsmäßigen Weltverständnis, insbesondere aber aus dem
Verständnis der *Weltgegend der Erde*. Denn im worthaften Verlau-

---

[10] ebd.

tenlassen der jeweiligen welt-versammelnden Offenbarkeit des innerweltlichen Seienden geht das Lauten der gesprochenen und geschriebenen Sprache erdhaft auf. Das Lauten geht als das *Bergende* erdhaft auf. Das Lauten geht erdhaft als das auf, was die aus dem Geläut der Stille kommende Welt-versammelnde Offenbarkeit des Seienden *birgt*.

Das Wesensgeschehen der Sprache als das Geläut der Stille ist in den »Beiträgen zur Philosophie« vorgedacht. In der VI. Fügung »Der letzte Gott« heißt es im 255. Abschnitt »Die Kehre im Ereignis«: »Die Kehre west zwischen dem Zuruf (dem Zugehörigen) und der Zugehör (des Angerufenen). Kehre ist Wider-kehre. *Der Anruf* auf den Zu-sprung in die Ereignung ist die große Stille des verborgensten Sichkennens. Von hier nimmt alle Sprache des Da-seins ihren Ursprung und ist deshalb im Wesen das Schweigen«.[11]

Die Kehre geschieht zwischen dem Zuruf, dem ereignenden Zuwurf, und der Zugehör, dem ereigneten Entwurf, als welcher das Da-sein zum ereignenden Zuwurf und somit zum vollen Ereignis gehört. Die Kehre zwischen dem Zuruf und der Zugehör wird gefaßt als »*Anruf* auf den Zu-sprung in die Ereignung«. Der Anruf nennt dieselbe Struktur wie der Zuruf und der ereignende Zuwurf. Der Anruf ruft das Da-sein an auf den Zu-sprung, d.h. darauf hin, daß das Da-sein zu-springt in die Er-eignung, in den ereignenden Zuruf, zuspringt in der Weise des angerufenen, ereigneten Entwurfs.

Das in sich kehrige Geschehen von Anruf und Zu-sprung, von ereignendem Zuwurf und ereignetem Entwurf, ist »die große Stille«.[12] Die große Stille entfaltet sich als das Geschehen von ereignendem Zuwurf und ereignetem Entwurf, von ereignendem Zuruf und ereigneter Zugehör, von ereignendem Anruf und ereignetem Ein--sprung.

Von dieser im kehrigen Geschehen des Ereignisses sich entfaltenden Stille »nimmt alle Sprache des Da-seins ihren Ursprung«. Alle Sprache, alles worthaft verlautende Sprechen entspringt dieser Stille. Es ist die Stille des lautlosen Geschehens zwischen ereignendem

---

[11] M. Heidegger, Beiträge zur Philosophie, a.a.O., S. 407 f.

[12] Zur »großen Stille« in den »Beiträgen zur Philosophie« vgl. P.-L. Coriando, Der letzte Gott als Anfang, a.a.O., S. 189 – 195.

Zuwurf und ereignetem Entwurf des Da-seins. Die Stille ist der Ursprung für die worthaft verlautende Sprache. Diese Stille ist aber
keine andere als die des Ge-läuts der vier Weltgegenden, die Stille
aus dem Geläut der Stille.

Weil die worthaft verlautende Sprache aus der Stille des Ereignisses entspringt, ist die Sprache in ihrem lautlosen Wesen »das Schweigen«. Das Schweigen gehört zur Stille. Wo sich die Stille als Ermöglichung der worthaften Verlautbarung entfaltet, entfaltet in ihrer
eigenen Regsamkeit, da waltet das Schweigen. Das Schweigen ist die
Weise, wie das Da-sein als ereigneter Entwurf an der Entfaltung der
Stille teilhat. Aus dem Schweigen des ereigneten Entwerfens entspringt das verlautende Sprechen.

Griechisch heißt das Schweigen ἡ σιγή; ich schweige heißt σιγάω,
vom Infinitiv σιγᾶν. Die Besinnung darauf, daß unser Sprechen dem
Schweigen entspringt, dem Schweigen nicht als Modus des Sprechens, sondern als *Ursprung* des Sprechens, eine Besinnung auf diesen Wesensursprung der Sprache läßt sich terminologisch fassen als
Sigetik. In den »Beiträgen zur Philosophie« handelt Heidegger von
der Sigetik und stellt diese der Logik gegenüber. Logik steht für die
überlieferte Ansetzung und Auslegungsweise der Sprache, die Bestimmung der Sprache im Ausgang vom Logos, vom λόγος ἀποφαντικός, d.h. von der Aussage.

§ 28. Logik und Sigetik

Das Wesen der Sprache erweist sich als das Geläut der Stille. Diese
Wesensbestimmung ist erfahren und gedacht aus dem Ereignis und
dessen kehriger Struktur. Geläut der Stille heißt: das versammelnde
Läuten (Ge-läut) als das versammelnde Rufen, das lautlos, still geschieht, das sich entfaltet in der Weise der Stille: das Ge-läut der
Stille. Im versammelnden Rufen werden die Weltgegenden gerufen
und als die gerufenen versammelt zum Gefüge des Welt-Gevierts.
Das Welt-Geviert ist das Gefüge der vier Gegenden welthafter Bedeutsamkeit. Das versammelnde (Ge-) Rufen (Läuten) geschieht als
lichtender Zuwurf, Zuruf oder Anruf, geschieht als ereignender

Anruf. Dieser Anruf ist Anruf in Bezug auf ein hörendes Verstehen. Das hörende Verstehen ist aber die Weise, wie der Mensch als Da--sein ist, ist seine Seins-weise. Als hörendes Verstehen *ist* der Mensch in der Weise des angerufenen-ereigneten Entwerfens. Im hörenden Verstehen des Anrufes, der als lichtender Aufgang der gegendhaften Bedeutsamkeiten an das Da-sein ergeht, verhält sich das Da-sein entwerfend, d.h. eröffnend und offenhaltend zu den gelichteten Weltgegenden. Das Geläut der Stille als Wesensgeschehen und Wesensursprung der worthaft verlautenden Sprache geschieht in der gegenschwingenden Struktur des ereignenden Anrufes und ereigneten Entwurfes. Dieses Entwerfendsein wird in den »Beiträgen zur Philosophie« auch gefaßt als Zu-sprung des Da-seins »in die Ereignung«, in den ereignenden Anruf.[1]

Das in sich kehrige Geschehen von ereignendem Anruf und ereignetem Zuspruch ist »die große Stille« und entfaltet sich als diese.[2] Diese Stille ist aber nicht nur das Lautlose, noch nicht Verlautende, sondern als solches die Regsamkeit des Läutens, des versammelnden Rufens der Weltgegenden.

Von dieser im Ereignisgeschehen sich entfaltenden großen Stille »nimmt alle Sprache des Da-seins ihren Ursprung«.[3] Alle worthaft verlautende Sprache entspringt dieser großen Stille. Was in der worthaften Verlautbarung verlautet, nannten wir die weltbezügliche und weltversammelnde Offenbarkeit des Seienden. Die worthafte Verlautbarung entspringt der großen Stille des lichtenden Aufgangs der Weltgegenden insofern, als sie insbesondere dem lichtenden Aufgang der Weltgegend der Erde entspringt. Denn die Leiblichkeit des Da-seins und die zu ihr gehörende leibliche Verlautbarung ist selbst eine Weise des Aufgangs der Erde, der Erde in der Weise daseinsmäßiger Leiblichkeit.

Was aber worthaft verlautet, die weltversammelnde Offenbarkeit des innerweltlichen Seienden, entspringt desgleichen dem versammelnden Rufen aller Weltgegenden, aller gegendhaften Bedeutsamkeiten.

---

[1] M. Heidegger, Beiträge zur Philosophie, a.a.O., S. 408.
[2] ebd.
[3] ebd.

Weil die worthaft verlautende Sprache ihren Ursprung hat in der großen Stille des Ereignisses, ist die worthaft verlautende Sprache »im Wesen das Schweigen«.[4] Für das worthaft verlautende Sprechen kommen wir schon her aus dem Schweigen. Wir kommen insofern aus dem Schweigen, als das verlautende Sprechen herkommt aus dem angerufenen Zusprung in den ereignenden Anruf. Der ereignete Zusprung geschieht aber lautlos, still, schweigend.

Die *Besinnung* darauf, daß das Schweigen und das Erschweigen der Wesensursprung der Sprache ist, nennt Heidegger »die Sigetik«. Der 37. Abschnitt aus den »Beiträgen zur Philosophie« ist überschrieben »Das Seyn und seine Erschweigung (die Sigetik)«. Hier wird die Sigetik mit Blick auf die Grundfrage der Philosophie konzipiert: Wie west das Seyn? Die Grundfrage fragt nach dem Wesensgeschehen des Seyns in der Weise des Ereignisses. Hier heißt es: »Die Erschweigung ist die besonnene Gesetzlichkeit des Erschweigens (σιγᾶν). Die Erschweigung ist die ›Logik‹ der Philosophie, sofern diese aus dem anderen Anfang die Grundfrage fragt«.[5] Hier wird nicht nur vom Schweigen, sondern vom Er-schweigen und der Er-schweigung gesprochen. Das Präfix *Er-* weist hin in das *Er-eig*-nen. Das Er-schweigen ist ein *ereignetes* Schweigen, das der Stille des ereignenden Zuwurfs entspricht. Ferner unterscheidet Heidegger zwischen dem Erschwei*gen* und der Erschwei*gung*. Die Erschwei*gung* ist die *Besinnung* auf das Erschweigen. Die Besinnung bedenkt die Struktur und »besonnene Gesetzlichkeit«, in der sich das Erschweigen vollzieht. Diese Besinnung auf das Erschwei*gen*, diese Erschwei*gung*, ist die *Sigetik*.

Die Erschweigung ist die »Logik« der Philosophie des anderen Anfangs, der Philosophie, die die Grundfrage als Frage nach dem Wesensgeschehen des Seyns stellt, nicht aber die Leitfrage der Philosophie des ersten Anfangs, nicht die Frage: Was ist das Seiende, sofern es ein Seiendes ist? Die Erschweigung, die Sigetik, ist die »Logik« der Philosophie des anderen Anfangs. »Logik« steht hier in Anführungszeichen, die anzeigen, daß »Logik« hier nicht im Sin-

---

[4] ebd.
[5] a.a.O., S. 78 f.

ne der überlieferten Logik gemeint ist. Die Sigetik grenzt sich gegen die überlieferte Logik ab. Was die überlieferte, auf Aristoteles zurückgehende Logik für die überlieferte Philosophie des ersten Anfangs ist, muß die Sigetik für die Philosophie des anderen Anfangs werden. Was die Logik für die überlieferte Wesensbestimmung der Sprache bedeutet, muß die Sigetik für die andersanfängliche Wesensbestimmung der Sprache werden, für die Wesensbestimmung der Sprache aus dem Wesensgeschehen des Seyns als Ereignis.

Im 276. Abschnitt der »Beiträge zur Philosophie«, »Das Seyn und die Sprache«, erfahren wir, in welcher Weise die Logik (ohne Anführungszeichen) in der überlieferten Philosophie für die Frage nach dem Seienden als solchem und für die Frage nach dem Wesen der Sprache die maßgebende Blickbahn bildet. Dieser Abschnitt beginnt so: »Die Sprache als Aussage und Sage«.[6] Die Sprache als *Aussage* nennt die logische Blickweise auf die Sprache. Dagegen meint die Sprache als *Sage* die sigetische Blickweise, in der die Sprache aus dem Wesensgeschehen des Seyns als Ereignis gedacht wird.

Weiter heißt es in jenem Abschnitt: »Das Sagen des Seyns«.[7] Damit wird angezeigt das Problem des Sagens und worthaften Sprechens vom Wesensgeschehen des Seyns als Ereignis. In welchem Verhältnis steht das Sagen und Sprechen des andersanfänglichen Denkens zu dem zu sagenden und worthaft zu nennenden Wesensgeschehen des Ereignisses?

Ferner heißt es im selben Abschnitt: »Das Seyn und der Ursprung der Sprache«.[8] Das Seyn als Ereignis ist zu denken als der Wesensursprung der Sprache, der Sprache, in der das Denken des Seyns spricht, und der Sprache überhaupt. Das bedeutet: Das Wesensgeschehen des Seyns als Ereignis ist zu denken als Ursprung der dichterischen Sprache, aber auch als Ursprung des alltäglichen und des wissenschaftlichen Sprechens.

Weiter heißt es: »Das animal rationale und die Mißdeutung der Sprache«.[9] Aus dem, was wir vom animal rationale gesagt haben,

---

[6] a.a.O., S. 497.
[7] ebd.
[8] ebd.
[9] ebd.

sofern diese Wesensbestimmung des Menschen die leitende Blickbahn bildet für die Bestimmung der Sprache als Einheit von Laut
und Bedeutung, begreifen wir, inwiefern in dieser Blickbahn die
Sprache mißdeutet wird. Sie wird nicht als Sage, nicht als Geläut der
Stille gedeutet.

Anschließend lesen wir: »Sprache und Logik«[10] und ferner: »Die
Sprache und die Seiendheit und das Seiende«.[11] Wo das Wesen des
Menschen als animal rationale gefaßt wird, bildet die Logik die
Blickbahn auf die Sprache. Die Logik bildet aber zugleich die Blick-
bahn für die Leitfrage nach dem Sein des Seienden und bestimmt
das Sein als Seiendheit.

Diese inneren Zusammenhänge werden im Anschluß an die wie-
dergegebenen Leitsätze entfaltet. »Sprache und Logik« – dieser Zusammenhang besagt: Innerhalb der mit Platon und Aristoteles beginnenden Überlieferung »ist die Bestimmung der Sprache vom λόγος
her geleitet«[12] – aber nicht vom λόγος des Heraklit, nicht vom versammelnden Vorliegenlassen alles Seienden in seinem Sein, sondern
vom »λόγος als Aussage«.[13] Λόγος als Aussage ist aber derjenige, den
Aristoteles als den λόγος ἀποφαντικός kennzeichnet. In De interpretatione handelt Aristoteles von der aussagenden Rede, die entweder
bejahend (κατάφασις) oder verneinend (ἀπόφασις) ist.[14] Von diesem
λόγος ἀποφαντικός unterscheidet Aristoteles jenen anderen λόγος,
jene andere Rede, die etwas anzeigt und bedeutet, nicht aber etwas
von etwas aussagt.[15] Die Aussage aber, in der entweder bejahend
oder verneinend ein Prädikat von einem Subjekt ausgesagt wird,
übernimmt die Führung in der Frage nach der Sprache und nach
dem Seienden als solchem.

Vom λόγος als Aussage sagt Heidegger weiter, dieser werde genommen als »Verbindung von Vorstellungen«.[16] Diese Kennzeich

[10] ebd.
[11] ebd.
[12] ebd.
[13] ebd.
[14] Aristoteles, De interpretatione. l.c. 5, 17 a 8 sqq.
[15] l. c. 4, 16 b 33 sqq.
[16] M. Heidegger, Beiträge zur Philosophie, a.a.O., S. 497.

nung der Aussage ist so weit gefaßt, daß sie nicht nur für Aristoteles, sondern für die an ihn anschließende Überlieferung zutrifft. Die Aussage als Verbindung von Vorstellungen – so kennzeichnet auch Kant sowohl in seiner »Logik« wie in der »Kritik der reinen Vernunft«[17] die Aussage und das Urteil.[18]

Die Sprache, genommen als λόγος ἀποφαντικός, als Aussage, »übernimmt das Aussagen des Seienden«. Das ist zuerst mit Blick auf Aristoteles gesprochen. In seiner Kategorien-Schrift gibt Aristoteles zehn Kategorien an, deren erste die Kategorie der οὐσία ist und das einzelne Seiende, z.B. diesen bestimmten Menschen, meint. Von der οὐσία, der Substanz, werden die übrigen neun Kategorien ausgesagt. Jede dieser Kategorien nennt eine Weise des Seiendseins dessen, von dem sie ausgesagt wird.[19] Die Aussage bildet die Blickbahn für das Seiendsein des Seienden.

Aber auch für Kant bildet die Aussage als Urteil die Blickbahn für das kategoriale Sein des Seienden. Die zwölf verschiedenen Urteilsformen aus der Urteilstafel dienen als transzendentaler Leitfaden für die Entdeckung der ihnen korrespondierenden zwölf Kategorien.[20] Diese führen zu den synthetischen Urteilen apriori, den Grundsätzen des reinen Verstandes, die die Form von S ist P haben.[21] In diesen Grundsätzen werden vom Seienden als den Erscheinungen ontologische Prädikate ausgesagt, wie z.B.: »Alle Erscheinungen sind ihrer Anschauung nach extensive Größen« in Raum und Zeit.[22] So übernimmt auch bei Kant die Sprache als Aussage die Bestimmung des Seins des Seienden, des Seins, das für Kant die kategorial geregelte Gegenständlichkeit der Erfahrungsgegenstände ist.

Logik und Sigetik. Wir haben vorerst geklärt, was es heißt, daß die Logik (ohne Anführungszeichen) in der Philosophie des ersten

---

[17] I. Kant, Logik. Hrsg. v. G.B. Jäsche. In: Kants Werke. Akademie Textausgabe. Walter de Gruyter, Berlin 1968. Bd. IX, § 17, S. 101. – ders., Kritik der reinen Vernunft. Hrsg. v. R. Schmidt. Philos. Bibl. Felix Meiner, Hamburg 1956. A 69, B 94.
[18] M. Heidegger, Beiträge zur Philosophie, a.a.O., S. 497.
[19] Aristoteles, Categoriae (L. Minio-Paluello). 4, 1 b 25 sqq.
[20] I. Kant, Kritik der reinen Vernunft, a.a.O., A 76 ff., B 102 ff.
[21] a.a.O., A 137, B 176.
[22] a.a.O., A 162.

Anfangs die Blickbahn bildet für die Bestimmung der Sprache –
Sprache als Aussagesatz – und für die Bestimmung des Seins des Seienden. Die Sigetik aber nennt Heidegger die »Logik« der Philosophie des anderen Anfangs, »Logik« in Anführungszeichen. Die in
Anführungszeichen gesetzte »Logik« ist jedoch keine irgendwie abgewandelte Logik, sondern grenzt sich gegen die überlieferte Logik
ab. Warum wird dann aber die Sigetik noch als »Logik« in Anführungszeichen gekennzeichnet? Um anzuzeigen, daß die Sigetik in
der Philosophie des anderen Anfangs die Aufgabe übernimmt, die
in der Philosophie des ersten Anfangs die Logik ausübt.

Zugleich aber soll in der Rede von der »Logik« der Philosophie
des anderen Anfangs deutlich werden, daß die Philosophie der
Grundfrage kein gesetzloses, ungebundenes Umherschweifen ist.
Denn die Sigetik beachtet »die besonnene Gesetzlichkeit« des Erschweigens.[23] Die »besonnene Gesetzlichkeit« ist die Gesetzlichkeit
der »Logik« in Anführungszeichen in Abhebung von der Gesetzlichkeit der Logik ohne Anführungszeichen. Die »besonnene« Gesetzlichkeit ist diejenige, die sich im ereignisgeschichtlichen Denken als Besinnung und die sich dieser Besinnung als ihre eigene
Gesetzlichkeit zeigt. Diese Gesetzlichkeit zeigt sich innerhalb des
Ereignisses. Sie zeigt sich in den Weisen, wie sich das Denken als
Besinnung und diese als das ereignete Denken, als angerufener und
erschweigender Entwurf vollzieht.

Welches ist die besonnene Gesetzlichkeit der Sigetik? Auf diese
Frage antworten die Abschnitte 37 und 38 aus den »Beiträgen zur
Philosophie«.

Im 37. Abschnitt, aus dem wir schon zitiert hatten, heißt es: Die
Erschweigung (Sigetik) »sucht die *Wahrheit der Wesung* des Seyns,
und diese Wahrheit ist die winkend-anklingende Verborgenheit (das
Geheimnis) des Ereignisses (die zögernde Versagung)«.[24] Die Philosophie des anderen Anfangs, das ereignisgeschichtliche Denken, ist
erschweigendes Suchen der Wahrheit, d.h. der Lichtung dessen, wie
das Seyn selbst west. Dabei erweist sich die Wahrheit der Wesungs-

---

[23] M. Heidegger, Beiträge zur Philosophie, a.a.O., S. 78.
[24] ebd.

weise des Seyns als die winkend-anklingende Verborgenheit des Ereignisses. Was sich als Lichtung der Wesungsweise des Seyns zeigt, ist das Ereignis in seiner kehrigen Struktur. Aber das Ereignis zeigt sich für das Denken jeweils nur in *endlicher* Weise, winkend-anklingend, niemals aber in einer un-endlich-absoluten Weise. Deshalb gehört zur sich lichtenden Wesungsweise des Seyns wesenhaft die Verborgenheit, die als zögernde Versagung erläutert wird. Die Verborgenheit, die zur geschichtlichen Wesungsweise des Seyns gehört, ist freilich keine vollständige. Denn die Wesungsweise des Seyns ist winkend-anklingend, in endlichen Weisen sich zeigend. Das sich Verbergen des Wesensgeschehens des Seyns ist ein zögerndes sich Versagen, ein sich Zeigen im sich Zurückhalten, ein sich Entbergen im sich Verbergen.

Weil sich die Wesung des Seyns als Ereignis je nur winkend-anklingend zeigt, kann das Denken das Seyn selbst in seiner Wesung als Ereignis »nie unmittelbar sagen«.[25] Was das Denken jeweils aus der Wesungsweise des Seyns erfährt und als Erfahrenes entwirft und als so Entworfenes sprachlich-begrifflich sagt, das »kommt aus dem Seyn her und spricht aus seiner Wahrheit«.[26] Das Seyn selbst in seiner Wesung als Ereignis unmittelbar sagen hieße, die zum Wesensgeschehen des Seyns wesenhaft gehörende Verbergung überspringen. Es hieße, nicht mehr aus dem Ereignis etwas vom Ereignis sagen, sondern das Ereignis selbst im Begriff erfassen. Weil stattdessen jede Sage des Denkens aus dem Seyn selbst und aus seiner Lichtung kommt, weil somit jedes denkerische Sagen aus dem Ereignis, dem ereignenden Zuwurf kommt und diesen nicht überspringen kann, ist das Denken zu tiefst endliches Denken. Seine Endlichkeit hat es darin, daß es von der Wesung der Wahrheit des Seyns nur das denken und sagen kann, was sich aus dem ereignenden Zuwurf, Zuruf und Anruf als denkend zu Entwerfendes ergibt.

Ähnlich lesen wir im 38. Abschnitt »Die Erschweigung«: »Wir können das Seyn (Ereignis) nie unmittelbar sagen, deshalb auch nicht mittelbar im Sinne der gesteigerten ›Logik‹ der Dialektik«.[27]

---

[25] a.a.O., S. 79.
[26] ebd.
[27] ebd.

Denn auch die Dialektik gehört zur Philosophie des ersten Anfangs. Während die Dialektik Hegels alle Stufen der Endlichkeit des Wissens überwindet, um sich als Denken in das absolute Wissen des absoluten Geistes zu erheben, bleibt das ereignisgeschichtliche Denken wesenhaft endlich. Das Ereignis ist nicht ein Absolutes, sondern die endlich geschehende Wesungsweise der Wahrheit des Seyns. Zum Ereignis gehört wesenhaft die Verborgenheit als das unzugängliche Geheimnis, während im absoluten Wissen alle Verbergung als Negativität aufgehoben ist. Jede denkerische Sage der Wesung des Seyns »spricht schon *aus* der Wahrheit des Seyns und kann sich nie unmittelbar bis zum Seyn selbst überspringen«.[28]

Diese Einsicht ist die in die »höhere Gesetzlichkeit«[29] der Sigetik, eine höhere Gesetzlichkeit als die der überlieferten Logik und deren Steigerung durch die Dialektik. Diese höhere Gesetzlichkeit der Sigetik ist die besonnene Gesetzlichkeit.

Damit hat sich für uns eine weitere Bedeutung der Sigetik ergeben, die über jene hinausgeht, die wir schon herausgehoben haben. Erschweigung und Erschweigen als Wesenscharakterisierung des ereignisgeschichtlichen Denkens besagen auch, daß die Wesung des Seyns in jedem Schritt des Denkens nur in *endlicher* Weise erschwiegen werden kann. Das Erschweigen ist kein absolutes Wissen. Was das Denken als angerufenes Entwerfen, als Er-denken, von der Wesungsweise der Wahrheit des Seyns zu sagen weiß, bleibt ein im Entwerfen Erschwiegenes, ein endlich Erfahrenes angesichts der nicht überspringbaren Verbergung, aus der der jeweils endliche Zuwurf geschieht.

Aber nicht nur jede denkerische Sage und jedes denkerische Wort, das der Wesungsweise der Wahrheit des Seyns gilt, sondern jede Sage, »alles Wort« und »alle Logik« »steht unter der Macht des Seyns«.[30] Auch die überlieferte Logik entspringt einer Wesungsweise des Seyns. Damit wird die Logik nicht als überflüssig erklärt und beseitigt, sondern sie wird nur in ihrem Absolutheitsanspruch beschränkt. Sie wird eingeschränkt auf den Bereich des Seienden und

---

[28] ebd.
[29] ebd.
[30] ebd.

dessen Seiendheit. Ihr wird der Anspruch abgesprochen, die allein maßgebende Blickbahn für die Frage nach dem Seyn und somit für die Philosophie zu sein. Zugleich wird ihr der Anspruch abgesprochen, die maßgebliche Blickbahn für die Bestimmung des Wesens der Sprache zu bilden. Die Logik findet ihren Grund in der Sigetik. Die Sigetik ist es, die die Blickbahn abgibt für das Fragen nach dem Wesen der Sprache. Die Sigetik ist es auch, die die Blickbahn vorgibt für die Frage nach dem Wesen des Seyns.

Jede Sage »kommt aus dem Seyn her«, »alles Wort [...] steht unter der Macht des Seyns«.[31] Alles Wort und in einer ausgezeichneten Weise das *Wort des Dichters*. Im Rahmen unserer Untersuchung geht es vor allem um das *dichterische* und das *denkerische Wort*. Jedes dichterische und denkerische Wort kommt aus dem Geläut der Stille als dem Wesensgeschehen der Sprache. Dieses Wesensgeschehen gehört aber in die Wesungsweise der Wahrheit des Seyns als Ereignis. Das Geläut der Stille als Wesensgeschehen der Sprache zeigt daher wie die Wesungsweise der Wahrheit des Seyns die gegenschwingende Ereignisstruktur. *Das denkerische und dichterische Wort haben ihre gemeinsame Herkunft aus dem Geläut der Stille.* Alle Sprache des Menschen als Da-sein – in ausgezeichneter Weise aber das denkerische und dichterische Sprechen –, hat ihren Ursprung in der großen Stille des Geläuts, des versammelnden Rufens der gegendhaften Bedeutsamkeiten. Das denkerische und dichterische worthaft verlautende Sprechen entspringt der Stille des Geläuts und ist deshalb im Wesen das Schweigen und Erschweigen. Sowohl der denkerische Entwurf wie der dichterische, der stiftende Entwurf ist erschweigend. In seinem Erschweigen hat er teil an der Entfaltung der großen Stille, der Stille des Geläuts.

Alle Sprache des Da-seins ist in ihrem Wesen das Schweigen und Erschweigen, das in das Ereignis gehört. Wenn das *Wesen des denkerischen und dichterischen Sagens und Sprechens als ein Erschweigen* geschieht, dann sind Denken und Dichten in ihrem Wesen nicht logisch, aber auch nicht alogisch oder gar unlogisch, widerlogisch, sondern *sigetisch*. Die Sigetik ist die dem Wesen von Denken und Dichten angemessene Blickbahn. Wenn das Wesen des Dichtens und

---

[31] ebd.

dichterischen Sprechens in der Blickbahn der Sigetik erfahren wird
als ein Erschweigen im Gegenschwung zum ereignenden Anruf,
dann entspricht das dichterische Kunstwerk dem Geläut der Stille.
Das dichterische Sagen gehört als dichterischer Entwurf in das Geläut der Stille, und zwar so, daß dieser Entwurf am Geläut der Stille
teilhat. Diese Teilhabe aber geschieht nicht aus eigener Ermächti-
gung, sondern aus dem ermächtigenden Anruf. Diesem verdankt
sich der dichterische Entwurf, ohne dadurch sein Freisein einzubü-
ßen. Denn der Mensch besitzt nicht die Freiheit als sein Eigentum,
sondern wir sind Eigentum der Freiheit. Die Freiheit des künstle-
risch-dichterischen Entwurfs kommt nur zu ihr selbst aus dem ereignenden Anruf. Das versammelnde Rufen (Läuten) der Weltgegenden als Gegenden welthafter Bedeutsamkeit geschieht primär als
ereignender Anruf und nur insofern als dichterischer Zu-sprung in
den ereignenden Anruf. Dadurch, daß die Freiheit des dichtenden
Entwurfs ereignet-angerufene Freiheit ist, verliert sie nichts, sondern gewinnt. Der dichtende Entwurf vollzieht sich als Zu-sprung
in den ereignenden Anruf aus dem versammelnden Rufen der Weltgegenden. Der dichtende Entwurf, zugehörend dem Geläut der Stille, verdankt sich nicht selbst, sondern ist Geschenk.

Entspringt die dichterisch lautende Sprache dem erschweigenden
dichtenden Entwurf und mit diesem dem Geläut der Stille, so wird
dem sprachlichen Kunstwerk der ihm eigene Geheimnischarakter
bewahrt. Die Größe einer Dichtung ist das, was uns als Geheimnis
einer Dichtung trifft und unser Erstaunen weckt.

Alles Sprechen entspringt und das dichterische und denkerische
Sprechen entspringen in ausgezeichneter Weise dem Geläut der Stille als dem Wesensursprung der Sprache. Das Dichten und Denken
sind zwei ausgezeichnete Weisen des sagenden Entwerfens und des
Sprechens. Ihre Nähe zueinander ergibt sich aus ihrem gemeinsamen Ursprung. Zugleich aber vollziehen sie sich als je eigene Sage-
und Sprechweisen, wodurch sie innerhalb ihrer Nachbarschaft zugleich auch geschieden sind. Dichten und Denken halten sich trotz
ihrer Wesensnähe in einer zarten, aber hellen Differenz. Aber als so
differente können sie in ein Wechselgespräch treten, innerhalb dessen der eine vom anderen für sein je Eigenes lernen kann.

Die eigene Sprechweise des Dichtens zeigt sich im dichterischen *Bild*. Die eigene Sprechweise des Denkens entfaltet sich als der *Begriff*. Was besagt hier Bild? Welchen Charakter hat im ereignisgeschichtlichen Denken der Begriff? In welchem Verhältnis stehen Bild und Begriff? Die unsere Untersuchung abschließende Frage steht deshalb unter dem Titel: Bild und Begriff.

§ 29. Bild und Begriff

Dichten und Denken haben sich uns als zwei ausgezeichnete Sageweisen gezeigt. Als solche sind sie zwei ausgezeichnete Weisen des sagenden Entwurfes: der dichterisch-stiftende Entwurf und der denkerische Entwurf. Der dichtend-sagende wie der denkerisch-sagende Entwurf sind je angerufener Entwurf. In diesem Gegenschwung von ereignendem Anruf und ereignet-angerufenem Entwurf entfaltet sich die große Stille. Der dichtende wie der denkende sagende Entwurf haben an der Entfaltung dieser Stille teil. Diese Stille ist die Stille des Geläutes, des rufenden Versammelns der Weltgegenden. Deren Gefüge ist das Ge-Viert. Sofern der dichtende und der denkende Entwurf an der Entfaltung der Stille des Geläuts teilhaben, vollziehen sie sich als Schweigen und Erschweigen. Dieses gehört zur Stille des Geläuts. Das Geläut der Stille als Wesensursprung der Sprache geschieht lautlos, still, und ist als dieses lautlose, selbst nicht lautende Geschehen der Ursprung für die worthaft verlautende Sprache. Das dichterische und denkerische Wort entspringen dem Geläut der Stille. Das worthafte Verlauten entspringt dem Schweigen und Erschweigen des angerufenen dichtenden und denkenden Entwurfs, der als dieser in das Geläut der Stille gehört.

Aber nicht nur die erschweigenden *Sageweisen* des Dichtens und Denkens sind ausgezeichnet, abgehoben von der alltäglichen und der wissenschaftlichen Sageweise. Auch das *worthafte Verlauten* des dichterischen und des denkerischen Entwurfs ist jeweils ein ausgezeichnetes *Sprechen*. Die Auszeichnung des dichterischen und denkerischen Sagens *und Sprechens* ergibt sich daraus, daß Dichten und Denken in je unterschiedlicher Weise aus einer Erfahrung mit dem

Wesen der Sprache sich vollziehen. Im alltäglichen und wissenschaftlichen Sprechen hält demgegenüber das Wesen der Sprache an
sich zugunsten dessen, worüber in dem einen wie in dem anderen
gesprochen wird.

Die eigene ausgezeichnete Sprechweise des Dichtens zeigt sich
im *dichterischen Bild*. In der zarten, aber hellen Differenz dazu verlautet die eigene Sageweise des Denkens im *denkerischen Begriff*.
Nähe und Differenz von Dichten und Denken zeigen sich uns jetzt
als das Verhältnis von Bild und Begriff. Was besagt hier dichterisches Bild? Wie ist hier der denkerische Begriff gefaßt? Wenn vom
dichterischen Bild die Rede ist, dann steht dabei *alles* Dichten im
Blick. Ist aber die Rede vom denkerischen Begriff, dann ist nicht
jeder denkerische Begriff gemeint, sondern der Begriff so, wie er
sich aus der ereignisgeschichtlichen Wesensbestimmung des Denkens und der Sprache ergibt. Der Begriff im ereignisgeschichtlichen
Denken zeigt eine andere Struktur als die Begrifflichkeit des erstanfänglichen Denkens, eine andere Struktur als der Begriff bei Aristoteles, Kant oder Hegel.

Aber auch das dichterische Bild wird seine Wesensbestimmung
aus dem ereignisgeschichtlichen Denken erhalten. Bild wird hier
nicht mit dem in eins zu setzen sein, was die Literaturwissenschaft
darunter versteht. Was im ereignisgeschichtlichen Denken dichterisches Bild heißt in der Differenz zum denkerischen Begriff, ergibt
sich aus der ereignisgeschichtlichen Wesensbestimmung des Dichtens und der dichterischen Sprache.

Auf unserem Untersuchungsgang wurden verschiedene Gedichte Stefan Georges und Hölderlins herangezogen, Gedichte, in denen dichterische Erfahrungen mit dem Wesen der Sprache thematisch gedichtet werden. In diesen Gedichten wird jeweils das
dichterisch Erfahrene ins worthafte Bild gebracht. George wie Hölderlin sprechen in diesen Gedichten in der Weise worthafter Bilder.
Die Gedichte Georges waren im ganzen thematisch gedichtete Erfahrungen mit der dichterischen Sprache und die Gedichte Hölderlins enthielten solche thematisch gedichteten Erfahrungen.

In jedem der ausgelegten Gedichte Georges spricht sich eine
dichterische Erfahrung mit der dichterischen Sprache in einer bild-

haften Gesamtsituation aus. Innerhalb dieser sind es einzelne Worte und sprachliche Wendungen, in denen bildhaft das erfahrene Wesen der Sprache sowie der Bezug dieses erfahrenen Sprachwesens zum Dichter und das Verhältnis des Dichters zum erfahrenen Sprachwesen gedichtet werden. Im Gedicht »Das Wort« ist es das Kleinod, mit dem der Dichter sich an die Norn als Hüterin des Borns der Sprache wendet, und ist es die Antwort der Norn. Im Gedicht »In stillste ruh« ist es das Bild des in die stillste Ruhe eines besonnnenen Tages hereinbrechenden, die Seele des Dichters treffenden Blickes, – ist es das Bild des den stolz und reglos ragenden Stamm zu Boden beugenden Sturmes, – ist es das Bild der lang vom Meer verlassenen Muschel, in die noch einmal das Meer gewaltsam stößt. In dieses dreifache dichterische Bild geht Georges Erfahrung von der späten Heimsuchung durch das Wesen der Sprache ein. Im Gedicht »See-lied« ist der Gast des Dichters, das Kind mit goldenem Haar, das blonde Kind das Bild, in dem George das sich Zeigen und sich Entziehen der auf den Dichter zukommenden dichterischen Sprache dichtet. Im Gedicht »Du schlank und rein wie eine flamme« sind es die Bilder der schlanken und reinen Flamme, des blühenden Reises, des geheimen und schlichten Quells und einige Bilder mehr, in denen George Gunst und Gewährung des dichterischen Wortes in seinem geheimnisvollen Wesen dichtet. Im Gedicht »Welch ein kühn-leichter schritt« sind es die Bilder vom kühn-leichten Schritt des Wanderers, vom Weckruf des Bläsers, vom sich einschmiegenden heimlichen Hauch, in denen George den Bezug der Sage zum Dichter dichtet. Im Gedicht »Horch was die dumpfe erde spricht« ist es das Bild vom Element, in dem der Dichter hängt, das ihn als Dichter ermöglicht, das er aber selbst in dessen Walten dichterisch nicht aufzuhellen und eigens worthaft zu nennen vermag.

In der Hymne »Germanien« dichtet Hölderlin die dichterische Sprache in ihrem stiftenden Walten im Bild von der Blume des Mundes. In der Elegie »Der Gang aufs Land« wird das Bild von der Blume des Mundes bildhaft als Blüte entfaltet. In der Elegie »Brod und Wein« ist es das Bild von den Worten, die wie Blumen entstehen.

George dichtet in seinen Bildern das von ihm dichterisch erfahrene Walten des dichterischen Wortes. Er dichtet in den Bildern das geheimnisvolle Walten der dichterischen Sprache. Das geheimnisvolle Walten zeigt sich ihm darin, daß die zu dichtenden Dinge erst sind, was und wie sie sind, aus dem seinvergebenden Walten der Sprache. Das geheimnisvolle Walten der dichterischen Sprache zeigt sich dem Dichter George zugleich auch darin, daß es sich für die dichterische worthafte Nennung entzieht. Für das Kleinod findet die Norn auf dem Grunde ihres Borns kein Wort, nicht jenes Wort, das das geheimnisvoll seinvergebende Walten der dichterischen Sprache noch einmal dichterisch nennen könnte. Diesem Versuch entzieht sich das seinvergebende Wortwesen.

Dagegen reicht Hölderlin in seinen Bildern für die Erfahrung des Wesens der Sprache in die Wesensherkunft des von George erfahrenen seinvergebenden Wortwesens hinein. Hölderlin erfährt dichterisch im Bilde von der dichterischen Sprache als der Blume des Mundes die Herkunft des gesprochenen Wortes aus dem Aufgang der vier Weltgegenden. Hölderlins dichterische Erfahrung mit dem Wesen der dichterischen Sprache spricht sich aus in den worthaften Bildern von der Blume des Mundes, von der Blüte dieser Blume und von den Worten, die wie Blumen entstehen. In diesen Bildern spricht sich die Erfahrung aus, daß die Sprache ihren Wesensursprung im lichtenden Aufgang der Weltgegenden hat, die Hölderlin als Erde und Himmel, als die Göttlichen und die Sterblichen benennt.

Die vergegenwärtigten Bilder Georges und Hölderlins sind Bilder für das thematisch erfahrene Wesen und Walten der dichterischen Sprache. Wenn aber Heidegger in Bezug auf die Dichtung vom dichterischen Bild spricht, sind nicht nur die Bilder für *diese* dichterischen Erfahrungen Georges und Hölderlins gemeint. Auch jene anderen dichterischen Erfahrungen, die nicht thematische Erfahrungen des Wesens dichterischer Sprache sind, die aber solche Erfahrungen sind, aus denen jeweils eine Dichtung und ein sprachliches Kunstwerk hervorgeht, – auch diese dichterischen Erfahrungen sprechen sich in worthaften Bildern aus. Alles dichterische Sagen ist ein solches in Bildern.

In der Differenz zu diesem dichterischen Sagen und Sprechen in Bildern ist das Denken ein Sagen und Sprechen in *Begriffen*. Die hier gemeinten Begriffe sind jene, die wir auf dem Gang unserer Untersuchung erarbeitet haben. Es sind die Begriffe des Ereignisses, des Gevierts, des Geläuts der Stille und andere mehr, die *Begriffe des sigetischen Denkens* sind. Der Wesensbegriff für den Wesensursprung der Sprache, das Geläut der Stille, ist ein Begriff im Unterschied zu einem dichterischen Bild. Hölderlins dichterisches Bild für das dichterisch erfahrene Sprachwesen ist die Blume des Mundes. Heideggers Begriff für das denkerisch erfahrene Wesen der Sprache ist das Geläut der Stille. Ist nicht aber auch das Geläut der Stille ein Bild? Grenzt es nicht an das Bildhafte eines Bildes? Was ist das Eigentümliche eines dichterischen Bildes und was das Eigentümliche eines denkerischen Begriffes?

Wenn die dichterische Sprache als eine solche in Bildern gekennzeichnet wird, scheint diese Kennzeichnung kaum anderes zu sagen als die Literaturwissenschaft. Der Literaturwissenschaftler Wolfgang Kayser sagt in seiner vorzüglichen Einführung in die Literaturwissenschaft »Das sprachliche Kunstwerk« (1948) zur dichterischen Sprache in Bildern dieses: »Im Gegensatz zur theoretischen Sprache ist die dichterische durch Bildhaftigkeit gekennzeichnet. Sie gibt nicht Meinungen und Erörterungen von Problemen, sondern ruft Welt in dinglicher Fülle hervor. Da sie sich nicht, wie alle andere Sprache, auf eine außerhalb der Sprache vorhandene Gegenständlichkeit bezieht, sie ja vielmehr erst selber schafft, wird sie alle Sprachmittel nützen, die ihr dabei helfen können«.[1] Zugleich wird betont, daß sich das Bildhafte der dichterischen Sprache nicht nur auf die Lyrik beschränke, daß vielmehr auch die dichterische Prosa in Bildern spreche. Die Leistung des lyrischen wie des epischen Bildes sieht Wolfgang Kayser zum einen im Hervorrufen von Sichtbarem und zum anderen im Hervorrufen von dichterischem Ausdrucksgehalt, der sich vom alltäglichen Ausdrucksgehalt der Sprache unterscheidet. Vergleich, Gleichnis und Metapher werden als besondere Gestalten der dichterischen Bildsprache bestimmt.

---

[1] W. Kayser, Das sprachliche Kunstwerk. Eine Einführung in die Literaturwissenschaft. Francke Verlag, Bern 1954³, S. 119.

In dieser literaturwissenschaftlichen Bestimmung des dichterischen Bildes ist das Bild auf die Einbildungskraft zurückbezogen. Diese bildet die dichterische Welt in der Innerlichkeit der Dichter-Seele, die sich im poetischen Ausdruck ausspricht. Die alltägliche und die wissenschaftliche Sprache beziehen sich dagegen auf eine außerhalb dieser Sprechweisen vorhandene Gegenständlichkeit. Die alltägliche und wissenschaftlich-theoretische Gegenständlichkeit ist nur insofern sprachlich bestimmt, als sich die Sprache mit ihrem Bedeutungsgehalt in der Innerlichkeit des Geistes hält und sich aus dieser auf die äußere Gegenständlichkeit bezieht. Demgegenüber bezieht sich die dichterische Sprache mit ihren Bildern auf eine nur innerliche, dichterisch hervorgerufene Welt. Soviel zum literaturwissenschaftlich bestimmten dichterischen Bild.

Im Unterschied zu diesem zeigt das aus dem sigetischen Denken bestimmte dichterische Bild eine andere Struktur, die nicht durch das Vorstellungsschema Innerlichkeit-Äußerlichkeit geleitet und nicht auf die Einbildungskraft bezogen ist. Für das sigetische Denken ist der Mensch in seinem Wesen das ekstatisch verfaßte Da-sein. Als solches ist er in seinem Wesen entrückt in die Lichtung der Weltgegenden. Der dichterische Entwurf ist nicht innerlicher, sondern ekstatischer Struktur. Er ist angerufener Zu-sprung in den ereignenden Anruf der gegendhaften Bedeutsamkeiten. Der dichterische Entwurf, der zum Geschehen des Geläuts der Stille gehört, ist weiter draußen als alles innerweltliche Seiende. Im dichterischen Sprechen, dem worthaft-bildlichen Sprechen, spricht der Dichter aus seinem dichterischen Entrücktsein in die Lichtung der Welt, in das rufende Versammeln der Weltgegenden. Dies dichterische Entrücktsein spricht sich in der bildhaften Sprache aus, die entweder die lyrische oder die epische oder aber die dramatische Sprache ist.

Was aber leistet das dichterische Bild? Die primäre Bedeutung des Bildes faßt Heidegger als das »Anblick verschaffen«. Bild ist nicht zuerst ein Abbild als Nachbild oder Vorbild, sondern Bild meint Anblick überhaupt. Das Bildhafte ist das, was uns anblickt und im Anblicken zu verstehen gibt. In ». . . dichterisch wohnet der Mensch . . .« (1951) heißt es zum Bild und dichterischen Bild: »Das Wesen des Bildes ist: etwas sehen zu lassen. Dagegen sind die Abbilder und Nachbilder bereits Abarten des eigentlichen Bildes, das als Anblick [...] sehen läßt«.[2] Wenn wir uns die dichterischen Bilder Georges und Hölderlins für das jeweils von ihnen erfahrene Sprachwesen vergegenwärtigen, können wir sagen: Diese Bilder lassen das dichterisch erfahrene Wortwesen und die dichterisch erfahrene Wesensherkunft der Sprache sehen. Die Bilder sind *dichterische Anblicke* von dem, was George und Hölderlin je auf ihre eigene Weise vom Wesen der dichterischen Sprache erfahren haben.

In den »Beiträgen zur Philosophie« heißt es: Der Dichter »verhüllt [...] die Wahrheit in das Bild und schenkt sie so dem Blick zur Bewahrung«.[3] Die Wahrheit meint hier die Unverborgenheit und Enthülltheit des im Gegenschwung zum ereignenden Anruf dichterisch Entworfenen. Sofern dieses erschweigend Entworfene im verlautenden worthaften Bild ausgesprochen wird, wird es in recht verstandener Weise verhüllt. Das worthafte Bild oder bildhafte Wortgefüge ist verhüllend weil *bergend*. Denn die worthafte Verlautbarung gehört zur Weltgegend der *Erde*, deren Grundzug das *bergende Verwahren* ist.[4] Das so im sprachlichen Kunstwerk bildhaft Geborgene bietet den Anblick des dichterisch Erfahrenen. Dieser Anblick sucht den Blick desjenigen, der sich dem sprachlichen Kunstwerk verstehend zuwendet. Der Blick des Verstehenden, den das dichterische Bild anblickt, ist ein wahrhaft verstehender, wenn er sich zum dichterischen Bild *bewahrend* verhält. Wir verhalten uns zu den Gedichten Georges und Hölderlins, zu deren dichterischen Bildern, bewahrend, wenn wir diese als Anblicke verstehen, aus denen uns das dichterisch erfahrene Sprachwesen anblickt.[5]

Im 58. Abschnitt »Seelied« des Oberseminars »Vom Wesen der Sprache« weist Heidegger die *literaturwissenschaftliche* Deutung des Dichtens in »Bildern«, die einen »Sinn« »versinnlichen«, eigens

[2] M. Heidegger, »... dichterisch wohnet der Mensch«. In: Vorträge und Aufsätze, a.a.O., S. 200.

[3] M. Heidegger, Beiträge zur Philosophie, a.a.O., S. 19.

[4] Vgl. Grundsätzliches zur Bergung: Beiträge zur Philosophie, a.a.O., Die Wesung der Wahrheit als Bergung, S. 389 ff.

[5] Zur Bewahrung vgl. M. Heidegger, Der Ursprung des Kunstwerkes. In: Holzwege, a.a.O., S. 54 ff. – dazu F.-W. v. Herrmann, Heideggers Philosophie der Kunst, a.a.O., S. 324 ff.

zurück. Mit Blick auf das »Seelied« fragt er, ob da ein »Bild« gezeichnet werde, das einen »Sinn« »symbolisch« oder in der Weise
einer »Metapher« versinnliche. Den geläufigen Bild-Begriff setzt er
im Unterschied zum ereignisgeschichtlichen bzw. sigetischen Bild
in Anführungszeichen. »Bild« und »Sinn« in der herkömmlichen
Auffassung gehören zur Lehre und zum Satz (Aussage). George
aber spricht nicht in »Bildern«, die einen »Sinn« »versinnlichen«,
sondern sein Dichten ist ein »*Sagen*« als »*Ersagung*«, d.h. als ein
ereignetes Sagen und als solches »*Verwahrung* eines *Anklangs von
Da-sein und, verborgener noch, des Seyns*«. Zu letzterem heißt es
im 55. Abschnitt »Übergängliches Wort«, Georges dichterisches
Wort sei ein »Wort des Seyns, aber verhüllt und erst Wort des Da-
-seins und auch dieses nicht ein Er-denken, inbegrifflich, sondern
nennend aus Welt und Erde unmittelbar – (nicht »Bild« eines Sinnes) sondern *erd*haft, *welt*ende streitbare Versetzung, *ahnende* in
den Anklang – d.h. stimmende Stimme des *Da-seins* als *Ab-grund
der Wahrheit des Seyns*«. Mit Blick auf die Verse zwei und drei der
vierten Strophe des Gedichts »Seelied« »Wenn es auch niemals mit
mir sprach / Und ich ihm nie ein wort gewusst« spricht Heidegger
im 56. Abschnitt von der »*stimmenden Stille*« und vom »*An-stim-
men* der *Grund-stimmung des Da-seins*«.[6]
  Wie verhält es sich aber mit dem Geläut der Stille? Inwiefern ist
dieses kein Bild, sondern ein Begriff? In dem an anderer Stelle schon
einmal herangezogenen Text »Winke« heißt es: »Das Sagen des
Denkens ist im Unterschied zum Wort der Dichtung bildlos. Und
wo ein Bild zu sein scheint, ist es weder das Gedichtete einer Dichtung noch das Anschauliche eines ›Sinnes‹, sondern nur der Notanker der gewagten, aber nicht geglückten Bildlosigkeit«.[7] Hier
wird von der Möglichkeit gesprochen, daß ein Begriff, der kein Bild
sein soll, dennoch an das Bildhafte grenzen kann: die gewagte, aber
noch nicht geglückte Bildlosigkeit. Wenn das dichterische Bild als
Anblick sehen läßt, bietet der denkerische Begriff keinen Anblick.

---

[6] M. Heidegger, Vom Wesen der Sprache. Die Metaphysik der Sprache und die
Wesung des Wortes. Zu Herders Abhandlung »Über den Ursprung der Sprache«,
a.a.O., 58., 55., 56. Abschnitt.
[7] M. Heidegger, Winke. In: Aus der Erfahrung des Denkens, a.a.O., S. 33.

Die Anblick- und Bild-losigkeit des Denkens und seines Begriffes meint nicht die Abstraktheit. Der geläufige Unterschied zwischen dem Anschaulich-Konkreten und dem Unanschaulich-Abstrakten ist im Felde des sigetischen Denkens unangebracht. Inwiefern ist aber das Geläut der Stille kein bildhafter Anblick, der auf bildhafte Weise sehen und verstehen läßt?

Wir nähern uns einer Antwort auf diese Frage an, wenn wir zusehen, wie das Denken zu seinen Begriffen gelangt. Die oben zitierte Textstelle aus den »Beiträgen zur Philosophie«, die wir verkürzt wiedergegeben haben, lautet vollständig so: »Je notwendiger das denkerische Sagen vom Seyn, umso unumgänglicher wird das Erschweigen der Wahrheit des Seyns durch den *Gang* des Fragens. Leichter als andere verhüllt der Dichter die Wahrheit in das Bild und schenkt sie so dem Blick zur Bewahrung«.[8] Hier werden Denken und Dichten einander gegenübergestellt. Dem Dichter ist es gegeben, leichter als der Denker die Wahrheit in das Bild zu verhüllen und diese bildhaft verhüllte dichterische Wahrheit dem Blick des verstehenden Bewahrens zu schenken. Der Dichter ist in einer Hinsicht der Bevorzugte gegenüber dem Denker. Der Weg des Dichters und der dichterischen Erfahrung mit dem Sprachwesen ist leichter, weil er leichter zum dichterischen Bild findet als der Denker zum Begriff. Denn der Denker ist an den *Gang des Fragens* verwiesen. Dieser Gang ist ein *langer*. Auf diesem langen Gang sucht der Denker nach dem Begriff für das Wesensgeschehen der Wahrheit des Seyns und der Sprache. Der Weg des Denkenden ist nicht nur ein anderer, sondern auch ein längerer Weg als der dichterische Weg.

Im Anschluß an das, was vom dichterischen Verhüllen der Wahrheit in das Bild gesagt wurde, fragt Heidegger nach dem entsprechenden Verhüllen im Begriff: »Wie aber birgt der Denker die Wahrheit des Seyns, wenn nicht in die schwere Langsamkeit des Ganges seiner fragenden Schritte und ihrer gebundenen Folge?«[9] Der langsame Gang des Denkenden als Gang in das Wesensgeschehen der Wahrheit des Seyns als Ereignis, in den Wesensursprung der

[8] M. Heidegger, Beiträge zur Philosophie, a.a.O., S. 19.
[9] ebd. – Zur Interpretation vgl. P.-L. Coriando, Die formale Anzeige und das Ereignis, a.a.O., S. 41 ff.

Sprache als das Geläut der Stille, spricht sich worthaft-begrifflich aus. Auch der Begriff, das jeweils begrifflich Gefaßte aus der Geschehensweise der Wahrheit des Seyns und der Lichtung der Weltgegenden, auch der so sich ergebende Begriff ist wie das dichterische Bild worthaft. Als lautendes Wort ist auch der Begriff bergend. Die worthaft-begriffliche Sprache, in der sich der denkerische Gang in die Geschehensweise der Lichtung des Seyns und der Welt ausspricht, birgt die im angerufenen Entwurf denkerisch entworfene Wahrheit des Seyns. Aber wie verhält sich das *begrifflich* Geborgene zum *bildhaft* Geborgenen?

Auch die Antwort hierauf findet sich in den »Beiträgen zur Philosophie«: »Welches Glücken ist hier dem Dichter aufbehalten! Zeichen und Bilder dürfen ihm das Innerste sein, und die übersehbare Gestalt des ›Gedichtes‹ vermag je sein Wesentliches in sich hineinzustellen. Wie aber dort, wo der Begriff die Notwendigkeit und die Frage ihre Bahnen durchmessen will?«.[10] Der Dichter genießt gegenüber dem Denker den Vorzug, daß er seine Wahrheit in Zeichen und Bildern anschaubar zu machen vermag, anschaubar in Bildern wie die vom Kleinod, vom Gast und von der Gunst oder wie das Bild von der Blume des Mundes. Diese dichterischen Bilder sind Anblicke, die das dichterisch erfahrene Wesen der Sprache sehen lassen.

Wie aber verhält es sich beim Geläut der Stille? Das still geschehende rufende Versammeln der gegendhaften Bedeutsamkeiten ist selbst kein Bild, kein Anblick, der in der übersehbaren Gestalt eines Textes den gedachten Wesensursprung der Sprache bildhaft sehen ließe. Das Geläut der Stille ist nicht gewonnen wie das Kleinod, das der Dichter zum Born der Sprache bringt, es ist nicht gewonnen wie der Gast oder die Gunst, die sich als Gewährung der dichterischen Sprache dem Dichter zukehren. Das Geläut der Stille ist nicht gewonnen wie die Blume des Mundes, die aus der Erde unter dem Himmel aufgeht, aufblüht und blüht. Das Geläut der Stille ist nicht gewonnen wie das Bild von den Worten, die wie Blumen entstehen. Diese dichterischen Bilder sind für die worthafte Verlautbarung des dichterisch Entworfenen *unmittelbar geschöpft*.

---

[10] M. Heidegger, Beiträge zur Philosophie, a.a.O., S. 60.

Aber der Begriff des Geläuts der Stille ist nicht unmittelbar als Wortwerdung des denkerisch Entworfenen geschöpft. Das Geläut der Stille ist auf einem *langen Weg des Fragens* gewonnen. Der Begriff zeigt eine andere Struktur als jene dichterischen Bilder. Denn in den Begriff vom Geläut der Stille sind die vorausgegangenen Schritte des Denkens eingegangen. Das Geläut der Stille faßt worthaft ein Strukturgefüge, ein *Gefüge* von einer *Strukturvielfalt*. Das Strukturgefüge zeigt aber seine »allgemeinste« Struktur im Gegenschwung des Ereignisses.

Demgegenüber ist das dichterische Bild nicht der Anblick eines Strukturgefüges, sondern der Anblick eines *Gefüges* von *Bezügen*. Die dichterisch erfahrenen Bezüge sind anderes als die denkerisch erfahrenen Strukturen.

Der Begriff »Geläut der Stille« ist wie alle ereignisgeschichtlichen Begriffe kein logischer, auch kein kategorialer und ebensowenig ein spekulativer Begriff, sondern ein *sigetischer Begriff*, ein Begriff der Sigetik des ereignisgeschichtlichen Denkens.

Auch das dichterische Bild ist nicht nur das Andere gegenüber dem logischen, kategorialen und spekulativen Begriff. Weil das dichterische Bild aus dem Geläut der Stille als dem gemeinsamen Wesen der Sprache für das denkende und das dichtende Sprechen hervorgeht, können wir in Analogie zum sigetischen Begriff vom *sigetischen Bild* sprechen.

Der ereignisgeschichtliche Begriff wird in den »Beiträgen zur Philosophie« als *Inbegriff* bestimmt. Im 27. Abschnitt »Das anfängliche Denken (Begriff)« heißt es vom anfänglichen als dem ereignisgeschichtlichen Denken: »Begriff ist hier ursprünglich ›Inbegriff‹, und dieser zuerst und immer bezogen auf den mitgehenden Zusammengriff der Kehre im Ereignis«.[11] Der Inbegriff ist *Zusammengriff*, der jeweils ein kehriges Geschehen im Ereignis, also den Gegenschwung von ereignendem Zuwurf und ereignetem Entwurf zusammengreift. Das im Inbegriff Begriffene ist ein Ganzes aus dem ereignend Zugeworfenen und dem ereignet Entworfenen. In diesem Sinne ist das *Geläut der Stille* als ein ereignisgeschichtlicher Begriff

[11] a.a.O., S. 64.

ein Inbegriff, ein *mitgehender Zusammengriff* dessen, was in sich gegenschwingend als Wesen der Sprache geschieht. Die geläufige Bedeutung des Inbegriffs weghaltend heißt es: »In-begriff ist hier nie das Ein-begreifen im Sinne der gattungsmäßigen Umfassung, sondern meint das aus der *In*ständigkeit kommende und die Innigkeit der Kehre in die lichtende Verbergung hebende Wissen«.[12] Das Geläut der Stille ist als Inbegriff ein Wissen vom Wesen der Sprache, das aus der Inständigkeit (dem Sein des Menschen) in der Wahrheit des Seyns kommt und das kehrige Wesensgeschehen der Sprache in die lichtende Verbergung (Verhüllung) des worthaften Begriffes hebt.

Das Geläut der Stille ist der inbegriffliche Begriff für das volle Wesensgeschehen der Sprache, aus dem sich das *dichterische* und das *denkerische Sagen* in ausgezeichneter Weise vollziehen. Dem Geläut der Stille entspringt das denkerische Sprechen im *Inbegriff*. Dem Geläut der Stille entspringt das dichterische Sprechen im *Bild*. Was die Dichter George und Hölderlin in ihren Bildern vom Kleinod, vom Gast und von der Gunst sowie von der Blume des Mundes und deren Blüte dichterisch sagen, sagt Heidegger denkerisch in seinem Begriff vom Geläut der Stille. Das Kleinod und die Blume des Mundes halten sich als dichterische Bilder für das dichterisch erfahrene Wesen der Sprache in einer Wesensnähe zum Geläut der Stille als dem inbegrifflichen Begriff für das denkerisch erfahrene Wesen der Sprache. Die Wesensnähe zwischen dem dichterisch und dem denkerisch erfahrenen Sprachwesen wird von einer zarten, aber hellen Differenz durchzogen. Die zarte, aber helle Differenz von Dichten und Denken ist zugleich die *Differenz* zwischen dem *sigetischen Begriff* und dem *sigetischen Bild*. Weil es aber nicht eine Differenz zwischen dem rationalen Begriff und dem Bild der Einbildungskraft ist, sondern die Differenz zwischen dem ereignisgeschichtlichen Begriff und dem ereignisgeschichtlichen Bild – eine Differenz im gemeinsamen Wesensursprung der Sprache, dem Geläut der Stille –, erkennen sich Denken und Dichten als gleichrangige Partner in einem sich wechselseitig fördernden Gespräch.

---

[12] a.a.O., S. 65.

*

Zu jenen Dichtern, deren Dichten darum weiß, daß es sich nicht selbst verdankt, daß es vielmehr der sich ihm zuwendenden Gunst des Wesens der Sprache bedarf, so daß die gelingende Dichtung Antwort auf eine Zusage ist, gehört auch Rainer Maria Rilke. Diese Erfahrung mit dem Wesen der Sprache wird von ihm in einem seiner späten Gedichte (v. 31. I. 1922) gedichtet:[13]

> Solang du Selbstgeworfnes fängst, ist alles
> Geschicklichkeit und läßlicher Gewinn –;
> erst wenn du plötzlich Fänger wirst des Balles,
> den eine ewige Mit-Spielerin
> dir zuwarf, deiner Mitte, in genau
> gekonntem Schwung, in einem jener Bögen
> aus Gottes großem Brücken-Bau:
> erst dann ist Fangen-Können ein Vermögen, –
> nicht deines, einer Welt. Und wenn du gar
> zurückzuwerfen Kraft und Mut besäßest,
> nein, wunderbarer: Mut und Kraft vergäßest
> und schon geworfen *hättest* ..... (wie das Jahr
> die Vögel wirft, die Wandervogelschwärme,
> die eine ältre einer jungen Wärme
> hinüberschleudert über Meere –) erst
> in diesem Wagnis spielst du gültig mit.
> Erleichterst dir den Wurf nicht mehr; erschwerst
> dir ihn nicht mehr. Aus deinen Händen tritt
> das Meteor und rast in seine Räume ...

[13] R.M. Rilke, Sämtliche Werke (E. Zinn), a.a.O., Bd. 2, S. 132.

PERSONENREGISTER

(erstellt von Paola-Ludovika Coriando)

Kursivierte Seitenzahlen verweisen auf Stellen, an denen der entsprechende Name nur in den Fußnoten erscheint. Hinweise auf Herausgeber von Werken und Sammelbänden blieben bei der Herstellung des Personenregisters unberücksichtigt.

SACHREGISTER

(erstellt von Paola-Ludovika Coriando)

Weg und Methode
Zur hermeneutischen Phänomenologie des
seinsgeschichtlichen Denkens
1990. 38 Seiten. Best.Nr. 2252-1
Wissenschaft und Gegenwart.
Geisteswissenschaftliche Reihe Heft 66

Heideggers "Grundprobleme der Phänomenologie"
Zur "Zweiten Hälfte" von "Sein und Zeit"
1991. 64 Seiten. Best.Nr. 2518-0

Augustinus und die
phänomenologische Frage nach der Zeit
1992. 216 Seiten
Ln Best.Nr. 2566-0 Kt Best.Nr. 2565-2

Wege ins Ereignis
Zu Heideggers "Beiträgen zur Philosophie"
1994. X, 410 Seiten
Ln Best.Nr. 2663-2 Kt Best.Nr. 2662-4

Kunst und Technik
Gedächtnisschrift zum 100. Geburtstag
von Martin Heidegger
Hrsg. von Walter Biemel und
Friedrich-Wilhelm von Herrmann
1989. XXIV, 460 Seiten, 20 Tafeln
Best.Nr. 1889-3

VITTORIO KLOSTERMANN
FRANKFURT AM MAIN